Prävention im Haftungsrecht

AF894820

Europäische Hochschulschriften

Publications Universitaires Européennes

European University Studies

Reihe II

Rechtswissenschaft

Série II Series II

Droit

Law

Bd./Vol. 4204

PETER LANG

Frankfurt am Main · Berlin · Bern · Bruxelles · New York · Oxford · Wien

Kathrin Sailer

Prävention im Haftungsrecht

PETER LANG
Europäischer Verlag der Wissenschaften

Bibliografische Information Der Deutschen Bibliothek
Die Deutsche Bibliothek verzeichnet diese Publikation in der Deutschen Nationalbibliografie; detaillierte bibliografische Daten sind im Internet über <http://dnb.ddb.de> abrufbar.

Zugl.: Würzburg, Univ., Diss., 2005

D 20
ISSN 0531-7312
ISBN 3-631-52843-4

© Peter Lang GmbH
Europäischer Verlag der Wissenschaften
Frankfurt am Main 2005
Alle Rechte vorbehalten.

Das Werk einschließlich aller seiner Teile ist urheberrechtlich geschützt. Jede Verwertung außerhalb der engen Grenzen des Urheberrechtsgesetzes ist ohne Zustimmung des Verlages unzulässig und strafbar. Das gilt insbesondere für Vervielfältigungen, Übersetzungen, Mikroverfilmungen und die Einspeicherung und Verarbeitung in elektronischen Systemen.

www.peterlang.de

Meiner Mutter zum Dank

Inhaltsübersicht

Inhaltsverzeichnis

Einleitung

Dem Juristen ist der Gedanke von Prävention[1] im Sinne von „Verbrechensprävention", genauer als Form der General- oder Spezialprävention, aus dem strafrechtlichen Zusammenhang durchaus vertraut. Hier wird in erster Linie die Idee der Generalprävention zur Bestimmung des Strafzwecks bzw. der Strafrechtfertigung herangezogen.[2] Darüber hinaus findet nach den Bestimmungen zum Strafvollzug die negative Spezialprävention zum Schutz und zur Sicherheit der Allgemeinheit vor weiteren Straftaten durch den Strafgefangenen ihre zentrale Aufgabe bei der Gestaltung des Strafvollzugs.[3]

Im Zivilrecht kann nicht annähernd von einem „Prinzip Prävention" oder allgemein von einer „Präventivfunktion" gesprochen werden. Auch für den begrenzten Bereich des Haftpflicht- und Schadensrechts besteht diesbezüglich seit jeher eine gewisse Voreingenommenheit und Skepsis.[4]

Der Präventionsgedanke erschien jedoch in der neueren Rechtsprechung zum Ehren- und Persönlichkeitsschutz vor unrichtiger und degradierender Berichterstattung der Boulevardpresse - wie selbstverständlich - als Bestandteil der Argumentation. Der BGH hatte in den Fällen „Caroline von Monaco"[5] über die Höhe der Geldentschädigungen zu entscheiden, die der beklagte Verlag der Klageführerin, Prinzessin Caroline von Monaco, wegen unwahrer Tatsachenbehauptungen auf den Titelseiten seiner auflagenstärksten Zeitschriften zahlen sollte. Die Blätter hatten unter anderem in fingierten Exklusivinterviews über angebliche Heiratsabsichten der Prinzessin berichtet und durch einen Beitrag das Gerücht begründet, Caroline leide an Brustkrebs.

---

[1] Ausgehend vom lateinischen Verbum „praevenire" - zuvorkommen - ist unter „Prävention" allgemein die „Vorbeugung", „Verhütung", aber auch „Abschreckung" zu verstehen. Im medizinischen Bereich gehören zur Prävention alle vorbeugenden Maßnahmen der Gesundheitsvorsorge und Verhütung oder Früherkennung von Krankheiten, sei es durch Ausschaltung schädlicher Faktoren oder durch die möglichst frühzeitige Behandlung einer Erkrankung, vgl. *Brockhaus*, Die Enzyklopädie, 2001, 17. Band, S. 450; *Meyers* Enzyklopädisches Lexikon, 1977, 19. Band, S. 216.

[2] Vorrangig oder dem Strafzweck der *Vergeltung* untergeordnet bzw. im Sinne der „Vereinigungstheorien" diesem gleichrangig, vgl. *Roxin*, Strafrecht, 1997, S. 44ff.; *Maurach/Zipf*, Strafrecht, 1992, S. 65ff., 81ff.; *Vanberg*, Verbrechen, Strafe und Abschreckung, 1982, S. 1ff..

[3] Neben dem Vollzugs*ziel* der Resozialisierung des Gefangenen, vgl. § 2 StVollzG; *Schöch*, in: *Kaiser/Schöch*, Strafvollzug, 2002, S. 236ff.; *Böhm* in: *Schwind/Böhm*, Strafvollzugsgesetz, 1999, § 2, Rn. 10ff., 15ff.; *Laubenthal*, Strafvollzug, 1998, S. 66.

[4] Siehe *J. Schmidt*, KritV 1986, 83, 87; *Lange*, VersR 1999, 274.

[5] Vgl. BGH vom 15.11.1994, BGHZ 128, 1, 16 = NJW 1995, 861, 865 und BGH vom 19.12.1995, BGHZ 131, 332, 346 = NJW 1996, 984, 985.

Neben der Klage auf Unterlassung weiterer Äußerungen hatte die Prinzessin einen Anspruch auf Widerruf der verbreiteten Unwahrheiten und eine entsprechende Gegendarstellung durchgesetzt.[6] Von weit größerer Bedeutung war allerdings die Auseinandersetzung der Beteiligten über das zu verhängende Schmerzensgeld gem. § 847 BGB a.F.[7], bzw. den Entschädigungsanspruch wegen Verletzung des allgemeinen Persönlichkeitsrechts nach § 823 I BGB i.V.m. Art. 1 und Art. 2 GG.[8]

Der BGH beanstandete in seinen Urteilen die Bemessungsmethode zur Bestimmung der Höhe der Geldentschädigungen durch die Vorinstanzen und hielt die Ersatzsummen in einer Größenordnung um 20.000 DM schlichtweg für zu gering. Die Richter betonten, dass bei schweren Persönlichkeitsrechtsverletzungen wie in den vorliegenden Fällen der Umfang der Geldentschädigung derart angelegt sein müsse, dass sie eine hinreichende Sanktion und somit auch Rechtsschutz gegen derartige Eingriffe garantieren könne. Dabei trete der dem Haftungsrecht immanente „Ausgleichsgedanke [...] zugunsten des *Präventionsgedankens* in den Hintergrund."[9]

Bei Persönlichkeitsrechtsverletzungen, die vorsätzlich und als Mittel zur Auflagensteigerung und damit kommerziellen Zwecken dienten, gewährleisteten Widerruf und Richtigstellung nur unzureichenden Schutz. Aber auch eine Geldentschädigung hätte nur den „aus dem Persönlichkeitsrecht des Opfers heraus gebotenen *Präventionszweck*"[10] erreicht, wenn sie für den Belasteten „fühlbar"[11] wäre.

Diese neue - oder vielleicht auch nur scheinbar neue - Argumentationsweise im Bezug auf einen verstärkten und wirksameren Schutz der Privat- und Intimsphäre löste im unmittelbaren Anschluss an die ergangenen Entscheidungen eine Diskussion über eine etwaige Präventivfunktion von Geldentschädigungsansprüchen aus.[12] Es fanden selbst Versuche statt, ein angemessenes System an Entschädigungs- und Bemessungsfaktoren herauszuarbeiten, um Anreize zu

---

[6] Zu den Sanktionen bei der Verletzung des allgemeinen Persönlichkeitsrechts, Gegendarstellung und Widerrufsrecht, vgl. *Schwerdtner*, in: *Lorenz* (Hrsg.), Karlsruher Forum 1996: Schutz der Persönlichkeit, 1997, S. 36ff..

[7] D.h. vor dem Inkrafttreten des „Zweiten Gesetzes zur Änderung schadensersatzrechtlicher Vorschriften" vom 19. Juli 2002, BGBl. I, 2002, S. 2674.

[8] Während die Gerichte der Vorinstanzen in Anlehnung an die ältere höchstrichterliche Rechtsprechung noch von der Rechtsgrundlage des § 847 BGB a.F. (analog) ausgingen, bezieht sich der BGH (NJW 1996, 984, 985) hier auf das grundlegende Urteil des BVerfG im Fall „Soraya" (BVerfGE 34, 269, 292, vgl. eingehend unten 1. Teil, I. 1.3, das den Geldleistungsanspruch aus dem Schutzauftrag nach Art. 1, 2 I GG herleitet.

[9] BGH NJW 1996, 984, 985.

[10] BGH NJW, a.a.O..

[11] BGH NJW 1995, 861, 865; BGH NJW 1996, 984, 985.

[12] Vgl. etwa *Seitz*, NJW 1996, 2848; *Steffen*, NJW 1997, 10; *Prinz*, NJW 1996, 953; *ders.*, NJW 1995, 817; *Rosengarten*, NJW 1996, 1935.

schaffen, eine falsche Berichterstattung oder oberflächliche Recherche zu unterlassen.[13]

Die vorliegende Abhandlung beschäftigt sich mit dem „Phänomen" Prävention im deutschen Zivilrecht. Gegenstand ist dabei das außervertragliche Haftungssystem in seiner Funktion und Möglichkeit der Verhinderung von Rechtsverletzungen und der Vorbeugung gegen Schäden materieller und immaterieller Art.

Im ersten Teil der Untersuchung soll der Frage nachgegangen werden, ob das gegenwärtige Haftungssystem Prävention als Ziel und Zweck begreift. Es wird dazu ein Überblick über die einschlägige Rechtsprechung und die verschiedenen Lehrmeinungen gegeben. Außerdem sollen diesbezügliche Anknüpfungspunkte in der aktuellen Entwicklung des Europarechts aufgezeigt werden.

Darüber hinaus gilt es im zweiten Teil der Arbeit, sich der Thematik aus dem Blickwinkel einer eigenen Forschungsrichtung, der Ökonomischen Analyse des Rechts, zu nähern. Es werden die Grundsätze des ökonomischen Ansatzes dargestellt sowie das demnach übergeordnete Ziel des Unfallrechts, nämlich eine umfassende Kostenreduktion. Schließlich stellt sich die Frage, welche Haftungsregeln vor dem Hintergrund der Ökonomischen Analyse des Rechts diesem Ziel am nächsten kommen, wobei der Einfluss von Versicherungslösungen und Aspekte der Verteilungsgerechtigkeit angemessene Berücksichtigung finden sollen.

Die Thematik beschränkt sich insgesamt auf das Deliktsrecht in seinen Ausgestaltungen der Verschuldens- und Gefährdungshaftung. Gebiete wie das Gesellschaftsrecht und Urheberrecht sowie der gewerbliche Rechtsschutz seien nur insoweit erwähnt, als es für die zu behandelnde Problemstellung von Bedeutung sein kann.[14]

---

[13] Vgl. etwa *Prinz*, NJW 1996, 953, 955ff..

[14] Weiterführend insoweit *Assmann*, BB 1985, 15, 25; *Götz*, AG 1995, 337, 353.

1. Teil: Bedeutung von Prävention für Rechtsprechung und Rechtsdogmatik – eine Bestandsaufnahme

I. Die Rechtsprechung

Der Präventionsgedanke wird in der Rechtsprechung des BGH fast ausschließlich in zwei Problembereichen diskutiert, einmal in den Fällen von Persönlichkeitsrechtsverletzungen - wie den eingangs geschilderten Urteilen „Caroline von Monaco" -, zum anderen in den Entscheidungen, die sich mit US-amerikanischen Urteilen auf „punitive damages" und ihrer Rolle für das deutsche internationale Zivilprozessrecht beschäftigen. Im übrigen lassen sich nur ganz vereinzelt Hinweise auf eine präventive Deutung von Haftungsnormen finden. Ein verallgemeinerungsfähiger Ansatz besteht hingegen nicht.

1. Geldentschädigung wegen Persönlichkeitsverletzung in Ehre und Achtung

Mit der zunehmenden Anzahl an Publikationen und dem wachsenden Interesse an Personen des öffentlichen Lebens in der modernen Zeit entwickelte sich auch innerhalb der Rechtsprechung eine stärkere Sensibilität für den Schutz der Persönlichkeit.[1]

Das Reichsgericht hielt sich noch streng an den Wortlaut des § 823 I BGB, welcher Ehre oder Privatsphäre nicht ausdrücklich zu den Schutzgütern der Zivilrechtsordnung zählt.[2] Ehrverletzendes Verhalten konnte daher nur nach den strafrechtlichen Tatbeständen der §§ 186, 187 StGB geahndet werden.[3] Über die

---

[1] Anschaulich zur Geschichte des Persönlichkeitsschutzes seit dem Inkrafttreten des BGB: BVerfG vom 14.2.1973, BVerfGE 34, 269, 293 = NJW 1973, 1221, 1226 - „Soraya"; *Zweigert/Kötz*, Einführung in die Rechtsvergleichung, 1996, S. 691ff.; *Gounalakis*, AfP 29 (1998), 10, 12ff.; *Seifert*, NJW 1999, 1889, 1891ff.; einen rechtsvergleichenden Überblick über die rechtlichen Folgen von Persönlichkeitsverletzungen durch die Presse in neuerer Zeit gibt *Hoppe*, ZEuP 2000, 29ff..

[2] Zu den Forderungen im 19. Jahrhundert, ein „allgemeines Persönlichkeitsrecht" in den deliktischen Schutz des BGB aufzunehmen, vgl. *Gierke*, Deutsches Privatrecht, 1895, S. 707.

[3] Vgl. *Deutsch*, Allgemeines Haftungsrecht, 1996, S. 569; der Rechtsprechung des Reichsgerichts lässt sich lediglich die Anerkennung einzelner ausschließlicher Immaterialgüterrechte wie des persönlichen Urheberrechtes und des Rechts am eigenen Bild entnehmen, vgl. RGZ 69, 242, 244; 79, 397, 399; 151, 50, 57.

Vorschrift des § 823 II BGB löste eine entsprechende Strafbarkeit nur dann eine zivile Ersatzpflicht aus, wenn ein materieller Schaden nachgewiesen werden konnte.[4]

Der BGH bekannte sich schon bald unter Berufung auf den verfassungsrechtlichen Schutzauftrag der Art. 1 und 2 GG zu einem *allgemeinen* Persönlichkeitsrecht als „sonstiges Recht" i.S.d. § 823 I BGB; in der zugrundeliegenden wegweisenden Entscheidung war das presserechtliche Berichtigungsverlangen eines Rechtsanwaltes an eine Zeitung in veränderter Form unter der Rubrik „Leserbriefe" veröffentlicht worden.[5] Der BGH gab dem Widerrufsverlangen des klagenden Anwalts nach, weil die modifizierte Wiedergabe des Schreibens eine fortwirkende Beeinträchtigung der „persönlichkeitsrechtlichen Eigensphäre"[6] des Klägers darstellte und ein „falsches Persönlichkeitsbild"[7] über ihn vermittelte.

Einen entscheidenden Schritt auf dem Weg zum derzeitigen Stand des Persönlichkeitsschutzes vollbrachte der BGH, indem er die rechtswidrige und schuldhafte Verletzung des allgemeinen Persönlichkeitsrechts unter eine Ersatzpflicht in Geld stellte. Hierzu erweiterte er im Wege richterlicher Rechtsfortbildung den abschließenden Katalog der schmerzensgeldfähigen Rechtsgüter in § 847 BGB a.F. um das bereits anerkannte Persönlichkeitsrecht.[8]

Im Folgenden sollen die wichtigsten Entscheidungen zum Persönlichkeitsrechtsschutz - soweit sie den Ehr- und Achtungsanspruch betreffen - dargestellt und daraufhin untersucht werden, ob und mit welcher Begründung Präventionserwägungen einbezogen werden.

---

[4] Dasselbe gilt auch für die Generalklausel des § 826 BGB und den Tatbestand der Kredit- und Erwerbsgefährdung gem. § 824 BGB. Letzterer ist zudem einschränkend auf die Wiedergabe von Tatsachen beschränkt, § 826 BGB verlangt den gesteigerten Unrechtsgehalt der Sittenwidrigkeit, vgl. *MünchKomm-Mertens*, Bürgerliches Gesetzbuch, 1997, § 824, Rn. 9ff., § 826, Rn. 5ff.; vgl. *Larenz/Canaris*, Lehrbuch des Schuldrechts, 1994, S. 463ff., 449ff..

[5] Siehe BGH vom 25.5.1954, BGHZ 13, 334, 341 - „Schachtbrief"; eingehend zu diesem Fall, *Zweigert/Kötz*, Einführung in die Rechtsvergleichung, 1996, S. 696f.; kritisch *Larenz*, NJW 1955, 521.

[6] BGHZ 13, 334, 339.

[7] BGHZ 13, 334, 339.

[8] Vgl. *Deutsch*, Allgemeines Haftungsrecht, 1996, S. 570; ausführlich *Schwerdtner*, Das Persönlichkeitsrecht in der deutschen Zivilrechtsordnung, 1976, S. 249ff.; in der „Dahlke"-Entscheidung (BGH vom 8.5.1956, BGHZ 20, 345, 355) wurde dem Kläger wegen der Verletzung des Rechts am eigenen Bild (unbefugte Veröffentlichung eines Fotos zu Werbezwecken) ein materieller Schadensersatzanspruch in Höhe der entgangenen Vergütung zugesprochen. An dieser Stelle betonte der BGH, dass bei Schäden, die nicht Vermögensschäden seien, ein Geldersatzanspruch nicht in Betracht käme, vgl. BGHZ 20, 345, 352.

1.1 „Herrenreiter“

Im sog. „Herrenreiter“-Urteil legte der BGH[9] die ersten Argumentationsgrundlagen fest, wonach der nicht vermögensrechtliche Schaden infolge der unbefugten Veröffentlichung des Bildes den Schädiger zu einer billigen Entschädigung in Geld verpflichtet. Es spielt für das Verständnis der nachfolgenden Entscheidungen und die darauf aufbauende Rechtsentwicklung des Persönlichkeitsschutzes eine große Rolle.

Das Bild des Klägers, Inhaber einer Brauerei und Turnierreiter, war zu Werbezwecken für ein sexuelles Potenzmittel auf einer Plakatwand verwendet worden. Dies geschah ohne Einwilligung des Abgelichteten. Dieser nahm die Herstellerin des Mittels daraufhin für den Schaden in Anspruch, der ihm durch die Verbreitung seines Photos entstanden war und machte geltend, dass, wenn er das Foto gegen ein angemessenes Entgelt der Beklagten zur Verfügung gestellt hätte, er mindestens 15.000 DM erhalten hätte.[10] Nachdem das zuständige Landgericht die beklagte Pharmafirma zu einer Schadensersatzleistung von 1.000 DM verpflichtet hatte, legte das Berufungsgericht die Entschädigungssumme auf 10.000 DM fest, wogegen die Revision des Beklagten erfolglos blieb.

Der BGH als Revisionsinstanz bestätigte teilweise die Entscheidung des Oberlandesgerichts und gründete zum einen die Schadensersatzpflicht auf § 823 II BGB i.V.m. § 22 KunstUrhG.[11] Daneben bejahte der BGH aber auch einen Schmerzensgeldanspruch nach § 847 BGB a.F. analog.[12] Unter Hinweis auf die bereits erwähnte Entscheidung BGHZ 13, 334, 341[13] betont das Gericht, dass das allgemeine Persönlichkeitsrecht, abgeleitet aus Art. 1, 2 GG als „sonstiges

---

[9] I. Zivilsenat des BGH vom 14.2.1958, BGHZ 26, 349, 355; vgl. hierzu *Coing*, JZ 1958, 558, 560; *Bar*, NJW 1980, 1724, 1725; *Fikentscher*, Schuldrecht, 1997, S. 759f.; *Esser/Weyers*, Schuldrecht, 1991, S. 546 (welcher die Rechtsprechung als einen Fall „geglückter richterlicher Rechtsfortbildung“ sieht); *Deutsch*, Allgemeines Haftungsrecht, 1996, S. 570; kritisch wiederum *Larenz/Canaris*, Lehrbuch des Schuldrechts, 1994, S. 494f., der das Vorgehen des BGH für methodisch unzulässig hält; *ders.*, Anmerkung zu BGHZ 26, 349, 355, NJW 1958, 827, 829.

[10] Vgl. BGH vom 14.2.1958, BGHZ 26, 349, 350.

[11] Der BGH kritisierte jedoch die Berechnungsmethode zur Bestimmung der Entschädigungssumme, welche das Berufungsgericht zugrunde gelegt hatte. Als Berechnungsgrundlage sollte nicht eine fiktive Vergütung durch einen Vertrag zwischen den Beteiligten über die Verwendung des Fotos des Klägers dienen, sondern die ideelle Beeinträchtigung des Klägers maßgeblich sein. Der Kläger sei durch die Darstellung seiner Person im Zusammenhang mit einem sexuellen Kräftigungsmittel in eine „demütigende und lächerliche Lage“ versetzt worden. Hier wäre es widersinnig, den Schadensersatzanspruch aus einem fiktiv abgeschlossenen Lizenzvertrag abzuleiten, den der Kläger niemals abgeschlossen hätte und gegen dessen vermeintliche Rechtsfolgen er sich nun wehrt, vgl. BGHZ 26, 349, 351f..

[12] *Beuthien*, in: *Beuthien* (Hrsg.), Persönlichkeitsgüterschutz vor und nach dem Tode, 2002, S. 11, spricht von „konstruktiven Schwächen“ dieses Anspruchs auf Schmerzensgeld für Persönlichkeitsverletzungen.

[13] Vgl. Fn. 5.

Recht“ des § 823 I BGB auch innerhalb der Zivilrechtsordnung einen Geltungs- und Schutzanspruch genieße. Art. 1 und 2 GG umfassten dabei die menschliche Personenhaftigkeit, den inneren Persönlichkeitsbereich, der grundsätzlich der freien und eigenverantwortlichen Selbstbestimmung des Einzelnen unterliege.

Die Ersatzfähigkeit immaterieller Schäden, ausgelöst durch Persönlichkeitrechtsverletzungen, begründet der BGH im Hinblick auf die einschränkende Vorschrift des § 253 BGB a.F. damit, dass ein Schutz der „inneren Freiheit“ ohne das Recht auf Ersatz auch immaterieller Schäden weitgehend „unwirksam wäre“[14]. Soweit nach § 847 BGB a.F. der ideelle Schaden, verursacht durch eine körperliche Freiheitsberaubung ersatzfähig sei, müsse dies im Wege der Analogie auch für geistige Freiheitsberaubung zu realisieren sein. Der im Grundgesetz vorgeschriebene Rechtsschutz der Persönlichkeit könne nur unter Einbeziehung in die von § 847 BGB a.F. umfassten Verletzungstatbestände gewährleistet sein; gleichgültig, ob der Eingriff auf physischer Ebene erfolge oder eben im übertragenen Sinne als Beeinflussung der inneren Freiheit, über die Verwendung des eigenen Bildnisses zu verfügen, stattfinde. In beiden Fällen ginge es letztendlich um den Ausgleich immaterieller Schäden.[15]

Für die Bemessung des Schmerzensgeldanspruches verweist der BGH auf eine grundlegende Entscheidung zu § 847 BGB a.F. und der billigen Entschädigung in Geld bei Körperverletzungen.[16] Hier spricht das Gericht dem Schmerzensgeldanspruch trotz seiner Entstehungsgeschichte jeglichen Strafcharakter ab und stellt ihn formal als Schadensersatzanspruch eigener Art mit doppelter Funktion dar.

An erster Stelle solle er einen angemessenen Ausgleich für die Schäden nicht materieller Art bieten, zum anderen dem Geschädigten Genugtuung verschaffen für das, was der Schädiger ihm angetan hat.[17] Selbst wenn immaterielle Schäden im eigentlichen Sinne nicht ausgleichbar seien, bestünde der zugrundeliegende Gedanke der Ausgleichsfunktion darin, dass der Verletzer dem Geschädigten „das Leben schwer gemacht hat“[18] und diesem durch die Geldleistung im Rahmen des Schadensersatzes dazu verholfen werden soll, so gut wie möglich die empfundenen Beeinträchtigungen und Leiden zu lindern oder angenehmer zu machen. Im Bezug auf den Ausgleichsgedanken bestimme sich die Höhe des Er-

---

[14] BGHZ 26, 349, 356.

[15] Vgl. BGHZ 26, 349, 356.

[16] Vgl. BGH vom 6.7.1955, BGHZ 18, 149, 168, wo der Anspruch nach § 847 BGB a.F. der „billigen Entschädigung“ in § 1300 BGB, dem „Kranzgeld“ (aufgehoben durch das zweite Eherechtsrefomgesetz von 1998), gleichgestellt wird.

[17] Siehe BGHZ 18, 149, 151, 154; ausgehend von dieser Entscheidung zur Genugtuung, *Kern*, AcP 191 (1991), 247; *Lange*, Schadensersatz, 1990, S. 435f.; zum Schmerzensgeld vgl. auch *Lorenz*, Immaterieller Schaden und „billige Entschädigung in Geld“, 1981; *ders.*, in: FS. für G. Wiese, 1998, S. 261ff; *Honsell*, VersR 1974, 205.

[18] BGHZ 18, 149, 154.

satzanspruches in erster Linie nach dem Umfang der Schäden, soweit hier eben eine monetäre Bewertung möglich ist.[19]

Der zweite Aspekt des Ersatzanspruches, der Genugtuungsgedanke, basiere auf der Vorstellung, dass nicht alle immateriellen Schäden zum Ausgleich gebracht werden können, beispielsweise bei starken physischen Beeinträchtigungen, aber auch körperlichen Eingriffen, die psychische Störungen beim Geschädigten zur Folge haben, also dort, wo dem Verletzten häufig das subjektive Bewusstsein einer Schädigung fehlt. Gerade in den Fallgestaltungen, in denen es nicht möglich sei, dem Geschädigten eine Art Wiedergutmachung zu verschaffen, trete die Genugtuungsfunktion in den Vordergrund. Durch die Zahlung einer gewissen Entschädigungssumme unabhängig von Höhe und Umfang der Schäden komme die dem Schadensereignis entsprungene persönliche Beziehung zwischen Verletzer und Verletztem zum Ausdruck. Als Bemessungsfaktoren für die Entschädigung seien somit *alle* Umstände des Falles über das Maß des Eingriffs hinaus heranzuziehen.[20]

Im Fall „Herrenreiter" hatte das Berufungsgericht die Höhe der Ersatzpflicht rechtsfehlerfrei ermittelt. Von besonderem Gewicht war die Tatsache, dass es sich bei dem Produkt, mit welchem die Person des Klägers auf dem Plakat in Verbindung gebracht worden war, um ein sexuelles Potenzmittel handelte, der Kläger somit in der Öffentlichkeit anzüglichen Anspielungen ausgesetzt und lächerlich gestellt wurde. Auch die hohe gesellschaftliche Stellung des Klägers und seine guten Vermögensverhältnisse waren maßgeblich für eine erhöhte Schmerzensgeldforderung, zumal er nicht im Geringsten dazu bereit war, an der Werbung mitzuwirken. Hinzu kam, dass der Kläger innerhalb seiner Gesellschaftsschicht weitgehende Bekanntheit genoss, was die Gefahr, sich lächerlich zu machen, noch erhöhte.[21]

Im Hinblick auf die präventive Anreizwirkung der Haftung wegen Persönlichkeitsverletzungen lassen sich der Rechtsprechung des BGH keine eindeutigen Aussagen entnehmen. Hier wird die Genugtuungsfunktion innerhalb des Schmerzensgeldanspruches gegenüber dem Ausgleichsgedanken hervorgehoben, wenn nicht sogar übergeordnet. *Deutsch* begreift die Genugtuung grund-

---

[19] Vgl. BGH vom 6.7.1955, BGHZ 18, 149, 154.

[20] Zu den Umständen, die dem einzelnen Schadensereignis sein eigentümliches Gepräge geben, gehörten zum einen der Verschuldensgrad des Schädigers, der Anlass sowie Art und Weise der Verletzungshandlung, aber auch die wirtschaftlichen Verhältnisse des Schädigers und des Geschädigten. Insgesamt seien dennoch stets die Größe, Intensität und Dauer der verursachten Schmerzen von ausschlaggebender Bedeutung für die Feststellung einer billigen Entschädigung und an erster Stelle zu berücksichtigen; den übrigen Faktoren käme lediglich durch ihr Zusammenwirken eine maßgebliche Rolle zu, wobei nach dem Aspekt der Billigkeit der ein oder andere Gesichtspunkt stärkere Relevanz beanspruchen bzw. völlig in den Hintergrund treten könnte, vgl. BGHZ 18, 149, 157.

[21] Vgl. BGHZ 26, 349, 359.

sätzlich als „schadensfern und sanktionsnah“[22]. In ihrer Bindung an eine rechtswidrige und vorwerfbare Tat beinhalte sie stets auch eine nachtatliche Prävention und Sanktionierung der Norm.[23]

Überzeugender ist es hingegen, in den Ausführungen des Gerichts eine Grundsatzentscheidung zur Frage zu sehen, *ob* Persönlichkeitsrechtsverletzungen überhaupt eine Ersatzpflicht immaterieller Schäden begründen können. Im Unterschied zur vorangehenden Rechtsprechung[24] war zum ersten Mal über die Ansprüche einer Person zu befinden, die durch die Veröffentlichung eines frei erfundenen Textes im Zusammenhang mit ihrem Bild in Ansehen und Ehre geschädigt worden war. Abgesehen vom Schutz am eigenen Bild nach § 22 KunstUrhG sollte der verfassungsrechtliche Auftrag der Art. 1, 2 GG auch im Zivilrecht eine „Drittwirkung“ entfalten und den Einzelnen vor „Verunglimpfung“, d.h. öffentlicher Degradierung seiner Person schützen. Außerdem lag der Schwerpunkt der Argumentation eindeutig auf der Haftungsbegündung, während die Schadens- und Anspruchshöhe auf der Rechsfolgenseite über den Genugtuungsgedanken in Anlehnung an die frühere Rechtsprechung zum Schmerzensgeld bestimmt wurde.

Der BGH statuiert mit dem neuen Delikts- und Schmerzensgeldtatbestand der Persönlichkeitsverletzung das, was *Deutsch* an anderer Stelle als „Garantie“[25] eines Rechts oder Rechtsgutes bezeichnet. Diese ist weniger weitreichend als Prävention, da sie nicht eine (psychische) Einwirkung auf den Schädiger im Hinblick auf eine bestimmte Zielrichtung beinhaltet, sondern sie in ihrer rechtsverfolgenden Funktion hauptsächlich auf die Definition der Rechtskreise einzelner und die Wahrung der Rechtsordnung abstellt.[26]

Unmittelbar im Anschluss an die „Herrenreiter“-Entscheidung wiederholte das Gericht seine Ausführungen im Zusammenhang mit einem Fall, in dem eine berühmte Opernsängerin in einer Reklame für Zahnprothesenpflegemittel - zwar

---

[22] *Deutsch*, Allgemeines Haftungsrecht, 1996, S. 574.

[23] So *Deutsch*, a.a.O., S. 573f..

[24] Vgl. BGHZ 13, 334, 341, wo es um einen „Widerruf“ als Form der Beseitigung nach § 1004 BGB ging; BGH vom 26.11.1954, BGHZ 15, 249, 262 - „Cosima Wagner“, beschäftigte sich mit dem vermögensrechtlichen und immaterialrechtlichen Aspekt des Urheberrechts als Teil des Persönlichkeitsrechts; in der bereits erwähnten Entscheidung „Paul Dahlke“ - BGHZ 20, 345, 355 - stand das Recht am eigenen Bild und seine vermögenswerte Seite zur Entscheidung; BGH vom 2.4.1957, BGHZ 24, 72, 83, verneinte bereits aufgrund einer umfassenden Güter- und Interessenabwägung einen rechtswidrigen Eingriff in das Persönlichkeitsrecht.

[25] Vgl. *Deutsch*, JZ 1971, 245, 246.; *ders*., Haftungsrecht, 1976, S. 72.

[26] Siehe *Deutsch*, JZ 1971, 245, 246; *Mertens*, Der Begriff des Vermögensschadens im Bürgerlichen Recht, 1967, S. 94. Die Terminologie und Verwendung der Begriffe „Sanktion“, „Prävention“ und „pönal“ ist in der Rechtsprechung und Teilen der Literatur sehr uneinheitlich und bisweilen verwirrend. Insbesondere *Mertens*, a.a.O., S. 94, und *Stoll*, Haftungsfolgen im bürgerlichen Recht, 1993, S. 184ff., ist diesbezüglich eine Klärung gelungen, vgl. dazu unten II. 2.

ohne Bezug auf ein Foto - erwähnt worden war.[27] Bei schuldhafter Verletzung des allgemeinen Persönlichkeitsrechts durch die beklagte Firma bestand dem Grunde nach ein Anspruch auf Ersatz des immateriellen Schadens neben der Forderung auf den Ersatz des materiellen Schadens.

1.2 „Ginseng“

Auch dieser Entscheidung lag eine dem Vorangehenden vergleichbare Fallkonstellation zugrunde.[28] Der VI. Zivilsenat bestätigte die Rechtsprechung des BGH, ergänzte jedoch die Argumentation um den Aspekt der Marktwerbung und Gewinnmaximierung seitens des Schädigers.

Eine Pharmafirma nutzte die Erkenntnisse, die ein renommierter Wissenschaftler, ein Jurist, über die heilenden Kräfte der nordkoreanischen Ginsengwurzeln veröffentlicht hatte, in Verbindung mit dessen Person zur Werbung für ein eigenes Pharmaprodukt. Dieses Präparat sollte u.a. der Steigerung der sexuellen Potenz dienen, was aber in keinerlei Verbindung zu den Forschungen des Klägers stand und durch die Art und Weise der Darstellung geeignet war, diesen in der Gesellschaft lächerlich zu machen. Das Berufungsgericht erkannte im Verhalten der Beklagten - wie später auch der BGH - eine schuldhafte Verletzung des allgemeinen Persönlichkeitsrechts, welche beim Betroffenen einen Anspruch auf eine billige Entschädigung in Geld zur Genugtuung rechtfertigte.

Trotz der Bestimmung des § 253 BGB a.F., wonach ein Ausgleich immaterieller Schäden nur in den gesetzlich vorgesehenen Fällen möglich ist, erfordere das Wertesystem des Grundgesetzes eine Einbeziehung des Persönlichkeitsrechts in den deliktischen Schutz des § 823 I BGB. Sobald eine Verletzung der menschlichen Würde und Ehre ohne zivilrechtliche Sanktion bliebe, würde die Rechtsordnung „auf das wirksamste und oft einzige Mittel verzichten, das geeignet ist, die Respektierung des Personenwertes des Einzelnen zu sichern“.[29]

Weil bei der Verletzung immaterieller Güter eine genaue Schadensbemessung nicht möglich sei, trete die Genugtuungsfunktion des Schmerzensgeldanspruches gegenüber der Ausgleichsfunktion in den Vordergrund. Dem Geschädigten solle für die erlittene Unbill insofern Genugtuung zugesprochen werden, als diese nicht bzw. nicht vollständig durch den materiellen Ausgleich zur Wiedergutmachung gelangen könne, die Einbuße also nicht auf andere Weise auszugleichen sei. Voraussetzung dafür sei in der Regel, dass dem Schädiger der Vorwurf

---

[27] Vgl. BGH vom 18.3.1959, BGHZ 30, 7, 18 = NJW 1959, 1269, 1272 - „Opernsängerin“; vgl. *Koebel*, JZ 1960, 573, 574, sowie die Anmerkung von *Werner*, JR 1959, 379ff..

[28] BGH vom 19.9.1961, BGHZ 35, 363, 370 = NJW 1961, 2059, 2061; vgl. *Deutsch*, Allgemeines Haftungsrecht, 1996, S. 570; *Kern*, AcP 191 (1991), 247, 252.

[29] Vgl. BGH NJW 1961, 2059, 2060.

eines besonders schweren Verschuldens gemacht werden könnte oder die Intensität der Beeinträchtigung einen gewissen Schwellenwert erreicht habe.[30]

In der vorliegenden Fallgestaltung ergebe sich eine Ersatzpflicht für den immateriellen Schaden insbesondere aus dem Umstand, dass die Beklagte auf leichtfertige Weise in das Persönlichkeitsrecht des Klägers eingegriffen habe, um die eigene Werbung effektreich zu gestalten und unter Gewinnstreben das fremde Persönlichkeitsrecht zur Verfolgung eigener Interessen zu gebrauchen ohne Rücksicht darauf, dass der besagte Eingriff eine schwere Kränkung des Betroffenen bedeutete. Eine solche läge hier vor allem deshalb vor, weil für den Leser der Eindruck entstehen könnte, der Betroffene hätte seinen Namen bewusst und gegen ein Entgelt zur Werbung für das spezifische Präparat zur Verfügung gestellt.[31]

Um dem Streben nach Profitmaximierung der werbenden Pharmafirma und somit den Rechtsverletzungen Einhalt zu gebieten, müsse sie „mit dem Risiko eines fühlbaren materiellen Verlustes belastet“[32] werden.

Zur Bemessung der Schadensersatzsumme ist, in Anlehnung an die Rechtsprechung des BGH vom 6.7.1955 (BGHZ 18, 149, 168) auf die Intensität des Eingriffs und die Schwere der Schuld abzustellen. Im „Ginseng“-Fall resultiere ein besonderes Verschulden der Beklagten zum einen aus den Umständen, dass die Werbung für das besagte Produkt über die Grenzen Deutschlands hinaus erscheinen würde, und zum anderen, dass das Pharmaunternehmen trotz einer Abmahnung durch den Kläger es nicht unterlassen hat, besagte Werbung weiterhin zu veröffentlichen.[33]

Der BGH hält die Bestätigung einer Ersatzpflicht für immaterielle Schäden nicht mehr allein für eine Wertentscheidung und ein Mittel, den Geltungsanspruch des Persönlichkeitsrechts durchzusetzen, sondern für eine der wenigen Möglichkeiten, dem Einzelnen denjenigen Schutz und Respekt zu verschaffen, welcher Zugriffe auf seinen Personenwert *verhindern* kann und soll.

Die Genugtuungsfunktion des Schmerzensgeldes steht hier im Mittelpunkt[34] und ist überwiegend bedingt durch das leichtfertige Handeln des Schädigers, des Pharmakonzerns, der die Prominenz seines unfreiwilligen Werbeträgers ausnutzte, um seine Werbung effektvoller zu gestalten und dadurch seinen Umsatz zu steigern. An dieser Stelle wird die Verbindung zur Höhe des Ersatzanspruches hergestellt: Nur eine entsprechend starke finanzielle Belastung ist als Kehrseite

[30] Siehe BGH, a.a.O..
[31] BGH, a.a.O., 2061.
[32] BGH, a.a.O., 2061.
[33] Vgl. BGH, a.a.O., 2061.
[34] Zur Kritik an der Dominanz der Genugtuungsfunktion im zivilen Haftungssystem vgl. *Honsell*, VersR 1974, 205, 206; *Mincke*, JZ 1980, 86.

der werbebedingten Einnahmen eine „fühlbare“[35] Beeinträchtigung des Ersatzpflichtigen und geeignet, diesen vor weiteren Rechtsgutverletzungen abzuhalten.

Indem die Rechtsprechung den Umfang der zu leistenden Genugtuung mit der durch die Verletzung erlangten „Bereicherung“ - im nicht technischen Sinne - verknüpft, legt sie dem Schmerzensgeld eine gewisse Steuerungsfunktion zugrunde. Dabei stellt sie wohl eindeutig auf präventive Zwecke ab: Zumindest den zur Schmerzensgeldzahlung verurteilten Schädiger, wenn nicht sogar jeden potentiellen Schädiger, soll das mit einer Persönlichkeitsverletzung einhergehende Risiko der finanziellen Belastung vor derartigen unlauteren Eingriffen abhalten.[36]

Etwas zurückhaltender äußert sich der BGH in einem Fall zur Haftung wegen ehrverletzender Äußerungen eines Zeitschriftenverlages über eine Fernsehansagerin. Ein Journalist hatte das zulässige Maß an Kritik hinsichtlich der äußeren Erscheinung der Klägerin weithin überschritten, indem er ihren Anblick u.a. mit dem einer „ausgemolkenen Ziege“ verglich und sie somit vor einem Millionenleserpublikum in ihrer „Frauenehre“[37] herabwürdigte. Der BGH hatte den Journalist und den ihn beschäftigenden Verlag rechtskräftig zu einer Entschädigung von 10.000 DM verurteilt.

Das Gericht spricht in dieser Entscheidung nicht von der Notwendigkeit, den Beklagten merkliche materielle Verluste aufzuerlegen, um Eingriffe in das Schutzgut Persönlichkeit abzuwehren, sondern geht mehr allgemein in Anlehnung an die „Herrenreiter“-Entscheidung von der Schutzwürdigkeit des Personenwertes auch in der Zivilrechtsordnung aus. Dennoch klingt auch hier an, dass ohne die Anerkennung einer Ersatzpflicht Rechtsverletzungen nicht verhindert werden können. [38]

In einer Entscheidung aus dem Jahr 1971 wiederum sieht der BGH in den „ersichtlich eigennützigen Interessen“[39] der Beklagten einen besonders verwerflichen Anlass und Beweggrund des Handelns, welcher zusammen mit der Schwere der Beeinträchtigung und mindestens leichtfertigem Tun die Zuerkennung einer Entschädigung wegen Persönlichkeitsverletzungen rechtfertigt. Weitere

---

[35] Durch die Wortwahl deutet sich zweifellos schon die spätere „Caroline-Doktrin“ (so der Begriff bei *Canaris*, in: FS. für E. Deutsch, 1999, S. 85, 105) an, vgl. BGH vom 15.11.1994, BGHZ 128, 1, 16 = BGH NJW 1995, 861, 865; BGH vom 19.12.1995, BGHZ 131, 332, 346 = BGH NJW 1996, 984.

[36] Vgl. auch *Kern*, AcP 191 (1991), 247, 252; *Stoll*, Haftungsfolgen im bürgerlichen Recht, 1993, S. 211; *Rosengarten*, NJW 1996, 1935.

[37] BGH vom 5.3.1963, BGHZ 39, 124, 134 = BGH NJW 1963, 902, 904 - „Fernsehansagerin“.

[38] Vgl. BGH NJW 1963, 902, 903.

[39] BGH vom 26.1.1971, BGH NJW 1971, 698, 701 - „Pariser Liebestropfen“ (- so der Name des von der Beklagten vertriebenen Mittels, für welches diese u.a. mit einem ohne entsprechende Einwilligung der Klägerin veröffentlichten Foto warb).

Aussagen, etwa hinsichtlich möglicher steuernder Effekte macht das Gericht jedoch nicht.

1.3 Bestätigung durch das BVerfG: Ersatzpflicht für immaterielle Schäden bei schweren Verletzungen des allgemeinen Persönlichkeitsrechts - „Soraya“ [40]

Das BVerfG hatte anlässlich der Verfassungsbeschwerde eines zu Schadensersatz verklagten Zeitschriftenverlages über die Vereinbarkeit der bisherigen BGH-Rechtsprechung zum Persönlichkeitsrecht insbesondere mit dem Grundrecht der Pressefreiheit zu entscheiden.

In einer ihrer Ausgaben hatte das „Neue Blatt“ unter dem Axel-Springer-Verlag ein frei erfundenes Interview der geschiedenen Ehefrau des Schahs von Iran, Prinzessin Soraya Esfandiary-Bakhtiary, veröffentlicht, das der Zeitschrift von einer freien Mitarbeiterin verkauft worden war. Prinzessin Soraya bekam vom Landgericht, bestätigt durch den BGH, einen Anspruch auf Gegendarstellung sowie auf Zahlung von Schadensersatz i.H.v. 15.000 DM wegen Verletzung des Persönlichkeitsrechts zugesprochen.[41]

Der verurteilte Verlag berief sich daraufhin im Rahmen einer Verfassungsbeschwerde auf eine Verletzung seiner Grundrechte aus Art. 2 I i.V.m. 20 II, III, Art. 5 I S. 2 und II sowie Art. 103 II GG.

Die Verfassungsrichter lehnten die Beschwerde des Verlages als unbegründet ab.[42] Sie bestätigten die Verfassungsmäßigkeit der BGH-Rechtsprechung im Hinblick auf das allgemeine Persönlichkeitsrecht zum Schutz der Privatsphäre des Menschen und demgemäß zur Garantie der im Grundgesetz statuierten Menschenwürde und des Rechts auf freie Entfaltung der Persönlichkeit.[43]

Bezüglich der Kollision des Persönlichkeitsrechts mit den Freiheitsrechten der Presseorgane gem. Art. 5 I S. 2, Art. 2 GG führt das Verfassungsgericht aus, dass § 823 I BGB, welcher auch das allgemeine Persönlichkeitsrecht umfasse, als „allgemeines Gesetz“ i.S.d. Art. 5 II GG verfassungsrechtlich eine Einschränkung der Pressefreiheit rechtfertigen könne. Dabei dürfe das Persönlich-

[40] Siehe BVerfG vom 14.2.1973, BVerfGE 34, 269, 293 = NJW 1973, 1221, 1226.

[41] Allen voran der Umstand, dass der Verlag die Verbreitung des fingierten Interviews zu erwerbswirtschaftlichen Zwecken nutzte und es leichtfertig unterlassen hat, nachzuforschen, ob es sich hierbei um wahre Aussagen der Betroffenen handelte, begründete nach Ansicht der BGH-Richter eine schwere und schuldhafte Verletzung des Persönlichkeitsrechts, vgl. BGH vom 8.12.1964, BGH NJW 1965, 685, 687.

[42] Das Gericht selbst stellt klar, dass es nicht für die Anwendung und Auslegung zivilrechtlicher Normen zuständig ist, dass allerdings die objektive Wertordnung des Grundgesetzes auf das Privatrecht ausstrahlt, und die bürgerlich-rechtliche Streitigkeit insoweit einer Überprüfbarkeit durch das BVerfG unterliegt, als das Entscheidungsergebnis die Grundrechte der Beteiligten verletzt, s. BVerfG NJW 1973, 1221, 1223, mit weiteren Nachweisen.

[43] Vgl. BVerfG NJW 1973, 1221, 1223.

keitsrecht nicht stets und von vornherein den Vorrang beanspruchen. Eine ausgewogene Interessen- und Güterabwägung habe darüber zu bestimmen, ob das Schutzbedürfnis der Privatsphäre des Einzelnen die Informationsansprüche der Öffentlichkeit und die Pressefreiheit überwiegen würden. In dem der Entscheidung zugrunde liegenden Fall bestünde offensichtlich kein Interesse der Leserschaft an wahrheitswidrigen Berichten, weder notwendigerweise zur Meinungsbildung noch zur Verwirklichung der Pressefreiheit, weshalb ein schwerwiegender Eingriff in das Grundrecht des Beschwerdeführers als gerechtfertigt angesehen werden könne.[44]

Wenngleich § 253 BGB a.F. den Ersatz immaterieller Schäden nur in den gesetzlich vorgeschriebenen Fällen bestimme, sei bei Verletzungen des allgemeinen Persönlichkeitsrechts die Gewährung einer Geldstrafe nicht systemwidrig. Sowie § 847 BGB a.F. für spezielle Rechtsgüter in § 823 I BGB eine „billige Entschädigung" vorsehe, hätte sich im Laufe der Rechtsprechung auch im Persönlichkeitsschutz eine gewisse Kasuistik entwickelt. Eine Schadensersatzpflicht für eine rechtswidrige Persönlichkeitsverletzung werde von den Zivilgerichten in der Regel nur dann zugesprochen, wenn eine „Naturalherstellung" in Form von Gegendarstellungs- oder Widerrufsansprüchen nicht möglich sei bzw. keinen ausreichenden Schutz der Persönlichkeit vor Angriffen der Presse garantiere. Der Richter sei in derartigen Fällen einer nicht eindeutigen bzw. im Hinblick auf ein bestimmtes Schutzziel unzureichenden Rechts- und Gesetzeslage sogar gezwungen, unter rationaler Argumentation den genauen Wortlaut des Gesetzes zu überwinden und im Wege der Rechtsfortbildung den „fundierten allgemeinen Gerechtigkeitsvorstellungen der Gemeinschaft"[45] Geltung zu verschaffen.[46]

Von übermäßig strengen Sanktionen und einer „Kommerzialisierung der Ehre" infolge hoher Schadensersatzverpflichtungen, die einen verfassungswidrigen Eingriff in die Pressefreiheit bedeuten würden, könne nicht gesprochen werden. Solange eine Ersatzpflicht von einer erheblichen Beeinträchtigung und einem schweren Verschulden abhingen, seien die Sorgfaltsanforderungen an eine verantwortungsvolle Presse bei Recherche und Berichterstattung nicht überspannt. Die bis zum Zeitpunkt der Entscheidung ergangenen Urteile hätten sich hinsichtlich der Schadensersatzsummen stets in angemessenen Grenzen gehalten, insbesondere in Anbetracht der Tatsache, dass das Verhalten der Presse von wirt-

[44] Siehe BVerfG, a.a.O., 1224.

[45] BVerfG vom 16.6.1959, BVerfGE 9, 339, 349 = NJW 1959, 1579, 1581.

[46] Angesichts der Lückenhaftigkeit des Bürgerlichen Gesetzbuches, der veränderten Lebens- und Gesellschaftsverhältnisse seit Beginn des 20. Jahrhunderts und der „privatrechtsgestaltenden Macht des Grundgesetzes", sei eine richterliche Weiterführung des geschriebenen Rechts verfassungsrechtlich nicht zu beanstanden und einem Abwarten auf gesetzgeberisches Tätigwerden vorzuziehen, vgl. BVerfG NJW 1973, 1221, 1226; kritisch *Diederichsen*, AcP 198 (1998), 171, 193ff., der von „zweifelhafter Rechtsfortbildung" spricht.

schaftlichen Interessen bestimmt sei und das Maß an Sorgfalt, ein Interview *nicht zu erfinden*, niemals zu hoch angesetzt werden könne.[47]

Zweifelsohne hält das Verfassungsgericht die Anerkennung von Ersatzansprüchen für immaterielle Schäden bei Verletzung des allgemeinen Persönlichkeitsrechts für verfassungsrechtlich unbedenklich. Es deutet die Rechtsprechung des BGH jedoch dahingehend, dass die Entschädigungspflicht nicht mehr nur einer analogen Anwendung des § 847 BGB a.F. zu entnehmen ist, sondern vielmehr auf einer Wertentscheidung des Grundgesetzes gründet: § 823 I BGB i.V.m. Art. 1, 2 I GG bilden in diesem Zusammenhang eine neue Anspruchsgrundlage, welche als Ausnahmevorschrift im Sinne des § 253 BGB a.F. die Ersatzpflicht bei immateriellen Schäden festlegt und im Wege richterlicher Rechtsfortbildung entstanden als verfassungskonform zu bewerten ist.[48]

Ob damit allerdings auch die im Fall „Ginseng" anklingende Steuerungs- und Präventionsfunktion vom Bundesverfassungsgericht einbezogen und gebilligt worden ist, lässt sich nicht eindeutig beantworten. *Prinz* und *Rosengarten* meinen dies bejahen zu können.[49]

Gegen eine solche Deutung des „Soraya"-Beschlusses spricht zumindest der beschränkte Prüfungsumfang, den das Verfassungsgericht bei der Rechtmäßigkeitskontrolle eines Zivilurteils zu beobachten hat. Das Bundesverfassungsgericht hat weder die Auslegung des einfachen Rechts noch seine Anwendung auf den einzelnen Fall zu überprüfen, sondern lediglich festzuhalten, ob eine Verletzung *spezifischen Verfassungsrechts*[50] vorliegt. Ein Verstoß gegen die einschlägigen Verfassungsvorschriften konnte zum einen nicht in der angewandten Methode der richterlichen Rechtsfortbildung (Art. 20 III GG) ausgemacht werden[51], zum anderen impliziere die dem beschwerdeführenden Verlag auferlegte Ersatzpflicht keinen rechtswidrigen Eingriff in sein Grundrecht auf Pressefreiheit (Art. 5 I S. 2 GG). Letzteres ließ sich zwar nur aufgrund einer umfassenden Güter- und Interessenabwägung herleiten, doch waren die Verfassungsrichter nicht berufen, über einzelne Gesichtspunkte und Bemessungsfaktoren im Rahmen des Entschädigungsanspruches zu entscheiden. Vielmehr ging es um die grundsätzliche Anerkennung der Ersatzfähigkeit immaterieller Schäden und die daraus re-

---

[47] Siehe BVerfG, a.a.O., 1224f..

[48] So auch *Coester-Waltjen*, Jura 2001, 133, 134. Die Unterschiedlichkeit der Anspruchsgrundlagen wird in „Caroline I" ausdrücklich herausgearbeitet, vgl. unten 1.4.

[49] Vgl. *Prinz*, NJW 1995, 817, 820, Fn. 48; *Rosengarten*, NJW 1996, 1935, Fn. 9, welche dies nicht auf eine Aussage der Verfassungsrichter selbst stützen, sondern lediglich auf deren Ausführungen über Entwicklung und Motive der BGH-Rechtsprechung.

[50] Vgl. *Pieroth/Schlink*, Grundrechte - Staatsrecht II, 2002, S. 301 („Schumannsche Formel"); *Maunz*, in: *Maunz-Dürig*, Kommentar zum Grundgesetz, Stand Febr. 2003, Art. 93, Rn. 65.

[51] Die Rechtsprechung des BGH zum Persönlichkeitsschutz decke sich weitgehend mit der internationalen Rechtsentwicklung. Ihr Ergebnis sei „auf einem zivilrechtlich zumindest diskutablem, jedenfalls den Regeln der zivilrechtlichen Hermeneutik nicht offensichtlich widersprechendem Wege gewonnen worden", BVerfG NJW 1973, 1221, 1226.

sultierende Garantie des Persönlichkeitsrechts ohne eine entsprechende - geschriebene - Gesetzesgrundlage mit ihren Folgen für die Presse und ihre Organe.

Von „Prävention“ war in der Rechtsprechung der Zivilgerichte weder ausdrücklich die Rede noch waren bis dato zugesprochenen Entschädigungen von solcher Höhe, welche die Verfassungsrichter zu einer Stellungnahme hinsichtlich der zulässigen Funktion und Wirkung von Geldentschädigungsansprüchen hätten veranlassen müssen.

1.4 Die Rechtsprechung nach „Soraya“

In den Jahren nach dem „Soraya“-Beschluss bilden präventive Erwägungen weit seltener den Gegenstand der Argumentation als dies bisweilen behauptet wird.[52]

Zwar hatte das Bundesverfassungsgericht auf zahlreich eingehende Verfassungsbeschwerden das konkurrierende Verhältnis zwischen Meinungs- bzw. Pressefreiheit und Persönlichkeitsschutz festzulegen, doch spielten dabei Präventionsgesichtspunkte als Bemessungskriterien oder gar verfassungsrechtlich zu beanstandende Grundrechtsbeschränkungen keine Rolle.[53]

Lediglich in einer Entscheidung zur Zulässigkeit wertender Äußerungen im Rahmen einer öffentlichen Kritik räumte das Bundesverfassungsgericht am Rande ein, dass die Verurteilung zu Schmerzensgeld wegen Ehrverletzungen generell „unvermeidlich präventive Wirkungen“ entfalte, „indem sie das Äußern kritischer Meinungen einem hohen finanziellen Risiko“[54] unterwerfe. Im Ergebnis war die Verfassungsbeschwerde der Rundfunkjournalisten, mit der diese eine Verletzung ihrer Meinungsfreiheit rügten, begründet, weil das OLG die Aussagen der Journalisten falsch ausgelegt und zu Unrecht einen Anspruch auf Geldentschädigung wegen Persönlichkeitsverletzung angenommen hatte.[55]

Genauso wenig greift der BGH auf das Präventionsargument als *maßgebliches* Bemessungskriterium zurück. So sprach das Gericht beispielsweise eine nicht ungewöhnlich hohe Ersatzsumme von 10.000 DM für immaterielle Schäden eines männlichen Fotomodels und seines Sohnes zu, deren Nacktfoto ohne Einwilligung in einer Fernsehsendung und zwei Zeitschriften gezeigt wurde.[56] Die beiden Kläger hatten ihr Bild einem Schulbuchverlag für ein Biologiebuch überlassen; die Beklagten berichteten in ihren Beiträgen über die Änderung der bayerischen Lehrpläne, wonach der Sexualkundeunterricht nur noch anhand schematischer Abbildungen erfolgen durfte. Nach den Ausführungen des BGH

---

[52] Vgl. *Prinz*, NJW 1996, 953, 954; *Körner*, NJW 2000, 241, 244.

[53] Vgl. auch die Nachweise in BVerfG vom 12.11.1997, NJW 1998, 1386, 1388 - „Münzen-Erna“; *Jarass* in: *Erichsen/Kollhosser/Welp* (Hrsg.), Recht der Persönlichkeit, 1996, S. 89ff..

[54] BVerfG vom 13.5.1980, BVerfGE 54, 129, 139 = NJW 1980, 2069, 2070 - „Römerberggespräche“.

[55] Vgl. BVerfG NJW 1980, 2069f..

[56] Vgl. BGH vom 22.1.1985, BGH NJW 1985, 1617, 1629.

besteht die Bedeutung eines Anspruchs auf Geldentschädigung in derartigen Fällen im wesentlichen in „seiner Eigenschaft als Abwehrrecht gegen Verletzungen des Persönlichkeitsrechts“[57]. Ohne ein solches wäre der Bürger gegen Eingriffe in seine Intimssphäre schutzlos gestellt, „was bei dem besonders hohen Stellenwert der in Art. 1 und 2 GG geschützten Grundrechte schon aus präventiven Gründen nicht hingenommen werden kann“[58].

1.5 Die Fälle „Caroline von Monaco“

1.5.1 Die Argumentation des BGH

Eine wirkliche Verselbstständigung und Aufwertung neuer Dimension erhält der Präventionsgedanke im Persönlichkeitsschutz erst durch die bereits eingangs erwähnten Fälle „Caroline von Monaco“.

Unter Hinweis auf die Entscheidung des Bundesverfassungsgerichts im Fall „Soraya“[59] rückt der BGH nun vollends vom Schmerzensgeldanspruch (§ 847 BGB a.F.) ab und deklariert den Entschädigungsanspruch infolge Persönlichkeitsverletzung als eigenen „Rechtsbehelf“[60], der dem Schutzauftrag des Grundgesetzes aus Art. 1 und 2 I GG entspringt.[61]

Dies ist insoweit verwunderlich, als das Bundesverfassungsgericht selbst an keiner Stelle eine einschränkende Aussage im Hinblick auf die einschlägige Anspruchsgrundlage gemacht hat, sondern vielmehr den Zivilgerichten überlassen hat, den Entschädigungsanspruch gesetzlich abzuleiten.[62]

Dem „neu geschaffenen“ Anspruch werden von nun an zwei Aufgaben zugeschrieben: die dem Schmerzensgeldanspruch entliehene *Genugtuung* und die *Prävention.*[63] Anders als beim Schmerzensgeld trete hier der Ausgleichsgedanke in den Hintergrund.[64]

---

[57] BGH NJW 1985, 1617, 1619.

[58] BGH NJW, a.a.O..

[59] Vgl. oben 1.3.

[60] BGH NJW 1995, 861, 864 („Caroline I“); BGH NJW 1996, 984, 985 („Caroline II“) spricht von „Recht“; *Steffen*, in: FS. für W. Odersky, 1996, S. 723, 727, spricht von einem „Rechtsinstitut neben dem Schmerzensgeld“.

[61] Vgl. *Wagner*, ZEuP 2000, 200.

[62] So auch *Lange*, VersR 1999, 274, 275; ähnlich *Coester-Waltjen*, Jura 2001, 133, 134; anders *Canaris*, in: FS. für E. Deutsch, 1999, S. 85, 100, der bereits im „Ginseng“-Urteil ein Abkommen vom Schmerzensgeld gem. § 847 BGB a.F. sehen will, was allerdings aus den Entscheidungsgründen so nicht ohne weiteres ersichtlich ist.

[63] Vgl. BGH NJW 1995, 861, 864, wörtlich: „Außerdem soll der Rechtsbehelf der Prävention dienen“. Äußerst kritisch *Seitz*, NJW 1996, 2848: „Ein Zivilsenat des BGH schöpft Strafrecht.“.

[64] Vgl. BGH NJW 1996, 984, 985.

Der Hemmungs- und Präventionszweck gewinnt also einen selbständigen Sinngehalt. Im Unterschied zur Entscheidung „Ginseng“[65] erscheint er nicht mehr nur als ein den Umfang der sachgerechten Genugtuung bestimmender Umstand, vielmehr als eigenständiger Bestandteil zumindest des haftungsausfüllenden Tatbestandes.[66]

Der Präventionsaspekt wird zu einem Zweck des Entschädigungsanspruches und liefert damit einen Bemessungsfaktor für die Bestimmung seiner Höhe.[67]

Die Beklagte hat nach den Feststellungen des BGH unter vorsätzlichem Rechtsbruch die Persönlichkeit der Klägerin als Mittel zur Auflagensteigerung und damit zur Befriedigung eigener kommerzieller Interessen ausgenutzt. Um eine präventive Anreizwirkung auf die Unterlassung derartiger Eingriffe zu geben, müsse die „Entschädigung der Höhe nach ein Gegenstück“[68] dazu bilden, dass Persönlichkeitsrechte zur Gewinnerzielung verletzt worden sind.

Weiter hebt der BGH hervor, dass es sich insoweit *nicht* um eine „Gewinnabschöpfung“ handle, wie vom Berufungsgericht fälschlicher Weise angenommen, sondern die durch die Vermarktung der Persönlichkeit erzielten Gewinne neben der Intensität des Eingriffs lediglich Bemessungsfaktor für die Entscheidung über die Höhe der Geldentschädigung seien. Von der Höhe der in Aussicht gestellten Entschädigungssumme solle ein „echter Hemmungseffekt“[69] ausgehen. Befürchtungen, die Freiheit der Berichterstattung wäre hierdurch ernsthaft gefährdet, seien selbst bei Entschädigungssummen, die über den bisher üblichen Zahlungsverpflichtungen lägen, vollkommen unbegründet.[70] Mit anderen Worten sollten die Schmerzensgeld- oder allgemein Entschädigungsverpflichtungen „den Medien wehtun“[71], damit Anreize für die Medien entfielen, Persönlichkeiten zu vermarkten.

1.5.2 Reaktionen

Die Haltung gegenüber den Motiven der „Caroline“-Rechtsprechung war und ist durchweg zweigeteilt.

Ein Großteil der Lehre wendet sich gegen die Berücksichtigung einer eigenen Präventionsfunktion innerhalb des Entschädigungsanspruches bei Persönlich-

---

[65] Vgl. oben 1.2.
[66] Vgl. *Lange*, VersR 1999, 274, 278.
[67] *Seitz*, NJW 1996, 2848, übersieht, dass grundsätzlich ein Zusammenhang zwischen Zweck/Funktion und Anwendung/Auslegung der Norm besteht, wenn er behauptet, der BGH hätte den Aspekt Prävention als „Faktor“ im Rahmen der Bemessung „versteckt“.
[68] BGH NJW 1995, 861, 865.
[69] BGH NJW 1995, 861, 865.
[70] BGH NJW 1995, 861, 865.
[71] So die Forderung von *Steffen* noch bevor die „Caroline“-Entscheidungen ergingen, vgl. *ders.*, ZRP 1994, 196, 197.

keitsverletzungen mit der Begründung, eine solche sei dem zivilrechtlichen Haftungssystem fremd und eine verfassungsrechtliche Vereinbarkeit im Hinblick auf die Vorschrift des Art. 103 II GG sei zweifelhaft.[72] Außerdem führten die durch den Präventionszweck gerechtfertigt erhöhten Entschädigungsbeträge zu einem frappanten Wertungswiderspruch mit den üblicherweise als Schmerzensgeld nach § 847 BGB a.F. zugesprochenen Summen wegen Verletzung der Fortbewegungsfreiheit und der körperlichen bzw. sexuellen Integrität.[73]

Die Kritik zielt daneben auch auf die Aufgabe einer eindeutigen und nachvollziehbaren Trennung zwischen materiellem und immateriellem Ersatz ab. Denn mit der Orientierung der Entschädigungshöhe am Verletzergewinn spreche der BGH dem Persönlichkeitsrecht einen Vermögenswert zu.[74]

Um nicht „in gefährliche Nähe einer Strafe"[75] zu geraten und die Präventionsfunktion nicht als „ein Etikett für den Ausgleich potentieller Vermögensinteressen"[76] bemühen zu müssen, wird vorgeschlagen, das Problem der Zwangskommerzialisierung bei Persönlichkeitsrechten einer bereicherungsrechtlichen Lösung über die Eingriffskondiktion nach §§ 812 I S. 1, 2. Alt., 818 II BGB zuzuführen.[77] Der Zuweisungsgehalt der Persönlichkeitsrechte ergebe sich dabei aus der am Markt bestehenden Nachfrage nach „Persönlichkeitsinformationen", der Umgang der Herausgabe könne über die angemessene Lizenzgebühr hinaus auch auf die von der Presse erzielten Gewinne erstreckt werden.[78]

Während ein solches Vorgehen bei Eingriffen in den Vermögenswert personeller Ausschließlichkeitsrechte von der Rechtsprechung anerkannt und praktiziert wird,[79] hatte der BGH im Fall „Herrenreiter" (vgl. oben 1.1) ausdrücklich einen Anspruch unter dem Gesichtspunkt des Eingriffs in ein fremdes Recht versagt. Der Kläger hätte sich zu keinem Zeitpunkt damit einverstanden erklärt, sein Bild für die ehrverletzende Werbung der Beklagten zur Verfügung zu stellen; demzu-

---

[72] Vgl. *Larenz/Canaris*, Lehrbuch des Schuldrechts, 1994, S. 494ff.; *Barton*, AfP 26 (1995), 452, 456; *Seitz*, NJW 1996, 2848, 2849; *Siemens*, AcP 201 (2001), 202, 212; zuvor schon *Schwerdtner*, Das Persönlichkeitsrecht in der deutschen Zivilrechtsordnung, 1977, S. 272.

[73] Vgl. *Gounalakis*, AfP 198 (1998), 10, 16ff.; *Canaris*, in: FS. für E. Deutsch, 1999, S. 85, 106. Dazu auch unten 1.6.2.

[74] So *Siemens*, a.a.O., 213.

[75] *Canaris*, a.a.O., S. 108.

[76] *Siemens*, a.a.O., 213.

[77] Vgl. die Anmerkung zu „Caroline I" von *Schlechtriem*, JZ 1995, 362, 364; *Taupitz*, in: *Lorenz* (Hrsg.), Karlsruher Forum 1996: Schutz der Persönlichkeit, 1997, S. 75; *Canaris*, a.a.O., S. 87ff.; *Siemens*, a.a.O., 215ff., 228ff., welche ebenso wie *Vollkommer*, in: FS. für W. Leisner, 1999, S. 599, 607ff., *Hoppe*, ZEuP 1999, 29, 49, wie *Schlechtriem*, JZ 1995, 362, 364, im Falle vorsätzlichen Handelns einen Anspruch aus angemaßter Geschäftsführung (§§ 687 II S. 1, 681 II, 667 BGB) favorisieren.

[78] So die Lösung einer Analogie zu § 281 BGB im Rahmen von § 819 I BGB von *Canaris*, a.a.O., S. 93ff .; *Siemens*, a.a.O., 218, zur Wertungszuweisung durch den Markt.

[79] Vgl. nur BGHZ 20, 343, 353 - „Paul Dahlke"; BGH NJW 1979, 2205f. - „Fußballspieler"; BGH GRUR 1987, 128ff. - „Nena".

folge habe sich durch die Bildveröffentlichung keine Vermögensverschiebung mit einer vermögensrechtlichen Benachteiligung des Klägers eingestellt, es ging allein um die Schädigung des Klägers in Ehre und Ansehen.[80]

Nicht zuletzt mit dem hieraus resultierenden Argument, die mit „Herrenreiter" und „Ginseng" entwickelte und über „Caroline" erweiterte Haftungslösung sei für die streitigen Fälle mit ihrer besonderen „personalen Verletzungsqualität"[81] besser geeignet als der bereicherungsrechtliche Ansatz, halten andere Stimmen die Rechtsprechungstendenzen im betreffenden Urteil für durchaus sachgerecht.[82]

Einschätzungen zufolge wird die Hervorhebung des Präventionsaspektes nicht dazu führen, dass die Entschädigungssummen von nun an exorbitante Höhen erreichen werden. Weil der BGH zu verstehen gegeben hat, dass es ihm eben *nicht* um eine Gewinnabschöpfung ginge, müsse nicht mit einer stringenten wirtschaftlichen Ausrichtung der Ersatzansprüche am Jahresumsatz der Verlage, etwa unter Berücksichtigung der Gewinne durch Mehrauflagen und gesteigerte Werbeeinnahmen, gerechnet werden.[83]

Die Betonung präventiver Gesichtspunkte bringe vielmehr den durchaus wünschenswerten Effekt mit sich, dass Journalisten und Entscheidungsträger der Medienkonzerne „mögliche" Ersatzansprüche zur Kenntnis nehmen und ihnen bei der Wahl ihrer Berichterstattung Rechnung tragen. Nicht zuletzt sei auch an die stigmatisierende und damit auch präventive Wirkung von Zahlungsurteilen zu denken, welche dem Betrag nach aus dem Rahmen des Üblichen fallen.[84]

Andere sehen in den Präventionserwägungen die alleinige Chance, für die Zukunft einen wirksamen Schutz der Persönlichkeitsrechte zu garantieren. Bis zur Entscheidung des BGH im Fall „Caroline" seien Personen des öffentlichen Le-

---

[80] Vgl. BGHZ 26, 349, 353f. - „Herrenreiter"; s. auch Anm. in Fn. 25; berichtigend ist an dieser Entscheidung festzustellen, dass der Bereicherungsanpruch nicht an eine Vermögensminderung beim Benachteiligten voraussetzt, sondern lediglich einen grundlosen Vermögenszuwachs des Bereicherten, vgl. auch BGHZ 20, 345, 355 - „Paul Dahlke" - mit weiteren Nachweisen aus der Rechtsprechung des RG.

[81] *Steffen*, NJW 1997, 10, 13f..

[82] Vgl. *Rosengarten*, NJW 1996, 1935, 1936.; (wenn auch als „Sprecher in eigener Sache":) *Prinz*, NJW 1996, 953, 954, 958; *ders.*, NJW 1995, 817, 821; *Körner*, NJW 2000, 241, 244; mit Einschränkungen auch *Steffen*, a.a.O., 13, 14; ebenso *Wagner*, ZEuP 2000, 200, 209, welcher in der Verselbstständigung des Präventionsaspektes mitunter eine Wiederbelebung der Injurienklage des römischen Rechts begreift; zuvor sah schon Mincke, JZ 1980, 86, 89, in der Genugtuungsfunktion eine Anknüpfung an den Injurientatbestand. Dem Verständnis des BGH widerspricht *Ullmann*, in: *Beuthien* (Hrsg.), Persönlichkeitsgüterschutz vor und nach dem Tode, 2002, S. 25. Die Auffassung, eine Lizenzanalogie scheide aus, wenn der Betroffene einer Veröffentlichung nicht zustimmen würde, sei moralisierend und dürfe keinen Einfluss darauf haben, ob ein Verletzer den rechtswidrig erlangten Vermögensvorteil behalten könne.

[83] So *Steffen*, a.a.O., 13.

[84] Vgl. *Steffen*, a.a.O., 13.

bens der skrupellosen und degradierenden (Bild-) Berichterstattung der Presse quasi ohne wirksame und schnelle Verteidigungsmittel ausgesetzt gewesen.[85] Die üblichen Schmerzensgeldbeträge, von denen der bis jetzt höchste 50.000 DM betrug,[86] hätten keinerlei abschreckende Wirkung gezeigt.

Maßgeblich an diesem Umstand beteiligt seien nicht nur die starke Finanzkraft der Mediengiganten, sondern auch die immensen Geldleistungen, welche die Verlage für entsprechende Interviews und das Bildmaterial mit Schauspielern und sonstigen Prominenten zu zahlen haben.[87] Diese übersteigen um ein Vielfaches die üblichen Schadensersatzsummen. Folglich ziehen es die Verlage vor, Exklusivinterviews zu erfinden und auf Paparazzi-Fotos zurückzugreifen und damit die relativ geringen Schadensersatzforderungen in Kauf zu nehmen, anstatt auf rechtmäßigem Wege - allerdings unter erheblichem finanziellen Aufwand - an die gewünschten Informationen zu gelangen.[88] Der BGH habe mit der Entscheidung für deutlich erhöhte Entschädigungsansprüche dazu beigetragen, dass Persönlichkeitsrechtsverletzungen zukünftig „verteuert" und deshalb für die Medienunternehmen unrentabel würden - ein Ergebnis, welches nicht nur den betroffenen Verletzten hilfreich sein, sondern daneben auch im Sinne des einzelnen Journalisten und einer freien und ernst zu nehmenden Presse liegen dürfte.[89]

Das OLG Hamburg[90], an welches der BGH[91] die Sache „Caroline von Monaco" zur anderweitigen Verhandlung und Entscheidung zurückverwiesen hat, setzte den Entschädigungsanspruch der Prinzessin von Monaco wegen Verletzung des allgemeinen Persönlichkeitsrechts auf 180.000 DM fest. Es hielt diesen Betrag für angemessen, den schwerwiegenden - zumal vorsätzlichen - Eingriff in die Rechte der Betroffenen unter besonderer Berücksichtigung der vom BGH hervorgehobenen Präventionsgesichtspunkte auszugleichen.

---

[85] Siehe *Prinz*, NJW 1995, 817ff., welcher die in der Praxis häufig vorkommenden materiellen und prozessualen Probleme des Gegendarstellungsanspruches („Sonderrecht für wohlhabende Parteien") und des Widerrufs (Beweis der Unwahrheit der behaupteten Tatsachen, langwieriges Verfahren) darstellt; *ders.*, NJW 1993, 3039ff..

[86] Zugesprochen Prinz Bernhard der Niederlande vom Landgericht Hamburg, 1968, bestätigt durch das OLG Hamburg vom 19.2.1970, AfP 15 (1970), 94, 95.

[87] Vgl. dazu die Beispiele bei *Prinz*, NJW 1996, 953, 956: 500 000 DM für ein Exklusivfoto von der Hochzeit Michael Schumachers, 250 000 DM für ein Interview mit Dr. Jürgen Schneider.

[88] Vgl. *Prinz*, NJW 1996, 953ff., 956; *ders.*, NJW 1995, 817ff.; *Rosengarten*, NJW 1996, 1935ff; *Körner*, NJW 2000, 241, 244.

[89] So *Prinz*, NJW 1995, 817, 821.

[90] OLG Hamburg vom 25.7.1996, NJW 1996, 2870, 2874.

[91] BGH NJW 1995, 861ff..

Das OLG hat ausdrücklich darauf hingewiesen, dass das Anliegen, die Entschädigung „fühlbar“[92] zu machen, nicht darauf hinaus laufen dürfe, diese unmittelbar an den Verletzergewinn zu koppeln. Die Ablehnung einer „Gewinnabschöpfung“ durch den BGH bedeutet für den vorliegenden Fall, dass die Höhe der sachgerechten Entschädigung nicht vom positiven Ergebnis einer Überschussrechnung der Beklagten abhängt. Andernfalls wäre ein Medienunternehmen, dessen rechtsverletzende Veröffentlichung keinen Gewinn oder nur Verluste abwirft, bei gleicher Sachlage mit einem wesentlich geringeren Ersatzanspruch zu belegen.[93] Damit hat das Gericht auch sämtliche vom Klägeranwalt hervorgebrachten Berechnungsmodelle verworfen, welche den Entschädigungsanspruch nach rein betriebswirtschaftlichen Methoden festlegen.[94]

Den Präventionsbestrebungen müsse entsprechend den Umständen des Einzelfalles und der Schwere der Rechtsverletzung Rechnung getragen werden. Die Entschädigungshöhe solle in *qualitativer* Hinsicht eine Dimension erreichen, welche die Presse „zum Nachdenken“ anrege.[95]

Ob die von der Rechtsprechung entwickelten Grundsätze zum Persönlichkeitsschutz in ein „Klassenrecht“ für Adel und Schickeria, eine „einseitige Prominenzjudikatur“ münden, kann wohl nicht eindeutig und abschließend beantwortet werden.[96] Hierfür müssten die Fälle von Ehrverletzungen gegenüber

---

[92] In Anlehnung an die Wortwahl des BGH, vgl. BGH NJW 1995, 861, 865; BGH NJW 1996, 984, 985.

[93] Vgl. OLG Hamburg NJW 1996, 2870, 2872.

[94] Siehe OLG Hamburg NJW 1996, 2870, 2872; zu den verschiedenen Modellen vgl. die Ausführungen im streitigen Klägervortrag des Tatbestandes, aber auch *Prinz*, NJW 1996, 953, 955ff.. Vorgeschlagen werden Berechnungen nach der durch die Rechtsverletzung erzielte Verkaufssteigerung, nach dem Inland-Grosso, nach dem Gesamt-Mehrerlös (Hefteverkauf und Anzeigen) oder nach den Anzeigenpreisen. Interessant ist auch das „Tagessatzmodell“ oder „Tagesgewinnmodell“, entwickelt aus der bei Geldstrafen (als Kriminalstrafen) üblichen Strafzumessungspraxis; hier kommt die Klägerseite zu einem rein rechnerischen Anspruch von ca. 1,5 Mio. DM (- eingeklagt wurden dennoch „nur“ 400 000 DM!)

[95] In diesem Sinne OLG Hamburg, a.a.O., 2872. Die „Caroline“-Doktrin wurde im Folgenden mehrfach aufgegriffen und bestätigt, vgl. nur BGH vom 26.11.1996, NJW 1997, 1148, 1150 - „Stern-TV“; OLG Hamm vom 3.3.1997, NJW-RR 1997, 1044, 1045 - „Geldentschädigung für Nacktfoto“; LG Berlin NJW 1997, 1373, 1375 - „gierigster Lehrer“; OLG Koblenz vom 20.12.1996, NJW 1997, 1375, 1376 - „Schweigen der Hirten“; im Fall LG Berlin vom 9.10.1997, NJW-RR 1998, 316, 317 - „Neonazi“, wo der Präventionsgedanke bei der Bemessung nicht zum Tragen kam, weil es an einem *zielgerichteten* Angriff auf die Person des Verletzten fehlte.

[96] In diesem Sinne aber u.a. *Esser/Schmidt*, Schuldrecht, 1993, S. 159; *Gounalakis*, AfP 29 (1998), 10, 16ff.; zuvor schon *Knieper*, ZRP 1994, 137, 139. Diese Frage nach dem „Sonderrecht“ der Prominenten wird oftmals unberechtigterweise (etwa bei *Seitz*, NJW 1996, 2848, 2849) mit der Problematik des angehenden Wertungswiderspruchs zwischen Schmerzensgeld wegen Persönlichkeitsrechtsverletzungen und Körper- und Freiheitsverletzungen vermischt, vgl. dazu unten 1.6.2. Bedenklicherweise bestärkt wird der Verdacht, das Präventionsargument gelte in erster Linie für den Persönlichkeitsrechtsschutz Prominenter, durch die Argu-

Mitgliedern der privilegierten Gesellschaftsschichten mit solchen gegenüber „Otto Normal" Bürgern genau und sorgfältig im Hinblick auf Anlass und Umstände des Handelns, Beweggründe des Schädigers und der jeweils zugesprochenen Entschädigungen untersucht werden. Die Tatsache aber, dass besonders Schauspieler, Adelige, bekannte Berufssportler oder Politiker am häufigsten die Gerichte aufsuchen, um eine finanzielle Rehabilitierung wegen medienbedingter Ehrverletzungen zu erreichen, lässt sich letztlich mit nur einem, dafür sehr tragfähigem Grund erklären: Die Aufmerksamkeit der Bevölkerung, der Verbraucher, richtet sich eben in hohem Maße auf berühmte Persönlichkeiten und „Showgrößen" in unserer Gesellschaft; Durchschnittsmenschen sind weniger bzw. nicht über längere zeitliche Distanzen von Interesse. Der Bedarf an Informationen über das Leben Prominenter wird fast einzig und allein durch die Massenmedien und Werbeindustrie gestillt. Letztere sehen sich im Kampf um das wirtschaftliche Überleben gezwungen, möglichst viel unter möglichst großer Aufmachung zu berichten - dabei bleibt ein respektvoller Umgang mit Ehre und Achtungsanspruch des Einzelnen nicht selten auf der Strecke.[97]

1.5.3 Der „Kumulationsgedanke"

In engem zeitlichen Zusammenhang mit den Entscheidungen „Caroline von Monaco" erweitert der BGH seine Rechtsprechung zum Persönlichkeitsschutz um einen zusätzlichen Aspekt. Eine schwerwiegende ersatzpflichtige Verletzung des allgemeinen Persönlichkeitsrechts soll demgemäß auch dann vorliegen,

---

mentation des OLG München (vom 1.12.2000, NJW-RR 2001, 629, 631 - „140 000 DM für drei Bussis") in einem Fall, in dem ein Reporter über die Intim- und Privatsphäre eines 32jährigen Mannes berichtet hatte. Durch die genaue Beschreibung der Person und Lebensverhältnisse wurde die Anonymität des Klägers zumindest für seinen weiteren Kollegen- und Bekanntenkreis aufgedeckt, während der Betroffene eine die Enthüllungen rechtfertigende Einwilligung nicht abgegeben hatte; die Schilderungen über sein unerfülltes Liebesleben und die Beziehung zu einer Frau, die ihn lediglich für den Empfang eines Darlehens ausgenutzt hatte, hatte der Kläger nur unter der Bedingung getan, dass er in dem veröffentlichten Beitrag nicht erkennbar gemacht wurde. Weil der Kläger als „liebesblinder Trottel" dargestellt und durch die Schreibart des Artikels dem öffentliche Spott ausgesetzt wurde, ist der Eingriff mit der Veröffentlichung des Beitrages als schwere Verletzung des Persönlichkeitsrechts des Klägers zu bewerten. Den Entscheidungsgründen ist zu entnehmen, dass das Gericht zumindest von einer schwereren Form der Fahrlässigkeit ausgeht, mit welcher der Beklagte den Mangel einer Zustimmung verkannte. Dennoch spielt der Präventionsgedanke für die richterliche Einschätzung der Entschädigungshöhe in diesem Fall keine Rolle - dieser sei ausschließlich bei hartnäckigen und vorsätzlichen Persönlichkeitsrechtsverletzungen von Bedeutung. Diese Voraussetzungen lägen hier nicht vor. Allein die Ausgleichs- und Genugtuungsfunktion rechtfertigten die vom Landgericht zugesprochene Summe von 15 000 DM, so sehr sei der Kläger durch die Darstellung in seinem Ehr- und Schamgefühl herabgewürdigt, besonders vor den Menschen seines privaten und beruflichen Umfeldes, vgl. OLG München, a.a.O., 629, 631.

[97] Vgl. *Schwerdtner*, in: *Lorenz* (Hrsg.), Karlsruher Forum 1996: Schutz der Persönlichkeit, 1997, S. 27, 43.

wenn in einem überschaubaren Zeitraum wiederholt das Recht am eigenen Bild einer Person verletzt wird.

Diesmal war es der älteste Sohn der Prinzessin Caroline von Monaco, dessen Bild in Form verschiedener Fotos in vier Monaten insgesamt viermal in den Illustrierten der beklagten Verlegerin erschien. Es handelte sich um Darstellung des Jungen in alltäglichen Situationen. Während dieser Zeit ergingen sowohl eine Abmahnung als auch eine einstweilige Verfügung mit dem Verbot weiterer Veröffentlichungen.[98] Die Klage des Jungen auf Schmerzensgeld von mindestens 20.000 DM wurde zunächst vom zuständigen LG, dann vom OLG abgewiesen. In den Gründen wurde dargelegt, dass eine solche Geldentschädigung nicht in Betracht komme, weil die Veröffentlichungen der Fotos - jeweils für sich betrachtet - zwar einen Eingriff in das Recht am eigenen Bild des Klägers darstellten, jedoch keine *schwerwiegende* Persönlichkeitsverletzung im Sinne der geltenden Rechtsprechung.[99]

Der BGH ist dem entgegengetreten. Die Rechtsverletzung erschöpfe sich nicht im Abdruck der einzelnen Fotos. Die besondere Schwere der Verletzung ergebe sich aus dem Umstand, dass „die Beklagte durch die wiederholte einwilligungslose Veröffentlichung der Fotos des Klägers dessen Recht am eigenen Bild mit besonderer Hartnäckigkeit verletzt und sich zumindest bei der letzten Veröffentlichung über den ihr ausdrücklich erklärten entgegenstehenden Willen des Klägers hinweggesetzt hat“[100]. Betont wird die offenkundige Missachtung des Klägerwillens um des eigenen wirtschaftlichen Vorteils der Beklagten. Weil sich für Verletzungen des Rechts am eigenen Bild keine Abwehrmöglichkeiten wie Gegendarstellung oder Widerruf erböten, müsse die Eingriffsschwelle für Persönlichkeitsverletzungen entsprechend tiefer gesetzt werden. Auch hier versäumt der BGH es nicht, in Fortführung der „Caroline“-Rechtsprechung darauf hinzuweisen, dass der streitige Entschädigungsanspruch der Prävention dienen müsse.[101]

In einem ähnlich, sogar weitaus eindeutiger gelagerten Fall, hat das Landgericht Hamburg[102] den vom BGH entwickelten „Kumulationsgedanken“ aufgegriffen. Dem Kläger Prinz Ernst August von Hannover wurden wegen rechtswidrigen Eingriffs in das Recht am eigenen Bild (§§ 22, 23 II KUG) und der Verletzung des Persönlichkeitsrechts 100.000 DM als Ersatz eines immateriellen Schadens zugesprochen.

Die Illustrierte „Bunte“, Produkt des beklagten Verlages, hatte in insgesamt 21 Ausgaben in der Zeit von Februar 1996 bis einschließlich Dezember 1997 aus dem Privatleben des Prinzen von Hannover berichtet. Den Beiträgen waren

---

[98] Vgl. BGH vom 12.12.1995, NJW 1996, 985, 987.
[99] Vgl. BGH NJW 1996, 985, 986.
[100] BGH a.a.O., 986.
[101] BGH a.a.O., 987.
[102] LG Hamburg vom 8.5.1998, ZUM 1998, 852, 863.

durchweg Fotos, in einzelnen Fällen auch Fotomontagen oder gemalte Bildnisse zugefügt, welche den Prinzen - in den meisten Fällen mit Caroline von Monaco - an verschiedenen Urlaubsorten zeigten. Der Prinz war gegen die einzelnen Veröffentlichungen gerichtlich vorgegangen und hatte im Wege einstweiliger Verfügungen bewirkt, dass die weitere Verbreitung gewisser Äußerungen und Bilder untersagt wurde. Der Prozessbevollmächtigte des Prinzen Ernst August forderte eine Million DM Geldentschädigung für die streitigen Publikationen; das Gericht hielt die Zahlungsklage nur für teilweise begründet. Zwölf der 21 Beiträge wurden, zwar nicht einzeln und isoliert betrachtet, jedoch in ihrer Gesamtheit als schwerer Eingriff in das Persönlichkeitsrecht des Klägers qualifiziert. Darunter befand sich in der Dezemberausgabe auf der Titelseite der Illustrierten auch ein gemaltes Bildnis der beiden Adelsrepräsentanten mit den Kindern Carolines vor einem Weihnachtsbaum, versehen mit perforierten Türchen nach Art eines Adventskalenders, welches vom Verlag zu einem Weihnachtsgewinnspiel genutzt wurde.

Aufgrund der ersten gerichtlichen Verbotsverfügung im Anschluss an die Berichte der „Bunten" hätten die Verantwortlichen wissen müssen, dass die Verbreitung des Bildmaterials und den korrespondierenden Berichten ohne die Einwilligung des Klägers unzulässig ist. Eine derartige „Serie"[103] von Eingriffen unter bewusster und offenkundiger Missachtung der Rechtslage und des entgegenstehenden Willen des Abgebildeten auch um des eigenen wirtschaftlichen Vorteils willens stellen nach Aussage des Gerichts „eine hartnäckige Bildrechtsverletzung und damit zugleich einen schwerwiegenden Eingriff in das Persönlichkeitsrecht dar."[104] Hinzu komme, dass der Verlag die letzte Veröffentlichung in der Dezemberausgabe zur Veranstaltung eines Gewinnspieles und somit zu gewerblichen Zwecken nutzte, wiederum ohne die Zustimmung des Klägers und Carolines.[105]

Auch das LG Hamburg hebt zwei Kriterien zur Bemessung der Entschädigungshöhe besonders hervor: Zum einen die Genugtuung des Klägers für die erlittenen Beeinträchtigungen und zum anderen den „Gedanken der Prävention"[106] angesichts der Vielzahl der bis dahin eingetretenen Bildrechtsverletzungen. Eine Schadensersatzsumme von 100.000 DM erachtet die Kammer als erforderlich, aber auch ausreichend, um sowohl dem Kläger Genugtuung als Ausgleich für die immateriellen Schäden zu verschaffen, als auch um der Begehung zukünftiger Bildrechtsverletzungen vorzubeugen.

---

[103] LG Hamburg, a.a.O., 861.
[104] LG Hamburg, a.a.O., 861.
[105] Vgl. LG Hamburg, a.a.O., 861.
[106] LG Hamburg, a.a.O., 862.

1.6 Relativierung der „Präventionsrechtsprechung"

Zwei Urteile aus jüngerer Zeit tragen wesentlich zu einem Richtungswechsel und einer Neueinordnung der Rechtsprechungspraxis bei.

1.6.1 Der vermögenswerte Bestandteil des Persönlichkeitsrechts - „Marlene Dietrich"

Bereits in der „Dahlke"-Entscheidung des BGH[107] wurde festgestellt, dass die Verletzung besonderer Persönlichkeitsrechte, wie des Rechts am eigenen Bild, vermögensrechtliche Ersatzansprüche auslösen kann. In neuerer Zeit findet sich diese Aussage u.a. im Fall „Fuchsberger"[108] wieder. Demgegenüber ging die Rechtsprechung lange davon aus, dass in derartigen Konstellationen ein Nichtvermögensschaden mangels gesetzlicher Grundlagen (vgl. § 253 BGB) nicht ersatzfähig sei.[109] Erst im Fall „Herrenreiter" revidierte der BGH diese Sicht und bejahte unter Verweis auf die verfassungsrechtliche Garantie der Art. 1, 2 GG auch hier einen Entschädigungsanspruch.[110]

Dieser zweispurige Schutz der Immaterialgüter (Recht am eigenen Namen, Recht am eigenen Bild) wird durch die „Marlene Dietrich"-Entscheidung[111] in einem obiter dictum auch auf das *allgemeine* Persönlichkeitsrecht übertragen.

Im zugrunde liegenden Sachverhalt nahm die Klägerin, Alleinerbin und Testamentsvollstreckerin über den Nachlass der verstorbenen Schauspielerin Marlene Dietrich, den Beklagten wegen unbefugter Verwendung des Namens, des Bildnisses und des Namenszuges von Marlene Dietrich auf Schadensersatz in Anspruch. Diese hatte der Beklagte u.a. einem Automobilhersteller und einer Kosmetikfirma gegen Entgelt zur Verfügung gestellt.

Der BGH hielt eine Persönlichkeitsrechtsverletzung als Voraussetzung der geltend gemachten Forderung mit folgender Argumentation für gegeben: Das personelle Ausschließlichkeitsrecht nach § 823 I BGB diene nicht nur dem Schutz

---

107 BGHZ 20, 345ff..

108 BGH vom 4.6.1992, BGHZ 118, 312, 351 = VersR 1993, 66, 68: Die Beklagte, Inhaberin eines Optikergeschäftes, hatte von ihrem Dachverband ein Foto erhalten, welches den Schauspieler Joachim Fuchsberger, den Kläger, mit einer Brille aus deren neuer Kollektion zeigte. Die Beklagte nutzte das Foto ohne Einwilligung des Klägers mehrmals zu Werbezwecken. Letztlich wurde eine Verletzung des Rechts am eigenen Bild mangels Verschulden verneint. Vgl. vorher auch schon BGH NJW 1979, 2205 - „Fußballspieler"; BGH NJW 1981, 2402f. - „Carrera". *Ullmann*, in: *Beuthien*, Persönlichkeitsgüterschutz vor und nach dem Tode, 2002, gibt einen kurzen Abriss über die Entwicklung der Rechtsprechung zum Recht am eigenen Bild.

109 Vgl. BGHZ 20, 345, 352.

110 Siehe BGHZ 26, 348, 358; vgl. oben 1.1.

111 BGH vom 1.12.1999, BGHZ 143, 214, 232 = NJW 2000, 2195, 2201; ausführlich *Staudinger/Schmidt*, Jura 2001, 241ff..

ideeller, sondern auch vermögenswerter Interessen der Persönlichkeit.[112] Denn der Abbildung, dem Namen sowie sonstigen Merkmalen der Persönlichkeit könne eine beträchtliche wirtschaftliche Bedeutung zukommen, die zumeist auf der Bekanntheit und dem Ansehen der Person in der Öffentlichkeit beruhe. Diese Popularität könne die bekannte Person wirtschaftlich verwerten, indem sie einem Dritten gegen Entgelt ihren Namen, ihr Bild oder ein sonstiges spezielles Identifikationsmerkmal zur Werbung für bestimmte Produkte oder Dienstleistungen überließe. Die unbefugte Verwertung von Persönlichkeitsrechten zu kommerziellen Zwecken verletze den Betroffenen selten in ideellen Interessen - Ehre und sozialem Geltungsanspruch -, sondern werde häufiger als wirtschaftliche Benachteiligung empfunden, die entsprechenden Rechte nicht gegen einen angemessenen finanziellen Ausgleich zur Verfügung gestellt zu haben.[113] Somit rechtfertige die schuldhafte Persönlichkeitsverletzung auch einen Schadensersatzanspruch im Sinne eines echten Ausgleichs.

Die neue Rechtsprechung impliziert eine Stärkung und Erweiterung der präventiven Anreizwirkung für den Bereich des Persönlichkeitsschutzes.[114] Im Unterschied zur Entschädigung bei ideellen Persönlichkeitsrechtsverletzungen ist ein Schadensersatzanspruch, soweit vermögenswerte Interessen verletzt sind, unabhängig von der Eingriffsintensität und dem Verschuldensgrad gegeben. Voraussetzung ist also weder eine „besonders schwerwiegende“ oder „hartnäckige“ Beeinträchtigung noch ein grob fahrlässiges bzw. vorsätzliches Handeln. Dies sind Kriterien, wie sie seit der „Ginseng“-Entscheidung zur Eingrenzung des Tatbestandes bei immateriellen Rechtsverletzungen herangezogen worden sind.[115]

Des weiteren statuiert der BGH im vorliegenden Fall die Vererblichkeit des patrimonialen Persönlichkeitsrechts: Auch nach dem Tode des Rechtsträgers können dessen Erben bei rechtswidrigen Eingriffen in das allgemeine Persönlichkeitsrecht einen Ersatzanspruch geltend machen - der „immaterielle Teil“ des personellen Ausschließlichkeitsrechts ist dagegen nicht übertragbar und unvererblich.[116]

---

[112] Vgl. BGH NJW 2000, 2195, 2197.

[113] Siehe BGH a.a.O., 2197.

[114] Vgl. hierzu auch *Wagner*, VersR 2000, 1305ff..

[115] Siehe BGH NJW 1961, 2059ff. (dazu 1.2), aber auch die im vorangehenden zitierten Urteile BGH NJW 1962, 1004, 1005; BGH NJW 1963, 902, 904; BGH NJW 1985, 1617, 1619; BGH NJW 1995, 861, 864; LG Hamburg ZUM 1998, 852, 861.

[116] Vgl. BGH NJW 2000, 2195, 2197; *Peukert*, ZUM 2000, 710, 711; schon bei BGH vom 20.3.1968, BGHZ 50, 133, 137 - „Mephisto“, wurde die Unvererblichkeit des allgemeinen Persönlichkeitsrechts festgestellt. Der Adoptivsohn des Schauspielers und Intendanten Gustav Gründgens hatte einen Verlag verklagt, die Herausgabe eines das Ansehen Gründgens verunglimpfenden Romans von Klaus Mann zu unterlassen. Der BGH entschied hier jedoch, dass die Persönlichkeit des Rechtsträgers auch noch nach dessen Tode den Schutz vor wenigstens groben Ehrverletzungen genieße; zur Wahrnehmung eines solchen Schutzanspruches (hier in

Weitaus bedeutsamer ist jedoch, dass dem Geschädigten zur Bestimmung seines Entschädigungsanspruches drei Berechnungsmethoden zur Verfügung stehen.[117] Er kann die konkret bezifferten entgangenen Nachteile - in der Regel den entgangenen Gewinn - ersetzt verlangen oder sich an der hypothetisch zu ermittelnden Lizenzgebühr orientieren, also das fordern, was er als Gegenleistung für eine vertragliche Überlassung seines Persönlichkeitsrechts erhalten würde. Außerdem steht dem Verletzten die Möglichkeit offen, den beim Schädiger durch die Rechtsverletzung eingetretenen Vermögenszuwachs („Verletzergewinn") mit Hilfe von Auskunft- und Rechnungslegungsansprüchen geltend zu machen.[118]

Möglich ist also auch die im Fall „Caroline von Monaco"[119] vom BGH abgelehnte „Gewinnabschöpfung": Der Verletzte kann beanspruchen, was der Schädiger infolge der Verletzung wirtschaftlich erlangt hat. Eben die Gefahr, den „Ertrag" eines vorsätzlichen und rechtswidrigen Eingriffs herausgeben zu müssen, bildet für den Schädiger einen Anreiz, die Verletzungshandlung von vornherein zu unterlassen. Damit wirkt das Haftungssystem *selbst* präventiv für den Bereich der Fälle, in denen materielle und immaterielle Aspekte des Persönlichkeitsrechts rechtswidrig beeinträchtigt sind; hier muss der Präventionszweck folgerichtig nicht mehr als Bemessungsfaktor für die Höhe der Entschädigungssumme herangezogen werden.[120]

Kritik an der Rechtsprechung des BGH betrifft einmal die begriffliche Ungenauigkeit und mangelnde Stringenz zur bisherigen Deutung des allgemeinen Persönlichkeitsrechts. Denn die ideellen, ureigenen Persönlichkeitsmerkmale seien ein unlösbarer Teil der Persönlichkeit und als solche nicht verwertbar. Ihnen komme damit auch kein kommerzieller und wirtschaftlicher Wert zu. Weder der Person selbst noch Dritten könne damit ein Recht an der Verwertung der Persön-

---

Form eines Unterlassungsanspruches) seien die vom Verstorbenen Berufenen oder nahe Angehörige befugt. Der BGH hat seine Rechtsprechung in BGH vom 8.6.1989, BGHZ 107, 384, 395 - „Emil Nolde", in einem obiter dictum bestätigt, der postmortale Persönlichkeitsschutz eines Künstlers sei auch 30 Jahre nach dessen Tode nicht entfallen, im Gegensatz zum Schutzanspruch aus dem Namensrecht, welches mit dem Tode erlischt, vgl. BGH a.a.O., 389; zum Anspruch auf *Schadensersatz* bei postmortaler Verletzung des immateriellen Persönlichkeitsrechts vgl. die Ausführungen zum Fall BGH NJW 1974, 1371 - „Fiete Schulze", bei *Seifert*, NJW 1999, 1889, 1894; zur Behandlung des Übergangs ideeller und kommerzieller Interessen am Persönlichkeitsrecht auf die Angehörigen bzw. Erben im Sinne einer „dualistischen" oder „monistischen" Theorie vgl. *Gregoritza*, Die Kommerzialisierung von Persönlichkeitsrechten Verstorbener, 2003, S. 120ff..

[117] Vgl. ausführlich *Gregoritza*, Die Kommerzialisierung von Persönlichkeitsrechten Verstorbener, 2003, S. 198ff..

[118] Vgl. BGH NJW 2000, 2195, 2201; s. auch *Wagner*, a.a.O., 1308.

[119] Siehe oben 1.5.

[120] Vgl. *Ullmann*, AfP 30 (1999), 209, 213.

lichkeit zustehen.[121] Außerdem gäbe es zu Bedenken, dass der BGH nun auch bei bloß fahrlässig begangenen Persönlichkeitsrechtsverletzungen die drei Möglichkeiten der Schadenberechnung zulässt. Aus diesem Grunde sei ein materieller Schaden leichter durchsetzbar und würde häufiger vor den Gerichten verfolgt werden als ein immaterieller Schadensersatzanspruch.[122]

Das Urteil „Marlene Dietrich" wird über seinen eigenen Anwendungsbereich hinaus auch für eine Vielzahl von Entscheidungen zur Verletzung des immateriellen Persönlichkeitsrechts an Bedeutung gewinnen. Denn es entspricht wohl weit mehr der juristischen Wirklichkeit, dass bei den streitigen Rechtsverletzungen sowohl vermögensrechtliche als auch immaterielle Interessen tangiert sind als dass jeweils nur eine Seite der Persönlichkeit beeinträchtigt ist, eine Erkenntnis, die sich bereits in der gesetzlichen Umsetzung des Urheberschutzes, nämlich in den beiden Absätzen des § 97 UrhG, niedergeschlagen hat.[123]

Rückblickend dürfte sich damit auch eine andere Bewertung des Sachverhalts bei „Caroline von Monaco I" (Erfundenes Exklusivinterview)[124] ergeben. Selbst wenn hier mit der Rechtsprechung einen Eingriff in die Ehrsphäre bejaht wird, ist nicht zu übersehen, dass *auch* das vermögenswerte Recht der Prinzessin auf wirtschaftliche Verwertung der eigenen Person verletzt worden ist.[125] Dementsprechend würde sich durch die in der „Marlene Dietrich"-Entscheidung dargestellten Berechnungsmethoden ein weitaus höherer Schadensersatzanspruch der Klägerin ergeben, da im Zusammenhang mit der Verletzung vermögensrechtlicher Interessen auch eine Gewinnabschöpfung beim Verletzer möglich ist.[126]

1.6.2 Schmerzensgeldbemessung bei Schockschäden und Persönlichkeitsrechtsverletzung

Eine eindeutig kritische Haltung gegenüber einer präventiven Ausrichtung des gesetzlichen Haftungssystems nimmt das Bundesverfassungsgericht im Anschluss an den BGH ein.

Es hatte über die Verfassungsbeschwerde eines Elternpaares zu entscheiden, welches infolge der Tötung seiner drei Kinder im Alter zwischen 17 und 21 Jahren bei einem fremd verschuldeten Verkehrsunfall schwerste Schockschäden er-

[121] Vgl. *Beuthien*, in: *Beuthien*, Persönlichkeitsgüterschutz vor und nach dem Tode, 2002, S. 76.
[122] Vgl. *Beuthien*, a.a.O., S. 80, mit dem Hinweis, dass die Rechtsprechung des BGH auch mit seiner Lösung, wonach ein Verletzererlös nach §§ 687 II, 681 S. 2, 667 BGB nur bei vorsätzlichem Handeln herauszugeben ist, nicht vereinbar sei.
[123] Vgl. *Wagner*, VersR 2000, 1305, 1309.
[124] BGH NJW 1995, 861, 865.
[125] Vgl. zum Ganzen auch *Wagner*, ZEuP 2000, 200, 220, aus rechtsvergleichender Sicht; kritisch gegenüber der Anerkennung eines vermögensrechtlichen Bestandteils des allgemeinen Persönlichkeitsrechts *Müller*, VersR 2000, 797, 805.
[126] So auch *Staudinger/Schmidt*, Jura 2001, 241, 249.

litt.[127] Das zuständige Landgericht hatte dem Vater ein Schmerzensgeld in Höhe von 70.000 DM, der Mutter in Höhe von 40.000 DM gegen den Unfallverursacher zugesprochen. Die Berufung, mit der die Kläger eine Erhöhung des Schmerzensgeldes auf 150.000 DM bzw. 120.000 DM forderten, wurde zurückgewiesen. Mit ihrer Verfassungsbeschwerde rügten die Betroffenen die Verletzung von Art. 3 I GG, daneben auch einen rechtswidrigen Eingriff in ihre Freiheitsrechte nach Art. 2 I i.V.m. Art. 1 GG und Art. 6 I GG. Sie hielten die jeweils zugesprochenen Schmerzensgeldbeträge im Hinblick auf die Rechtsprechungspraxis bezüglich der Entschädigungssummen bei medienbedingten Persönlichkeitsrechtsverletzungen für unvereinbar mit dem Gleichheitsgrundsatz nach Art. 3 I GG.

Das Bundesverfassungsgericht wies die Verfassungsbeschwerde schon mangels grundsätzlicher Bedeutung und weil eine Durchsetzung der als verletzt gerügten Grundrechte nicht angezeigt war, als unzulässig zurück. In seinen Ausführungen zur Begründetheit stellt das Gericht auf die grundlegenden Unterschiede der beiden Konstellationen ab, welche eine Differenzierung hinsichtlich der Rechtsfolgen auch verfassungsrechtlich rechtfertige.[128] Der Entschädigungsanspruch infolge immaterieller Persönlichkeitsrechtsverletzungen sei nach inzwischen gefestigter Rechtsprechung nicht mehr auf eine Analogie des § 847 BGB a.F. zu stützen, sondern ließe sich direkt aus § 823 I BGB vor dem Hintergrund des verfassungsrechtlichen Schutzauftrages gegenüber der Persönlichkeit lesen. In dieser Eigenschaft solle die Geldentschädigung einen wirksamen Rechtsschutz vor unbefugten Eingriffen in die Ehr- und Intimssphäre des Einzelnen garantieren. Darüber hinaus würde ihr in der Rechtsprechung des BGH ein echter Hemmungseffekt zugeschrieben, eine „rücksichtslose Vermarktung" der Persönlichkeit zu unterbinden. Gerade weil die Presseunternehmen durch bewusst falsche oder ehrenrührige Berichterstattung vorsätzliche Rechtsverletzungen begingen, um die Auflagen ihrer Blätter zu steigern und ihren kommerziellen Interessen zu folgen, müsste die Entschädigung danach bemessen sein, dass sie ein Gegenstück zu der rechtswidrig verwirklichten Gewinnerzielung bilde.

Derartige Präventionsgesichtspunkte, die in den Persönlichkeitsrechtsfällen zu einer deutlichen Erhöhung des Entschädigungsanspruches führten, spielten eben bei der Haftung für Körperverletzungen und Schockschäden keine Rolle.[129] Dies sei in erster Linie darauf zurückzuführen, dass Verkehrsunfälle für gewöhnlich nicht vorsätzlich verursacht werden und nicht von einer Gewinnerzielungsabsicht getragen sind. Zudem hält es das Bundesverfassungsgericht für unwahrscheinlich, dass ein potentieller Unfallverursacher durch eine Steigerung der Schmerzensgeldsummen angehalten sein mag, alle zur Unfallvermeidung erforderlichen Sorgfaltsmaßnahmen zu ergreifen. Dass eine solche Wirkung nicht er-

[127] Siehe BVerfG vom 8.3.2000, NJW 2000, 2187, 2189.
[128] Vgl. BVerfG, a.a.O., 2187.
[129] Siehe BVerfG, a.a.O., 2188.

zielbar sei, läge letztlich auch daran, dass die Ersatzpflicht in den meisten Fällen von einer Haftpflichtversicherung übernommen würde.[130] Insgesamt, so das Bundesverfassungsgericht, könne das angegriffene Urteil verfassungsrechtlich nicht beanstandet werden. Die unterschiedliche Bedeutung des Präventionsgedankens gebiete auch eine dementsprechende Differenzierung hinsichtlich der Entschädigungs- bzw. Schmerzensgeldhöhe.[131]

Mit der Entscheidung des Bundesverfassungsgerichtes wird klar, dass das Prinzip der präventiven Anreizwirkung von Haftungsnormen auf den Bereich Persönlichkeitsverletzungen, und zwar für ihren immateriellen Teil, beschränkt bleiben soll. Für die Fälle der Körperverletzungen und Sachbeschädigungen hingegen werden Präventionsgesichtspunkte nicht einbezogen, nicht zuletzt weil ihnen die Realisierbarkeit abgesprochen wird.

Das Verfassungsgericht hat damit bestätigt, was viele Stimmen aus Praxis und Lehre in Anbetracht der Verselbstständigung des Präventionsgedankens seit den „Caroline"-Urteilen im Persönlichkeitsschutz befürchtet und kritisiert haben, nämlich eine drastische Diskrepanz zwischen den Fällen der Ehr- und Persönlichkeitsverletzungen und denen der „einfachen" Körperverletzungen. Selbst wenn man[132] eingestehen muss, dass im Bereich der Persönlichkeitsverletzungen bestimmte Umstände - etwa vorsätzliches Handeln und Gewinnstreben - eigens zu berücksichtigen sind, stimmen im Vergleich dazu die fast vernachlässigenswerten Schmerzensgeldsummen, welche den Opfern von körperlicher und sexueller Gewalt zugesprochen werden, im Ergebnis mehr als nachdenklich.[133] „20.000 DM für sexuellen Missbrauch, welcher beim betroffenen Kind ‚massive Verhaltensauffälligkeiten mit weitreichenden, u.U. lebenslangen Folgen' auslöste"[134]; „40.000 DM für stundenlanges, äußerst brutales Vergewaltigungsmartyrium an einer 17jährigen"[135]; (immerhin:) „100.000 DM für sadistische, lebensbedrohliche, über Tage lang andauernde Vergewaltigungen unter Freiheitsentzug"[136]; „12.000 DM bei besonders brutalen und mehrfachen Vergewaltigungen"[137]; „5.000 DM für das Opfer einer sexuellen Nötigung, welches um sein Leben fürchtete und unter psychischen Beeinträchtigungen leidet"[138]; „10.000 DM für jedes von zwei Kindern, welche die Tötung ihrer Mutter miter-

---

[130] So BVerfG, a.a.O., 2188.
[131] Vgl. BVerfG, a.a.O., 2188.
[132] In Anlehnung an *Steffen*, NJW 1997, 10, 11.
[133] Vgl. *Däubler*, NJW 1999, 1611f.; *Gounalakis*, AfP 29 (1998), 10, 16; *Seitz*, NJW 1996, 2848ff.; *Canaris*, in: FS. für E. Deutsch, S. 85, 106.
[134] OLG Koblenz vom 23.3.1998, NJW 1999, 1640.
[135] OLG Koblenz vom 2.10.1998, NJW 1999, 1639, 1640.
[136] LG Frankfurt a.M. vom 24.2.1998, NJW 1998, 2294, 2295.
[137] LG Flensburg vom 29.1.1999, NJW 1999, 1640, 1642.
[138] AG Radolfszell vom 25.4.1996, NJW 1996, 2874, 2875 (im direkten Anschluss an „Caroline von Monaco" vor dem OLG Hamburg).

leben mussten"[139] – dies ist wohl nur ein Ausschnitt dessen, was den Wertungswiderspruch zu den Fällen „Caroline von Monaco" ausmacht.

Fraglich bleibt deshalb, ob in unserer Gesellschafts- und zivilen Rechtsordnung der Schutz von Ehre und sozialem Geltungsanspruch einen höheren Stellenrang einnimmt als das Bemühen, Trauer und seelischen Schmerz, psychische Grenzzustände oder den Verlust naher Angehöriger, jeweils verursacht durch Fremdverschulden, einem „adäquaten Ausgleich" zuzuführen, soweit dies überhaupt irgendwie möglich ist.[140]

Es kann nur Aufgabe des Gesetzgebers und für die nahe Zukunft die der Richter sein, die Schmerzensgeldbeträge in den angesprochenen Fällen deutlich anzuheben, um die sich auftuende Kluft zu überwinden.

1.7 Zusammenfassung

Für den Persönlichkeitsschutz ist der Präventionsgedanke nicht zum ersten Mal in den Fällen „Caroline von Monaco" hervorgebracht worden. Hier allerdings löst er weitreichende Diskussionen und Kritik unter den Vertretern der Lehre aus.

Die Bundesrichter selbst scheinen für die Begründung einer „Präventionskomponente" deliktischer Schadensersatzansprüche nicht auf eine tiefgehendere dogmatische Herleitung angewiesen zu sein. Die für den Zeitpunkt der Entscheidung ungewöhnlich hohen Ersatzsummen resultieren überwiegend aus Zweckmäßigkeitserwägungen, welche darin bestehen, Lücken im Persönlichkeitsrechtsschutz wirksam zu schließen. Festzuhalten bleibt, dass der Bemessung des Ersatzanspruches nach der Rechtsprechung nicht eine rein kalkulatorische Veranschlagung des Verletzergewinns zugrunde liegt, sondern die Anspruchshöhe über die erhoffte Wirkung eines symbolischen Betrages bestimmt sein soll.

Nachdem das Präventionsargument in vergleichbaren Fallgestaltungen auch von den Instanzgerichten gebraucht wird, erfährt es zum einen eine Beschränkung durch das Bundesverfassungsgericht, welches seine Anwendung für den übrigen Bereich des Haftungsrechts ausschließt. Zum anderen rückt seine Notwendigkeit durch die Statuierung eines vermögenswerten Bestandteils des immateriellen Persönlichkeitsrechts im „Marlene-Dietrich"-Urteil des Bundesgerichtshofes in den Hintergrund: die dreifache Berechnungsmethode für den Ersatzanspruch infolge einer Verletzung des wirtschaftlichen Gehalts des allgemeinen Persönlichkeitsrechts trägt schon an sich zu einer Abschreckung vor derartigen Verstößen bei.

---

[139] OLG Nürnberg vom 27.2.1998, NJW 1998, 2293, 2294.

[140] Vgl. *Däubler*, a.a.O., 1611f., der auch den Widerspruch zum Schutz von Sachwerten beispielsweise durch die Gewährung von Nutzungsentschädigungsansprüchen moniert.

2. Rechtsprechung des BGH zur Anerkennungsfähigkeit von „punitive damages"-Urteilen US-amerikanischer Gerichte

Eine weitere Erkenntnisquelle zum Bedeutungsgehalt von Sanktions- und Präventionswirkung zivilrechtlicher Regelungen bieten die Aussagen des Bundesgerichtshofs im Zusammenhang mit punitive damages, die in den USA häufig als „Strafschadensersatz"[141] unabhängig von den eigentlichen Schadensposten zum Ausgleich materieller und immaterieller Einbußen zuerkannt werden.

2.1 Entwicklung, Voraussetzungen und Funktionen der „punitive damages" im anglo-amerikanischen Recht - ein Überblick[142]

Punitive damages erschienen erstmals Mitte des 18. Jahrhunderts in englischen Entscheidungen, damals unter dem Begriff „exemplary damages".[143] Hier ging es vornehmlich um Fälle körperlicher Gewaltanwendung, Freiheitsentziehung und Ehrverletzungen, bei denen der Geschädigte entweder keinen oder einen nur geringen bezifferbaren materiellen Schaden erlitt. Aus den Urteilen geht nicht eindeutig hervor, ob die exemplary damages vorrangig dem *Ausgleich* immaterieller Schäden, welchen das englische Schadensersatzrecht grundsätzlich nicht vorsah, dienten oder mehr *Straf-* und *Abschreckungs*funktion besaßen oder beide Zwecke miteinander verbanden.[144]

Während in England bald eine Einschränkung des Anwendungsbereichs der punitive damages stattfand[145], entwickelte sich in den USA diesbezüglich eine ausgeprägte Kasuistik. Sowohl im Common Law, also dem ungeschriebenen, aus den Regeln des gemeinen Rechts entstandenen Fallrecht, als auch im Gesetzesrecht der Einzelstaaten und des Bundes sind punitive damages - soweit nicht

---

[141] Kritisch gegenüber dieser Begriffswahl *Bungert*, VersR 1994, 15, 16, welcher auch im Deutschen eine Beibehaltung der Bezeichnung „punitive damages" befürwortet.

[142] Vgl. zu diesem Themenkreis aus der deutschsprachigen Literatur insbesondere *Mörsdorf-Schulte*, Funktion und Dogmatik US-amerikanischer punitive damages: zugleich ein Beitrag zur Diskussion um die Zustellung und Anerkennung in Deutschland, 1999; *Brockmeier*, Punitive damages, multiple damages und deutscher ordre public, 1999; *Bentert*, Das pönale Element - ein Fremdkörper im deutschen Zivilrecht, 1996; *Rosengarten*, Punitive damages und ihre Anerkennung und Vollstreckung in der Bundesrepublik Deutschland, 1994; *Stiefel/Stürner*, Die Vollstreckbarkeit US-amerikanischer Schadensersatzurteile exzessiver Höhe, VersR 1987, 829ff.; *Großfeld*, Die Privatstrafe, 1961, S. 49ff..

[143] Vgl. zum englischen Recht *Clerk/Lindsell*, On Torts, 1995, Rn. 27ff., 66ff..

[144] Vgl. *Bentert*, a.a.O., S. 44, mit Beispielen aus der Rechtsprechung.

[145] Das Rechtsinstitut der exemplary damages wurde auf zwei spezielle Fallgruppen reduziert: Zum einen auf die Fälle rechtswidriger, willkürlicher Eingriffe durch Vertreter der Staatsgewalt, zum anderen auf unerlaubte Handlungen, mit denen der Schädiger einen höheren Gewinn zu erzielen sucht, als die materiellen Auswirkungen beim Geschädigten sind, vgl. *Rosengarten* a.a.O., S. 38f., *Bentert*, a.a.O., S. 44f..

vollständig ausgeschlossen - anerkannt und teilweise werden ihre Voraussetzungen geregelt.[146] Hauptanwendungsbereich ist hier das Deliktsrecht („law of torts"). Für den Bereich des Vertragsrechts werden nur im Einzelfall punitive damages zugesprochen. Das Deliktsrecht wiederum gliedert sich in mehrere Fallgruppen, von denen vor allem die Haftung wegen Fahrlässigkeit - „negligence" - eine entscheidende Rolle einnimmt, gefolgt von den Spezialtatbeständen der vorsätzlichen Delikte (wie beispielsweise Bedrohung und Körperverletzung, Ehrverletzung oder Besitzstörung). Inzwischen gewinnt auch die verschuldensunabhängige Deliktshaftung („strict liability"), darunter vor allem die Produkthaftung („products liability")[147] für die Verurteilung zu punitive damages an Bedeutung.

Die Rechtslage der einzelnen Bundesstaaten und des Bundes übergreifend haben sich zwei grundlegende Voraussetzungen für die Zubilligung von punitive damages herausgebildet: Erstens verlangen punitive damages einen bereits bestehenden selbständigen Schadensersatzanspruch basierend auf einem bestimmten Deliktstatbestand, wobei es einigen Bundesgerichten genügt, dass die haftungsbegründenden Voraussetzungen erfüllt sind und ein konkreter Schaden nicht unbedingt dargelegt werden muss. Die meisten Gerichte knüpfen jedoch an einen tatsächlich eingetretenen Schaden - „actual damage" - an.[148] Als zweites verlangt die Anerkennung auf punitive damages auf der subjektiven Tatbestandsseite ein besonders verwerfliches, zumeist absichtliches und bösartiges und/oder rücksichtsloses Verhalten des Schädigers, soweit sich hier die Tatbestandsmerkmale aus dem amerikanischen Rechtssystem auf Begriffe des deutschen Rechts übertragen lassen.[149] Eine einheitliche Terminologie lässt sich diesbezüglich außerdem kaum feststellen. Dabei ist in der Regel, aber nicht unerlässliche Voraussetzung, dass der Schädiger vorsätzlich gehandelt hat. Auch grobe Fahrlässigkeit, welche eine besonders rücksichtslose oder rechtsmissachtende Einstellung gegenüber fremden Rechtsgütern und Interessen zum Vorschein bringt, kann, je nach weiteren Einschränkungen der einzelstaatlichen Rechtsprechung, eine Verurteilung zu punitive damages rechtfertigen; einfache Fahrlässigkeit genügt dagegen niemals. Selbst wenn die genannten Voraussetzungen erfüllt sind, besteht für den Kläger kein Anspruch auf punitive damages, die Anerkennung

---

[146] Siehe *Keeton/Dobbs/Keeton/Owen*, The Law of Torts, 1984, S. 99ff.; *Rosengarten*, a.a.O., S. 41f..

[147] Vgl. hierzu *Westphalen*, RIW 1981, 141ff.; *Zekoll*, US-amerikanisches Produkthaftungsrecht vor deutschen Gerichten, 1987, S. 68.

[148] Siehe *Bungert*, ZIP 1992, 1707, 1715; *Rosengarten*, a.a.O., S. 43f.; *Bentert*, a.a.O., S. 47.

[149] Vgl. *Westphalen*, a.a.O., 143; *Bentert*, a.a.O., S. 47.; *Keeton/Dobbs/Keeton/Owen*, The Law of Torts, 1984, S. 9: „There must be circumstances of aggravation or outrage, such as ...".

auf „smart money“[150] - so ein gleichbedeutender Begriff - steht im Ermessen der Jury.[151]

Die Höhe der zugesprochenen punitive damages unterliegt grundsätzlich keiner beschränkenden Obergrenze, etwa des tatsächlich eingetretenen Schadens. Sie ist allein Ergebnis einer Abwägung durch das Gericht und kann für vergleichbare Fälle stark divergieren.[152] Es mehrt sich jedoch die Anzahl der Bundesstaaten, die gesetzliche Höchstgrenzen der punitive damages eingeführt haben.[153]

Dass die als punitive damages zugesprochenen Beträge oftmals Millionen Dollar übersteigen[154], liegt zu einem guten Teil daran, dass in den Vereinigten Staaten eine Laienjury[155] an der Entscheidungsfindung maßgeblich beteiligt ist, welche nicht an Präjudizien gebunden ist und keinem Begründungszwang unterworfen ist. Die Jurymitglieder sind meist klägerfreundlich eingestellt und geben durch die übersteigerten Schadensersatzsummen ihrer abwertenden Haltung gegenüber dem Verhalten des Schädigers Ausdruck.[156] Maßgeblich für die „begünstigende“ Einstellung gegenüber den Interessen des Klägers mögen sicherlich auch die amerikanischen Regelungen hinsichtlich der Rechtsanwaltshonorare und der Prozesskostenlast sein: Die obsiegende Klägerpartei hat zum einen stets selbst die ihr entstandenen Prozesskosten- und Anwaltskosten zu tragen.[157] Zum anderen ist sie durch die Erfolgshonorare der Rechtsanwälte einer hohen finanziellen

---

[150] So *Keeton/Dobbs/Keeton/Owen*, The Law of Torts, 1994, S. 9.

[151] Siehe *Bungert*, ZIP 1992, 1707, 1715; *Rosengarten*; a.a.O., S. 44ff..

[152] Vgl. *Siefel/Stürner*, VersR 1987, 829, 835, mit bezeichnenden Beispielen.

[153] Vgl. *Brockmeier*, Punitive damages, multiple damages und deutscher ordre public, 1999, S. 11f..

[154] Im Jahr 1989 wurde Ermittlungen zufolge punitive damages-Summen in Höhe von durchschnittlich 1,1 Mio. US-$ zugesprochen, vgl. die Zahlen und Quellen bei *Bungert*, VersR 1994, 15, 17ff.; hier wird auch auf das starke Missverhältnis zwischen den Summen der punitive damages und der tatsächlichen Schadenshöhe (actual damages) hingewiesen. Eine „Rekord“-Summe über 146 Milliarden US-$ wurde gegen einen amerikanischen Tabakkonzern verhängt, vgl. SZ v. 7.11.2003, S. 2. Dieses und ein anderes Urteil über 10,1 Milliarden US-$ wurden allerdings aufgehoben, was Beobachtern zufolge eine Wende in der Rechtsprechungspraxis bezüglich der punitive damages einläuten dürfte. Als Begründung für eine zunehmend restriktive Haltung der Gerichte ist die schwierige wirtschaftliche Lage amerikanischer Unternehmen anzuführen sowie ein eigens erlassenes Bundesgesetz, welches die Konzerne vor einem Bankrott durch die immensen Forderungsklagen schützen soll, vgl. SZ v. 7.11.2003, S. 2. Zu den punitive damages im amerikanischen Versicherungssystem vgl. *Hoechst*, VersR 1983, 13ff.. Zur Haftpflicht deutscher Zigarettenhersteller vgl. LG Arnsberg, NJW 2004, 232, bestätigt durch OLG Hamm, Beschl. v. 14.7.2004 – 3 U 16/04; *Adams/Bornhäuser/Pötschke-Langer/Grunewald*, NJW 2004, 3657ff..

[155] Zur „Jury“ vgl. *Schurtmann*, Der amerikanische Zivilprozess, 1978, S. 25ff.; *Fleming*, The Law of Torts, 1992, S. 101ff..

[156] Siehe *Bentert*, a.a.O., S. 50; *Koch*, in: *Koch/Willingmann* (Hrsg.), Modernes Schadensmanagement bei Großschäden, 2002, S. 17; vgl. *Brockmeier*, a.a.O., S. 7ff..

[157] Vgl. *Hay*, US-Amerikanisches Recht, 2002, S. 65 (- „american rule“).

Belastung ausgesetzt.[158] Zusätzlich „emotional gelenkt“ durch das engagierte Auftreten des klägerischen Anwalts sieht sich die Jury häufig veranlasst, dem Kläger Entschädigungen solcher Höhe zukommen zu lassen, dass ihm nach Abzug der gerichtlichen und außergerichtlichen Kosten ein angemessener „Ausgleich“ verbleibt.[159]

Der US-amerikanischen Rechtsprechung und Literatur zufolge lassen sich den punitive damages mehrere Hauptfunktionen zuordnen, daneben haben rechtsvergleichende Untersuchungen weitere Zwecke dieses Rechtsinstituts herausgearbeitet.[160]

In erster Linie sind „punishment and deterrence“, also Bestrafung und Abschreckung anzuführen. Letztere wird teilweise als eigenständiges Element, teils als Bestandteil der Straffunktion gesehen und umfasst die General- und Spezialprävention: Der Täter soll bestraft werden und damit sollen er und andere von einem künftigen sozialschädlichen Verhalten abgeschreckt werden.[161] Auf gleicher Stufe steht die Ausgleichsfunktion der punitive damages. Die zusätzlich zum Schadensersatz zu zahlende Summe dient entweder der Kompensation von Ehr- und Gefühlsverletzungen, also dort, wo kein materieller Schaden entstanden ist bzw. dessen Ausgleichung allein nicht mehr ausreichend und angemessen ist, oder dem Ausgleich der wirtschaftlichen Einbußen des Klägers durch die hohen Anwalts- und Prozesskosten.[162]

Ein weiteres Ziel der verbreiteten punitive damages Praxis wird in einer verstärkten Rechtsdurchsetzung („law enforcement“) gesehen. Der Kläger unterstützt durch seine Rechtsverfolgung auf dem Zivilrechtsweg - nicht ohne Eigennutz - die staatlichen Strafverfolgungsbehörden in Fällen, in denen eine strafrechtliche Ahndung mangels öffentlichen Interesses oder strenger Beweisanforderungen nicht möglich ist oder einfach entfällt.[163]

Die Funktion des law enforcement enthält noch einen anderen, bisweilen selbständig formulierten Aspekt ausgehend von der Seite des Schädigers und eines jeden potentiellen Schädigers. Dieser Ansatz wird zumeist von den Anhängern der ökonomischen Analyse des Rechts[164] verfolgt und ist an einem kurzen Beispiel zu verdeutlichen: Ein Produkthersteller, der an seinem Erzeugnis einen be-

---

[158] Die Erfolgshonorare („contingent fees“) betragen entweder einheitlich ca. 33 1/3 % oder gestaffelt von 25 % bis 50 % der erstrittenen Beträge, vgl. *Schurtmann*, a.a.O., S. 33; *Hay*, US-Amerikanisches Recht, 2002, S. 65f..

[159] Vgl. *Bentert*, a.a.O., S. 50.

[160] Eingehend *Mörsdorf-Schulte*, a.a.O., S. 60ff.; vgl. auch *Brockmeier*, a.a.O., S. 17ff..

[161] Vgl. *Stiefel/Stürner*, a.a.O., 836; zu punitive damages als „Korrektiv“ der materiellen und prozessualen Schwächen des amerikanischen Strafrechts siehe *Mörsdorf-Schulte*, a.a.O., S. 63, 67ff..

[162] Siehe *Rosengarten*, a.a.O., S. 50; zur „american rule“ vgl. den Nachweis in Fn. 157.

[163] Vgl. *Rosengarten*, a.a.O., S. 53.

[164] Vgl. *Mörsdorf-Schulte*, a.a.O., S. 77f.; *Coffee*, Yale Law Journal 101 (1992), 1875-1893; zur Ökonomischen Analyse des Rechts eingehend unten 2. Teil, I..

hebbaren Fehler feststellt, müsste nach Produkthaftungsgrundsätzen für jeden mangelbedingten Schaden haften. Unterstellt, der Hersteller kenne die Wahrscheinlichkeit eines Schadenseintritts und dessen Umfang, so mag es für ihn dennoch profitabler sein, die erforderlichen Reparatur- und Rückrufaktionen zu unterlassen, wenn sämtliche im Zivilprozess eingeklagte Ausgleichsansprüche der Geschädigten und die anfallenden Prozesskosten niedriger sind als die Kosten der Mängelbeseitigung. Weiß und berücksichtigt der Unternehmer aber, dass er bei einer Verurteilung mit einer nicht unerheblichen Summe an punitive damages belastet sein wird, ist davon auszugehen, dass er die entsprechenden Maßnahmen einleiten wird, um die Produktfehler zu beheben - ein Verstoß gegen die Sorgfaltspflichten des Herstellers wären für ihn nicht mehr wirtschaftlich rentabel.[165] Das Beispiel aus dem Bereich der Produkthaftung zeigt, dass von punitive damages eine gewisse zivilrechtliche Verhaltenssteuerung ausgeht. Infolge einer Kosteninternalisierung entscheidet sich der Unternehmer gegen das schädigende Verhalten, ohne dass ein gesetzliches Unwerturteil getroffen ist. Im Unterschied zur „total deterrence" des Strafrechts bewirken punitive damages eine *relative* Abschreckung. Entscheidend für den potentiellen Schädiger ist nicht ein striktes Verbot, sondern eine den Besonderheiten des Sachverhaltes angepasste Kostenrechnung.[166]

Letztlich eröffnet sich insbesondere aus den Reihen deutscher Rechtsvergleichungen eine bereicherungsrechtliche Interpretation von punitive damages. Danach dienten sie dazu, den Gewinn abzuschöpfen, der durch die Missachtung fremder Rechte beim Schädiger entstanden ist.[167]

2.2 punitive damages und der ordre public im deutschen Internationalen Privatrecht

Nachdem bereits einige Untergerichte über die Zustellungsfähigkeit von punitive damages Urteilen durch deutsche Justizbehörden[168] zu entscheiden hatten, war der Bundesgerichtshof 1992 gezwungen, darüber zu befinden, ob das Urteil eines kalifornischen Jury-Gerichts auf punitive damages in Deutschland auch *vollstreckt* werden könne.[169] Der Beklagte, Inhaber der deutschen und US-ame-

---

[165] Siehe *Rosengarten*, a.a.O., S. 53.

[166] Vgl. *Coffee*, Yale Law Journal 101 (1992), 1875, 1884: „To generalize, let us say then that characteristically the criminal law prohibits, while the civil law prices."; *Mörsdorf-Schulte*, a.a.O., S. 77f..

[167] Siehe *Bungert*, a.a.O., 1717; *Bentert*, a.a.O., S. 49; ausführlicher *Mörsdorf-Schulte*, a.a.O., S. 78f..

[168] Vgl. insbesondere LG Berlin vom 13.6.1989, RiW 1989, 988, 990; OLG München NJW 1989, 3102, 3103 mit einer Anmerkung von *Greger*; OLG Düsseldorf vom 19.2.1992, NJW 1992, 3110, 3112; OLG München vom 15.7.1992, NJW 1992, 3113.

[169] Vgl. BGH vom 4.6.1992, BGHZ 118, 312, 351 = NJW 1992, 3096, 3106; vgl. *Müller*, in seiner sehr ausführlichen Studie „Punitive Damages und deutsches Schadensersatzrecht", 2000, ebenda, S. 24ff.; siehe auch die Anmerkung von *Deutsch*, JZ 1993, 266f.; *Koch*, NJW

rikanischen Staatsbürgerschaft, hatte den damals 14 Jahre alten Kläger Mitte der achtziger Jahre mehrfach sexuell missbraucht und war daraufhin vom Superior Court des Staates Kalifornien zu insgesamt 750.260 US-Dollar Schadensersatz verurteilt worden. Neben dem Ersatz für bereits getätigte Heilungsaufwendungen, künftige medizinische Versorgung und Krankenhauskosten sowie Schadensersatz für erlittene Ängste, Schmerzen, Leiden und sonstige Schäden dieser Art nahmen davon mit 400.000 Dollar die Summe für Strafschadensersatz (punitive damages) den größten Anteil ein. Zudem sollten dem Rechtsanwalt des Klägers 40 % des Streitwerts zukommen.

Einige Zeit nach Erlass des Urteils verließ der Beklagte seinen tatsächlichen Aufenthaltsort Kalifornien und siedelte in die Bundesrepublik Deutschland über, wo er ein gewisses Grundvermögen besaß. Der Kläger begehrte die Vollstreckung des in den USA erstrittenen Urteils gegen den Beklagten vor einem deutschen Gericht. Dem wurde zunächst durch das Landgericht stattgegeben, während das OLG die Vollstreckbarkeitserklärung nur in Höhe von 275.325 US-Dollar aufrechterhielt und im Übrigen, v.a. bezüglich der punitive damages abwies.[170]

Der BGH hatte vorliegend einige Rechtsfragen im Zusammenhang mit der Vollstreckbarkeitserklärung eines im Ausland ergangenen Urteils zu entscheiden.[171] Ein solches Vollstreckungsurteil kann - mangels eines Anerkennungs- und Vollstreckungsabkommens im deutsch-amerikanische Verhältnis gemäß §§ 722, 723 II ZPO nur ergehen, wenn das zu vollstreckende Urteil nach den Vorschriften des ausländischen Rechts formelle Rechtskraft erlangt hat und seiner Anerkennungsfähigkeit keiner der in § 328 ZPO genannten Einwände entgegensteht. Dagegen ist die Gesetzmäßigkeit der anzuerkennenden Entscheidung weder nach dem Recht des Anerkennungsstaates noch des Erststaates zu prüfen, § 723 I ZPO (keine „révision au fond").[172]

2.2.1 punitive damages als „Zivilsache"

Vorab war zu klären, ob es sich beim Streitgegenstand des zu vollstreckenden Urteils um eine „Zivilsache" handelte. Denn sollte die Verurteilung zu punitive damages einer Strafsache gleichkommen, wäre ein Vollstreckungsurteil nach

1992, 3073ff.; zum Problemkreis der im Kartellrecht vorgesehenen „treble damages" vgl. *Stiefel/Bungert*, 1994, 1905ff.; *Witte*, Der US-amerikanische RICO-Act und deutsche Unternehmen, 1998.

170 Siehe BGH NJW 1992, 3096, 3097.

171 Genauer dazu vgl. BGH, a.a.O., 3097ff.; *Bungert*, ZIP 1992, 1708ff.; *Stiefel/Stürner*, VersR 1987, 829ff..

172 Siehe *MünchKomm-Gottwald*, Zivilprozessordnung, 2000, § 328, Rn. 92; *Kropholler*, Internationales Privatrecht, 2001, S. 622.

den zivilprozessualen Regeln der §§ 722, 723, 328 ZPO von vornherein ausgeschlossen gewesen.[173]

Nach teilweiser Ansicht in der Literatur verfolgten die Richter (oder die Jury) in der Anerkennung von punitive damages in erster Linie Strafzwecke, bzw. stünden die generalpräventiven Erwägungen eindeutig im Vordergrund, weshalb derartige Entscheidungen nicht als Gegenstand eines Verfahrens vor den Zivilgerichten verhandelt werden könnten.[174] Der BGH dagegen betont, dass es von vornherein nicht darauf ankomme, nach welchem Recht die Qualifizierung als zivilrechtlichen Zahlungsanspruch oder als strafrechtliche Reaktion erfolge, aus Sicht des Urteilsstaates, den USA, oder des Anerkennungsstaates, der Bundesrepublik. Entsprechend der amerikanischen Rechtsordnung seien punitive damages trotz ihrer Bestrafungs- und Abschreckungsfunktion dem Zivilrecht zuzuordnen, womit der US Supreme Court bereits früher einen Verstoß gegen das Verbot der Doppelbestrafung durch ein Urteil auf punitive damages ausgeschlossen hatte.[175] Das deutsche Recht verstehe unter einem Urteil in Zivilsachen gem. § 13 GVG jede Entscheidung betreffend die Rechte und Rechtsverhältnisse privater und gleichgeordneter Parteien. Punitive damages stellten lediglich eine bestimmte Form des Schadensersatzes dar, der von einer Privatperson an eine andere zu leisten und mit einer Vertragsstrafe zu vergleichen sei, wobei sie eben nicht in Verbindung mit vertraglichen Schadensersatzansprüchen, sondern deliktischer Haftung stünden.[176] Punitive damages als Privatstrafen seien insoweit auch nicht mit Kriminalstrafen gleichzusetzen, welche grundsätzlich eine Registrierung nach sich ziehen und in Form von Geldstrafen an eine öffentliche Einrichtung zu entrichten sind. Ein Verfahren, das auf die Zuteilung von Strafschadensersatz ausgerichtet ist, werde auf Initiative einer Privatperson betrieben und nicht durch den Staat.

Wenngleich punitive damages nach rechtspolitischen amerikanischen Erwägungen in erster Linie dem Zwecke der Abschreckung vor weiteren schädigenden Handlungen dienten, stünde die Funktion der Kompensation von nicht ersatzfähigen Anwaltskosten sowie immateriellen Schäden und Genugtuung nicht weit dahinter zurück.[177]

---

[173] Vgl. *Geimer*, Internationales Zivilprozessrecht, 2001, S. 861f..

[174] Vgl. die Nachweise bei *Bungert*, ZIP 1992, 1708.

[175] Siehe BGH, a.a.O., 3102, mit weiteren Nachweisen; zu den Aussagen des US Supreme Court über punitive damages und die "double jeopardy clause" (Verbot der Doppelbestrafung) vgl. auch *Bungert*, VersR 1994, 15, 18.

[176] Vgl. BGH, a.a.O., 3102.

[177] Vgl. BGH, a.a.O., 3102.

2.2.2 Verstoß gegen den materiellrechtlichen ordre public[178]

Während er der Einordnung von punitive damages unter den Begriff der „Zivilsache“ keine weiteren Schwierigkeiten zuschreibt, hält der BGH die Zuerkennung von punitive damages innerhalb eines ausländischen Urteils für nicht vereinbar mit dem materiellrechtlichen ordre public des deutschen Rechts nach § 328 I Nr. 4 ZPO.[179] Die zugesprochenen Schadenssummen im Rahmen der punitive damages verstießen gegen die Grundprinzipien des deutschen Schadensersatzrechts, weshalb eine Vollstreckbarkeitserklärung des kalifornischen Urteils nicht zulässig sei.[180]

Der BGH stützt die Unvereinbarkeit mit dem hiesigen Schadenstragungssystem im Wesentlichen auf zwei Dinge: einmal auf die Unterschiede in Funktion und Rechtsfolge des deutschen im Gegensatz zum US-amerikanischen Schadensersatzrecht, und zum anderen auf den Grundsatz der Verhältnismäßigkeit, wie er als „Höhenkontrolle“[181] zur sachgerechten Bemessung von Entschädigungssummen herangezogen wird.[182]

2.2.2.1 Die unterschiedlichen Funktionen des deutschen Schadenssystems und der punitive damages

Dem deutschen Haftungssystem obliegt allen voran die Regelung des *Schadensausgleichs* nach einer unerlaubten Handlung.

---

[178] Der Vereinbarkeit von „punitive damages“ mit dem ordre public in *verfahrensrechtlicher* Hinsicht (§ 328 I Nr. 4 ZPO) steht nach Ansicht des BGH nichts entgegen. Das sog. „pre-trial discovery“ (s. dazu *Schurtmann*, a.a.O., S. 56ff.) als Besonderheit des amerikanischen Prozessrechts, ein Beweis(ermittlungs-)verfahren zwischen Klageerhebung und mündlicher Verhandlung, begründet für sich genommen keinen Verstoß gegen den ordre public. Gleiches gilt für die Regelung der fehlenden Kostenerstattung für die obsiegende Partei eines amerikanischen Zivilurteils, vgl. dazu BGH, a.a.O., 3099, mit weiteren Nachweisen aus der Literatur; zuvor schon *Stiefel/Stürner*, VersR 1987, 829, 830ff..

[179] Ein Verstoß gegen den deutschen ordre public ist dann gegeben, wenn eine ausländische Entscheidung ernstlich grundlegenden Vorstellungen des Inlandes über Minimalanforderungen des Rechtsschutzes oder der Grundwerte widerspricht, vgl. *MünchKomm-Gottwald*, Zivilprozessordnung, 2000, § 328 , Rn. 93.

[180] Ob die Verurteilung zu punitive damages gegen das Verbot der Doppelbestrafung (Art. 103 III GG) verstößt, hat der BGH ausdrücklich offengelassen. Verneint wird dies von *Bungert*, ZIP 1992, 1707, 1719f., unter Hinweis auf den zweifelhaften internationalen Anwendungsbereich von Grundrechten und die Tatsache, dass eine im Ausland verhängte Kriminalstrafe nicht der deutschen Staatsgewalt zuzurechnen ist.

[181] So *Bungert*, ZIP 1992, 1707, 1720.

[182] Für den Gegenstand der Untersuchung ist unerheblich, dass der BGH in diesem Urteil seine bisherige Rechtsprechung bestätigt hat, wonach Art. 38 EGBGB (in seiner damaligen Fassung: begrenzender Maßstab der deutschen Gesetze für Ansprüche aus im Ausland begangener unerlaubter Handlungen) im Rahmen des § 328 I Nr. 4 ZPO nur eingeschränkt anwendbar ist.

Die schuldangemessene *Bestrafung* und *Abschreckung* seien „mögliche Ziele der Kriminalstrafe (§§ 46ff. StGB), die als Geldstrafe an den Staat fließt, nicht des Zivilrechts.“[183] In der deutschen Rechtsordnung stünde allein dem Staat das Verfolgungs- und Bestrafungsmonopol zu; mit Ausnahme des Rechtsinstituts der Privatstrafe nach den §§ 339ff. BGB existierten im Rahmen des Zivilrechts keinerlei Bestimmungen, die den Einzelnen zur Ahndung schädigenden Verhaltens ermächtigten.[184]

Keinesfalls könne ein Vergleich zwischen der Abschreckungs- und Bestrafungsfunktion der punitive damages und dem Genugtuungsgedanken des deutschen Schmerzensgeldanspruchs[185] gezogen werden. Zum einen berge die dem Geschädigten zukommende Genugtuung keinen unmittelbaren Strafcharakter für den Schädiger in sich. Sie sei vielmehr mit der Ausgleichsfunktion des Schmerzensgeldes verbunden und spiegele die dem Einzelfall anhaftende persönliche Beziehung zwischen Schädiger und Geschädigtem wider. Dass die Genugtuungsfunktion des Schmerzensgeldes bei bestimmten Konstellationen in den Vordergrund rücke und entscheidend für die Bemessung sei, läge daran, dass eine vollständige Wiedergutmachung bei immateriellen Schäden häufig nicht erreicht werden könne.[186]

Des Weiteren betont der BGH, sei das mit dem Schmerzensgeld verfolgte Ziel der Genugtuung nicht mit Abschreckungszwecken gleichzusetzen. Die Höhe des Schmerzensgeldes richte sich fast ausschließlich nach Art und Maß der Beeinträchtigung, während alle anderen Faktoren und ihr Rangverhältnis nach den Besonderheiten des Einzelfalles zu bewerten seien.[187]

Die Genugtuungsfunktion könne allenfalls dann zu einem Vergleich mit dem rechtlichen Phänomen punitive damages herangezogen werden, soweit letztere zumindest auch dem Ausgleich immaterieller Schäden dienten. Im zugrunde liegenden Fall lägen hierfür keine Anhaltspunkte vor, sämtliche immateriellen Einbußen seien durch die Entschädigung für „pain and suffering“ ausreichend abgegolten worden.[188]

Eine andere Beurteilung der zugesprochenen punitive damages und eine Vereinbarkeit mit dem deutschen Haftungssystem sei nur insoweit möglich, als mit ihnen ein pauschaler Ausgleich wirtschaftlicher Nachteile und Abschöpfung rechtswidrig erzielter Gewinne erreicht werden soll. Der BGH spielt damit u.a. auf die Prozesskosten einschließlich der anwaltlichen Erfolgshonorare an, die der Kläger auch im Falle des Obsiegens zu tragen hat.

---

[183] BGH NJW 1992, 3098, 3103.
[184] BGH, a.a.O., 3103.
[185] In diesem Zusammenhang verweist der BGH auf die bereits erörterten Entscheidungen „Herrenreiter“ (vgl. oben 1.1.) und „Fernsehansagerin“ (s. oben Fn. 37).
[186] Vgl. BGH, a.a.O., 3103.
[187] Siehe BGH, a.a.O., 3103.
[188] Siehe BGH, a.a.O., 3103.

Letztlich, so der BGH, läge weder in der bisherigen Rechtsprechungspraxis noch in dem zu entscheidenden Fall eine genaue „Aufschlüsselung" darüber vor, ob und zu welchen Anteilen punitive damages die dem Kläger anheim fallenden Prozesskosten abdecken sollten. Da bei der Anerkennung eines ausländischen Urteils nicht vom denkbar „günstigsten" Fall ausgegangen werden könnte, lehnt der BGH eine entsprechende Deutung der punitive damages ab. Statt dessen wird betont, dass die Funktion von punitive damages US-amerikanischer Rechtsprechung und Literatur zufolge eben hauptsächlich in der Bestrafung und Abschreckung bestünde und sich diesbezüglich keine Parallele zum deutschen Schadenssystem erkennen lasse.[189]

2.2.2.2 Verstoß gegen den Grundsatz der Verhältnismäßigkeit

Im Hinblick auf den aus dem Rechtsstaatsprinzip folgenden Grundsatz der Verhältnismäßigkeit[190] hält es der BGH zudem für unvertretbar, dass durch ein Zivilurteil Schadensersatzsummen zugesprochen werden, die bei weitem über dasjenige hinausgehen, was zur Reparation erforderlich wäre.

Für Sanktionen, die mit ihrer Vergeltungs- und Abschreckungsfunktion dem Schutz der Rechtsordnung und der Allgemeinheit dienen, existierten eigens ermächtigte staatliche Organe und ein besonderes Verfahren unter Geltung des Amtsermittlungsgrundsatzes und bestimmter Beweisregeln. All dies garantiere eine weitaus objektivere, wahrheitsgetreuere Sachentscheidung und eine verstärkte Berücksichtigung der Beklagtenrechte als die zivilprozessualen Verfahrensregeln wie Dispositionsmaxime und Beibringungsgrundsatz, welche den Parteien einen großen Einfluss auf Ablauf und Ergebnis des Haftungsprozesses verliehen.[191]

Überdies führe eine unbegrenzte Anerkennung der immensen Summen an Strafschadensersatz zumal unter zivilrechtsfremden Beweggründen jenseits der Grenzen der inländischen Haftungsmaßstäbe. Ausländische Gläubiger könnten aufgrund von in USA erworbener Titel um ein Vielfaches mehr in das Vermögen deutscher Schuldner vollstrecken als deutsche Gläubiger.

Die deutsche Zivilrechtsordnung biete keine Rechtfertigung für eine derartige Bevorzugung derjenigen Gläubiger, die aus Staaten kommen, wo eine Anerkennung auf punitive damages zulässig ist und praktiziert wird.

---

[189] Vgl. BGH, a.a.O., 3104; *Bungert*, ZIP 1992, 1707, 1718; das OLG München NJW 1992, 3113, bejahte die Gewährung von Rechtshilfe nach dem Haager Zustellungsübereinkommen von 1965 bei der *Zustellung* eines US-amerikanischen Urteils auf punitive damages auch für den Fall, dass mit einer Anerkennung und Vollstreckbarkeitserklärung wegen eines möglichen Verstoßes gegen § 328 ZPO zu rechnen ist.

[190] Zum Verhältnismäßigkeitsgrundsatz im deutschen Schadensrecht vgl. *Canaris*, JZ 1987, 993ff..

[191] Siehe BGH, a.a.O., 3104.

2.3 Zusammenfassung

Der BGH hat die Vollstreckbarkeit eines US-amerikanischen Urteils auf punitive damages wegen Unvereinbarkeit mit den Grundprinzipien des deutschen Haftungsrechts zumindest in dem Fall für unzulässig erklärt, dass neben punitive damages ausdrücklich Ersatzansprüche wegen „pain and suffering" zugesprochen worden sind und aus den Urteilsgründen nicht ersichtlich wird, inwieweit die Anerkennung auf punitive damages sonstige materielle Vermögenseinbußen ausgleichen soll.[192] Damit ist der BGH der in der Lehre vermittelnden Auffassung gefolgt, wonach die Exequatur eines punitive damages-Spruches abhängig von den Umständen des Einzelfalles beurteilt und eine vollständige Ablehnung der Anerkennungsfähigkeit nur ausgesprochen werden sollte, wenn ausschließlich Straf- und Abschreckungszwecke verfolgt werden.[193]

Für den Gegenstand der Untersuchung ist weit weniger das Ergebnis der Entscheidung als die Begründung des BGH von Bedeutung: Dem deutschen Schadensersatz- und Haftungsrecht widerspricht die Idee, durch hoch angelegte Ersatzsummen den Schädiger zu bestrafen sowie ihn und andere vor weiterem sozialschädlichen Verhalten abzuschrecken.

Der BGH legt seinem Verständnis von Strafe und Abschreckung dabei jedoch ausschließlich die Vorstellung zugrunde wie sie in Verbindung mit der Kriminalstrafe besteht, nämlich eines starren, über dem Einzelfall stehenden Verbotes im Sinne einer Wertentscheidung mit entsprechender Sanktion.[194] Deshalb wird die „Abschreckung" auch immer in engem Zusammenhang mit der „Bestrafung" genannt. Die Möglichkeit einer Interpretation der punitive damages wie sie die Anhänger einer ökonomischen Analyse vornehmen[195], sieht der BGH nicht. Danach besteht ein möglicher Zweck der punitive damages eher darin, bestimmtes Handeln zu „verteuern" denn zu „bestrafen". Durch die hohe finanzielle Belastung infolge einer Verurteilung zu punitive damages wird die Verursachung von Schäden schnell unrentabel und deshalb unterlassen. Welche Gesichtspunkte für den ökonomischen Ansatz sprechen und ob seine Ergebnisse im Hinblick auf das Haftungsrecht ertragreich sind, soll an anderer Stelle beleuchtet werden (vgl. unten 2. Teil).

---

[192] Vgl. zum Problem punitive damages im deutschen Prozessrecht auch BVerfG vom 7.12.1994, ZIP 1994, 70ff., wo die Zustellung einer Klage auf punitive damages in Deutschland als nicht unzumutbar beurteilt wird; s. dazu *Koch/Diedrich*, ZIP 1994, 1830ff..

[193] Vgl. die Ausführungen und Nachweise zu den Stimmen im Schrifttum bei *Bungert*, ZIP 1992, 1707, 1718. Gänzlich für eine Anerkennung von punitive damages Urteilen unabhängig von ihrer Zweckbestimmung im Einzelfall ist *Westphalen*, RIW 1981, 148f., mit dem Vergleich zur Genugtuungsfunktion im Rahmen des Schmerzensgeldes, § 847 BGB.

[194] Zur Kritik am „falschen Verständnis" des BGH betreffend das Verhältnis zwischen Strafrecht und Zivilrecht im Hinblick auf die Sanktionsformen und ihre Zielrichtung, vgl. auch *Müller*, Punitive Damages und deutsches Schadensersatzrecht, 2000, S. 25ff..

[195] Vgl. oben 2.1, S. 36f..

Festzuhalten bleibt hier, dass der BGH mit seiner eng am Strafrecht orientierten Sicht „Bestrafung und Abschreckung“ als mit dem zivilen Haftungsrecht unvereinbare Zwecke begreift. Unter dem Blickwinkel der „Caroline“-Rechtsprechung stellen sich die Aussagen des BGH als nicht unbedingt haltbar dar. Denn wie in den Fällen der Persönlichkeitsverletzungen durch Vertreter der Presse geht es bei den Sachverhalten, in denen nach amerikanischem Recht punitive damages verhängt werden, um vorsätzliche oder zumindest grob fahrlässige und rücksichtlose Begehungsweisen, die mit einer Gewinnerzielungsabsicht des Schädigers verbunden sind. Für eben diese Konstellationen stellt der BGH bei „Caroline“ auf die *Vorbeugung* gegenüber Rechtsverletzungen als Funktion des Haftungsrechts ab und schafft zwischen dem unstreitigen Ausgleichsziel des zivilen Haftungsrechts und dem Vergeltungszweck des Strafrechts eine eigene Bemessungsgröße im Haftungsrecht. In diesem Sinne müssten aktuelle Sachverhalte über die Anerkennung und Vollstreckbarkeit von punitive damages Urteilen in Deutschland neu entschieden werden.

3. Schadensersatzpflicht als Sanktionierung einer Vertragsverletzung - das Bundesarbeitsgericht zum Metallarbeiterstreik 1956

3.1 Sachverhalt

Anlass für ein Urteil des BAG im Rahmen des Tarifvertrags- und Schlichtungsrechts waren die verfrüht eingeleiteten Kampfmaßnahmen der IG Metall in Schleswig-Holstein zwischen dem 24.10.1956 und 14.2.1957.[196]

Ungeachtet der Aussagen betreffend der Auslegung der Schlichtungsvereinbarung[197] zwischen den Arbeitgeberverbänden und Gewerkschaften der Metallindustrie im Tenor der Entscheidung, kam es hier maßgeblich auf die Feststellung des Gerichts im Bezug auf die Ersatzpflicht der Gewerkschaft gegenüber den bestreikten Betrieben an. Nach den Bestimmungen der damals geltenden Schlichtungsvereinbarung waren die Tarifparteien erst dann zur Einleitung von Kampfmaßnahmen befugt, nachdem eine fünftägige Frist im Anschluss an das Scheitern der letzten Verhandlungen verstrichen war. Im zugrunde liegenden Fall hatte der Gewerkschaftsverband IG Metall den Beschluss zur Veranstaltung einer Urabstimmung noch vor dem Ablauf dieser Frist gefasst und nach den Folgerungen des BAG somit unzulässigerweise Kampfmaßnahmen eingeleitet. Das Gericht hatte die Frage zu beantworten, ob die Gewerkschaften den Arbeitgebern den gesamten durch den Streik entstandenen Schaden zu ersetzen hätten, oder etwa nur den Teil des Schadens, der dadurch verursacht worden war, dass

[196] Vgl. BAG vom 31.10.1958, NJW 1959, 356, 359.
[197] Schlichtungsvereinbarung Metall vom 14.6.1955, vgl. BAG, a.a.O., 356.

die Gewerkschaften verfrüht, also vor Ablauf der besagten Frist den Streik begonnen hatten.

3.2 Die Rechtsprechung des BAG

Der Verstoß gegen die Friedenspflicht ist nach der Begründung des Gerichts in seiner zeitlichen Gesamtheit als tarifvertragswidrig zu bewerten, also sowohl vor Ablauf der besagten Fünf-Tages-Frist als auch danach.[198]

Folglich sollte die Gewerkschaft auch verpflichtet sein, den gesamten durch ihr pflichtwidriges Verhalten verursachten Schaden zu ersetzen. Sie könne sich nicht darauf berufen, dass die den Arbeitgebern entstandenen Schäden zumindest ab dem Zeitpunkt, zu dem die Frist abgelaufen ist, allemal durch die im anschließenden Zeitraum rechtmäßigen Kampfmaßnahmen angefallen wären. Die Höhe der zu entrichtenden Entschädigung bemesse sich nicht allein nach den „Verlusten" der bestreikten Betriebe während der Friedenspflicht, die gegenüber der mehr als dreimonatigen Streikdauer danach verschwindend gering sei. Die Vertragstreue könne nur gesichert sein, wenn dem tarifwidrig Handelnden die Ersatzpflicht bezüglich des gesamten Schadens in Aussicht gestellt würde.

Das Gericht spricht sich gegen die Berücksichtigung der hypothetischen Kausalität eines rechtmäßig begonnenen Streiks aus. Es dürfe eine Ersatzpflicht nicht mit der Begründung abgelehnt werden, dass ein Streik ohnehin nach Ablauf der Fünf-Tages-Frist eingeleitet worden wäre. Insoweit müsse der Gedanke einer „zivilrechtlichen Prävention vor dem Ausgleichsprinzip den Vorrang haben".[199]

3.3 Zusammenfassung

Wenngleich es sich im vorliegenden Fall nicht um die Verletzung eines Deliktstatbestandes aus Verschuldens- oder Gefährdungshaftung handelt, sondern die Vereinbarung im Rahmen der Schlichtungsordnung mit einer tarifvertraglichen Abrede vergleichbar ist, bleibt das Urteil des BAG in zweierlei Hinsicht von grundlegender Bedeutung.

Zum einen statuiert das Gericht die Ersatzpflicht auf Grundlage der gesetzlichen Sanktionsordnung bezüglich des gesamten Schadens, der aus dem Vertragsbruch entstanden ist. Zum anderen sollte sich aus dem Schutzzweck dieses Vertrages eine Sanktionsordnung ableiten, wie sie aus dem Tenor des Urteils ablesbar ist und dem Parteiwillen entspricht, nämlich, dass jede auch geringste Übertretung der Friedenspflicht oder Verstoß gegen die in der Schlichtungsordnung aufgestellten Kampfordnung dem Verletzer den entstandenen Schaden aufbürdet.[200]

---

[198] Vgl. BAG NJW 1959, 356f..
[199] Vgl. *Larenz*, NJW 1959, 865ff., mit Kritik zu dieser Begründung.
[200] Vgl. *Bötticher*, AcP 158 (1958), 384, 385ff., 390f..

Dabei muss nicht unbedingt eine Vertragsstrafe ausbedungen sein, um die gewünschte Sanktionsordnung und -wirkung herzustellen. Eine Vertragsstrafe ist vielmehr das gesetzlich vorgesehene Beispiel für eine explizit von den Parteien vereinbarte Sanktionsordnung, deren Sinn darin besteht, unabhängig von einem Schadensersatzanspruch wegen Nichterfüllung eine Haftung beispielsweise des Schuldners festzulegen, die über etwaige Haftungsfreizeichnungen oder andere Streitfragen bezüglich des Tatbestandes und des Beweises hinausgeht.

Die Sanktion sollte „nach dem Schutzzweck der verletzten Norm" ausgerichtet sein, nämlich nach der hier einschlägigen Regelung der Schlichtungsordnung. Würde eine Ersatzpflicht in der zugesagten Höhe abgelehnt werden, hätte die Vereinbarung einer Friedenspflicht keinerlei praktische Bedeutung. Durch die statuierte Sanktionsordnung sollte dem möglichen und zukünftigen Schädiger vor Auge geführt werden, dass es „nicht lohne, sich gegen die Gebote und Verbote der Privatrechtsnorm aufzulehnen oder sich (...) durch Leichtsinn das Leben bequemer zu machen."[201]

In diesem Zusammenhang wird der Sanktionsordnung neben dem Zweck des Schadensausgleichs auch eine gewisse Präventivfunktion zugesprochen. Prävention kann somit nicht ausschließlich den Aufgaben und Zielen des Strafrechts zugeordnet werden, während das Zivilrecht allein der Idee der Wiedergutmachung dienen solle.

Wie die Pflicht zum Ausgleich und zur Wiedergutmachung für den Verletzer eine mindestens ebenso schwere Belastung wie eine strafrechtliche Sanktion darstellen kann, ist es umgekehrt denkbar, dass zivilrechtliche Sanktionen präventiven Zwecken zu dienen bestimmt sind. Dabei impliziert die Anerkennung des Präventionscharakters keinesfalls auch die Zuschreibung von Sanktionszwecken im engeren Sinne an die Sanktionsordnung des Zivilrechts.[202]

II. Die Lehre

1. Allgemeines

Während sich aus der Sichtung der Rechtsprechung zum Präventionsgedanken nur stark einzelfallbezogene Aussagen gewinnen lassen, wird in der juristischen Lehre der Versuch unternommen, präventive Erwägungen und ihren Stellenwert in das *gesamte* Haftungs- und Schadensrecht einzuordnen.

[201] *Bötticher*, a.a.O., 385.
[202] Siehe *Bötticher*, a.a.O., 385.

Dennoch findet man auch hier keinen einheitlichen und umfassenden Forschungsansatz. Die Rolle von Prävention für die wissenschaftliche Arbeit im Zivilrecht spiegelt das wieder, wofür man sie, soweit man sich doch einmal Gedanken gemacht hat, weitläufig hält, nämlich eine bloße „Nebenerscheinung", ein „Nebenprodukt"[203].

J. Schmidt spielt in einem Beitrag mit dem Titel „Prävention als Zielbestimmung im Zivilrecht"[204] auf die zahlreichen Probleme an, welche die Untersuchung mit diesem Thema aufwerfen. Er fasst seine Erkenntnisse in einem Schlusssatz zusammen:

> „Der Verzicht auf eine Thematisierung von ‚Prävention' in der zivilrechtlichen Literatur ist also im Ergebnis nicht unbegründet - *nur im Ergebnis* freilich."[205]

Eine der großen Schwierigkeiten, denen man sich bei der Beschäftigung mit dem Sujet konfrontiert sieht, ist die Tatsache, dass keine empirischen Erkenntnisse über die Wirkung zivilrechtlicher Normen auf jegliches Verhalten von Rechtssubjekten existieren, was wohl in erster Linie damit zusammenhängen mag, dass es im Zivilrecht überwiegend um eine fahrlässige Begehungsweise geht.[206] Anders im Strafrecht, wo die „Theorie der Generalprävention" nicht nur abstrakt beleuchtet, sondern auch praktisch belegt wurde.[207]

Ebenso hinderlich stellen sich aber auch gewisse Besonderheiten des zivilrechtlichen Systems dar. So beschreibt das Zivilrecht beispielsweise - wiederum im Gegensatz zum Strafrecht - selten reale Ereignisabläufe, sondern eher abstrakte Rechtsverhältnisse, die für die Außenwelt nicht ablesbar sind. Diese Rechtsverhältnisse sind dadurch charakterisiert, dass sie einen „offenen Zeithorizont" [208] besitzen, d.h. ihre Wirkungen werden nicht durch ein bestimmtes, tatsächliches Ereignis begründet oder beendet.[209]

Wenngleich letzteres weniger für das zivile Haftpflichtrecht gilt, welches in seinen Prämissen durchaus mit dem strafrechtlichen Sanktionsmodell verglichen

---

[203] *Larenz*, Lehrbuch des Schuldrechts, 1987, S. 423.

[204] KritV 1986, 83-103. Er stellt dort eine mögliche „Theorie der Prävention" im Sinne einer Funktion mit verschiedenen Variablen auf, welche allgemein das Verhältnis und die Abhängigkeit von Mittel und Zweck, Bedingungen und Folgen beschreibt.

[205] *J. Schmidt*, KritV 1986, 83, 103.

[206] Vgl. *J. Schmidt*, a.a.O., 98.

[207] Vgl. hierzu *Schöch*, in: FS. für H. Jescheck, 1985, S. 1081ff.; *Schumann*, Jugendkriminalität und Grenzen der Generalprävention, 1987, S. 34ff.; *Stüber*, Generalpräventive Strafzumessung, 1980, S. 133ff..

[208] *J. Schmidt*, a.a.O., 99.

[209] Vgl. *J. Schmidt*, a.a.O., 99, mit dem Beispiel der Willenserklärung, welche nur wirksam wird, wenn sie „gewollt" ist, deren Wirkungen umgekehrt nicht dadurch zunichte gemacht werden, dass der „Akt" Willenserklärung beseitigt wird, sondern indem ihr die „Wirksamkeit" versagt wird.

werden kann, liegen auch auf diesem Gebiet gewisse Koordinaten, die eine Auseinandersetzung mit „Prävention“ erschweren.

Dazu gehören beispielsweise Begriff und Natur des „Schadens“ (Vermögensverlust und/oder Rechtsgüterverlust, natürlicher oder normativer Schaden, etc.)[210] sowie Bedeutung und Anknüpfungspunkt des „Schadensersatzes“ (liegen diese in der Androhung, der Verhängung oder der Vollstreckung?)[211]. „Die multikausale Natur der Prävention“[212] letztlich trägt dazu bei, dass bestimmte Aussagen nur für einzelne Haftungsfallgruppen (Verschulden/Gefährdung; Vorsatz/Fahrlässigkeit) getroffen werden können und sich bei der Untersuchung der Motivationsbildung bei Rechtssubjekten (Entscheidungsfindung, verschiedene Motive und Motivierbarkeit, Rationalität, etc.) weitere Hürden ergeben können.[213]

Die folgenden Ausführungen können und sollen die genannten Hindernisse auf dem Weg der „Präventionsforschung“ nicht überwinden. Die Untersuchung muss sich darin erschöpfen darzulegen, in welchem haftungsrechtlichen Zusammenhang Prävention in der klassischen juristischen Literatur diskutiert wird und v.a. auf welche Begründungen deren Aussagen gestützt werden.

Dabei soll zunächst der Ansatz der Wissenschaftsströmung „Ökonomische Analyse des Rechts“ ausgespart bleiben, welcher in einer wohlfahrtsökonomischen Theorie der Haftungsordnung liegt und im deutschen Haftpflichtrecht namentlich von *Kötz*[214] eingebracht wurde. Diese Vorgehensweise wird dann später als eigenes Lösungsmodell ausführlich behandelt (vgl. unten 2. Teil).

Mit Sichtung des Materials zur Standortbestimmung von Prävention im Haftungsrecht wird bald erkennbar, dass es insoweit nicht verschiedene, voneinander klar unterscheidbare Positionen gibt. Es lassen sich stattdessen nur gewisse Tendenzen beobachten, wobei sich bestimmte Argumentationen überschneiden.

Inhaltlich wird stets die Überlegung angestellt, ob Prävention die Eigenschaft als „Zweck des Haftungsrechts“ zugeschrieben werden kann und darf. Deshalb ist die Untersuchung von Prävention auch immer mit der Frage verbunden, welcher Zweck überhaupt dem deutschen Haftungsrecht zugrunde liegt. In dieselbe

---

[210] Vgl. dazu insgesamt *Mertens*, Der Begriff des Vermögensschadens im Bürgerlichen Recht, 1967; *Wilburg*, Elemente des Schadensrechts, 1941.

[211] Vgl. *J. Schmidt*, a.a.O., 84.

[212] Wortlaut bei *Weyers*, Unfallschäden, 1971, S. 463.

[213] Vgl. *J. Schmidt*, a.a.O., 85.

[214] *Ders.*, in: FS. für E. Steindorff, 1990, S. 643ff.; *ders.*, in: *Klingmüller* (Hrsg.), Karlsruher Forum 1990: Schadenszurechnung und Schadensverteilung, 1990, S. 14ff., *Kötz/Wagner*, Deliktsrecht, 2001, S. 49ff.; *Kötz/Schäfer*, AcP 189 (1989), 501ff.; grundlegend v.a. auch *Schäfer/Ott*, Lehrbuch der ökonomischen Analyse des Zivilrechts, 1995, S. 95ff..

Richtung führt die Beschäftigung mit der „Funktion“ haftungsrechtlicher Normen.[215]

Zwar ist im Bereich der juristischen Methodenlehre häufig nur von *dem* Zweck einer Norm die Rede, doch ist davon auszugehen, dass einzelne Vorschriften oder ein ganzes Rechtsgebiet - wie das Haftungsrecht - mehrere Zwecke verfolgen, welche einander bedingen und in einem besonderen Rangverhältnis zueinander stehen.[216]

Wenn aber im Zusammenhang mit der Thematik bisweilen die Formulierung „Zwecke des Schadensrechts“ gebraucht wird, ist dies mit der Ansicht *Essers*[217] nicht korrekt. Denn dem Schadens- und Schadensersatzrecht, also den §§ 249ff. BGB, ist bezüglich des Haftungsrechts in Form der haftungs*begründenden* Normen (§§ 823 ff. BGB, Gefährdungstatbestände) lediglich eine „Assistentenrolle“[218] zugeschrieben. Die haftungs*ausfüllende* Seite der Deliktstatbestände kann somit nicht eigene, vom Haftpflichtrecht losgelöste Ziele verfolgen und gar den Zwecken der Haftungsbegündung zuwiderlaufen.

Umgekehrt dürfen aber bei der Untersuchung des Haftungsrechts selbst die Vorschriften der §§ 249ff. BGB nicht ganz außer Acht gelassen werden.[219] Es empfiehlt sich deshalb stets das Zusammenspiel zwischen dem System der haftungsbegründenden Normen und dem der haftungsausfüllenden im Auge zu behalten.

2. Zur Terminologie

Bevor auf die einzelnen Vorstellungen über die Zwecke des Haftungsrechts eingegangen wird, soll eine begriffliche Klärung dessen erfolgen, was oftmals im Zusammenhang mit Prävention oder fälschlicherweise und somit nur scheinbar synonym dafür gebraucht wird.

Soweit von einer *Prävention* im Schadensersatz- und Haftungsrecht gesprochen wird, ist damit das Abhalten des Schädigers (Spezialprävention) oder anderer Rechtssubjekte (Generalprävention) vor rechtlich missbilligtem Verhalten zu verstehen.

---

[215] Über die wechselseitige Beziehung zwischen Zweck, Funktion und Auslegung der Norm, vgl. *Larenz*, Methodenlehre, 1969, S. 163f.; im Folgenden sollen die Begriffe „Zweck“ und „Funktion“ zur Vereinfachung als gleichbedeutend verwendet werden.

[216] Vgl. *Deutsch*, Haftungsrecht, 1976, S. 66.

[217] *Esser/Schmidt*, Schuldrecht, 1993, S. 158.

[218] *Esser/Schmidt*, a.a.O., S. 158.

[219] Siehe *Esser/Schmidt*, a.a.O., S. 158; ähnlich *MünchKomm-Oetker*, Bürgerliches Gesetzbuch, 2001, § 249, Rn. 1ff., der annimmt, dass die §§ 249ff. BGB „für sich genommen regelmäßig nicht der Prävention gegen schädigendes Verhalten dienen“.

Die *rechtsverfolgende* Funktion der Haftung hingegen reicht weniger weit und stellt auf die Wahrung der Rechtsordnung ab. Durch die Sanktionierung soll der Geltungsanspruch des verletzten Rechts verfolgt werden. Aus diesem Grund wird hierfür häufig auch der gleichbedeutende Begriff der *Sanktionsfunktion* oder *pönaler* Funktion gebraucht.[220] *Stoll* spricht insoweit von der „Feststellung von Berechtigungsgrenzen“[221].

Bei der *Buß-* oder *Sühnefunktion* steht der Gedanke im Vordergrund, dass dem Schädiger im Gegenzug zur begangenen Rechtsverletzung ein entsprechendes „Übel“ zugefügt werden müsse. Sie geht damit weiter als die *rechtsverfolgende* Funktion, hält aber gegenüber der *Prävention* zurück, weil sie keine „Einwirkung“[222] auf den Schädiger bezweckt. Weil der Begriff der „Sühne“ weitläufig mit einer besonderen inneren Haltung des Täters zu seinem Verhalten verknüpft ist, bevorzugt *Mertens* insoweit den Begriff der *Vergeltungsfunktion.*[223]

Um der Vollständigkeit willen sei auch an dieser Stelle die bereits erwähnte *Genugtuungsfunktion* des Schadensersatzanspruches angesprochen, die fast ausschließlich als Bestandteil des Schmerzensgeldes thematisiert wird. Darunter zu verstehen ist das Ziel zivilrechtlicher Haftung, dem Geschädigten eine innere, seelische Befriedigung zu verschaffen, die ihn über die erlittene Beeinträchtigung hinweg helfen soll.[224] Während die *Prävention* auf die Person des Schädigers abzielt, soll die *Genugtuung* auf Seiten des Geschädigten eintreten.[225]

3. Die verschiedenen Ansätze

3.1 *Deutsch*

Deutsch entnimmt seine Erkenntnisse über die Zwecke des Haftungsrechts sowohl rechtsvergleichenden Überlegungen[226] als auch einer objektiven Interpretation des Gesetzeswortlauts. Er unterscheidet grundlegend zwischen den beiden Haftungssystemen des Deliktsrechts, nämlich der Verschuldens- und der Gefährdungshaftung.

---

220 Vgl. *Mertens*, Der Begriff des Vermögensschadens im Bürgerlichen Recht, 1967, S. 94.

221 Vgl. *Stoll*, Haftungsfolgen im bürgerlichen Recht, 1993, S. 185ff.

222 Vgl. schon die Formulierung bei *Heck*, Grundriss des Schuldrechts, 1929, S. 41: „Einwirkungstendenz“.

223 Vgl. *Mertens*, a.a.O., S. 95.

224 Siehe *Mertens*, a.a.O., S. 95.

225 Zu den „Pönalisierungstendenzen“ hinsichtlich der Genugtuung in der Rechtsprechung des BGH und im Schrifttum vgl. *Lorenz*, Immaterieller Schaden und „billige Entschädigung in Geld“, 1981, S. 96ff.; zur Entwicklung und Bedeutung von „Genugtuung“ im Recht vgl. auch *Stoll*, a.a. O., S. 199ff..

226 Auf diese soll hier nicht weiter eingegangen werden.

Im Bereich der *Verschuldenshaftung* liege der „Hauptzweck“[227] des Haftungsrechts in der Schadensabnahme, mit anderen Worten im Ausgleich und der Kompensation. Bei der verschuldensbedingten Haftung geht es stets um die Veränderung der Risikozuständigkeit: Unabhängig vom Grad seines Verschuldens - also gleichgültig, ob vorsätzlich oder leicht fahrlässiges Verhalten vorliegt - hat der Täter sämtliche Schäden, die auf der Opferseite entstanden sind, zu übernehmen.[228] Im besonderen Fall des Personenschadens stellt das Schmerzensgeld nach § 847 BGB eine eigene Form der Nachteilsausgleichung dar. Denn anders als die vermögenswerten Einbußen durch Heilungskosten und Verdienstausfall können die Risiken immaterieller Schäden wie Schmerzen und Leid nicht gänzlich auf den Schädiger abgewälzt werden.

Neben der Schadensabnahme findet sich in einzelnen Vorschriften der Deliktshaftung auch die Schadensstreuung, also die Verteilung des Schadensrisikos auf mehrere Personen, wie etwa auf Opfer und Täter beim Mitverschulden (vgl. § 254 BGB) oder zwischen mehreren Schädigern (vgl. §§ 830, 840 BGB).[229] Die am stärksten ausgeprägte Schadensstreuung wird nicht durch Haftungsregeln erreicht, sondern mittels privater und sozialer Versicherungen.[230]

Außerdem weist *Deutsch* auf die Garantiefunktion des Haftungsrechts hin.[231] Im Mittelpunkt steht hier nicht, dass der Verletzte stets vollen Ersatz für seinen Schaden erhält, sondern die Aufgabe der Haftungsnormen, die Rechtskreise der Einzelnen voneinander abzugrenzen. Unter Garantiefunktion ist somit das zu verstehen, was eingangs (vgl. oben 2.) als „rechtsverfolgende“ Funktion bezeichnet wurde.

Wie ein Großteil der Autoren erkennt auch *Deutsch* Prävention als Zweck des Haftungsrechts an.[232] Er geht dabei von zwei Ausprägungen aus: die *vortatliche* Prävention liegt bereits in der Untersagung der Verletzung eines Interesses oder Rechtsgutes. Solche Verbote können durch die negatorischen Ansprüche auf Unterlassung und Beseitigung durchgesetzt werden. Eine *nachtatliche* Prävention lässt sich durch die Pflicht zum Schadensersatz realisieren, vor allem dann, wenn das Risiko der Belastung in „prohibitive“[233] Höhe ansteigt. Die Genugtuungsfunktion innerhalb des Schmerzensgeldes ist ein anerkanntes und von der

[227] *Deutsch*, Haftungsrecht, 1976, S. 69; *ders.*, JZ 1971, 244, 245.
[228] Siehe *Deutsch*, JZ 1971, 244, 245.
[229] Vgl. *Deutsch*, a.a.O., 245.
[230] Vgl. *Deutsch*, a.a.O., 245.
[231] Vgl. *Deutsch*, a.a.O., 246; *ders.*, Haftungsrecht, 1976, S. 72.
[232] Vgl. *Heck*, Grundriss des Schuldrechts, 1929, S. 438, 41.; *Großfeld*, Die Privatstrafe, 1961, S. 80: Der Gedanke der Schadensverhütung „ist jedenfalls insoweit, als die Haftung auf einem Verschulden beruht, tragendes Prinzip des Schadensersatzrechts.“; *Liszt*, Deliktsobligationen im System des Bürgerlichen Gesetzbuchs, 1898, S. 3.
[233] *Deutsch*, JZ 1971, 244, 246.

Rechtsprechung weiterentwickeltes Beispiel, welches Vergeltungs- und Sanktionsaspekte auf eine nachtatliche Präventionswirkung hin konzentriert.[234]

Dass der Verschuldenshaftung eine gewisse Präventionsfunktion innewohnt, lässt sich auch dem Systemaufbau entnehmen, welcher mit den Bestandteilen „Tatbestand", „Rechtswidrigkeit" und „Schuld" Elemente des strafrechtlichen Aufbauschemas aufweist.[235]

Prävention ist im Verhältnis zur Schadensabnahme ein allerdings nur nachgeordneter oder mittelbarer Zweck des Haftungsrechts. Diese Beurteilung basiert auf einer der grundlegenden Prämissen des Haftungsrechts, nämlich dass eine Verschuldenshaftung nur eintritt, wenn ein Schaden entstanden ist, abgesehen von der eigens entwickelten Rechtsprechung zu Persönlichkeits- und Ehrverletzungen.

Belegt wird die nachrangige Stellung der Prävention noch durch weitere Regelungen im Haftungsrecht, nämlich die Folgenlosigkeit des Versuchs im Bereich des vorsätzlichen Eingriffs, die Gleichbehandlung der verschiedenen Verschuldensgrade zwischen leichter Fahrlässigkeit und vorsätzlichem Handeln im Bezug auf die Höhe des Ersatzes und die Beschränkung des Ersatzes auf den tatsächlich entstandenen Schaden.[236] An gleicher Stelle ist auch die Haftungsfreiheit gem. § 830 I S. 2 BGB des schuldhaft Beteiligten zu nennen, wenn er nachweist, dass sein Beitrag den Schaden nicht verursacht hat.[237]

Als Ausnahme zu dieser nachgeschalteten Stellung von Prävention ist wiederum an die Genugtuung im Schmerzensgeld zu denken, die in bestimmten Konstellationen hervortritt: Dort, wo sie einer Ergänzung der Ausgleichsfunktion nicht dienlich werden kann, führt sie verstärkt zu einer Sanktionierung der Norm und entfaltet präventive und rechtsbewehrende Tendenzen.[238]

Einziges rechtliches Ziel der *Gefährdungshaftung* sieht *Deutsch* in der Risikoverlagerung und damit in der Schadensabnahme. Doch auch hier hat die Zuweisung des Haftungsrisikos an den Unternehmer die Folge einer „betriebswirtschaftlichen Prävention"[239], denn sie ist zwangsläufig mit dem Anreiz verbunden, die Forderungen aus Gefährdungshaftung als Teil der Betriebskosten möglichst gering zu halten.[240]

Festzuhalten bleibt, dass eine gewisse Abhängigkeit der Zwecke Schadensabnahme und Prävention besteht. Eine Stärkung des einen führt dabei schnell zu

---

[234] Vgl. *Deutsch*, a.a.O., 246; *ders.*, JuS 1969, 197, 202.
[235] Vgl. *Deutsch*, JZ 1971, 244, 247.
[236] Vgl. *Deutsch*, Fahrlässigkeit und erforderliche Sorgfalt, 1995, S. 83.
[237] Vgl. *Deutsch*, a.a.O., S. 83.
[238] Vgl. *Deutsch*, JuS 1969, 197, 202.
[239] *Deutsch*, JZ 1971, 244, 248.
[240] Vgl. *Deutsch*, JZ 1971, 244, 248.

einer Überbetonung des anderen und verwischt die Grenzen zwischen Verschuldenshaftung und bloßer Erfolgs- bzw. Gefährdungshaftung.[241]

3.2 *Mertens*

Um gesicherte Erkenntnisse über den primären Zweck des Haftungsrechts zu erlangen, verfährt *Mertens* nach einer Art „Ausschlussprinzip". Er wehrt sich gegen eine Argumentation auf rechtsvergleichender Grundlage, Ausgangspunkt für eine Untersuchung könne nur die positivrechtliche Ausgestaltung unseres Schadensersatzrechtes sein.[242]

Vergeltung als Hauptzweck des Haftungsrechts scheitert bereits an der verfassungsrechtlichen Vorschrift des Art. 103 II GG. Einmal beruht diese Unvereinbarkeit auf der Tatsache, dass die Höhe der Strafe in Form des zu leistenden Schadensersatzes von vornherein nicht gewissen Grenzen unterliegt; darüber hinaus würde eine Fortentwicklung und Erweiterung der Deliktstatbestände durch Rechtsprechung und Lehre, wie zum Persönlichkeitsrecht und dem Recht am Gewerbebetrieb, nicht den Erfordernissen des Straftatbestandes im Sinne des Art. 103 II GG gerecht werden.[243]

Letzten Endes liefe es auch auf eine Doppelbestrafung hinaus, deren Untersagung in Art. 103 III GG verankert ist, unabhängig davon, dass auch die Ersatzpflicht in der Regel von einem Verschulden abhängig ist. Das Verschuldensprinzip des bürgerlichen Rechts legt maßgeblich fest, wer gemäß dem Ausgleichsgedanken für den eingetretenen Schaden aufzukommen hat, und ist insofern nicht mit einem moralischen Vorwurf verbunden.[244]

In einem nächsten Schritt fragt *Mertens*, ob die oben genannten verfassungsrechtlichen Einwände ihre Geltung auch für die Bewertung von *Prävention* oder *Sanktion* als primäre Haftungszwecke beanspruchen können.

Im Gegensatz zur Vergeltung kommt es bei Sanktion und Prävention nicht auf eine Nachteilszufügung zu Lasten des Schädigers an, jedoch beinhalten sie ebenso wie die Vergeltung öffentliche Zwecke, nämlich das Verbot und die Verhinderung bestimmter Verhaltensweisen. Anders formuliert stellt sich das Problem in der Frage, ob das private Rechtssubjekt, der Geschädigte, als Interes-

---

[241] Siehe *Deutsch*, JZ 1971, 244, 248, mit dem Beispiel des § 22 WHG als Gefährdungshaftung „bisher unbekannten Umfangs": Das erhöhte Risiko, für einen Schadenserfolg zu haften, bewirkt eine gesteigerte Vorsicht im Umgang mit entsprechenden Anlagen.

[242] Vgl. *Mertens*, Der Begriff des Vermögensschadens im Bürgerlichen Recht, 1967, S. 93. Aus dem Zusammenhang seiner Ausführungen ergibt sich, dass *Mertens* auf die Zwecke des Haftungs- *und* Schadensersatzrechts abstellt.

[243] Siehe *Mertens*, a.a.O., S. 96.

[244] Vgl. *Mertens*, a.a.O., S. 96f., *Deutsch*, Fahrlässigkeit und erforderliche Sorgfalt, 1995, S. 81.

senvertreter der verletzten Rechtsordnung auftreten und quasi als Entgelt dafür den Schadensersatz erhalten darf.[245]

Mertens ist der Ansicht, dass eine Lösung nicht darauf hinaus laufen darf, Ausgleich und Prävention oder Rechtsverfolgung als gleichberechtigte, nebeneinander stehende Zwecke des Haftungsrechts zu begreifen. Beide Ziele sind im äußersten Falle gegenläufig: Die Betonung des Präventions- und Sanktionsaspektes hätte zur Folge, dass auch bei fehlendem tatsächlichen Schaden ein Ersatzanspruch zugesprochen werden müsste. Das Ausgleichsprinzip würde dagegen zurücktreten. Umgekehrt würde es zu einer Zurückdrängung präventiver Anreize führen, wenn die Schadensersatzforderung an den Eintritt eines Schadens geknüpft und so vornehmlich der Ausgleichsfunktion unterworfen wäre.

Letztlich kann eine abschließende Stellungnahme zur Verfassungsmäßigkeit haftungsrechtlicher Prävention wohl erst abgegeben werden, wenn der Strafbegriff im Sinne des Art. 103 II GG eindeutig definiert ist. Hier geht es um den klassischen Disput, ob der Strafzweck überwiegend in der Vergeltung des Rechtsbruchs oder in der General- und Spezialprävention liegt.[246] Einen weiteren Maßstab für die Beurteilung der Präventionsfunktion setzt die objektive Interpretation des BGB. In Anlehnung an *Deutsch* geht *Mertens* davon aus, dass zahlreiche Grundprinzipien, aber auch Einzelregelungen des Deliktsrechts für einen absoluten Vorrang des Ausgleichsgedankens sprechen.[247]

Ein Abrücken vom natürlichen Schadensbegriff und Primat des Ausgleichs, wie sie der ursprünglichen Konzeption des Gesetzgebers zugrunde lagen, hält *Mertens* selbst in Anbetracht der weitreichenden Entwicklungen und daran anschließenden Reaktionen im Schadensrecht nicht für geboten. Das BGB geht in seinem deliktischen Regelwerk von zwei grundlegenden Gestaltungsprinzipien aus: Es verzichtet zum einen auf eine allgemein gehaltene deliktische Generalklausel - abgesehen von der des § 826 BGB - zugunsten einiger relativ eng umrissener Deliktstatbestände, die vorwiegend an Rechts- und Gesetzesverletzungen anknüpfen und nicht die Schädigung oder den (Vermögens-)Schaden in den Vordergrund stellen. Zweitens zeichnet es sich durch das Verschuldensprinzip als ausschließliches Haftungsprinzip in Verbindung mit dem „Alles-oder-Nichts"-Grundsatz[248] aus. Mit der Schaffung von mehr als 20 Gefährdungstatbeständen, der Anerkennung eines allgemeinen Persönlichkeitsrechts, des Rechts am Ge-

[245] Siehe *Mertens*, a.a.O., S. 97f..

[246] Vgl. *Mertens*, a.a.O., S. 98; zu den Vergeltungs-, Präventions- und Vereinigungstheorien im strafrechtlichen Zusammenhang s. *Roxin*, Strafrecht, 1997, S. 44ff..

[247] Siehe *Mertens*, a.a.O., S. 99; zu den Regelungen, welche die Ausgleichsfunktion als Primärzweck stützen, vgl. oben S. 60f., und *Deutsch*, Fahrlässigkeit und erforderliche Sorgfalt, 1995, S. 83.

[248] Vgl. *Mertens*, a.a.O., S. 100, zur Definition des „Alles-oder-Nichts"-Grundsatzes: „Ohne Verschulden keine Haftung, bei auch nur geringem tatbestandsmäßigen Verschulden Haftung auf den gesamten Schaden (Totalreparation).", außerdem *Deutsch*, Haftungsrecht, 1976, S. 69.

werbebetrieb und der Aufstellung zahlreicher Verkehrssicherungspflichten habe sich, so die bei *Mertens* zitierte Kritik, der Handlungsspielraum und das soziale Aktivitätsfeld des Einzelnen zugunsten des erweiterten Integritätsschutzes verengt.

Dennoch plädiert Mertens für die Aufrechterhaltung des „Alles-oder-Nichts"-Prinzips. Denn die Kreation neuer Haftungtatbestände ist nur als adäquate Antwort auf das erhöhte Schädigungspotential infolge der weitreichenden Entwicklung von Technik, Verkehr und Kommunikation zu bewerten.[249] Außerdem beweist sich dieses Prinzip im Hinblick auf die Klarheit und Berechenbarkeit der Entscheidungsfindung des Rechtssubjekts stets als praktikabel. Jede Partei eines Schadensereignisses sieht selbst, ob und welchen Schaden sie zu tragen hat. Dies ist wiederum unerlässlich für die Entscheidung einer Versicherung des Schadensrisikos, und damit auch für die Kosten einer solchen Versicherung.[250]

Mit der Anerkennung der Geltung des „Alles-oder-Nichts"-Prinzips fällt bei *Mertens* die Folgerung, dass es sich bei Prävention zwar nicht bloß um eine „rein tatsächliche Nebenwirkung"[251], aber dennoch „nur" um einen Sekundärzweck des Schadensersatzrechts handelt.[252]

3.3 *Weyers*

Auch *Weyers* erkennt Prävention als *ein* mögliches Ziel von Schadenstragungssystemen aus den Geboten der Ökonomie, der Sozial- und Gesellschaftspolitik sowie der Gerechtigkeit an:

> „Wird das Präventionsproblem gelöst, dann stellen sich andere nicht."[253]

Außerdem weist er dem Schadenstragungssystem die Aufgaben einer gerechten Lastenverteilung und der Minimierung von Verwaltungskosten zu. Oberstes Ziel soll allerdings die Gewährleistung sozialer Sicherheit sein.[254]

Das Haftpflichtrecht als ein Element des Schadenstragungssystems erweist sich im Gegensatz zur Schadensvorsorge (insbesondere durch Sozialversicherung) und der Haftpflichtversicherung als am geeignetsten, Präventionsbestrebungen zu erfüllen.[255] Es hat neben sich weitere „Präventionsmittel", wie das Verwaltungsrecht mit seinen Zulassungs- und Gesundheitsschutzbestimmungen und das

---

[249] Vgl. *Mertens*, a.a.O., S. 105.

[250] Vgl. *Mertens*, a.a.O., S. 105f., auch zu den formalen Vorzügen des „Alles-oder-Nichts"-Prinzips.

[251] *Mertens*, a.a.O., S. 109.

[252] Vgl. *MünchKomm-Mertens*, Bürgerliches Recht, 1999, Vor §§ 823-853, Rn. 44.

[253] *Weyers*, Unfallschäden, 1971, S. 447.

[254] Siehe *Weyers*, a.a.O., S. 443ff.; vgl. hierzu auch die Buchbesprechung von *Weyers*, Unfallschäden, bei *Hippel*, RabelsZ 36 (1972), 199-202.

[255] Vgl. *Weyers*, a.a.O., S. 450, mit dem Hinweis auf die mangelnde psychologische Wirkung der Vorsorgesysteme auf den Einzelnen.

Kriminalstrafrecht, welches meist an einen tatbestandlichen Erfolg anknüpft, aber selten einen eindeutigen und psychologisch nachvollziehbaren Zusammenhang zwischen den Anforderungen an das Handeln und dem möglichen Schaden herstellt.[256]

Hinzutreten die außerrechtlichen Wege zur Prävention: die Technik, die Erziehung im Sinne der Gefahrenaufklärung und Normverinnerlichung, letztlich auch der gesellschaftliche Druck zur Einhaltung gewisser Vorsichtsmaßnahmen.

Das Ineinandergreifen all dieser Mechanismen führt zu der Frage, ob und wie das Haftungsrecht selbst einen wirklich effizienten Beitrag zur Schadensverhütung leisten kann.[257] *Weyers* vermag dies nicht abschließend zu beantworten: „Hinreichende Erkenntnisgrundlagen zur Beurteilung der Präventionsmöglichkeiten des Haftpflichtrechts gibt es offenbar zur Zeit nicht."[258]

Zwei Faktoren einer Hypothese zur Präventionswirkung des Haftpflichtrechts misst er entscheidende Bedeutung bei: den ökonomischen Gegebenheiten[259] und den psychisch- sozialen Begleitumständen.

Vorab räumt *Weyers* ein, dass bei der haftungsrechtlichen Untersuchung von Prävention auf die Ergebnisse zurückgegriffen werden muss, welche die Kriminologie herausgearbeitet hat. Aber auch hier existieren relativ wenig Erkenntnisse, was die Wirkungen von Geldstrafen betrifft, die eben für den Bereich der Haftpflicht von großem Interesse sind.

Ob die „Haftungserwartung" in eine Entscheidung des Rechtssubjekts mündet, welche im Sinne der Schadensverhütung positiv zu bewerten ist, hängt maßgeblich davon ab, dass die Akteure im Stande sind, zweckrational zu handeln.

Die Bedingungen dafür sind am besten in großen, zweckrational organisierten Systemen gegeben, also in ausgebauten Wirtschaftsunternehmen und Verwaltungskörpern. Hier garantieren die arbeitsteilige Spezialisierung eine sichere Informationsbeschaffung, wirksame Durchsetzung und Kontrolle von Entscheidungen.[260] Eine andere Bewertung ergibt sich indes für den wichtigen und schadensträchtigen Bereich des Straßenverkehrs, wo die Verhältnisse sich derart darstellen, dass das Rechtssubjekt nicht frei und zweckrational entscheiden kann. Nervlich-körperliche Anspannung, psychische Bedingungen, Emotionen und Zeitdruck fördern irrationale Verhaltensimpulse.

---

[256] Vgl. *Weyers*, a.a.O., S. 449.
[257] Siehe *Weyers*, a.a.O., S. 449ff..
[258] *Weyers*, a.a.O., S. 457.
[259] *Weyers* bezieht sich hier vornehmlich auf den Ansatz *Calabresis*, der, um Wiederholungen zu vermeiden, in seinem Kontext der Ökonomischen Analyse des Rechts vorgestellt werden soll, vgl. dazu unten 2. Teil, II..
[260] Vgl. *Weyers*, a.a.O., S. 467; im Ergebnis auch *Jansen*, Struktur des Haftungsrechts, 2003, S. 631f..

Für den eigentlichen Gegenstand seiner Untersuchung, den „Unfallschäden", kommt *Weyers* damit zu dem Ergebnis, dass der Präventionswirkung des Haftungsrechts nur eine ungünstige Prognose erstellt werden kann.[261]

3.4 *Canaris*

Auch diejenigen, die einer Präventionsfunktion des Haftungsrechts grundsätzlich skeptisch gegenüberstehen, können und wollen zumindest die präventive *Wirkung* bestimmter Haftungsregeln unter gewissen Umständen nicht leugnen.

Canaris räumt ein, dass sowohl im Haftungsrecht als auch darüber hinaus privatrechtliche Regeln gewisse „präventive Effekte"[262] entfalten können. Als Beispiel nennt er die Kondiktionssperre nach § 817 S. 2 BGB[263] und die Verpflichtung zur Gewinnabführung bei Verletzung eines Wettbewerbsverbots nach §§ 61 I Hs. 2, 113 I Hs. 2 HGB.

In Übereinstimmung mit *Stoll* ist er der Ansicht, dass sich die Bedeutung von Prävention im deutschen Haftpflichtrecht lediglich in einer „unselbständigen Nebenfunktion"[264] erschöpft. Dies wird nicht zuletzt auf die anlässlich der „Caroline"-Entscheidungen hervorgebrachte Begründung gestützt. Eine vornehmlich auf Genugtuungs- und Präventionserwägungen beruhende Ersatzpflicht verstoße gegen den verfassungsrechtlichen Grundsatz des „nulla poena sine lege" (Art. 103 II GG). Das Argument sei auch nicht dadurch zu entkräften, dass die Entschädigungen nicht dem Staat, sondern dem Verletzten zufließen würden, denn gerade dieser Umstand sei „schadensrechtlich gesehen völlig widersinnig"[265].

Überdies stellt *Canaris* die Frage nach dem in den „Caroline"-Fällen aufgestellten, inneren Zusammenhang zwischen Prävention und dem Verletzergewinn. Eben dann, wenn es um die Vorbeugung von Rechtsverletzungen und Schäden geht, darf es nicht darauf ankommen, ob und wie hoch dem Verursacher der Rechtsverletzung ein wirtschaftlicher Überschuss entstanden ist, es muss vielmehr die *Absicht* der Gewinnerzielung genügen. Ein solches subjektives Kriterium wiederum sei allenfalls geeignet, eine Strafverschärfung zu rechtfertigen. Eine Erhöhung von Schadensersatzansprüchen könne damit keinesfalls begründet werden.[266]

---

[261] Vgl. *Weyers*, a.a.O., S. 467f..

[262] *Canaris*, in: FS. für E. Deutsch, 1999, S. 85, 105.

[263] Hierzu näher *Canaris*, in: FS. für E. Steindorff, 1990, S. 517, 523f..

[264] So die Begriffswahl bei *Stoll*, Haftungsfolgen im bürgerlichen Recht, S. 184.; vgl. *Canaris*, in: FS. für E. Deutsch, 1999, S. 85, 105.

[265] *Canaris*, a.a.O., S. 107.

[266] *Canaris* spricht insoweit von „vollendetem Widersinn"; vgl. *ders.*, a.a.O., S. 107f..

3.5 *Esser, Larenz*

Esser[267] und *Larenz*[268] schätzen den Stellenwert von Prävention aus einer rückwärts gewandten Sichtweise ein und beurteilen Haftungsregeln nach ihren Realisierungschancen im Hinblick auf Abschreckung und Vorbeugung. Prävention ist demzufolge dort nicht zu erreichen, wo Haftpflichtversicherungen an Stelle des Schädigers Ersatz leisten, der Schaden also nicht vom Verantwortlichen selbst getragen wird.[269]

Soweit aufgrund gesetzlicher Anordnung (wie beispielsweise in § 1 PflVersG) oder freiwilligen Abschlusses Versicherungen für eine adäquate Schadensverteilung (oder Schadensstreuung) sorgen, verliert das individualistisch ausgestaltete Haftungskonzept des BGB an Bedeutung. Seine Regeln können dann, selbst wenn sie präventiv ausgestaltet sind oder wären, den (zukünftigen) Schädiger nicht mehr verhaltenssteuernd erreichen, da dieser nicht für den Schaden aufkommt; umgekehrt ist der Versicherer, welcher Schadensersatz leistet, haftungsrechtlich nicht verantwortlich.[270]

Angesichts der starken Technisierung und den gesteigerten sozialen Kontaktmöglichkeiten unserer Zeit wächst auch die Anzahl derjenigen menschlichen Aktivitäten, welche wegen ihrer „Gefahrgeneigtheit“ und hohen Schadensrisikos unter Versicherungsschutz gestellt werden. Vor diesem Hintergrund wäre es realitätsfern, den Blick vor der eigens regelnden Wirkung der Versicherungen zu verschließen, sowie die haftungsrechtliche Verantwortlichkeit des Individuums und die allein damit verbundene Möglichkeit präventiver Verhaltenssteuerung zu überschätzen.[271]

Eine „Entideologisierung“[272] des Schadens- und Haftungsrechts ist auch deswegen zu fordern, weil - wie bereits von *Deutsch*[273] für den großen Bereich der Verschuldenshaftung dargelegt - der Umfang der Ersatzpflicht nicht an Art und Maß des Verschuldens gekoppelt ist.[274] Zurechnungsfragen wie die Entscheidung darüber, bei welchem Verschuldensgrad gehaftet wird, sind auf der haftungsbegründenden Seite der Norm geregelt, streng getrennt von der Höhe des Ausgleichs auf der Rechsfolgenseite. Ähnliches gilt auch für die Gefährdungs-

---

[267] Vgl. *Esser/Schmidt*, Schuldrecht, 1993, S. 158ff..
[268] Siehe *Larenz*, Lehrbuch des Schuldrechts, 1987, S. 423ff..
[269] Vgl. *Larenz*, a.a.O., S. 423ff.; *Esser/Schmidt*, a.a.O., S. 160.
[270] Siehe *Esser/Schmidt*, a.a.O., S. 160f..
[271] Vgl. *Esser/Schmidt*, a.a.O., S. 161.; dagegen aber *Kötz*, in: *Klingmüller* (Hrsg.), Karlsruher Forum 1990: Schadenszurechnung und Schadensverteilung, 1990, S. 18ff., welcher auch der Haftpflichtversicherung eine realistische Chance zuschreibt, präventive Anreize zu verfolgen; zum Bereich Versicherung und Haftpflichtrecht vgl. auch *Hippel*, Schadensausgleich bei Verkehrsunfällen, Haftungsersetzung durch Versicherungsschutz, S. 41ff.; *Kötz*, Sozialer Wandel im Unfallrecht, 1976.
[272] *Esser/Schmidt*, a.a.O., S. 161.
[273] Vgl. oben 3.1.
[274] Vgl. *Larenz*, Lehrbuch des Schuldrecht, 1987, S. 423ff..

tatbestände. Dort findet keine Differenzierung hinsichtlich der Größe der Gefahr und entsprechend der vom Gefahrenbetreiber zu tragenden Schadensfolgen statt.[275]

3.6 *Stoll*

Nach *Stoll* sind sämtliche Nebenfunktionen des Schadensersatzes stets in den Sinn und Zweck der primären Funktion des Schadensausgleichs einzubeziehen. Zu den Nebenfunktionen zählt er insbesondere die Feststellung des haftungsrechtlichen Schutzbereiches[276], die Genugtuung für den Verletzten und die Einwirkung auf den Täter.[277]

Die General- und Spezialprävention als die beiden möglichen Einwirkungsformen auf den oder die potentiellen Schädiger leitet *Stoll* den Phänomenen ausländischer Rechtsordnungen ab.

Generalpräventive Erwägungen können von dem Motiv dominiert werden, dem Verletzten durch einen pauschalen, den Schaden bei weitem übersteigenden Ersatzanspruch den Anreiz zu vermitteln, die Rechtsverletzung auf dem Zivilrechtsweg zu verfolgen und damit zur Wahrung der Rechtsordnung beizutragen. Derartige Schadensersatzzugaben sind in den Vereinigten Staaten unter dem Begriff „double“ oder „treble damages“ bekannt und werden bei Verstößen gegen Urheberrechte und gewerbliche Schutzrechte, v.a. aber kartellrechtliche Verbote zugesprochen. Im deutschen Recht findet sich kein entsprechendes Instrument. Gleichwohl werden Forderungen laut, für die genannten Bereiche auch hier pauschalierte Ersatzansprüche einzuführen, um abschreckende Wirkung zu erzeugen und die Anstrengungen und Kosten der sich häufig schwierig gestaltenden Rechtsverfolgung abzugelten.[278]

Eine Vorbeugung gegen Rechtsverletzungen kann theoretisch auch im Wege der *Spezialprävention*, d.h. der erzieherischen Einwirkung auf den Schädiger erfolgen. Im deutschrechtlichen Raum ist sie geradezu ausschließlich dem Strafrecht vorbehalten. Demgegenüber favorisieren sozialistische Rechtsordnungen neben

---

[275] Vgl. *Esser/Schmidt*, a.a.O., S. 161f.. Dennoch erkennt *Esser* in der Schadensprävention, soweit sie von einer individualisierenden Betrachtungsweise losgelöst ist, „einen potentiellen Faktor zur adäquaten Verteilung ökonomischer Ressourcen“ und spielt dabei auf das bei *Kötz* (vgl. die Nachweise in Fn. 222) und *Weyers* (vgl. dazu oben 3.3) entwickelte Grundverständnis an. Insbesondere bei organisierten Wirtschaftseinheiten ist demnach ein rechnerisches Reagieren auf hohe Ersatzkosten möglich und kann nach einer Gewinn- und Umsatzkalkulation zu bestimmten Sicherheitsmaßnahmen führen, welche Schadenshäufigkeit und -höhe senken.

[276] Was der bei *Deutsch* gemeinten „Garantiefunktion“ und bei *Mertens* bezeichneten „rechtverfolgenden“ oder „Sanktions“-Funktion gleichkommen dürfte, vgl. oben 2. und 3.1.

[277] Vgl. *Stoll*, Haftungsfolgen im bürgerlichen Recht, 1993, S. 184ff.; in Anlehnung an die Formulierung bei *Heck*, Schuldrecht, 1929, S. 41: „gewisse Einwirkungstendenzen“.

[278] Siehe *Stoll*, a.a.O., S. 211f., mit weiteren Nachweisen. Zur Umsetzung dieser Ziele vgl. den aktuellen Richtlinienvorschlag der Europäischen Kommission, eingehend unten III. 3.

dem Schutz vor bzw. dem Ausgleich von Schäden oftmals den Aspekt der Schadensvorbeugung und der erzieherischen Einwirkung auf den Schädiger. Diese Zielvorstellungen wurden so beispielsweise im Schadensrecht des Zivilgesetzbuches (ZGB) der ehemaligen DDR ausdrücklich statuiert.[279] Auch die Ausgestaltung der Beweislastregeln für Verschulden und Abwendbarkeit eines Ereignisses und der haftungsrechtlichen Verantwortlichkeit des einzelnen Mitarbeiters gegenüber dem Betrieb ließen gleichsam auf einen Appell an das Individuum zum aktiven Handeln zur Abwehr und Verhütung von Gefahren und Schäden schließen. Das Versicherungsrecht der DDR hat zudem das an Schadensprävention orientierte Haftungsrecht nicht unterlaufen, sondern u.a. aufgrund seiner verschuldensabhängigen Regressregelungen und Prämienvergünstigungen mitgetragen.[280] All dies hängt mit der staatlich geprägten Grundhaltung zusammen, wonach jeder Verstoß gegen die Regeln und das Eigentum des sozialistischen Kollektivs eine bürgerlich-kapitalistische und rechtsfeindliche Einstellung in sich birgt, welcher nicht nur durch Straf- und Disziplinarrecht, sondern auch mittels der erzieherischen Funktion des zivilen Haftungsrechts entgegengewirkt werden müsse.[281]

Dennoch hält *Stoll* die Umsetzung erzieherischer und damit präventiver Bestrebungen innerhalb sozialistischer Rechtsordnungen nicht für geglückt, da ihretwillen nicht die Grundregel des vollen Schadensausgleichs (das „Alles-oder-Nichts"-Prinzip) aufgegeben wurde. Eine Ausnahme davon bildet - nicht nur für die ehemalige DDR - das Arbeitsrecht.[282]

Aufgrund der Prävalenz des Ausgleichsgedankens und mangelnden Proportionalität zwischen Verschulden und Ersatzumfang lassen sich deshalb spezialpräventive Effekte auch im deutschen Recht nur schwer realisieren.

Nur wo das strenge Verschuldens- und Ausgleichsprinzip aufgebrochen wird, kann die Haftpflicht präventiv wirken. Als eines der wenigen Beispiele wird in diesem Zusammenhang die Regelung über das mitwirkende Verschulden nach § 254 BGB genannt. Erzieherische Motive klingen aber auch in der Rechtsprechung zu den Obliegenheiten an, wie sie der BGH beim Mitverschulden eines verletzten Autofahrers wegen Nichtanlegens des Sicherheitsgurtes aufgestellt hat.[283]

---

[279] Siehe *Motsch*, JZ 1984, 211, 212.; vgl. auch den Wortlaut des § 323 S. 2 ZGB: „Die in den folgenden Bestimmungen festgelegten Rechte und Pflichten dienen der Erziehung aller Bürger zur Achtung des Lebens, der Gesundheit und des Eigentums".

[280] Vgl. *Motsch*, a.a.O., 211, 213ff., 216f., mit Beispielen aus geschriebenem Recht und Rechtsprechung.

[281] Vgl. *Stoll*, Haftungsfolgen im bürgerlichen Recht, 1993, S. 213f..

[282] Vgl. *Stoll*, a.a.O., S. 214; a. A. wohl insgesamt Motsch, a.a.O., 211.

[283] Vgl. *Stoll*, a.a.O., S. 215f..

3.7 *Binding*

In seiner Untersuchung über die verschiedenen Arten des „Delikts" stellt *Binding* die wesenhafte Verschiedenheit von Strafe (im Sinne der Kriminalstrafe) und Schadensersatz heraus.[284] Beide verlangen vom Rechtssubjekt eine rechtliche Leistung.

Schadensersatz und Strafe unterscheiden sich zunächst insoweit, als die Person, die zu leisten hat, nicht selbstverständlich die gleiche sein muss. Die Strafe verlangt ausnahmslos eine persönliche Leistung des Schuldigen, der Schadensersatz nicht.[285] Dies zeigt sich deutlich in einem ganz besonderen Fall, nämlich im todesbedingten Übergang der Schadensersatzforderung des Verletzten auf die Erben des Schädigers. „Der Nachlass ist ersatzfähig, nicht straffähig."[286] Damit kann ein zweites gefolgert werden: Die Strafe sucht immer den Schuldigen, der Schaden kann auch von einem Schuldlosen ersetzt werden.

Eine weitere Verschiedenheit besteht darin, zu wessen Gunsten jeweils geleistet wird. Der Schadensersatz gebührt einer absolut bestimmten Person, dem Geschädigten. Die Strafe hingegen kommt keinem individuellen Rechtssubjekt zugute, sie wird vom Staat eingefordert und dient der Öffentlichkeit.[287]

Am grundlegendsten tritt der Unterschied zwischen Strafe und Schadensersatz in dem hervor, *was* zu leisten ist, d.h. dem Gegenstand der Sanktion. Wenngleich sich Geldstrafe und Schadensersatzleistung äußerlich betrachtet sehr ähnlich sind, bezwecken sie doch völlig Unterschiedliches. Die Strafe will dem Schuldigen stets einen Nachteil zufügen. Die Schadensersatzforderung, die nicht notwendig gegen den Schuldigen gerichtet ist, bedeutet oder beabsichtigt für den Leistenden nicht unbedingt einen Vermögensnachteil.[288]

Binding fasst den Hauptunterschied zwischen Strafe und Ersatz wie folgt zusammen[289]:

> „[...] das Wesen des Schadenersatzes besteht in seiner Bestimmung zu reparieren, einen im Rechte nicht begründeten Zustande zu verdrängen durch den der Rechtsordnung gemäßen; derjenige aber, der Strafe leidet, soll und kann durch sein Leiden nicht einen widerrechtlichen Zustand aufheben, die Strafe ist bestimmungsgemäß etwas anderes als Reparation."

---

[284] Vgl. *Binding*, Die Normen und ihre Übertretung, 1922, S. 270ff., 284ff., nachdem er die Hypothese und teilweise vertretene Ansicht der wesentlichen Gleichheit von Strafe und Schadensersatz widerlegt hat.

[285] [Anmerkung der Verfasserin:] Gemeint sind wohl Fälle wie „Drittschadensliquidation", gesetzlicher Forderungsübergang oder das Eintreten von Versicherungen.

[286] *Binding*, a.a.O., S. 285.

[287] Vgl. *Binding*, a.a.O., S. 286.

[288] Vgl. *Binding*, a.a.O., S. 287.

[289] *Binding*, a.a.O., S. 288.

Aus einem Negativschluss dieser Aussage lässt sich entnehmen, dass *Binding* dem Haftungs- und Schadensersatzrecht eine steuernde und präventive Funktion abspricht. Einzige Aufgabe des Schadensersatzes ist die Reparation, die Aufhebung des durch das Schadensereignis herbeigeführten Zustandes.

3.8 *J. Schmidt*

Auch *J. Schmidt* gelangt in seiner grundlegenden Untersuchung „Zur Rechtfertigung des Inhaltes von Schadensersatz“[290] zu der Erkenntnis, dass allein der Ausgleich für eine schädigende Tat den Inhalt des Schadensersatzes bestimmen und rechtfertigen kann. Er verfährt dabei nicht wie *Deutsch* anhand einer objektiven Interpretation des Gesetzes, sondern folgt dem Zusammenhang zwischen Zielen und Inhalten von Sanktionen, welcher zumeist nur von den Strafrechtswissenschaften behandelt wird. *J. Schmidt* nennt dies daher „strafrechtliche Rechtfertigung“[291].

Ausgehend von der Prämisse, dass eine Sanktion niemals in einem Selbstzweck begründet sein kann, stellt *J. Schmidt* zwei Sanktionsmodelle auf.[292] Im ersten Sanktionsmodell ist es Ziel der Sanktion, ein konkretes Individualgut zu schützen, im zweiten entspricht es dem Ziel der Sanktion, eine bestimmte Klasse von Gütern, der das verletzte Rechtsgut angehört, zu schützen. Dieser Doppelung der Zielsetzungen innerhalb des übergeordneten Ziels „Rechtsgüterschutz“ entspricht die zweifache Möglichkeit der gesellschaftlichen Reaktion auf eine Rechtsverletzung. Für den ersten Fall wird diese wohl in einer Resignation ob der Schädigung des geschützten Rechtsgutes liegen. Anders im zweiten Modell, wo der Schutzzweck nicht gänzlich fehlgeschlagen ist und die Rechtsverletzung als Anlass zur Verbesserung von Schutzvorkehrungen begriffen werden wird.

Des weiteren wird sich der von der Gesellschaft gewählte Inhalt der Sanktion nach der Art des Sanktionsmodells richten: Im ersten Sanktionsmodell kann Inhalt der Sanktion nur ein Ausgleich für die unrechte Tat sein.[293] Für das zweite Sanktionsmodell ergeben sich indes hinsichtlich des weiter zu verfolgenden Sanktionsziels und des zu wählenden Inhalts der Sanktion andere Konsequenzen: Angesichts der eingetretenen Rechtsverletzung wird die Gesellschaft versuchen, den Schutz der Gattung von Rechtsgütern zu verbessern, um weitere Übertretungen zu verhindern. Da es mit dem Schutzzweck dieses Modells (= Schutz einer bestimmten Klasse/Gattung von Rechtsgütern) nicht zu vereinbaren ist, einen Ausgleich für den Untergang eines einzelnen *konkreten* Gutes zu gewähren,

---

[290] So auch der Untertitel seines Werkes „Schadensersatz und Strafe“, 1973.

[291] *J. Schmidt*, Schadensersatz und Strafe, 1973, S. 41ff..

[292] Vgl. *J. Schmidt*, a.a.O., S. 45.

[293] Anknüpfungspunkte können dabei die Integrität der Rechtsordnung, das normativ geschützte Gut, oder der Bestand eines konkreten Gutes für ein konkretes Individuum sein, vgl. *J. Schmidt*, a.a.O., S. 46f..

kommt hier als zukünftiges Ziel der Sanktion ein Ausgleich nicht in Betracht. Ziel der Sanktion ist von nun an die *Prävention* von Verletzungen der zur geschützten Gattung gehörenden Rechtsgüter.[294] Damit liegt im zweiten Modell der Inhalt der Sanktionsmaßnahme auch nicht in einem Ausgleich, sondern in Unternehmungen, die präventiv wirken. Darunter fallen etwa Abschreckung oder Resozialisierung, Zwang oder Erziehung.

Ziele und Inhalte der alternativen Sanktionsmodelle stehen nun fest. In einem letzten Schritt ermittelt *J. Schmidt*, welchem der beiden Sanktionsmodelle die Sanktion „Schadensersatz" (in ihrem wörtlichsten Sinne) der Verschuldenshaftung zuzuordnen ist.[295] Das erste Sanktionsmodell entspricht zweifelsohne dem System der Verschuldenshaftung. Sowohl im Ziel (Schutz eines konkreten Rechtsgutes, Ausgleich) als auch im Inhalt der Sanktion (Ausgleich), schließlich im Maß der Sanktion (Wert des verletzten Gutes für den Berechtigten) liegt Übereinstimmung mit dem Wesen des Schadensersatzanspruches aus Verschulden vor.

Für das zweite Sanktionsmodell kommt *J. Schmidt* zu dem Ergebnis, dass dieses nicht mit dem Inhalt der Verschuldenshaftung in Einklang gebracht werden kann. Die Rechtsfolge „Schadensersatz" (als Inhalt der Sanktion) im Rahmen der Verschuldenshaftung hängt denknotwendig von einer Rechtsgutverletzung durch den Schädiger als Verstoß gegen den Schutzzweck ab. Sie kann also nicht so verstanden werden, als verfolge sie irgendwelche präventiven Zwecke. Für den Inhalt der Sanktion Schadensersatz ist die Verhinderung weiterer Taten gegen Güter der geschützten Klasse durch Abschreckung oder ähnliches nicht „konstitutiv"[296].

Der Inhalt des Schadensersatzes aus Verschuldenshaftung ist somit allein Ausgleich für Schäden infolge einer Rechtsgutverletzung, er ist nicht auf Prävention gerichtet.[297]

4. Zusammenfassung

Die einzelnen Ansätze und ihre Ergebnisse sind durchaus verschieden, und doch haben sie eines gemeinsam: sie erkennen, dass Prävention in der juristischen Wirklichkeit des Haftungsrechts eine Rolle spielt. Die Skala der Einschätzungsversuche reicht von der Qualifikation als einem sogar maßgeblichen Zweck de

[294] Vgl. *J. Schmidt*, a.a.O., S. 50.
[295] Vgl. *J. Schmidt*, a.a.O., S. 50.
[296] *J. Schmidt*, a.a.O., S. 51.
[297] Siehe *J. Schmidt*, a.a.O., S. 51, der gleichzeitig eine gewisse präventive Steuerungswirkung als Begleiterscheinung einer Sanktion einräumt.

Haftungsrechts bis hin zur Beschreibung als einer bloßen „Erscheinung“ oder „Wirkung“, die nicht intendiert ist.

Dass die Schadensverhütung nicht ausersuchtes Ziel der zivilrechtlichen Haftung sein kann, wird zum einen mit den realen Gegebenheiten (Versicherungen, Unsicherheit der Haftungssubjekte bei der Entscheidungsfindung) erklärt. Ebenso wird auf das Verschuldenserfordernis bei einem Großteil der Haftungstatbestände hingewiesen.

Entscheidendes Argument ist aber, dass das deutsche Haftpflichtrecht vom Grundsatz der Totalreparation („Alles-oder-Nichts“-Prinzip) beherrscht wird, und zwar sowohl im System der Verschuldenshaftung als auch der Gefährdungshaftung. Als solches ist es nicht imstande, flexibel auf den Grad und Umfang des Verschuldens bzw. der geschaffenen Gefahr zu reagieren und präventiv zu wirken. Insgesamt lässt sich eine eher restriktive Haltung gegenüber einem Präventionszweck oder einer dahingehenden Wirkung des Haftungsrechts feststellen.

III. Die europarechtliche Entwicklung: Grundsatz der vollen Wirksamkeit des Gemeinschaftsrechts und Prävention

Sowohl von der Rechtsprechung des Europäischen Gerichtshofes als auch von den Rechtsetzungsorganen der EU, insbesondere der Kommission, gehen in jüngerer Zeit neue Impulse im Hinblick auf eine Betonung der präventiven Ausrichtung nicht allein des Gemeinschaftsrechts, sondern des darauf basierenden nationalen Rechts aus.

Die teleologische Auslegungsmaxime des „effet utile“[298] wurde vom EuGH seit Beginn seiner Rechtsprechung herangezogen, um den Geltungsanspruch des primären und sekundären Gemeinschaftsrechts durchzusetzen. In diesem Sinne wird bis heute eine bestimmte Auslegung des EG-Vertrages, einer Richtlinie oder Verordnung favorisiert, um die „vollständige Wirksamkeit“ der betreffenden Vorschrift zu erzielen.[299]

Der argumentatorische Ansatz des EuGH findet nunmehr auch Eingang in den Bereich des Schadensersatzrechtes, wenn auch nicht stets unter ausdrücklichem

---

[298] Vgl. *Oppermann*, Europarecht, 1999, S. 203ff..

[299] Siehe EuGH, Rs. 20/59, Regierung der italienischen Republik, Slg. 1960, 688, 707, 710; EuGH, Rs. 26/62, van Gend & Loos, Slg. 1963, 1, 25f.; EuGH, Rs. 9/70, Leberpfennig, Slg. 1970, 825, Rn. 5; EuGH, Rs. 41/74, van Duyn, Slg. 1974, 1337, Rn.12.

Hinweis auf den „effet utile"[300]. Die Haftung für ein bestimmtes Handeln und den daran anknüpfenden Erfolg soll verhindern, dass das unter Sanktion gestellte Verhalten stattfindet. Ziel dessen ist wiederum die Wirksamkeit und tatsächliche Umsetzung des Gemeinschaftsrechts wie sie der EuGH im Fall „Draehmpaehl"[301] für das europarechtliche Verbot der geschlechtsbedingten Diskriminierung im Berufsleben formuliert hat und anlässlich der Entscheidung „Courage"[302] im Hinblick auf das allgemeine gemeinschaftsrechtliche Kartellverbot postuliert.

Die beiden genannten Entscheidungen sollen im Folgenden näher analysiert werden. Daneben soll die Aufmerksamkeit der Untersuchung zumindest ansatzweise auch auf die aktuellen Tendenzen der Rechtsetzung im Bereich des Haftungs- und Schadensrechts aus der Mitte der Europäischen Union gelenkt werden.

1. Der EuGH im Fall „Draehmpaehl" - EG-Rechtswidrigkeit deutscher Vorschriften zum Schadensersatzanspruch wegen geschlechtsbezogener Diskriminierung im Bewerbungsverfahren

1.1 Die Entscheidung in ihrem Kontext

Nicht zum ersten Mal hatte der Europäische Gerichtshof 1997 die Auslegung der „Gleichbehandlungsrichtlinie" 76/207/EWG[303] des Rates zu präzisieren. Schon im Jahr 1982 war das Gericht in der Rechtssache „v. Colson und Kamann" vom Arbeitsgericht Hamm im Rahmen eines Vorabentscheidungsverfahrens (nach Art. 243 EG, ehemals Art. 177 EGV) angerufen worden.[304] Dieses hatte über einen Schadensersatzanspruch nach § 611a II BGB[305] wegen geschlechtlicher Ungleichbehandlung im Einstellungsverfahren zu befinden. Es ging um zwei ausgebildete Sozialarbeiterinnen, die sich jeweils für eine Stelle im Sozialdienst einer Justizvollzugsanstalt bemühten und unter insgesamt fünf Bewerbern zu Gunsten von zwei männlichen Bewerbern abgelehnt wurden, obwohl sie über eine vergleichsweise geeignete Qualifikation wie ihre männlichen Konkurrenten verfügten und als einzige bereits ein sechsmonatiges Praktikum

[300] Dieser hat seine Grundlage in Art. 10 I EG.
[301] EuGH, Rs. C-180/95, Draehmpaehl, Slg. 1997, I-2195.
[302] EuGH, Rs. C-453/99, Courage, Slg. 2001, I-6297.
[303] In ihrer amtlichen Überschrift: „Richtlinie 76/207/EWG des Rates vom 9. Februar 1976 zur Verwirklichung des Grundsatzes der Gleichbehandlung von Männern und Frauen hinsichtlich des Zugangs zur Beschäftigung, zur Berufsbildung und zum beruflichen Aufstieg sowie im Bezug auf die Arbeitsbedingungen", vgl. ABl. EG Nr. L 39 vom 9.2.1976, S. 40.
[304] EuGH, Rs. 14/83, v. Colson und Kamann, Slg. 1984, 1891ff..
[305] In der damals geltenden Fassung des Gesetzes vom 13.8.1980 (BGBl. I S. 1406).

an dem ausgeschriebenen Arbeitsplatz absolviert hatten. Mit der Vorlage an den EuGH sollte geklärt werden, ob es mit der Richtlinie 76/207/EWG vereinbar war, dass die damals geltende Fassung des § 611a II BGB bei derartigen Diskriminierungen lediglich einen Ersatz des Vertrauensschadens vorsah. Demzufolge wäre den beiden Klägerinnen lediglich die aufgewandten Bewerbungskosten in Höhe von 7,20 DM erstattet worden.[306]

Der EuGH stellte in „v. Colson und Kamann" fest, dass die besagte Richtlinie keinesfalls eine bestimmte Sanktion bei Verstößen gegen das Diskriminierungsverbot fordere, der EG-Mitgliedsstaat zur Umsetzung jedoch die Sanktion so wählen müsste, dass sie geeignet sei, einen tatsächlichen und wirksamen Schutz zu gewährleisten. Von der Sanktion müsste für den Arbeitgeber eine „wirklich abschreckende Wirkung"[307] ausgehen. Bei Geldentschädigungen wäre darauf zu achten, dass sie in einem angemessenen Verhältnis zu der erlittenen Beeinträchtigung stünde und nicht auf eine rein symbolische Entschädigung beschränkt bliebe.[308]

Das Arbeitsgericht Hamm griff daraufhin auf eine europarechtskonforme Auslegung des § 611a II BGB zurück und hielt die Vorschrift als Sonderregelung *neben* den §§ 823 ff. BGB für anwendbar. Es bejahte einen Ersatzanspruch der Klägerinnen von 21.000 DM.[309] Gestützt wurde dieser auf § 823 II i.V.m. § 611a I S. 1 BGB, letzterer statuierte das arbeitsrechtliche Verbot der Diskriminierung, wobei das Gericht die Begriffe *Schmerzensgeld* und Ersatz für einen *immateriellen* Schaden wählte. Außerdem stellte es einen Vergleich mit der Rechtsprechungspraxis zum Persönlichkeitsschutz an. Entgegen dem Wortlaut des § 253 BGB könne ein Ersatzanspruch für immaterielle Schäden nur zugesprochen werden, wenn es sich um eine schwerwiegende Verletzung eines bereits von der Rechtsprechung anerkannten absoluten Rechts handle und eine Genugtuung nicht anders zu erreichen sei.[310] Schließlich entfalte der Schmerzensgeldanspruch die vom EuGH geforderte abschreckende Wirkung wie sie auch bei Persönlichkeitsverletzungen über die Genugtuungsfunktion zutage trete.[311]

Auch das BAG entschied in zwei ähnlich gelagerten Fällen über die Ansprüche wegen ihres Geschlechts diskriminierter Stellenbewerber.[312] Eine Entschädigung wegen geschlechtsspezifischer Ungleichbehandlung sei als Verletzung des allgemeinen Persönlichkeitsrechts im Sinne des § 823 I BGB zu bewerten und löse

---

[306] Vgl. EuGH, a.a.O., 1891, 1893.
[307] EuGH, a.a.O., Rn. 23.
[308] Vgl. EuGH, a.a.O., Rn. 28; kritisch zur "gravierenden Unkenntnis" des EuGH vom deutschen Schadensersatzrecht, *Volmer*, BB 1997, 1582f..
[309] Vgl. ArbG Hamm vom 6.9.1984, ZIP 1984, 1525, 1529f..
[310] Vgl. ArbG Hamm, a.a.O., 1529.
[311] Vgl. ArbG Hamm, a.a.O., 1530.
[312] Vgl. BAG vom 14.3.1989, NJW 1990, 65, 67; BAG vom 14.3.1989, NJW 1990, 67, 68.

einen Anspruch auf eine billige Entschädigung in Geld aus. Für dessen Umfang habe im konkreten Fall der Grad des Verschuldens ausschlaggebende Bedeutung. Das BAG ging in einer der Klagen von einem Anspruch in Höhe eines Monatsverdienstes aus.[313]

1990 sollte der EuGH in der Rechtssache „Dekker" wiederum die Fragen eines nationalen Gerichts im Hinblick auf die europäische Gleichbehandlungsrichtlinie beantworten.[314] In seiner Entscheidung hält es das Gericht als mit dem europarechtlichen Grundsatz unvereinbar, dass eine nationale zivilrechtliche Sanktionsnorm, soweit eine solche zur Umsetzung der EG-Richtlinie gewählt worden ist, für den diskriminierenden Arbeitgeber die Möglichkeit einräumt, unter Berufung auf Entlastungs- und Rechtfertigungsgründe einer Ersatzpflicht zu entgehen. Dies gelte auch in dem Sinne, dass die Sanktion einer Diskriminierung abschreckende Wirkung haben müsse.[315]

Nicht zuletzt aufgrund dieser Interpretation sah sich der deutsche Gesetzgeber gezwungen, eine Neufassung des § 611a BGB und die Einführung des § 61b ArbGG durch das Zweite Gleichberechtigungsgesetz vom 24.6.1994 zu beschließen.[316]

---

[313] Vgl. BAG NJW 1990, 65, 66; in der Entscheidung BAG NJW 1990, 67, 68, wurde eine *schwerwiegende* Persönlichkeitsverletzung verneint.

[314] Vgl. EuGH, Rs. C-177/88, Dekker, Slg. 1990, I-3941; *Worzalla*, NJW 1997, 1809, 1812.

[315] Gemeint war hier der Einwand des Nichtvertretenmüssens, vgl. EuGH, a.a.O., Rn. 23.

[316] BGBl. I., 1994, S. 1322; vgl. *Worzalla*, a.a.O., 1809. Wortlaut der Vorschriften nach der Gesetzesänderung durch das 2. GleiBG:

§ 611a II BGB: Hat der Arbeitgeber bei der Begründung eines Arbeitsverhältnisses einen Verstoß gegen das Benachteiligungsgebot des Absatzes 1 zu vertreten, so kann der hierdurch benachteiligte Bewerber eine angemessene Entschädigung in Geld in Höhe von höchstens drei Monatsverdiensten verlangen. Als Monatsverdienst gilt, was dem Bewerber bei regelmäßiger Arbeitszeit in einem Monat, in dem das Arbeitsverhältnis hätte begründet werden sollen, an Geld- und Sachbezügen zugestanden hätte.

§ 611a III BGB: Ist ein Arbeitsverhältnis wegen eines vom Arbeitgeber zu vertretenden Verstoßes gegen das Benachteiligungsverbot des Absatzes 1 nicht begründet worden, so besteht kein Anspruch auf Begründung eines Arbeitsverhältnisses.

§ 61b II ArbGG: Machen mehrere Bewerber wegen Benachteiligung bei der Begründung eines Arbeitsverhältnisses eine Entschädigung nach § 611a II des Bürgerlichen Gesetzbuches gerichtlich geltend, so ist auf Antrag des Arbeitgebers die Summe dieser Entschädigungen auf sechs Monatsverdienste oder, wenn vom Arbeitgeber ein einheitliches Auswahlverfahren mit dem Ziel der Begründung mehrerer Arbeitsverhältnisse durchgeführt worden ist, auf zwölf Monatsverdienste zu begrenzen. Soweit der Arbeitgeber Ansprüche auf Entschädigung bereits erfüllt hat, ist der Höchstbetrag, der sich aus Satz 1 ergibt, entsprechend zu verringern. Dabei sind die bereist erfüllten Ansprüche jedoch jeweils nur bis zur Höhe des Betrages, der im Falle gerichtlicher Geltendmachung auf sie entfallen würde, zu berücksichtigen. Übersteigen die Entschädigungen, die den Klägern nach § 611a II des Bürgerlichen Gesetzbuches zu leisten wären, insgesamt den sich aus den Sätzen 1 bis 3 ergebenden Höchstbetrag, so verringern sich die einzelnen Entschädigungen in dem Verhältnis, in welchem ihre Summe zu dem Höchstbetrag steht.

Aber selbst die gesetzgeberische „Nachbesserung“ sollte nicht lange ohne die Kritik des EuGH bestehen können. Denn im „Draehmpaehl“-Urteil stellte dieser in drei wesentlichen Punkten die EG-Rechtswidrigkeit der betreffenden Vorschriften fest.[317]

Anlass war eine Klage des Nils Draehmpaehl vor dem Arbeitsgericht Hamburg auf Schadensersatz in Höhe von dreieinhalb Monatsgehältern wegen geschlechtsspezifischer Diskriminierung im Einstellungsverfahren durch die beklagte OHG. Dort wurde ausdrücklich eine „Assistentin“ der Vertriebsleitung gesucht, ohne jeden Hinweis, dass auch männliche Bewerber in Betracht kommen würden. Die an das Unternehmen gesandten Bewerbungsunterlagen erhielt der Kläger niemals zurück. Die Behauptung des Klägers, er sei der bestqualifizierte Bewerber gewesen und lediglich wegen seines Geschlechts nicht eingestellt worden, wurde nicht bestritten.[318]

Unter Bezug auf seine Rechtsprechung im Urteil „Dekker“ hält der EuGH die in § 611a I und II BGB[319] getroffene Regelung insoweit mit der „Gleichbehandlungsrichtlinie“ unvereinbar, als sie für einen Ersatzanspruch des Arbeitnehmers ein Verschulden des Arbeitgebers hinsichtlich der Diskriminierung voraussetzt.[320]

Des weiteren rügt das Luxemburger Gericht die Haftungshöchstgrenze von drei Monatsgehältern in § 611 a II BGB[321].

Zumindest für diejenigen Arbeitnehmer, die bei der Einstellungswahl diskriminiert worden sind und bei diskriminierungsfreier Auswahl die ausgeschriebene Position erhalten hätten, stelle sich die Begrenzung als gemeinschaftsrechtswidrig dar. Bei der Wahl der Sanktion einer geschlechtsspezifischen Diskriminierung müsse der Mitgliedstaat darauf achten, dass eine solche nicht im Gegensatz zu sonstigen innerstaatlichen zivil- und arbeitsrechtlichen Regelungen stünde. Eine andere Beurteilung ergebe sich indes in den Sachverhalten, in denen es dem Arbeitgeber gelingt zu beweisen, dass der diskriminierte Bewerber aufgrund der besseren Qualifikation der eingestellten Person auch bei diskriminierungsfreier Auswahl nicht eingestellt worden wäre. Bei diesen Personen ergebe sich ein Schaden lediglich aus einer Nichtberücksichtigung *anlässlich* einer Diskriminierung, nicht *wegen* einer Diskriminierung.[322]

---

317 Vgl. EuGH, Rs. C-180/95, Draehmpaehl, Slg. 1997, I-2195; dies wurde schon von manchen Kritikern der Gesetzesnovelle ahnend vorausgesehen, vgl. *Pfarr*, RdA 1995, 204, 208ff.; *Mauer*, BB 1994, 1283, 1285.

318 Vgl. EuGH, a.a.O., I-2217.

319 In der Fassung nach Inkrafttreten des Zweiten Gleichberechtigungsgesetzes vom 24.6.1994, vgl. oben Fn. 317.

320 Vgl. EuGH, a.a.O., Rn. 17ff.

321 In der Fassung nach Inkrafttreten des Zweiten Gleichberechtigungsgesetzes vom 24.6.1994, vgl. oben Fn. 317.

322 In diesem Sinne EuGH, a.a.O., Rn. 33ff..

Als letztes stellt der EuGH die in § 61b II ArbGG[323] liegende Unvereinbarkeit mit der Gleichbehandlungsrichtlinie fest. Diese Vorschrift sah in ihrer damaligen Fassung eine Schadensersatzhöchstgrenze von kumulativ sechs Monatsgehältern vor, sobald mehrere Bewerber den Arbeitgeber wegen geschlechtsspezifischer Diskriminierung nach § 611a II BGB in Anspruch nahmen. Nach Auffassung des EuGH würde eine solche Regelung dazu führen, dass die geschädigten Bewerber von der Geltendmachung ihrer Ansprüche aufgrund der geringen Erfolgsaussichten abgehalten würden. Dies „entspräche nicht den in der Richtlinie aufgestellten Erfordernissen eines tatsächlichen und wirksamen Rechtsschutzes und einer wirklich abschreckenden Wirkung gegenüber dem Arbeitgeber."[324]

Insgesamt ist festzuhalten, dass der EuGH die Umsetzung der Richtlinie 76/207/EWG in das deutsche Recht auch nach dem Zweiten Gleichbehandlungsgesetz aus dem Jahr 1994 im Hinblick auf die erstrebte Wirkung, nämlich dem Abbau jeglicher geschlechtsspezifischer Diskriminierung durch den Arbeitgeber, für unzureichend hielt.

1.2 Die Folgen

Im Anschluss an die „Draehmpaehl"-Entscheidung wurden die Konsequenzen für die Rechtsprechung und eine neue gesetzliche Gestaltung der betreffenden Vorschriften diskutiert.[325]

Übereinstimmend wurde § 611a II BGB die Qualität einer schadensersatzrechtlichen Haftungsnorm abgesprochen. Diese Regelung beinhalte als Ausnahmevorschrift zu § 253 BGB einen Anspruch auf den Ersatz immaterieller Schäden. Im Wege einer richtlinienkonformen Auslegung sei das in § 611a II BGB statuierte Verschuldenserfordernis aufzuheben.[326]

Für die Fälle, in denen ein Bewerber ausschließlich aufgrund seines Geschlechts abgelehnt wird und ohne Diskriminierung eingestellt worden wäre, wurde vorgeschlagen, dem Diskriminierten zusätzlich einen Anspruch auf Ersatz des materiellen Schadens zu gewähren, um einer europarechtskonformen Lösung genüge zu tun. Ein solcher Anspruch ließe sich beispielsweise aus c.i.c. (heute:

---

[323] In der Fassung nach Inkrafttreten des Zweiten Gleichberechtigungsgesetzes vom 24.6.1994, vgl. oben Fn. 320.

[324] EuGH, a.a.O., Rn. 39.

[325] Ein Anspruch aus teilweiser Nichtumsetzung der Gleichbehandlungsrichtlinie gegen den Arbeitgeber ist abzulehnen, da gemäß der Rechtsprechung des EuGH eine Berufung auf nicht umgesetzte Richtlinienbestimmungen zu Lasten Privater nicht möglich ist; zu den Problemen einer Klage des Diskriminierten gegen die Bundesrepublik Deutschland nach den Grundsätzen der „Francovich"-Entscheidung des EuGH, Verb. Rs. C-6 u. C-9/90, Francovich, Slg. 1991, I-5357. Siehe *Abele*, NZA 1997, 641ff..

[326] Vgl. *Worzalla*, a.a.O., 1812; sowie die Anmerkung *Oetker* zu EuGH- „Draehmpaehl", ZIP 1997, 798, 803; *Volmer*, a.a.O., 1583.

§§ 280 I, 311 II Nr. 1, 2 BGB) ableiten, welche in bestimmten Fällen auch den Ersatz des positiven Interesses vorsehe. Allerdings müsse über eine richtlinienkonforme Auslegung auch hier auf das Verschuldenserfordernis verzichtet werden.[327]

An anderer Stelle wurde § 823 II BGB i.V.m. § 611a I BGB als mögliche Anspruchsgrundlage herangezogen.[328]

Völlig entgegengesetzt waren die Stimmen, die eine Rückbesinnung auf § 611a BGB in seiner alten Fassung (vor dem Zweiten Gleichberechtigungsgesetz) und eine Ersatzfähigkeit lediglich in Höhe des Vertrauensschadens forderten. Auch die bisherige Rechtsprechungspraxis, welcher in jeder Geschlechterdiskriminierung eine Verletzung des Persönlichkeitsrechts begriff, wurde vereinzelt abgelehnt. Als Begründung konnte dem entnommen werden, dass die Tendenz, eine stärkere Abschreckungswirkung vor Diskriminierungen hervorzurufen, im deutschen Zivilrecht keine Rechtfertigung finden könne.[329] Statt einer privatrechtlichen Sanktion des Verstoßes wider den Gleichbehandlungsgrundsatz wurde eine Lösung über das Strafrecht oder das öffentliche Recht vorgeschlagen. Ein Entwurf des Bundesrates, § 611a BGB den Tatbestand einer Ordnungswidrigkeit bei Diskriminierung hinzuzufügen, blieb allerdings aus Kostengründen schon für die Fassung des Zweiten Gleichbehandlungsgesetzes unberücksichtigt.[330]

Entgegen all dieser Überlegungen hat sich der Gesetzgeber 1998[331] zu einer Umsetzung der Richtlinie 76/207/EWG entschieden, welche stark an der Rechtsprechung des EuGH zum Fall „Draehmpaehl“ orientiert ist. Dies zeigt sich zum einen in der Gesetzesbegründung[332], zum anderen aber im Wortlaut der Vorschriften in ihrer heute geltenden Fassung.

Der Entschädigungsanspruch nach § 611a II BGB enthält weder ein Verschuldenserfordernis noch eine Haftungshöchstgrenze für sog. „Bestqualifizierte“, also solche, die bei diskriminierungsfreier Auswahl eingestellt worden wären. Dagegen sieht nun § 611a III BGB eine Beschränkung auf maximal drei Monatsgehälter bei der Diskriminierung sog. „Minderqualifizierter“ vor. Auch

---

[327] So *Oetker*, a.a.O., 803f..
[328] So *Worzalla*, a.a.O., 1812.
[329] Siehe *Volmer*, a.a.O., 1585, nicht zuletzt unter Hinweis auf die „professionellen Diskriminierungskläger“: das ArbG Köln (ZIP 1997, 804ff.) hatte über die Zahlungsansprüche eines Klägers zu befinden, welcher den Stellenmarkt einer Zeitung gezielt nach geschlechtsdiskriminierenden Anzeigen durchsuchte, um nach dem Erhalt einer negativen Reaktion auf seine Bewerbung die angeschriebenen Inserenten zu verklagen. Dem Kläger wurden sämtliche Ansprüche mit dem Einwand des Rechtsmissbrauchs versagt.
[330] Siehe BT-Drucks. 12/5468, S. 64ff..
[331] Mit dem Gesetz zur Änderung des bürgerlichen Gesetzbuches und des Arbeitsgerichtsgesetzes vom 29.6.1998, vgl. BGBl. I 1694ff..
[332] Vgl. BT-Drucks. 13/10242, S. 6ff..

§ 61b II ArbGG erfuhr eine Bereinigung hinsichtlich der festgesetzten Höchstgrenzen.[333]

Der „neue" § 611a II BGB ist nach herrschender Auffassung in der Literatur trotz seines missverständlichen Wortlauts - „angemessene Entschädigung in Geld" - dahingehend zu verstehen, dass er die Kompensation sowohl immaterieller als auch materieller Schäden umfasst.[334]

In ihrer Komponente des Ersatzes immaterieller Schäden und im Lichte des „Draehmpaehl"-Urteils betrachtet, erfährt die Vorschrift die Zuweisung einer weiteren Aufgabe: die Verhaltenssteuerung durch eine abschreckende Wirkung gegenüber dem Arbeitgeber. Selbst wenn dem diskriminierten Arbeitnehmer kein oder ein nur verschwindend geringer materieller und immaterieller Schaden entstanden ist, rechtfertigt allein die Tatsache einer Diskriminierung eine Entschädigung, die der Abschreckung dienlich ist. Deshalb ist für die Bestimmung der Entschädigungshöhe nicht bloß die Kompensation maßgeblich, sondern auch die Sanktions- und Abschreckungswirkung spielt eine eben solche Rolle. Die Adaption der besagten EuGH-Rechtsprechung durch den deutschen Gesetzgeber hat somit zu einer „echten Strafschadensnorm"[335] geführt.

Bedenklich bleibt in diesem Zusammenhang, dass der Entschädigungsanspruch unabhängig von einem Verschuldenserfordernis, allein an den Tatbestand einer Diskriminierung anknüpfend, statuiert worden ist. Zumindest was die Anerkennung auf eine Sanktion, sei es als Kriminalstrafe, Bußgeld oder Privatstrafe, betrifft, ist dies dem deutschen Recht fremd. Dies divergiert mit der verfassungsrechtlich verankerten Vorstellung[336] vom Subjekt des frei verantwortlich handelnden Menschen, der nicht zum Objekt staatlicher Gewalt und Anordnungen gemacht werden kann. Aus diesem Grunde wird auch die Forderung erhoben, § 611a II BGB verfassungskonform auszulegen und zumindest eine „subjektive Vorwerfbarkeit" hinsichtlich der diskriminierenden Behandlung zu verlangen.[337]

---

[333] Vgl. *Annuß*, NZA 1999, 738, 740.
[334] S. *Annuß*, a.a.O., 741.
[335] *Annuß*, a.a.O., 741.
[336] Vgl. Art. 1, 2 GG.
[337] Dazu eingehender *Annuß*, a.a.O., 742.

2. Der EuGH im Fall „Courage“ - gemeinschaftsrechtliche Schadensersatzpflicht bei Verstoß gegen Art. 81 EG

In dem Rechtsstreit des Bernard Crehan gegen die Courage Ltd. vor einem englischen Zivilgericht ging es um die Frage eines Schadensersatzanspruches der benachteiligten Partei einer gemeinschaftswidrigen Kartellabsprache.[338]

2.1 Die Entscheidung des EuGH

Die Klägerin, eine namhafte Brauerei im Vereinten Königreich und Inhaberin eines 19 prozentigen Marktanteils, gründete zusammen mit einem anderen Unternehmen aus dem Hotel- und Gaststättengewerbe eine Gesellschaft, welcher von beiden Seiten zahlreiche Pubs zum Zwecke der Weiterverpachtung übertragen wurden.

Besagte Gesellschaft legte ihren Pächtern ausnahmslos Verträge vor, welche diese verpflichteten, das Schankbier zu den von der Gesellschaft festgesetzten Tarifen allein von der Klägerin, der Brauerei, in einer bestimmten Mindesthöhe zu beziehen (sog. Alleinbezugsvertrag bzw. Ausschließlichkeitsbindung[339]). Der Pachtzins selbst wurde ausgehandelt; die Alleinbezugsverpflichtung gegenüber der Klägerin und die Tarifbindung war nicht abdingbar.[340] Einer der Pächter und Beklagter des Ausgangsprozesses, Bernhard Crehan, kam seinen Zahlungsverpflichtungen gegenüber der Klägerin bald nicht mehr nach. Nachdem er von der Klägerin mit einer Zahlungsklage überzogen worden war, machte der Beklagte im Wege der Widerklage Schadensersatz geltend mit der Begründung, die Alleinbezugsverpflichtung verstoße gegen Art. 81 EG[341]. Die Klägerin liefere ihr Bier allen anderen Wirten, die nicht in einem Pachtverhältnis mit der Tochtergesellschaft stünden, zu weitaus günstigeren Preisen, so dass die gebundenen Pächter insgesamt weniger verdienten, dem Wettbewerb damit nicht standhalten könnten und letztlich ihre Tätigkeit aufgeben müssten.[342]

Das Ausgangsgericht verneinte einen dahingehenden Ersatzanspruch des Beklagten, da nach englischem Recht demjenigen kein Schadensersatzanspruch zusteht, der selbst Partei eines rechtswidrigen Vertrages ist. In einem vorangehenden vergleichbaren Fall hatte eine Rechtsmittelinstanz in England zudem entschieden, dass Art. 81 EG nur Dritte, also Wettbewerber oder Verbraucher schützen solle, nicht aber die Vertragsparteien einer wettbewerbsbeschränken-

---

338 Siehe EuGH, Rs. C-453/99, Courage, Slg. 2001, I-6297.
339 Vgl. *Schröter*, in: *Groeben*, Kommentar zum EWG-Vertrag, Art. 85, 1991, Rn. 117ff..
340 Vgl. EuGH, Rs. C-453/99, Courage, Slg. 2001, I-6297, Rn. 4.
341 Ehemals Art. 85 EGV; im Folgenden werden die Vorschriften des EG-Vertrages in ihrem aktuellen Stand, d.h. auch seit der Neunummerierung der Artikel durch den Vertrag von Amsterdam vom 2.10.1997 (ABl. EG Nr. C 340, S. 1) zitiert.
342 Siehe EuGH, a.a.O., I-6319.

den Maßnahme.[343] Jedoch legte der vom Beklagten angerufene Court of Appeals dem EuGH daraufhin vier Fragen zur Vorabentscheidung vor.

Dem Gericht kam es zunächst darauf an zu wissen, ob Art. 81 EG der Partei einer unzulässigen Alleinbezugsvereinbarung gerichtlichen Rechtsschutz gewährleisten würde, und in der zweiten Frage, wenn ja, ob die Partei auch berechtigt sei, Schadensersatz dafür zu verlangen, dass sie sich an die gemeinschaftswidrige Vertragsklausel gehalten habe.[344] In der dritten Frage sollte der EuGH überprüfen, ob ein Grundsatz des nationalen Rechts, wonach die Gerichte nicht zulassen, dass sich jemand zur Erlangung eines Schadensersatzanspruches auf eine eigene rechtswidrige Handlung beruft, mit dem Gemeinschaftsrecht vereinbar ist. Mittels der letzten Vorlagefrage wollte das Gericht erfahren, welche Grundsätze von den einzelstaatlichen Gerichten bei der Prüfung einer Schadensersatzpflicht zu berücksichtigen seien.[345]

Der EuGH weist in seinen Entscheidungsgründen vorab daraufhin, dass der EG-Vertrag eine eigene Rechtsordnung hervorgebracht hat, die neben den Rechtsordnungen der Mitgliedstaaten ihren eigenen Geltungsanspruch erhebt. Rechtssubjekte sind hier zum einen die Mitgliedstaaten, aber auch die einzelnen natürlichen und juristischen Personen. Rechte und Pflichten der Mitgliedstaaten und ihrer Angehörigen entspringen den eindeutigen Vorgaben des EG-Vertrages, sowie dann, wenn Ihnen vom Vertrag die Umsetzung bestimmter Vorgaben, welche ihrerseits bestimmte Verpflichtungen enthalten, vorgeschrieben ist.[346]

Art. 81 EG stellt eine grundlegende Bestimmung auf dem Wege der Realisierung eines funktionsfähigen EU-Binnenmarktes dar. Die darin enthaltene Nichtigkeitsfolge wettbewerbswidriger Beschlüsse ist absoluter Natur, betrifft also nicht nur die Parteien der Vereinbarung, sondern auch außenstehende Dritte mit Wirkung für die Vergangenheit und Zukunft.[347] Unter Bezugnahme auf die Aussagen bereits ergangener Entscheidungen[348] stellt der EuGH erneut klar, dass Art. 81 EG zwischen den Einzelnen unmittelbare Wirkung und Rechte begründet, welche die Mitgliedstaaten zu wahren haben.[349]

Auf die vorgelegten Fragen erklärt der EuGH im Fall „Courage“ nun, dass auch derjenige sich auf eine aus Art. 81 EG folgende Nichtigkeit berufen kann, der an

[343] Vgl. EuGH, a.a.O., Rn 12; s. *Drexl*, in: *Bogdandy* (Hrsg.), Europäisches Verfassungsrecht, 2003, S. 770, mit Hinweis auf das Urteil des Court of Appeal in Gibs Mew plc. v. Gemmel, ELR, 1998, S. 588.
[344] Siehe EuGH, a.a.O., Rn. 16.
[345] Vgl. EuGH, a.a.O., Rn. 16.
[346] Vgl. EuGH, a.a.O., Rn. 19.
[347] Vgl. EuGH, a.a.O., Rn. 22, mit dem Hinweis auf seine Entscheidungen in der Rs. 22/71, Béguelin, Slg. 1971, 949, Rn. 29 und Rs. 48/72, Brasserie de Haecht II, Slg. 1973, 77, Rn. 26.
[348] EuGH, Rs. 127/73, BRT/SABAM, Slg. 1974, 51, Rn. 16; EuGH, Rs. C-282/95, Guérin automobiles/Kommission, Slg. 1997, I-1503, Rn. 39.
[349] Vgl. EuGH, Rs. C-453/99, Courage, Slg. 2001, I-6314, Rn. 23.

einer wettbewerbsbeschränkenden oder verfälschenden Vereinbarung teilgenommen hat.

Des weiteren ist eine Regelung des innerstaatlichen Rechts, welche einen Schadensersatzanspruch der Partei einer nichtigen Kartellabsprache ausschließt oder beschränkt, nicht mit Art. 81 EG vereinbar.[350] Vielmehr müssen die nationalen Gerichte die Anwendung und volle Wirkung des Gemeinschaftsrechts gewährleisten und die Rechte, die dem einzelnen durch das Gemeinschaftsrecht zugeschrieben sind, schützen.[351]

Die volle Wirksamkeit des Art. 81 EG und des darin enthaltenen Verbots wettbewerbsbeschränkender Vereinbarungen wäre jedoch nicht erreicht, wenn demjenigen, der durch ein gemeinschaftswidriges Verhalten einen Schaden zu verzeichnen hat, ein Ersatzanspruch vollständig versagt bliebe. Ein Schadensersatzanspruch würde erheblich die Durchsetzungskraft der gemeinschaftsrechtlichen Wettbewerbsregeln fördern. Er sei insbesondere geeignet, „von - oft verschleierten - Vereinbarungen oder Verhaltensweisen abzuhalten, die den Wettbewerb beschränken oder verfälschen können“[352]. Damit wäre wiederum ein maßgeblicher Beitrag auf dem Wege der Statuierung eines wirksamen Wettbewerbs auf dem gemeinsamen Markt geleistet.

Bei der Beurteilung, ob eine der an der wettbewerbsbeschränkenden Maßnahmen beteiligte Seite selbst Schadensersatz wegen der Verletzung des Gemeinschaftsrechts verlangen kann, ist vor allem darauf abzustellen, ob sie der anderen Partei eindeutig unterlegen war, also in ihrer Freiheit, Einfluss auf den Inhalt des Vertrages zu nehmen, stark eingeschränkt und es ihr nicht möglich war, durch Rechtsschutzmaßnahmen eine rechtzeitige Abwendung des Schadens zu erreichen.[353]

2.2 Die Entscheidung vor dem Hintergrund der Rechtslage in Deutschland

2.2.1 Zum Verhältnis zwischen deutschem und gemeinschaftlichem Kartellrecht

Die nationalen Gerichte der Mitgliedstaaten haben sowohl die Regelungen des eigenen Wettbewerbsrechts als auch die der Europäischen Gemeinschaft zu be-

---

[350] Vgl. EuGH, a.a.O., Rn. 24, 26.

[351] Siehe EuGH, a.a.O., I-6323 unter Berufung auf Rs. 106/77, Simmenthal, Slg. 1978, 629, Rn. 16 sowie auf Rs. C-213/89, Faktiotame, Slg. 1990, I-2433, Rn. 19.

[352] EuGH, Rs. C-453/99, Courage, Slg. 2001, I-6314, Rn. 27.

[353] Vgl. EuGH, a.a.O., I-6314, Rn. 33ff.; an dieser Stelle stellt das Gericht klar, dass eine Abhängigkeit des Schadensersatzanspruches von der Verantwortlichkeit des Kartellbeteiligten nicht im Widerspruch zur eigenen, bisherigen Rechtsprechung steht, wonach für die Anwendung des Art. 81 EG irrelevant ist, ob die Vertragsparteien nach ihrer wirtschaftlichen Stellung und Funktion auf gleicher Ebene stehen.

achten und anzuwenden.[354] Das Verhältnis zwischen nationalem und gemeinschaftlichem Kartellrecht spielt dann eine Rolle, wenn das gegenständliche Kartell, der Missbrauch einer marktbeherrschenden Stellung oder die Fusion gemeinschaftsweite Bedeutung haben, und damit das europäische Wettbewerbsrecht greift, Art. 81 I, 82 I EG, Art. 21 VO Nr. 4064/89.[355]

Die Rechtsprechung deutscher Gerichte ging lange Zeit davon aus, dass im Sinne der „Zwei-Schranken-Theorie"[356] die beiden Regelungskreise als voneinander unabhängig zu verstehen seien und sich nicht notwendiger weise überschneiden müssten. Die Anwendbarkeit des nationalen Kartellrechts war damit nicht von der des europäischen Kartellrechts tangiert; bei unterschiedlichen Rechtsfolgen sollte sich stets das strengere Recht durchsetzen.[357]

Einen entscheidenden Einschnitt erfuhr die Rechtsentwicklung durch das EuGH-Urteil im Fall „Walt Wilhelm"[358]. Gegenstand des Ausgangsverfahrens war die Verhängung einer Geldbuße durch das Bundeskartellamt gegenüber deutschen Unternehmen der Farbenindustrie wegen unzulässiger Preisabsprachen untereinander und mit Herstellern in anderen europäischen Mitgliedstaaten. Parallel leitete auch die Europäische Kommission ein Verfahren zur Sanktionierung des gegen Art. 81 I EG verstoßenden Verhaltens der betreffenden Firmen ein. Der EuGH hielt an dieser Stelle fest, dass nationales Kartellrecht nur insoweit greifen soll, als es „die einheitliche Anwendung des Gemeinschaftskartellrecht und die volle Wirksamkeit der zu seinem Vollzug ergangenen Maßnahmen auf dem gesamten gemeinsamen Markt nicht beeinträchtigt"[359]. Für den konkreten Fall bedeutet dies, dass das nationale Recht zurücktritt, wenn nur so die einheitliche

[354] Die Verordnung Nr. 1/2003 des Rates zur Durchführung der in den Artikeln 81 und 82 des Vertrages niedergelegten Wettbewerbsregeln vom 16.12.2003, ABl. EG Nr. L1/1, stellt das Verhältnis zwischen dem nationalen Kartellrecht der Mitgliedstaaten und dem der Gemeinschaft auf eine neue Grundlage. Darin wird unter anderem eine verstärkte Zusammenarbeit zwischen der Kommission und den Behörden sowie den Gerichten der Mitgliedstaaten statuiert. Die Verordnung gilt ab dem 1.5.2004. Im Übrigen vgl. die Zusammenstellung der *Europäischen Kommission* (Hrsg.), Die Anwendung der Artikel 85 und 86 des EG-Vertrages durch die Gerichte der Mitgliedstaaten, 1997, zur deutschen Rechtslage vgl. insbesondere S. 193ff..

[355] Vgl. dazu eingehend *Emmerich*, Kartellrecht, 1999, S. 399ff; s. auch *Bunte*, Kartellrecht, 2003, S. 349.

[356] Vgl. *Emmerich*, a.a.O., S. 402; *Bunte*, WuW 1989, 7, 11f..

[357] Vgl. *Bunte*, WuW 1989, 7, 12.

[358] EuGH, Rs. 14/48 Walt Wilhelm, Slg. 1969, 1; unter Achtung des im „Maastricht-Urteil" (BVerfG v. 12.10.1993, BVerfGE 89, 155, 175) begründeten „Kooperationsverhältnisses" behält sich das Bundesverfassungsgericht jedoch vor, den Anwendungsvorrang des Gemeinschaftsrechts und die Rechtsprechung des EuGH im Hinblick auf die Gewährleistung der Verfassungsprinzipien und Grundrechte des Grundgesetzes zu überprüfen und zu schützen.

[359] So EuGH, a.a.O., Rn. 4, in einem obiter dictum.

Geltung des EG-Kartellrechts innerhalb der Gemeinschaft gewährleistet werden kann.[360]

Die Art. 81 und 82 EG sind damit grundsätzlich sowohl im deutschen Kartellverwaltungsverfahren als auch Zivilverfahren anzuwenden, wenn ein grenzüberschreitender Sachverhalt zugrunde liegt.

2.2.2 § 823 II BGB i.V.m. Art. 81 EG als Grundlage einer privatrechtlichen Sanktion des Wettbewerbsverstoßes

Mit Ausnahme der in Art. 81 II EG vorgesehenen Nichtigkeitsfolge sagen diese Vorschriften des europäischen Wettbewerbsrechts jedoch nichts über die Folgen eines kartellrechtswidrigen Verhaltens im Hinblick auf die Rechtslage zwischen den Betroffenen und Beteiligten einer Wettbewerbsbeschränkung aus. Lange Zeit bestand deshalb Uneinigkeit, ob das nationale deutsche Recht Verstöße gegen das Gemeinschaftskartellrecht durch Schadensersatz- und Unterlassungsansprüche sanktionieren kann.

Für den EGKS-Vertrag und dem darin verankerten Diskriminierungsverbot nach Art. 65 § 4 I EGKS hatte der BGH[361] entschieden, dass besagte gemeinschaftsrechtliche Regelung keine zivilrechtlichen Folgen nach nationalem Recht impliziere. Die durch die Montanunion gegründete Wirtschaftsgemeinschaft stelle eine eigene Marktverfassung dar, welche mit der Tätigkeit ihrer Organe anderen Grundsätzen unterliege als die der Mitgliedstaaten. Die Ablehnung eines privatrechtlichen Geltungsanspruches des Diskriminierungsverbotes wurde später auch für die Wettbewerbsregeln der Art. 65 und 66 EGKSV übernommen.[362]

Diese Sichtweise ist zwischenzeitlich nicht mehr haltbar. Als Rechtsgrundlage einer Schadensersatzpflicht wird von der Rechtsprechung und Lehre heute einhellig § 823 II BGB i.V.m. Art. 81 bzw. 82 EG herangezogen.

Im Schrifttum bestanden diesbezüglich dennoch einige Zeit unter besonderer Begründung vorgebrachte Zweifel.[363] Die Gegner einer auf diese Anspruchsgrundlage gestützten Ersatzpflicht argumentierten vornehmlich damit, dass Art. 81, 82 EG nicht dem Schutze einzelner Marktteilnehmer dienen solle, sondern den freien Wettbewerb innerhalb der EU als Institution zu gewährleisten bestimmt sei.[364] Eine nunmehr der Vergangenheit angehörende Begründung stütze

---

[360] Bestätigt durch EuGH, Rs. 253/78 & 1-3/79, Procureur de la République /Giry und Guerlin, Slg. 1980, 2327, Rn 16.

[361] Vgl. BGH vom 14.4.1959, BGHZ 30, 74, 89.

[362] Vgl. *Baur*, EuR 1988, 257f..

[363] Zur Problematik der Feststellbarkeit des Schadens und zur Unübersehbarkeit der Haftung vgl. *Stillfried/Stockhuber*, WBl. 1995, 301, 307f.; *Baur*, EuR 1988, 257, 266f..

[364] Vgl. *Schumacher*, WuW 1971, 165, 168; *Benisch*, WRP 1970, 369, 373.

sich auf eine „öffentlich-rechtliche Färbung“[365] der Wettbewerbsvorschriften des Gemeinschaftsrechts; die Art. 81 und 82 EG seien in erster Linie von völkerrechtlicher Bedeutung, indem sie über den Wettbewerbsschutz im Handelsverkehr die Integration der Mitgliedstaaten förderten.

Letzterem ist entgegen zu halten, dass nicht die Mitgliedstaaten der Europäischen Union als solche Marktteilnehmer sind, sondern die Wirtschaftssubjekte in den einzelnen Ländern selbst. Die betreffenden Bestimmungen richten sich deshalb in ihrem Schutz- und Verbotszweck an die Bürger und Unternehmer. Auch unter dem Gesichtspunkt der europäischen Integration verändern sich Art und Inhalt des Wettbewerbs nicht.[366]

Dagegen stellen die Befürworter einer Schutznormqualität auf den Wortlaut des Art. 81 III EG sowie des Art. 3 der Verordnung Nr. 17[367] ab. Hieraus sei das Individualinteresse als Schutzziel des EG-Kartellrechts eindeutig abzuleiten.[368] Schließlich sei auch nicht begründbar, weshalb neben dem unbestrittenen Institutionenschutz nicht *auch* der Marktteilnehmer Ansprüche aus den Kartellrechtsvorschriften herleiten könne.[369]

Der Streit um den Schutzgesetzcharakter wurde zumindest für die Praxis durch die Rechtsprechung des EuGH, welche für die Gerichte der Mitgliedstaaten bindend ist, beigelegt. Der EuGH hob schon 1973 in seiner Entscheidung „Unione Nazionale Consumatori“[370] die Doppelnatur des Art. 81 EGV hervor. Die Vorschrift bezwecke einerseits das reibungslose Funktionieren des Wettbewerbs, andererseits sei sie aber auch dazu da, „den Verbrauchern Vorteile zu bringen“[371]. Im Sinne eines Individualschutzes sprach sich der Gerichtshof auch kurze Zeit später in dem Urteil BRT /SABAM[372] aus. Mit dieser Richtungsweisung kam der BGH nicht mehr umhin, den Schutzgesetzcharakter jedenfalls für diejenigen Fälle zu bejahen, in denen „die verbotene Schädigung der Wettbewerbsfreiheit - wie hier die bewirkte Liefersperre - unmittelbar gegen den Betroffenen gerichtet ist“[373].

---

[365] *Koch*, Schadensersatz bei unerlaubten wettbewerbsbeschränkenden Handlungen nach deutschem und europäischen Recht, 1968, S. 29.

[366] Vgl. eingehender dazu *Koch*, a.a.O., S. 29ff..

[367] ABl. EG 1962, S. 204.

[368] Vgl. unter Berufung auf die Rechtsprechung des EuGH insoweit *Gleiss/Hirsch*, Kommentar zum EG-Kartellrecht, 1993, Art. 85 (2), Rn. 1724; *Fikentscher*, 1983, Wirtschaftsrecht, S. 644, spricht von „Verbaucherorientiertheit“ des Gemeinschaftskartellrechts in Art. 81 III EG.

[369] So *Stillfried/Stockhuber*, WBl. 1995, 301, 304.

[370] EuGH, Verbundene Rs. 41/73, 43-48/73, 50/73, 111/73, 113/73, 114/73, Unione Nazionale Consumatori, Slg. 1973, 1465.

[371] EuGH, a.a.O., Rn. 7.

[372] EuGH, Rs. 127/73, BRT/SABAM, Slg. 1974, 51, 62.

[373] BGH vom 23.10.1979, GRUR 1980, 130 - „BMW-Importe“. In dem der Entscheidung zugrunde liegenden Sachverhalt hatte ein deutsches Kfz-Importunternehmen unter Ausnutzung des Preisgefälles Autos der Marke BMW von Belgien nach Deutschland importiert. Das

Hinsichtlich des persönlichen Schutzbereichs des § 823 II i.V.m. Art. 81 EGV ist in Anlehnung an die herrschende Lehre zu differenzieren.[374]

Einigkeit besteht zum einen darüber, dass der Marktgegenseite, also denjenigen, die durch die kartellrechtswidrige Vereinbarung von einer Auswahlmöglichkeit oder einem Angebot ausgeschlossen sind, ein Schadensersatzanspruch nach den betreffenden Vorschriften zusteht. Zu dieser Gruppe gehören auch die am Ende der Kette stehenden und von dem gemeinschaftswidrigen Verhalten betroffenen Endverbraucher.[375]

Daneben spricht die eigentliche Bestimmung der Vorschriften des EG-Vertrags, die Förderung und Gewährleistung des freien *Wettbewerbs* nach herrschender Auffassung dafür, ebenso die Konkurrenten der Kartellbeteiligten in den Schutzbereich des § 823 II BGB i.V.m. Art. 81 EGV einzubeziehen.[376] Nicht erfasst sind nach bisher einhelliger Meinung jedoch die Kartellbeteiligten selbst. Begründet wird dies mit der Nichtigkeitsanordnung des Art. 81 II EGV. Zum einen gilt im deutschen Recht der Grundsatz, dass die an einem Delikt Beteiligten grundsätzlich nicht vom einschlägigen Deliktstatbestand geschützt werden sollen und können.[377] Da den Vertragspartnern einer nach dieser Vorschrift nichtigen Vereinbarung kein Erfüllungsanspruch zusteht, kann ihnen auch kein Schadensersatzanspruch wegen Nichterfüllung zugebilligt werden, da andernfalls das Verbot nach Gemeinschaftsrecht über das nationale Recht umgangen werden würde.[378]

Der BGH hat diesen Begründungsansatz in der Entscheidung „Fruchtsäfte“[379] aufgegriffen und bestätigt. Hier ging es um die Vollstreckbarerklärung eines Schiedsspruches zwischen den Parteien eines nach Art. 81 II EGV nichtigen Alleinvertriebsvertrages. Der Schiedsspruch beinhaltete die Zuerkennung eines Schadensersatzanspruches zu Händen der Antragstellerin. Nach den Ausführungen des BGH sei es jedoch nicht mit den Grundsätzen der „öffentlichen Ord-

---

belgische Tochterunternehmen der BMW hatte jedoch seinen Vertragshändlern den Reimport der Fahrzeuge nach Deutschland verboten. Es verhängte eine Boykottsperre über das deutsche Importunternehmen, welches wiederum den dadurch erlittenen Schaden klageweise geltend machte. Bestätigt wurde diese Rechtsprechung in der Entscheidung BGH vom 10.11.1987 - „Cartier-Uhren“, GRUR 1988, 327, 339. Für die Schutzgesetzqualität des § 1 GWB im Hinblick auf einen Unterlassungsanspruch vgl. schon BGH vom 4.4.1975, JZ 1976, 28, 31 - „Private Krankenkassen“, mit einer Anmerkung von *Steindorff*.

[374] Vgl. *K. Schmidt*, in: FS. für W. Benisch, 1989, S. 293, 301ff.; *Benisch*, WuW 1961, 764, 769; *Baur*, EuR 1988, 257, 261ff.; *Fikentscher*, Wirtschaftsrecht, 1983, S. 645.

[375] Vgl. *Stillfried/Stockhuber*, WBl. 1995, 31, 305.

[376] Vgl. *Baur*, a.a.O., 262.

[377] Vgl. *K. Schmidt*, a.a.O., S. 301.

[378] Vgl. *Gleiss/Hirsch*, Kommentar zum EG-Kartellrecht, Art. 85 (2), Rn. 1719; *Pfeiffer*, in: FS. für W. Benisch, 1989, S. 313, 316; für die Wirkung des Kartellverbots nach deutschem Recht vgl. zusammenfassend *K. Schmidt*, a.a.O., S. 301ff..

[379] BGH WuW/E 1000, 1004.

nung“[380] vereinbar, dass entgegen Art. 81 EG, der die Nichtigkeit einer Vereinbarung voraussehe, statt eines Erfüllungsanspruches ein Schadensersatzanspruch gewährt würde.[381]

2.2.3 Die Rechts(grund)lage nach EuGH „Courage“

Bis zur Entscheidung im Fall „Courage“ erschöpfte sich also der Regelungsgehalt des EG-Primärrechts in der Nichtigkeitsfolge kartellwidriger Tatbestände. Allein das nationale Recht der Mitgliedstaaten legte fest, ob und in welchem Umfang den Betroffenen ein Schadensersatzanspruch zustand. Die mit „Courage“ einhergehende Neuerung des europäischen Wettbewerbsrechts besteht nun zunächst in einer gemeinschaftsrechtlichen Verpflichtung, bei einem Verstoß gegen Art. 81 I EG dem Betroffenen einen Schadensersatzanspruch zuzubilligen. Dabei lässt der EuGH offen, ob Art. 81 I EG selbst die Rechtsgrundlage liefert, oder aber die Mitgliedstaaten verpflichtet, die Möglichkeit für einen solchen Anspruch zu schaffen bzw. ihn grundsätzlich anzuerkennen.[382]

Vergleicht man die vom EuGH hervorgebrachte Begründung mit derjenigen in der Entscheidung „Francovich“[383], worin ein gemeinschaftsrechtlicher Schadensersatzanspruch gegen den Mitgliedstaat im staatshaftungsrechtlichen Sinne postuliert wird[384], so liegt die Schlussfolgerung nicht fern, dass der Anspruch direkt Art. 81 EG zu entnehmen ist. Sowohl hier als auch bei „Courage“ argumentiert der EuGH, dass der Verzicht auf eine dem Einzelnen zustehenden Entschädigungsmöglichkeit die „volle Wirksamkeit“ des Gemeinschaftsrechts unterlaufen würde.[385]

Dennoch ergeben sich bezeichnende Unterschiede zum Urteil „Francovich“. In der Rechtssache „Courage“ fehlt zum einen der explizite Hinweis, dass der Entschädigungsanspruch „unmittelbar im Gemeinschaftsrecht begründet“[386] ist.[387] Zum anderen ergeben sich Differenzen in der Eigenart eines Schadensersatzanspruches gegenüber einer natürlichen oder juristischen Person und eines solchen gegenüber dem eigenen Mitgliedstaat, wie er in der „Francovich“-Entscheidung hergeleitet wird. Denn der Ersatzanspruch wegen kartellwidrigen Verhaltens ei-

---

380 Vgl. ehemals § 1041 Abs. 1, Nr. 2 ZPO, nunmehr § 1059 Abs. 2, Nr. 2b ZPO.

381 Vgl. BGH, a.a.O., 1004; bestätigt durch BGH vom 10.7.1969, WuW/E 1039, 1040 - „Auto-Lok“.

382 Vgl. *Hintersteininger*, WBl. 2001, 554, 556.

383 EuGH, Verb. Rs. C-6 u. C-9/90, Francovich, Slg. 1991, I-5357.

384 Vgl. dazu *Karl*, RIW 1992, 440ff..

385 Vgl. *Hintersteininger*, a.a.O., S. 556; *Drexl*, in: von *Bogdandy*, Europäisches Verfassungsrecht, 2003, S. 771ff., 773, demzufolge die aus dem Gemeinschaftsrecht ableitbaren individuellen Rechte nicht die subjektiv-rechtliche Ausgestaltung des Europäischen Wettbewerbsrechts stützen.

386 EuGH, Verb. Rs. C-6 u. C-9/90, Francovich, Slg. 1991, I-5357, Rn. 42.

387 Vgl. *Komninos*, Common Market Law Review 2002, 447, 472.

ner Person setzt als logische Vorstufe die „Drittwirkung", d.h. die horizontale Anwendbarkeit der gemeinschaftlichen Wettbewerbsvorschriften voraus. Wenngleich der EuGH in der diskutierten Entscheidung die direkte Wirkung des EG-Kartellrechts statuiert, ergibt sich aus dem Gegenstand selbst noch nicht der absolute Gleichlauf mit der „Francovich"-Entscheidung.[388] Des Weiteren sei darauf hingewiesen, dass der EG-Vertrag gerade in Art. 81 II EG eine Regelung hinsichtlich der Rechtsfolge eines Wettbewerbsverstoßes trifft, welche sich allerdings in der Nichtigkeitsfolge der Vereinbarung erschöpft.[389]

Was schließlich die verfahrensrechtliche Durchsetzung der in „Courage" „gewonnenen" Rechte angeht, weist der EuGH die nationalen Gerichte zur Beachtung des Äquivalenz- und des Effektivitätsgrundsatzes an. Die Modalitäten zur Rechtsdurchsetzung des Gemeinschaftsrechts dürften nicht weniger günstig ausgestaltet sein als die im entsprechenden Falle einschlägige nationale Klage. Die Realisierung dieser Rechte sollte nicht wesentlich erschwert oder gänzlich unmöglich gemacht werden.[390]

Die zweite Besonderheit, welche die „Courage"-Entscheidung in sich birgt, ist die Erweiterung des Kreises der Anspruchsberechtigten auf die Kartellbeteiligten. Auch dies geschieht mit der Begründung einer erhöhten Durchsetzungskraft des EG-Kartellrechts. Dessen praktische Wirksamkeit wäre nach Ansicht des EuGH nur garantiert, wenn „jedermann Ersatz des Schadens verlangen könnte, der ihm durch einen Vertrag, der den Wettbewerb beschränken oder verfälschen kann, oder durch ein entsprechendes Verhalten entstanden ist"[391].

Dieser Ersatzanspruch ist dabei nicht als ein Schadensersatzanspruch wegen Nichterfüllung zu begreifen, welcher an die Stelle des (vertraglichen) Primäranspruches rückt, sondern gleichsam als Rückerstattungs- oder Wiederherstellungsanspruch[392]. Der entscheidende Grund liegt wie bereits erwähnt in der Nichtigkeitsfolge nach Art. 81 II EG: Wo kein Erfüllungsanspruch besteht, kann auch kein Schadensersatzanspruch wegen Nichterfüllung an dessen Stelle treten.[393]

Bemerkenswert an der Ausweitung der Haftung auf das Kartellinnenverhältnis ist aber noch mehr die pauschale Aussage des EuGH, dass „jedermann" den ihn treffenden Schaden ersetzt verlangen könne. Dies impliziert eine vom Gericht gedeutete Unabhängigkeit zwischen der Art des Verstoßes und dem betreffenden Schaden. Tatsächlich lassen die Ausführungen des EuGH Überlegungen im Hinblick auf den Rechtswidrigkeitszusammenhang und den Schutzzweck des Art. 81 I EG vermissen, was wiederum begründeten Anlass für Kritik an Ergeb-

---

[388] Vgl. *Komninos*, a.a.O., 471.
[389] Vgl. *Komninos*, a.a.O., 473.
[390] Vgl. EuGH, Rs. C-453/99, Courage, Slg. 2001, I-6314, Rn. 29.
[391] EuGH, a.a.O., Rn. 26.
[392] *Komninos*, a.a.O., S. 461, bezieht sich auf den Begriff *Van Gervens*: „restitutionary damages".
[393] Vgl. *Hintersteiniger*, a.a.O., 558.

nis und Argumentation der Entscheidung gibt.[394] Das deutsche Schadensrecht - wie auch andere europäische Rechtsordnungen - erkennt eine Schadensersatzpflicht nämlich nur dann an, wenn der geltend gemachte Schaden nach Art und Entstehung unter den Schutzzweck der verletzen Norm fällt. Es sollen grundsätzlich nur Nachteile ausgeglichen werden, die aus einem Bereich der Gefahren stammen, zu deren Abwendung die verletzte Norm erlassen wurde.[395] Der EuGH übersieht dies und stellt statt dessen allein auf den „effet utile", die „Durchschlagskraft"[396] des Gemeinschaftskartellrechts, ab. Das übergeordnete Ziel wird zur Begründung und Rechtfertigung des zur Zielerreichung als geeignet befundenen Mittels herangezogen.

Die Entscheidung des EuGH birgt damit die Gefahr in sich, dass die Haftung für Schäden der an Kartellen beteiligten Personen, aber auch Dritter ins Unübersehbare ausufert. Während Alleinbezugverpflichtungen nach der bisherigen Rechtsprechung des EuGH nur insoweit gegen Art. 81 I EG verstoßen, als sie geeignet sind, Dritten den Marktzugang signifikant zu erschweren[397], wäre nach „Courage" damit zu rechnen, dass beispielsweise preisgebundene Absatzmittler ihre Umsatzeinbußen geltend machen oder Folgeschäden eingefordert werden, welche Arbeitnehmer oder Anteilseigner der eigentlich geschädigten Unternehmen verzeichnen.[398]

Dennoch spricht sich der EuGH, wiederum sehr verallgemeinernd, gegen einen Anspruch der Betroffenen aus ungerechtfertigter Bereicherung aus.[399] Als einzige Kriterien der Haftungsbegrenzung zieht das Gericht das Mitverschulden des Anspruchstellers und dessen Möglichkeit einer Schadensminderung heran, wobei beide Alternativen nur schwer gegeneinander abgrenzbar sind. Es soll demjenigen ein Ersatzanspruch wegen Verletzung des Art. 81 I EG versagt bleiben, der seinem Gegenüber nicht eindeutig unterlegen war und deshalb Einfluss auf die Vertragsbedingungen ausüben konnte und der nicht alle zur Verfügung stehende Rechtsschutzmöglichkeiten ausgeschöpft hat.[400] Außerdem ist der maßgeblich Verantwortliche für die Wettbewerbsverzerrung ohne Rechte gestellt.[401]

Es bleibt daher abzuwarten, ob und inwieweit der EuGH in der Zukunft Korrekturen zur Haftungsbegrenzung des zivilen Ersatzanspruches bei Wettbewerbsverstößen vornehmen wird.

---

[394] Vgl. *Eilmansberger*, ecolex 2002, 28, 29f..
[395] So die herrschende Rechtsprechung, vgl. BGH vom 22.4.1918, BGHZ 27, 137, 143; BGH vom 27.6.1961, BGHZ 35, 317, 328.
[396] *Eilmanberger*, a.a.O., 29.
[397] Siehe EuGH, Rs. C-234/89, Delimitis, Slg. 1991, I-935, Rn. 24.
[398] Vgl. *Eilmansberger*, a.a.O., 30.
[399] Vgl. EuGH, Rs. C-453/99, Courage, Slg. 2001, I-6315, Rn. 30.
[400] Vgl. EuGH, Rs. C-453/99, Courage, Slg. 2001, I-6325, Rn. 33.
[401] Vgl. EuGH, a.a.O., Rn. 31.

2.3 Die Entscheidung im europarechtlichen Kontext

„Courage“ ist die letzte von drei wichtigen Entscheidungen des EuGH zur Durchsetzung europäischen Wettbewerbsrechts in den nationalen Privatrechtsordnungen in jüngerer Vergangenheit.

In der Rechtssache „Eco Swiss“[402] ging es neben dem Verhältnis zwischen privatem Schiedsgerichtsverfahren und EG-Wettbewerbsrecht auch um den grundlegenden Charakter von Art. 81 I EG und die direkte Wirkung des Art. 81 I EG auf das Privatrecht. Anlässlich der Entscheidung „Masterfoods“[403] stellte der EuGH Überlegungen hinsichtlich der verfahrensrechtlichen Komponente privater Rechtsdurchsetzung im EG-Wettbewerbsrecht an und unterstrich die übergeordnete Position der Europäischen Kommission gegenüber den nationalen Gerichten bei Wettbewerbsverstößen auf europäischer Ebene.

Mit „Courage“ trägt das Luxemburger Gericht zum materiellen Gehalt der Rechtsschutzmöglichkeiten Privater gegen Wettbewerbsbeschränkungen bei. Die Entscheidung fällt in eine Phase europäischer Bemühungen um eine verstärkte dezentrale Durchsetzung europäischen Wettbewerbsrechts, welche inzwischen im Erlass der neuen Durchsetzungsverordnung Nr. 1/2003 des Rates[404] ihren Durchschlag gefunden haben.[405] Die Aussagen des EuGH in „Courage“ mögen zu einem großen Teil aus den Argumenten des Generalanwalts *Van Gerven* hervorgehen, welcher bereits im Jahr 1993 in der Rechtssache „Banks“[406] die Anerkennung eines Anspruchs aus dem Gemeinschaftsrecht zum Ausgleich erlittener Schäden und Verluste infolge von Wettbewerbsverletzungen favorisierte.[407]

Der EuGH stützt in „Courage“ den Anspruch auf Schadensersatz auch des Kartellanten auf drei wesentliche Prinzipien des Gemeinschaftsrechts, die er bereits in vorangehenden Entscheidungen herausgearbeitet hatte.[408] Es ist dies einmal die direkte Wirkung der Normen des gemeinschaftlichen Wettbewerbs, insbesondere der Art. 81, 82 EG, auf die Einzelnen. Die Vorschriften des EG-Vertrages binden also nicht nur die Mitgliedstaaten, sondern auch die Bürger und Unternehmen der Gemeinschaft.[409] Zum zweiten soll das Gemeinschafts-

---

[402] EuGH, Rs. C-126/97, Eco Swiss, Slg. 1999, I-3055.
[403] EuGH, Rs. C-344/98, Masterfoods, Slg. 2000, I-1369.
[404] Vgl. den Nachweis in Fn. 355.
[405] Vgl. Weißbuch der Europäischen Kommission über die Modernisierung der Vorschriften zur Anwendung der Artikel 85 und 86 EG-Vertrag, ABl. EG 1999 Nr. C 132/1.
[406] EuGH, Rs. C-128/92, Banks, Slg. 1994, I-1209.
[407] Vgl. *Alvizou*, Legal Issues of Economic Integration 2002, 177, 184; *Komninos*, Common Market Law Review 2002, 447, 454. In „Banks“ (Rs. C-128/92, Slg. 1994, I-1209) griff der EuGH den Vorschlag *Van Gervens* letztlich deshalb nicht auf, weil die Art. 65 und 66 EGKS nicht zugunsten Privater wirken.
[408] Vgl. *Drexl*, in: *Drexl*, (Hrsg.), The Future of Transnational Antitrust, 2003, S. 311, 330ff.; vgl. insoweit auch die Verweise oben 2.1.
[409] Vgl. EuGH, Rs. C-453/99, Courage, Slg. 2001, I-6314, Rn. 19.

recht den Einzelnen individuelle Rechte gewähren.[410] Die Rechtsinhaberschaft wiederum unterstützt die gerichtliche Durchsetzung des Gemeinschaftsrechts und trägt damit wesentlich zur Erfüllung des Geltungsanspruchs und Wirksamkeit des Gemeinschaftsrechts bei.[411]

Letzter und dritter Gesichtspunkt, nämlich die volle Wirksamkeit („effet utile"), wird vom EuGH eigens hervorgehoben.[412] Es geht hier zum einen um die Wirksamkeit des Gemeinschaftsrechts als solchem. Mit der Wahrnehmung ihres Rechts, bei einem Verstoß gegen das Gemeinschaftsrecht vor den nationalen Gerichten entsprechenden Ersatz verlangen zu können, erbringen die Bürger der Mitgliedstaaten einen gewichtigen Beitrag zur Durchsetzung des Gemeinschaftsrechts in den Ländern der EU. Sie übernehmen insoweit die Funktion der „Überwachung" der europäischen Gemeinschaftsrechtsordnung.[413]

So bildet die Anerkennung individueller Rechte des Einzelnen ein geeignetes Mittel zur Realisierung eines freien europäischen Wettbewerbsmarktes. Die Privatpersonen und Unternehmen als „Opfer" von Wettbewerbsverstößen ahnden als Privatkläger dasjenige Verhalten, das der Erhaltung und Förderung eines freien Marktes zuwider läuft.[414] Der EuGH stellt in diesem Zusammenhang nicht allein auf den Geltungsanspruch des Europäischen Rechts und insbesondere des Europäischen Wettbewerbsrechts ab. Das Gericht deutet den zivilen Ersatzanspruch vielmehr im materiellen Sinne als ein Instrument, wettbewerbsbeschränkenden Maßnahmen auf europäischer Ebene *präventiv* entgegenzuwirken.[415]

3. Die „Antidiskriminierungsrichtlinien" 2000/43/EG, 2000/78/EG, 2004/113/EG des Rates und das deutsche Vorhaben einer Umsetzung

3.1 Zum Inhalt der Richtlinien

Zur Realisierung der in Art. 13 EG und Art. 6 EU-Vertrag formulierten Ziele und Prinzipien erließ der Rat am 29. Juni 2000 seine „Richtlinie zur Anwendung des Gleichbehandlungsgrundsatzes ohne Unterschied der Rasse oder der ethnischen Herkunft"[416]. Darin werden die Mitglieder der Europäischen Union aufgefordert, Maßnahmen zu ergreifen, welche vor dem Hintergrund der gelten-

[410] Vgl. EuGH, a.a.O., Rn. 23.
[411] Vgl. *Drexl*, a.a.O., S. 333.
[412] Vgl. EuGH, a.a.O., Rn. 26, 27, ebenso 25; *Alvizou*, a.a.O., 186.
[413] Vgl. *Komninos*, a.a.O., 464.
[414] Vgl. *Komninos*, a.a.O., 465.
[415] Vgl. EuGH, a.a.O., Rn. 27.
[416] Richtlinie 2000/43/EG vom 19.6.2000, ABl. EG Nr. L 180, S. 22.

den Menschenrechte und Grundfreiheiten soziale Integration und Solidarität insbesondere zur Erreichung eines hohen Beschäftigungsniveaus in Europa fördern.

Das Regelwerk legt Mindestanforderungen fest, innerhalb derer die Diskriminierung bestimmter gesellschaftlicher Gruppen wie ethnischer Minderheiten bekämpft werden soll.[417] Der Anwendungsbereich erstreckt sich vom Zugang zu selbständiger sowie unselbständiger Erwerbstätigkeit über Fragen der Bildung, des Sozialschutzes (soziale Dienste und Gesundheitswesen) bis zum Zugang und der Versorgung mit Gütern und Dienstleistungen, einschließlich Wohnraum.[418] Neben der Einrichtung besonderer örtlicher Stellen, welche eigens mit Diskriminierungsproblematiken und deren Lösungen befasst sind, der Statuierung einer Klagebefugnis entsprechender Interessenverbände und nicht zuletzt einer Verlagerung der Beweislast auf den „Veranlasser" einer Diskriminierung, sieht die Richtlinie im Fall eines Verstoßes gegen das Diskriminierungsverbot wirksame und abschreckende Sanktionen vor. In Art. 15 der Richtlinie 2000/43/EG ist ausdrücklich bestimmt, dass solche Sanktionen auch in Schadensersatzleistungen bestehen können.[419] Die Mitgliedstaaten waren verpflichtet, die Richtlinie bis zum 19. Juli 2003 durch erforderliche Rechts- und Verwaltungsvorschriften umzusetzen.[420]

Nahezu parallel erarbeitete die Europäische Kommission einen Richtlinienvorschlag „zur Festlegung eines allgemeinen Rahmens für die Verwirklichung der Gleichbehandlung in Beschäftigung und Beruf"[421]. Die Richtlinie wurde am 27.11.2000 vom Europäischen Rat erlassen. Ziel ihrer Vorgaben ist die erfolgreiche Bekämpfung von Diskriminierung im Berufsleben wegen der Religion, der Weltanschauung, einer Behinderung, des Alters oder der sexuellen Ausrichtung.[422] Dahinter stehen wiederum die anzustrebende Verwirklichung der Grundfreiheiten und Menschenrechte wie sie von der Europäischen Gemeinschaft und zahlreicher Übereinkommen der Vereinten Nationen festgelegt worden sind, aber auch das Bemühen um eine Förderung und Entwicklung koordinierter Beschäftigungspolitik und -strategie in Europa.[423] Die Richtlinie sieht vor, dass die Mitgliedstaaten geeignete Maßnahmen zur Förderung des sozialen Dialogs zwischen Arbeitgebern und Arbeitnehmern treffen, die gegebenenfalls in „Antidiskriminierungsvereinbarungen"[424] münden können. Wie in Richtlinie 2000/43/EG ist auch hier festgelegt, dass bei Tatsachen, welche das Vorliegen

---

[417] Vgl. ABl. EG Nr. L 180, S. 22. Der Rat stellt klar, dass der Gebrauch des Begriffs „Rasse" nicht die Akzeptanz von Rassetheorien seitens der EU-Organe und ihrer Repräsentanten impliziert, vgl. a.a.O., S. 23.

[418] Vgl. ABl. EG, a.a.O., S. 23.

[419] Vgl. ABl. EG, a.a.O., S. 25, 26.

[420] Vgl. ABl. EG, a.a.O., S. 26.

[421] Vgl. Richtlinie 2000/78/EG vom 27.11.2000, ABl. EG Nr. L 303, S. 16.

[422] Vgl. ABl. EG Nr. L 303, S. 16.

[423] Vgl. ABl. EG Nr. L 303, S. 17f..

[424] Vgl. Art. 13 der Richtlinie 2000/78/EG, ABl. EG Nr. L 303, S. 21.

einer Diskriminierung vermuten lassen, der Beklagte in einem Diskriminierungsverfahren zu beweisen hat, dass keine Diskriminierung stattgefunden hat.[425] Als Sanktion einer unzulässigen Diskriminierung nennt die Regelung wiederum Schadensersatzzahlungen, die „wirksam, verhältnismäßig und abschreckend“[426] sein müssen. Die Umsetzungsfrist zu dieser Richtlinie lief am 2. Dezember 2003 ab.[427]

Nachdem Europäisches Parlament und Rat mit einer weiteren Richtlinie die „Gleichbehandlungsrichtlinie“ bezüglich des Geschlechts aus dem Jahr 1976[428] geändert hatten[429], folgte im Dezember 2004 eine Richtlinie zur „Verwirklichung des Grundsatzes der Gleichbehandlung von Männern und Frauen beim Zugang zu und bei der Versorgung mit Gütern und Dienstleistungen“[430]. Die Richtlinie fordert insbesondere, dass künftig im Versicherungswesen die Berücksichtigung geschlechtsspezifischer versicherungsmathematischer Faktoren nicht zu Unterschieden bei den Geschlechtern bezüglich Prämien und Leistungen führen dürfen.[431] Die Schlechterstellung von Frauen aufgrund von Schwangerschaft und Mutterschaft ist als direkte Diskriminierung seitens Versicherungen und Finanzdienstleistern unzulässig. Bezüglich der von den Mitgliedstaaten festzulegenden Modalitäten für einen Schadensersatzanspruch bestimmt die Richtlinie, dass der Ausgleich „auf eine abschreckende und dem erlittenen Schaden angemessene Art und Weise geschehen muss“[432].

3.2 Der Diskussionsentwurf vom 10. Dezember 2001

Am 8. Oktober 2001 erließ das Bundesjustizministerium unter Leitung von *Däubler-Gmelin* ein Eckpunktepapier zur Umsetzung der Richtlinie 2000/43/EG

---

[425] Vgl. ABl. EG Nr. L 303, S. 20.

[426] Art. 17 der Richtlinie 2000/78/EG, ABl. EG Nr. L 303, S. 21.

[427] ABl. EG Nr. L 303, S. 21.

[428] Richtlinie 76/207/EWG des Rates vom 9.2.1976 zur Verwirklichung des Grundsatzes der Gleichbehandlung von Männern und Frauen hinsichtlich des Zuganges zur Beschäftigung, zur Berufsbildung und zum beruflichen Aufstieg sowie in Bezug auf die Arbeitsbedingungen, ABl. EG Nr. L 39, S. 40.

[429] Mit der Richtlinie 2002/73/EG des Europäischen Parlaments und des Rates vom 23.9.2002, ABl. EG Nr. L 269, S. 15. Gegenstand der Änderungen waren unter anderem die Einführung von Definitionen für die Begriffe „unmittelbare/mittelbare Benachteiligung“ und „(sexuelle) Belästigung“; unter Verweis auf die Entscheidung „Draehmpaehl“ (vgl. oben 1.1) sollen die für einen Entschädigungsanspruch im Voraus festgelegten Höchstgrenzen nur in den Fällen zulässig sein, in denen der Arbeitgeber beweisen kann, dass der dem Bewerber durch die Diskriminierung entstandene Schaden allein darin besteht, dass die Berücksichtigung seiner Bewerbung verweigert wurde.

[430] Richtlinie 2004/113/EG des Rates vom 13.12.2004, ABl. EG Nr. L 373, S. 37.

[431] Vgl. Richtlinie 2004/113/EG, a.a.O.. Die EU lässt den Mitgliedstaaten allerdings die Möglichkeit offen, hiervon unter bestimmen Umständen Ausnahmen zuzulassen.

[432] Vgl. Richtlinie 2004/113/EG, a.a.O., S. 45.

zur Anwendung des Gleichbehandlungsgrundsatzes ohne Unterschied der Rasse oder ethnischen Herkunft.[433] Die Ministerin sah eine Umsetzungsverpflichtung neben den Bereichen der Gesundheitsversorgung und Bildung insbesondere für das Vertragsrecht und den allgemeinen Zivilrechtsverkehr gegeben, da hinsichtlich letzterer im Zusammenhang mit dem Gleichbehandlungsgrundsatz keine gefestigte Rechtsprechung deutscher Gerichte bzw. nur lückenhafte Gesetzesregelungen existierten. Ein „Interventions- und Präventionsbedürfnis“[434] bestehe jedoch nicht allein für die Diskriminierungsmerkmale der Rasse und ethnischen Herkunft sondern in Anbetracht der Richtlinie 2000/78/EG auch für die Aspekte der sexuellen Identität, der Religion, der Weltanschauung, des Alters und der Behinderung.

Geplant war deshalb, ein allgemeines zivilrechtliches Benachteiligungsverbot einzuführen.[435] In Eckpunkt 4 des Papiers ist zur effektiven Durchsetzung dieses Benachteiligungsverbots die Einführung von Abwehr- und Unterlassungsansprüchen vorgesehen, die bei nicht ausgleichbaren Verletzungen zu einem Schadensersatzanspruch in Geld werden können.[436]

Dem Eckpunktepapier folgte am 10. Dezember 2001 zeitnah ein „Diskussionsentwurf“ für ein Zivilrechtliches Antidiskriminierungsgesetz (ZAG)[437] des Bundesjustizministeriums, wobei zunächst schien, dass dieses noch vor dem zwischenzeitlich in Kraft getretenen Behindertengleichstellungsgesetzes (BGG)[438] den Bundestag passieren würde.

Besagter Entwurf statuierte zahlreiche Gesetzesänderungen, u.a. des GVG, FGG, BeurkG, Rechtsberatungsgesetz, der ZPO, etc.. In dem einzuführenden § 319a BGB sollte ein allgemeines Benachteiligungs- und Belästigungsverbot festgelegt werden, was sich auf sämtliche in den beiden Richtlinien 2000/43/EG und 2000/78/EG genannten Merkmale bezog und sowohl unmittelbare als auch mittelbare Diskriminierungen umfasste.[439] Der geplante § 319e BGB sollte einen zivilrechtlichen Folgenbeseitigungsanspruch beinhalten, mit der Besonderheit, dass bei Diskriminierungen, deren Folgen nicht ungeschehen gemacht werden können, das Opfer einen Anspruch auf eine „angemessene Entschädigung in Geld“[440] verlangen könnte.

---

433 Vgl. http://www.pirtaet.org/via/Archiv/1-01/eckpunkte.htm, 10.1.2003, S. 1.
434 Vgl. Eckpunkt 1, a.a.O., S. 2.
435 Vgl. Eckpunkt 1, a.a.O., S. 2.
436 Vgl. Eckpunkt 4, a.a.O., S. 3.
437 S. http://www.koelner-hausundgrund.de/biblio/gesetze/antidiskriminierung.pdf., 20.4.2002.
438 Gesetz vom 27.4.2002, BGBl. I 2002, S. 1467, in Kraft getreten am 1.5.2002.
439 Vgl. http://www.koelner-hausundgrund.de/biblio/gesetze/antidiskriminierung.pdf, 20.4.2002, S. 3.
440 Vgl. http://www.koelner-hausundgrund.de/biblio/gesetze/antidiskriminierung.pdf, 20.4.2002, S. 6.

Wirtschaftsverbände und Kirchen, aber auch Kabinettsmitglieder erhoben im Folgenden starken Widerstand gegen das Gesetzesvorhaben, so dass ein gemeinsamer Entwurf der rot-grünen Regierung zum Ende der letzten Legislaturperiode nicht verabschiedet wurde.[441] Neben Kritik des Versicherungs- und Bankwesens wurden u.a. Befürchtungen dahingehend geäußert, dass jüngere Menschen gegen die zahlreichen Begünstigungen von Senioren vorgehen könnten oder atheistische bzw. konfessionsfremde Personen einen Anspruch auf Aufnahme in soziale Kircheneinrichtungen erheben könnten. Außerdem bestünde die Gefahr, dass verfassungsfeindliche Gruppen sich verstärkt Zugang in das Wirtschafts- und Gesellschaftsleben verschaffen würden.[442]

Die amtierende Justizministerin *Zypries* tendierte deshalb zunächst zu einer Richtlinienumsetzung, welche die Merkmale „Alter", „Religion" und „Weltanschauung" nicht mit in das Diskriminierungsverbot einbeziehen und zudem einige Ausnahmetatbestände vorsehen sollte.[443] Doch auch dieses Vorhaben wurde von der Ministerin in Übereinkunft mit Bundeskanzler *Schröder* vorläufig ausgesetzt.

3.3 Der Koalitionsentwurf für ein „Gesetz zum Schutz vor Diskriminierung" vom 15.12.2004

Nach einem Vorschlag zur Umsetzung der europäischen Antidiskriminierungsrichtlinien des Bundesfamilienministeriums vom Mai 2004, der allerdings alsbald zurückgezogen wurde, legte die rot-grüne Regierungskoalition nunmehr am 15.12.2004 dem Deutschen Bundestag einen ausführlichen Gesetzentwurf[444] vor. Der Entwurf sieht eine Umsetzung der (unter 3.1) genannten Richtlinien in einem einheitlichen, gesonderten Gesetz vor. Es wird darin ein Diskriminierungsverbot bezüglich sämtlicher Benachteiligungsmerkmale, also aus Gründen der Rasse, ethnischen Herkunft, Geschlecht, Religion und Weltanschauung, Behinderung, Alter und sexuellen Identität statuiert. Damit geht das Vorhaben der Regierung über den Anwendungsbereich der Antidiskriminierungsrichtlinien hinaus, welche außerhalb des Bereichs Beschäftigung, das heißt bezüglich des Zugangs zu Dienstleistungen und Waren, nur eine Diskriminierung wegen des Geschlechts sowie der Rasse und ethnischen Herkunft verbieten. Auch die Einrichtung einer Antidiskriminierungsstelle auf Ebene des Bundes, wie sie der Gesetzentwurf vorsieht, schreiben die Richtlinien nicht vor.[445]

---

[441] Vgl. FOCUS 16/2002, S. 56.

[442] Vgl. DER SPIEGEL 12/2002, S. 18.

[443] Vgl. FOCUS 16/2002, S. 58; http://www.netzwerk-artikel-3.de (Zivilrechtliches ADG - eine unendliche Geschichte?), 12.5.2002.

[444] Entwurf eines Gesetzes zur Umsetzung europäischer Antidiskriminierungsrichtlinien, BT-Dr. 15/4538.

[445] Ausführlich und zur Kritik am Entwurf des ADG vgl. *Bauer/Thüsing/Schunder*, NZA 2005, 32ff., *Bauer/Krieger*, BB 2004, Beilage zu Heft 51, S. 20ff., *Steinau-Stein-*

Der Gesetzentwurf ist gegliedert in drei Artikel, das „Gesetz zum Schutz vor Diskriminierung“ (Antidiskriminierungsgesetz – im Folgenden ADG), das „Gesetz zum Schutz der Soldatinnen und Soldaten vor Diskriminierungen“ und einen dritten Artikel, der die Änderungen in anderen Gesetzen umfasst. Das ADG beinhaltet einen ersten allgemeinen Abschnitt mit Zielsetzung, Begriffsbestimmungen und der Einführung sog. Mehrfachdiskriminierungen. Dem zweiten Abschnitt mit seinen Regeln im Bereich Beschäftigung folgt der dritte Abschnitt mit der Einführung des grundsätzlich neuen zivilrechtlichen Benachteiligungsverbotes.[446] Dessen Anwendungsbereich erstreckt sich auf sog. „Massengeschäfte“ und privatrechtliche Versicherungen. Der Entwurf umschreibt in diesem Zusammenhang exemplarisch die Fälle, in denen ein sachlicher Grund eine unterschiedliche Behandlung zulässig macht.

Als Folge einer schuldhaften Verletzung des Benachteiligungsverbots in der Arbeitswelt sieht der Gesetzentwurf einen Schadensersatzanspruch des Betroffenen vor. Zudem soll ein Entschädigungsanspruch für einen Schaden, der nicht Vermögensschaden ist, zugesprochen werden, und zwar unabhängig davon, ob ein Verschulden vorliegt oder nicht. Der Arbeitgeber haftet außerdem (Schadensersatz oder Entschädigung), wenn ein Dritter gegen das Benachteiligungsverbot verstößt und er - der Arbeitgeber - mindestens fahrlässig seinen Schutzpflichten gegenüber dem Beschäftigten nicht nachkommt. In der Begründung des Gesetzentwurfes bezieht sich die Regierung ausdrücklich auf die Rechtsprechung des EuGH im Fall „Draehmpaehl“[447], wonach von Entschädigungsansprüchen eine wirklich abschreckende Wirkung ausgehen muss, um einen tatsächlichen und wirksamen Rechtsschutz darstellen zu können.[448] Eine Beschränkung der Höhe auf eine bestimmte Anzahl von Monatsgehältern hält der Gesetzentwurf nicht geeignet für eine sachgerechte Bemessung eines Entschädigungsanspruches, insbesondere nicht im Falle einer sexuellen Belästigung.[449] *Bauer/Krieger* sehen darin die unzulässige Einführung einer Gefährdungshaftung bzw. einer „Verdachtsstrafe für vermutetes Arbeitgeberverschulden“[450].

Der Verstoß gegen das zivilrechtliche Benachteiligungsverbot hat ebenso eine verschuldensabhängige Schadensersatzpflicht und eine verschuldensunabhän-

---

rück/Schneider/Wagner, NZA 2005, 28ff., welche insbesondere eine mangelnde Konkretisierung der Diskriminierungstatbestände monieren und wegen der Ausfüllungsbedürftigkeit der verwendeten Begrifflichkeiten durch die Rechtsprechung verfassungsrechtliche Bedenken erheben.

446 Hieran schließen sich die Abschnitte „Rechtsschutz“, „Sonderregelungen für öffentlich-rechtliche Dienstverhältnisse“, „Antidiskriminierungsstelle und „Schlussvorschriften“ an, BT-Dr. 15/4538, S. 18ff..

447 Vgl. oben 1.1.

448 Vgl. BT-Drucks. 15/4538, S. 87.

449 Vgl. BT-Drucks. 15/4538, S. 87.

450 Vgl. *dies.*, BB 2004, Beilage zu Heft 51, S. 24.

gige Entschädigungspflicht (ohne etwaige Höchstgrenzen) zur Folge.[451] Bemerkenswert am Gesetzesentwurf ist insbesondere, dass sowohl für den Bereich Beschäftigung als auch für den allgemeinen Zivilrechtsverkehr eine Abtretung des Schadensersatz- und Entschädigungsanspruches möglich ist.[452] Die Entwurfsbegründung verweist hier auf die „Marlene Dietrich"-Entscheidung des BGH[453]; die Rechtsprechung hätte damit einer Übertragbarkeit des vermögenswerten Bestandteil des allgemeinen Persönlichkeitsrechts, dem auch der Diskriminierungsschutz zuzuordnen sei, den Weg geebnet. Insoweit seien auch höchstpersönliche Rechte bis zu einem bestimmten Teil veräußerlich.[454]

Der Gesetzentwurf stößt bei Opposition und Vertretern der Wirtschaft, aber auch in Fachkreisen auf Widerstand. Gefürchtet werden bürokratische Hindernisse, erhöhte Ausgaben für Dokumentation und juristische Auseinandersetzungen, aber auch einen Verstoß gegen den Grundsatz der Vertragsfreiheit.[455] Nachdem die Europäische Kommission gegen Deutschland (neben Luxemburg, Griechenland, Österreich und Finnland) wegen Nichtumsetzung der Richtlinie 2000/43/EG ein Vertragsverletzungsverfahren einleiten wird[456], bleibt abzuwarten, ob die stark an die Richtlinien angelehnten Regelungen des Gesetzentwurfs mit ihrer erhöhten Präventionswirkung im Bezug auf Diskriminierungen alsbald juristische Realität werden.

4. Richtlinie 2004/48/EG des Europäischen Parlaments und des Rates vom 29. April 2004 zur Durchsetzung der Rechte des geistigen Eigentums

4.1 Allgemeines

Auf Grundlage von Art. 95 EG (Rechtsangleichung bezüglich des Binnenmarktes) hatte die Europäische Kommission am 30.1.2003 einen Richtlinienvorschlag über die Maßnahmen und Verfahren zum Schutz der Rechte am geistigen Eigentum angenommen.[457] Nach Abschluss des Mitentscheidungsverfahrens haben das Europäische Parlament und der Rat schließlich am 30.4.2004 eine vom Richtlinienvorschlag stark abweichende Fassung verabschiedet.[458]

---

[451] Vgl. BT-Drucks. 15/4538, S. 17f., § 22 ADG.
[452] Vgl. BT-Drucks. 15/4538, S. 19, § 24 IV ADG.
[453] BGH NJW 2000, 2195, 2201; vgl. oben 1.6.1.
[454] Vgl. BT-Drucks. 15/4538, S. 114.
[455] Vgl. http://rsw.beck.de, 20.1.2005.
[456] Vgl. http://rsw.beck.de, 20.1.2005.
[457] Vgl. COM (2003) 46.
[458] Richtlinie 2004/74/EG des Europäischen Parlaments und des Rates vom 30.4.2004 zur Durchsetzung der Rechts des Geistigen Eigentums, ABl. EG Nr. L 157, 45.

Mit der beschlossenen Richtlinie soll die Bekämpfung von Nachahmung und Produktpiraterie innerhalb der EU erleichtert und vorangetrieben werden.[459] Das Rechtsetzungsvorhaben knüpft an das im Oktober 1998 angelegte Grünbuch der Kommission über die Bekämpfung von Nachahmung und Produktpiraterie im Binnenmarkt (Bulletin 10-1998) an. Bezugspunkt ist außerdem die im November 2000 vorgelegte Folgemitteilung zum Grünbuch der Kommission (Bulletin 11-2000), mit welcher diese einen umfassenden Aktionsplan bezüglich der Bekämpfung von Produktpiraterie präsentierte sowie einen Richtlinienentwurf ankündigte.[460]

Ziel der Richtlinie ist es, die Vorschriften betreffend den Schutz des geistigen Eigentums in den Mitgliedstaaten zu harmonisieren und einen allgemeinen Rahmen für die Zusammenarbeit zwischen den zuständigen Behörden festzulegen.[461] Die Richtlinie soll auch die Vorschriften des „Übereinkommens über handelsbezogene Aspekte des Rechts des geistigen Eigentums" (TRIPS) gegenüber Drittstaaten im Rahmen der WTO, welchem alle EU-Mitgliedsländer beigetreten sind, ergänzen.[462]

Hintergrund für den Richtlinienvorschlag der Kommission liegt ihrer eigenen Begründung zufolge in den erheblichen volkswirtschaftlichen Verlusten, die sich aus dem zunehmenden Missbrauch fremder Rechte am geistigen Eigentum für den EU-Binnenmarkt, aber auch die Einzelmärkte ergeben. Eine von der Kommission zitierte Studie besagt, dass jedes Jahr 17.000 legale Arbeitsplätze durch Nachahmung und Produktpiraterie in der EU verloren gingen; in der Softwareindustrie seien aufgrund der starken Verbreitung von Raubkopien ein Einnahmeverlust von 2,9 Milliarden Euro zu registrieren.[463] Neben der Förderung der Innovations- und Wettbewerbsfähigkeit der Unternehmen und dem Erhalt von Arbeitsplätzen soll durch die Richtlinie aber auch die Weiterentwicklung des Kultursektors und ein verstärkter Verbraucherschutz erreicht werden. Außerdem sind weitere Steuerausfälle der Mitgliedstaaten einzudämmen und die Aufrechterhaltung der öffentlichen Ordnung zu sichern.[464]

An der Richtigkeit der zur Begründung der Richtlinie vorgebrachten Tatsachen werden Zweifel erhoben.[465] Denn das verwendete Zahlenmaterial bezüglich der durch Produktpiraterie verursachten Schäden stamme überwiegend von Verbänden und Berufsorganisationen der betroffenen Branche. Auch gegenüber der Behauptung, die Verbraucher würden durch die Verletzungen des geistigen Eigentums ausnahmslos geschädigt, äußern Vertreter der Lehre gewisse Vorbe-

---

459 Vgl. Homepage „Europäische Union", Press releases, IP/03/144.
460 Vgl. Homepage „Europäische Union", Press releases, IP/03/144.
461 Vgl. Homepage „Europäische Union", Bulletin EU 1/2-2003.
462 Vgl. Homepage „Europäische Union", Press releases.
463 Vgl. a.a.O., sowie Begründung des Vorschlages der Richtlinie, COM (2003) 46, S. 9ff..
464 Vgl. a.a.O., S. 11.
465 Vgl. *Drexl/Hilty/Kur*, GRUR Int. 2003, 605ff..

halte. Schließlich könnten Unterschiede im materiellen Recht der Mitgliedstaaten nicht als allein maßgeblich für die Standortwahl der Schädiger erachtet werden, da nach den Regeln des internationalen Privatrechts ohnehin der Ort der Verletzung das anwendbare Recht bestimmt.[466]

4.2 Die Vorgaben für einen Schadensersatzanspruch nach dem Richtlinienentwurf der Kommission

Als Mittel zur Erreichung ihrer Ziele sah der Richtlinienvorschlag in erster Linie wirksame und verhältnismäßige Sanktionen zivilrechtlicher und strafrechtlicher[467] Natur vor, die der Abschreckung vor schwerwiegenden Verletzungen dienen sollten.[468]

Während in den Mitgliedstaaten derzeit drei verschiedene Möglichkeiten verbreitet sind, den Schadensersatzanspruch bei der Verletzung des geistigen Eigentums zu berechnen, sah der Richtlinienentwurf der Kommission grundsätzlich zwei Lösungen vor, wobei eine der Alternativen noch erweitert werden konnte.[469]

Einmal sollte der Verletzte den Schadensersatzanspruch auf Basis der „doppelten Lizenzgebühr" beziffern können, d.h. der Verletzer hat das Zweifache der Gebühr zu leisten, die er hätte zahlen müssen, wenn er die Erlaubnis zur Nutzung des fremden Rechts eingeholt hätte. Hiermit wären laut Kommission keine Straf- oder Abschreckungszwecke verfolgt, sondern allein eine Aufwandsentschädigung des Verletzten angestrebt.[470] Dennoch sah *Hoeren*[471] hierin im

---

466 So *Drexl/Hilty/Kur*, a.a.O., 606.

467 Die Höchstgrenzen von Geldbußen, die in den einzelnen Ländern im Fall der Verletzung des geistigen Eigentums verhängt werden, variieren von wenigen Tausend Euro in Italien und Luxemburg bis zu 750.000 Euro in Frankreich, vgl. a.a.O., S. 16f..

468 Vgl. COM (2003) 46, Vorschlag der Richtlinie, Art. 17, S. 43; des weiteren sollten den Rechtsverfolgungsbehörden an der rechtsverletzenden Ware und diesbezüglicher Unterlagen als Beweismittel ein Beschlagnahmerecht eingeräumt werden; ferner war eine Auskunftsverpflichtung des Verletzers über die Herkunft der betreffenden Ware vorgesehen. Rechtsverletzende Waren sollten vernichtet, auf Kosten des Verletzers aus dem Verkehr gezogen oder gegebenenfalls vom Markt zurückgerufen werden können. Technische Vorrichtungen zur Fälschung von Sicherheitsmerkmalen sollten verboten werden und schließlich war auf nationaler Ebene die Einrichtung jeweils einer Korrespondenzstelle zum Austausch von Informationen zwischen den Mitgliedstaaten vorgesehen. Zur Kritik an den weitreichenden Vorgaben des Richtlinienvorschlags der Kommission vgl. *Drexl/Hilty/Kur*, GRUR Int. 2003, 606f..

469 Vgl. COM (2003) 46, Begründung des Vorschlags der Richtlinie, S. 25. Zum Schadensersatzanspruch vgl. auch *Hoeren*, MMR 2003, 299, 301f..

470 Vgl. COM (2003) 46, Begründung des Vorschlags der Richtlinie, S. 25.

471 *Ders.*, MMR 2003, 299, 301, mit dem Hinweis auf BGH vom 4.6.1992, BGHZ 118, 312, 334, wonach der Strafschadensersatz nicht mit den Grundsätzen des deutschen Rechts vereinbar sei.

Zusammenhang mit der allgemeinen schadensrechtlichen Erstattungsfähigkeit der Recherchekosten der Rechtsverletzung eine Form der Strafschadensersatzes.

Die zweite Berechnungsmethode bestand in der Summierung sämtlicher tatsächlich eingetretener Schäden einschließlich des entgangenen Gewinns des Verletzten. Unabhängig davon sollten die Mitgliedstaaten in geeigneten Fällen vorsehen, dass auch andere als wirtschaftliche Faktoren in die Berechnung des Ersatzanspruches des Verletzen mit einbezogen werden können, also auch immaterielle Schäden Berücksichtigung finden.[472]

Für die zweite Kompensationsmöglichkeit statuierte die Kommission schließlich die Möglichkeit, dass neben den entgangenen Gewinnen des Verletzten auch die *Verletzer*gewinne zum Ersatzanspruch hinzugerechnet werden hätte können. Hiermit wird laut eigener Begründung der Kommission ein Mittel zur *Abschreckung* eingeführt. Es sollen dadurch „in kommerziellem Maßstab begangenen Rechtsbrüche verhindert"[473] werden.

Die Argumentation der Kommission, durch die Höhe des Schadensersatzanspruches orientiert am wirtschaftlichen Gewinn könne Rechtsverletzungen in dem genannten Sinne präventiv entgegengewirkt werden, erinnert unvermeidlich an den Ansatz des BGH in den Fällen „Caroline von Monaco"[474]. Der BGH sowie das OLG Hamburg hatten jedoch letztlich hervorgehoben, dass der Anspruch auf Ersatz des immateriellen Schadens wegen Verletzung des allgemeinen Persönlichkeitsrechts nicht streng auf eine wirtschaftliche Bemessungsgrundlage zu stellen sei, sondern vom Betrag der Forderung eine mehr „symbolische" Bedeutung im Hinblick auf die Abschreckung der entsprechenden Medien ausgehen solle. Der Rechtsetzungsvorschlag der Kommission ging also für die Verletzung des Rechts am geistigen Eigentum einen erheblichen Schritt weiter.

4.3 Umfang des Schadensersatzes in der endgültigen Fassung der Richtlinie 2004/48/EG

Nach Artikel 13[475] der Richtlinie vom 30.4.2004 ist der Schadensersatz des Verletzten auf den „Ausgleich des „tatsächlich entstandenen Schadens" beschränkt worden. Damit ist die Richtlinie dem selben Zielkonflikt ausgesetzt wie das TRIPS, welches in seiner Umsetzung von den beteiligten Staaten die Statuierung von Rechtsfolgen mit abschreckender Wirkung verlangt[476], letztlich aber nicht die Festlegung geeigneter Instrumentarien vorschreibt. Auch auf die Verpflichtung der Mitgliedstaaten, als Folge der Verletzung der Rechts am geistigen Eigentum strafrechtliche Sanktionen zu definieren, wurde verzichtet.

---

[472] Vgl. COM (2003) 46, Art. 17 der Richtlinie, S. 43.
[473] Vgl. COM (2003) 46, Begründung des Vorschlags der Richtlinie, S. 25.
[474] Vgl. oben I. 1.5.1.
[475] Vgl. Richtlinie 2004/48/EG, ABl. EG Nr. L 157, S. 33.
[476] Vgl. Richtlinie 2004/48/EG, ABl. EG Nr. 157, Art. 3 II.

Dennoch kommen zumindest indirekt und ansatzweise, wenngleich von den Mitgliedstaaten auszugestaltende, abschreckende Elemente für die Bemessung eines Ausgleichsanspruchs zum Tragen, soweit die Richtlinie vorsieht, dass die „Gerichte" bei der Festlegung „alle in Frage kommenden Aspekte wie die negativen wirtschaftlichen Auswirkungen, einschließlich der Gewinneinbußen für die geschädigte Partei und der zu Unrecht erzielten Gewinne des Verletzers, sowie in geeigneten Fällen auch andere als die rein wirtschaftlichen Faktoren, wie den immateriellen Schaden für den Rechtsinhaber"[477] berücksichtigen sollen. Alternativ können die Gerichte den Schadensersatzanspruch in einem Pauschalbetrag festlegen, basierend mindestens auf Höhe der Vergütung oder Gebühr, die der Verletzer bei vertraglich vereinbarter Nutzung an den Urheber zu entrichten hätte.[478]

Damit bleibt im Ergebnis für das deutsche Recht die sog. dreifache Schadensberechnung (Lizenzanalogie, Gewinnherausgabe, ungerechtfertigte Bereicherung) bestehen.[479] An dieser Stelle wird letztlich wieder die Frage aufgeworfen, ob ein zivilrechtlicher (Schadens-)Ersatzanspruch präventive Gesichtspunkte enthalten darf und soll oder nicht. Der Bemessung des Schadensersatzes über den „Verletzergewinn" als dritte Art der Schadensberechnung könnte in Zukunft eine dahingehende Funktion wahrnehmen.[480]

5. Zusammenfassung

Auch in die Rechtsprechung des EuGH sowie in die Begründung und Ziele gemeinschaftlicher Rechtsetzungsakte ist der Präventionsgedanke bei außervertraglichen Haftungsregeln neuerdings verstärkt eingeflossen.

Es entsteht der Eindruck, dass sich auf europarechtlicher Ebene eine „dogmatische" Herleitung des Präventionszwecks wesentlich leichter gestaltet als im deutschen Recht. Die überwiegende Ursache mag sicherlich in der Auslegungsmaxime des „effet utile" und der allgemeinen Zielorientiertheit der europäischen Rechtsordnung liegen.

Letztlich sind die genannten Abschreckungskonzepte auf einen engen Bereich beschränkt. In den meisten Fällen geht es um den Schutz „ideeller" Werte wie etwa der Gleichstellung der Geschlechter oder den Anspruch auf Gleichbehandlung von Menschen unterschiedlicher Abstammung, Altersstufen, Glauben oder Lebens- und Weltanschauung. Auch das geistige Eigentum als wirtschaftli-

[477] Vgl. Richtlinie 2004/48/EG, ABl. EG Nr. L 157, Art. 13 Ia.
[478] Vgl. Richtlinie 2004/48/EG, a.a.O., Art. 13 Ib.
[479] Zu den Einzelheiten vgl. *Dreier*, GRUR Int. 2004, 706, 709ff..
[480] Vgl. *Dreier*, a.a.O., 4f..

ches Zuordnungsrecht und das Prinzip des freien Wettbewerbs im vereinigten Europa bilden im Rahmen des Rechtsgüterschutzes eine Sonderstellung, von der aus sich eine Verallgemeinerung des Präventionsaspektes auf die übrigen Schutzgüter der Rechtsordnung nicht vollziehen lässt.

2. Teil: Prävention im Haftungsrecht - untersucht im Rahmen der Ökonomischen Analyse des Rechts

Die vorangehenden Ausführungen haben gezeigt: Die Frage präventiver Anreizwirkung des Haftungsrechts wird im einschlägigen Schrifttum nur sporadisch diskutiert; die Rechtsprechung - inbegriffen die des Europäischen Gerichtshofes - bemüht nur vereinzelt und für begrenzte Bereiche die Idee einer schadenvermeidenden Ausrichtung von Haftungsnormen. Es können somit nur wenig eindeutige und umfassende Aussagen über eine diesbezügliche Interpretationsfähigkeit oder Zweckrichtung des Haftungsrechts getroffen werden. Dies stellt jedoch keine befriedigende Lösung des Problems dar, um so mehr als die herkömmliche juristische Methodik nicht weiter Aufschluss zu geben vermag.

Deshalb bietet sich an, den vertrauten Boden der klassischen und weithin bekannten Argumentationstechniken zu verlassen, um aus einer anderen, nicht rein juristischen Sichtweise, die in Frage stehende Thematik zu diskutieren. Die Ökonomische Analyse des Rechts (im weiteren: ÖAR) hat sich längst mit dem Präventionszweck von Haftungsregeln befasst und - um es „vorwegzunehmen" - misst ihm weitaus mehr Bedeutung zu als dies bisher von Seiten der Zivilrechtswissenschaften geschehen ist.

Im Rahmen der Ökonomischen Analyse von Haftungsregeln stößt man zwangsläufig auf die Prämisse, dass jeder eingetretene Schadensfall, sei es im Straßenverkehr, im Haushalt oder ökologischen Umfeld, stets Wohlfahrtsverluste mit sich zieht. Die belastenden Wirkungen eines Schadensereignisses können niemals „ungeschehen" gemacht bzw. beseitigt, sondern allenfalls zwischen seinen Beteiligten „umverteilt" werden.

Gelingt es, mit den Normen des Haftungsrechts schädigendem Verhalten entgegenzuwirken, wäre damit auch gesamtwirtschaftlichen Interessen geholfen. Die ÖAR macht mit dieser Argumentation deutlich, dass Präventionsmechanismen zwangsläufig einen wesentlichen Bestandteil von Haftungsregeln bilden müssen.

I. Einführung in die ÖAR

Bevor der Gegenstand der Untersuchung erörtert wird, soll zum Verständnis der Vorgehensweise der ÖAR ein kurzer Einblick in ihr Aufgabenfeld und theoretischen Grundlagen sowie ihre Ausbreitung in der wissenschaftlichen Diskussion gegeben werden; außerdem gilt es zur Kritik an der ÖAR Stellung zu beziehen.

1. Gegenstand und Ziele der ÖAR

Obgleich die grundsätzlichen Thesen und Arbeitsweisen der ÖAR hierzulande weder für Juristen noch für Ökonomen zum obligatorischen Ausbildungsprogramm gehören, ist der ökonomische Ansatz im wissenschaftlichen Bereich nicht mehr wegzudenken.

Das weite Forschungsfeld der Humanwissenschaften deckt die eindeutigen Bezugspunkte zwischen Rechtswissenschaft, Soziobiologie und Ökonomie auf, was zu einem verstärkten Austausch unter den Teildisziplinen im Bemühen um größere Rationalität und Erkenntnis führt. Beispiele für eine fruchtbare Rezeption auf den ersten Blick „fachfremder" Theorie finden sich außerhalb der juristischen Materie etwa in der Biologie, wo im Rahmen der Evolutionstheorien ökonomische Modelle und Terminologien verwandt werden, um entsprechende Zusammenhänge zu verdeutlichen. Begriffliche Parallelen wie Lebewesen - Unternehmen, Rivalität - Wettbewerb, oder der entsprechende Bedeutungsgehalt von „Territorialverhalten" und „Verfügungsrechte" geben eine Vorstellung vom Verwandtschaftsgrad der wissenschaftlichen Tätigkeitsfelder.[1]

Auch wenn derartige Koinzidenzen zwischen Ökonomie und Jurisprudenz zunächst nicht gegeben scheinen, muss die mathematisch-naturwissenschaftliche Argumentationstechnik, wie sie die moderne Mikroökonomie auszeichnet, auch eine gewisse Attraktivität auf die juristische Dogmatik ausüben.[2] Eine analytische Vorgehensweise und die Verwendung mathematischer Modelle können wertvolle Hilfe bei der juristischen Entscheidungsfindung leisten; das gleiche gilt für die Begründung ihrer Ergebnisse. Anstelle „verständiger Durchschnittsverbraucher" oder der häufig zitiert „billig und gerecht Denkenden", welche die Argumentation „im Einzelfall" beherrschen, liefert die Mikroökonomie fundiertere und weitaus nachvollziehbarere Erklärungsansätze;[3] sie vermag schlicht „das juristische Geschäft zu erleichtern".[4]

---

[1] Weitere Vergleiche siehe *Lehmann*, Bürgerliches Recht und Handelsrecht - eine juristische und ökonomische Analyse, 1983, S. 3f., 10f..

[2] Zur Einseitigkeit im Austauschverhältnis zwischen Recht und Ökonomie vgl. *Goodhart*, The Modern Law Review, Vol. 60 (1997), 1ff., 4ff..

[3] Vgl. *Lehmann*, a.a.O., S. 13.

[4] *Kötz*, in: *Klingmüller* (Hrsg.), Karlsruher Forum 1990: Schadensverteilung und Schadenszurechnung, 1990, S. 15; *Adams*, Jura 1984, 339, 334, forciert darüber hinaus einen vollständigen Paradigmenwechsel, um für die Zukunft „fehlerhafte Partialanalysen" zu vermeiden und

Während sich auf theoretischer Ebene die Vorzüge eines interdisziplinären Ansatzes als durchaus einleuchtend darstellen, begegnet v.a. die Rechtspraxis der ÖAR mit gewissen Vorbehalten. Dies mag in erster Linie mit dem Rechtsverständnis zusammenhängen, das die ÖAR ihrer Arbeitsweise zugrunde legt: Sie erhebt insoweit Zweifel am absoluten Geltungsgrund des Rechts als sie dieses selbst zum Gegenstand ihrer Untersuchung im Hinblick auf die Verwirklichung von Allokationseffizienz macht.[5]

Um einen Zugang zu dieser „neuen" Betrachtungsweise des Rechts zu bekommen, muss der Jurist sich klar machen, dass das geltende Recht immer nur den Ordnungsrahmen dessen bestimmt, was den Entwicklungsstand einer Gesellschaft durch Technik, die Wissenschaft in ihren verschiedenen Bereichen und die gesamtpolitischen Ziele ausmacht.[6] Recht und Gesetz stellen somit nie einen „Wert an sich" dar,[7] sie sind vielmehr qualifizierbar im Hinblick auf die Situation und Bedürfnisse einer Gemeinschaft, ausgenommen sind dabei selbstverständlich die in einer Verfassung niedergelegten Prinzipien einer freiheitlich demokratischen Grundordnung.

Einen möglichen Aspekt bei der Beurteilung der „Zweckmäßigkeit" eines Rechtssystems bildet nun eben die Ökonomie. Sie zählt zu den angewandten Sozialwissenschaften[8] und befasst sich im weitesten Sinne mit den Zusammenhängen zwischen dem Phänomen der Ressourcenknappheit und dem menschlichen Verhalten im Rahmen der Bedürfnisbefriedigung.[9]

Im Erscheinungsgewand der ÖAR tritt die Ökonomie in eine neue Beziehung zum jeweiligen Rechtssystem: Was bisher als gegebene Konstante im „Datenkranz"[10] mehr oder weniger bewusst zur Kenntnis genommen wurde, wird zum Objekt mikroökonomischer Fragestellungen.[11]

---

sich von den in der Juristerei weit verbreiteten „alltagstheoretischen Daumenregeln" zu befreien.

[5] Siehe *Ott/Schäfer*, JZ 1988, 213, 215; zur Kritik an diesem Ansatz vgl. unten 4.; eigentliches Hindernis einer breiteren Akzeptanz des ökonomischen Ansatzes dürfte allerdings auch in seiner für den „Fachfremden" häufig komplexen Darstellung liegen, vgl. die Aussage bei *Polinsky*, Harvard Law Review, Vol. 87 (1974), 1655, 1656: „Much of this literature is inaccessible to the average lawyer because it is technically sophisticated, interdisciplinary, or oriented towards doctrinal controversies".

[6] Vgl. *Salje*, Rechtstheorie 15 (1984), 277.

[7] So *Salje*, a.a.O..

[8] So *Deckert*, Folgenorientierung in der Rechtsanwendung, 1995, S. 29; zum Verhältnis zwischen Wirtschaftswissenschaften und Rechtswissenschaften vgl. schon *Eucken*, Grundlagen der Nationalökonomie, 1959, S. 241f.; *Raiser* (Hrsg.), Das Verhältnis der Wirtschaftswissenschaft zur Rechtswissenschaft, Soziologie und Statistik, 1964, S. 1ff..

[9] Vgl. *Becker*, Der ökonomische Ansatz zur Erklärung menschlichen Verhaltens, 1993, S. 2ff..

[10] Vgl. *Kirchner*, in: *Assmann/Kirchner/Schanze* (Hrsg.), Ökonomische Analyse des Rechts, 1993, S. 62ff.; *Schäfer/Ott*, JZ 1988, 213, 214.

[11] Vgl. *Kirchner*, a.a.O., S. 64; *Kübler*, in: FS. für E. Steindorff, 1990, S. 687ff..

Dass die ÖAR nicht den ihr oftmals nachgesagten Absolutheitsanspruch[12] erheben kann, wird darin ersichtlich, dass die Ausgestaltung des Rechts niemals nur die wirtschaftlichen Bereiche unseres Lebens tangiert, sondern genauso soziologische oder psychologische Implikationen mit sich bringt. Umgekehrt ist damit ebenso eine „Analyse des Rechts“ aus dem Blickwinkel der Nachbardisziplinen denkbar. Als Gegenstand einer „psychologischen Analyse des Rechts“ könnte beispielsweise die Untersuchung rechtlicher Regelungen dahingehend definiert werden, inwieweit sie sich eignen, bei den Adressaten eine psychisch ausgeglichene Verfassung zu fördern oder zu begünstigen.[13]

1.1 Effizienz als ein mögliches Regelungsziel

Worauf genau legt nun aber die ÖAR ihr Augenmerk ?

Geht man vom Ausdruck „Ökonomische Analyse des Rechts“ als wörtlicher Übersetzung des englischen Begriffs „Economic Analysis of Law“ aus (häufig neben der Bezeichnung „Law and Economics“), kann dem nicht unbedingt eine exakte Vorstellung vom Tätigkeitsfeld dieser Forschungsrichtung entnommen werden.

Der englische Begriff „analysis“ umfasst einen breiteren Bedeutungsgehalt als die im deutschen Sprachgebrauch übliche „Analyse“. Im Zusammenhang mit der „economic analysis“ werden rechtliche Fragestellungen unter Zuhilfenahme wirtschaftswissenschaftlicher Instrumente erörtert. Die deutsche Übersetzung deutet hingegen begrenzt auf eine wissenschaftlich systematische Untersuchung hin.[14]

Missverständlich ist die Bezeichnung „Ökonomische Analyse“ aber insoweit auch, als mit ihr nur eine bestimmte Strömung assoziiert wird innerhalb der weiten Disziplin, die den ökonomischen Ansatz auf rechtswissenschaftliche Fragen projiziert. *Posner*, Vertreter der *Chicago School*[15], hat seinem bahnbrechenden Werk den Namen „Economic Analysis of Law“ gegeben und darin jede rechtliche Regelung ausschließlich auf das Effizienzziel hin untersucht. Weil jedoch Effizienz auch aus wirtschaftswissenschaftlicher Sicht nicht allein das Programm ausmacht, reduziert der gebräuchlich gewordene Begriff das eigentlich gemeinte Kooperationsverhältnis zwischen Rechts- und Wirtschaftswissenschaft. Um solch falsche Vorstellungen von vornherein aus dem Weg zu räumen, schlägt *Kirchner* vor, allgemein die interdisziplinäre Zusammenarbeit zwi-

[12] Vgl. dazu ausführlich unten 4.1.

[13] Vgl. *Kirchner*, in: *Assmann/Kirchner/Schanze* (Hrsg.), Ökonomische Analyse des Rechts, 1993, S. 62, 66.

[14] Vgl. *Kichner*, Ökonomische Theorie des Rechts, 1997, S. 5f.; *Schwintowski*, JZ 1998, 581.

[15] Zur stark an ökonomischer Effizienz ausgerichteten Wettbewerbstheorie der *Chicago School* vgl. *Drexl*, Die wirtschaftliche Selbstbestimmung des Verbrauchers, 1998, S. 104ff..

schen Recht und Ökonomie mit dem Term „Ökonomische *Theorie* des Rechts" zu belegen.[16]

Der ÖAR geht es primär darum, geltendes Recht und dessen Handhabung am Regelungsziel der ökonomischen Effizienz zu messen, d.h. der optimalen Verteilung aller verfügbaren Ressourcen.[17] Dieser Zustand, der als „Allokationseffizienz" bezeichnet wird, ist theoretisch dann erreicht, wenn die Summe der Nutzen aller Individuen aufgrund deren subjektiven Nutzeneinschätzung ihr Maximum erreicht hat.[18] Als Bewertungsmaßstab für den jeweiligen Nutzengewinn dient die Zahlungsbereitschaft der Marktteilnehmer, ausgedrückt in Preisen, für die gewünschten Ressourcen. Die Effizienz einzelner rechtlicher Regelungen oder eines gesamten Regelsystems richtet sich aber nicht nach dem „Einzelnutzen" des individuellen Normadressaten. Dieser ist lediglich relevant, um das gesamtwirtschaftliche Maximum des „Nutzenbestandes" zu ermitteln[19].

Genauso wie die Entscheidung eines Individuums aufgrund bestimmter Rechtsdaten zu einer Nutzensteigerung führen kann, ist es möglich, dass dieselbe Folgenwahl gleichzeitig ein bestimmtes Maß an „Kosten" verursacht. Entgegen der weitläufigen Meinung, Kosten seien mit „Geld verbunden", ist der Begriff in der Ökonomie definiert als der entgangene Ertrag eines wirtschaftlichen Gutes im Vergleich zu dessen bestmöglicher alternativer Verwendung (Opportunitätskosten).[20]

Posner nennt als Beispiel kostenverursachender Tätigkeit die Arbeit, die der Partner einer (nicht)ehelichen Lebensgemeinschaft im Haushalt verrichtet, wenngleich diese nicht im eigentlichen Sinne „bezahlt" wird, während hingegen die Übertragung eines bestimmten Geldbetrages von einem Reichen auf einen Armen keinerlei Kosten produziert - die „Umverlagerung" allein geschieht „kostenlos" - ungeachtet dessen, was ihre Durchführung an Aufwendungen erfordert. Spricht man also bei Kosten allgemein von entgangenen Nutzungswerten verfügbarer Ressourcen, so wird deutlich, dass Geld lediglich das Anrecht an einer Ressource darstellen kann, eine Geldzahlung selbst aber nicht auf einer Kostenbilanz erscheinen wird.[21]

---

[16] Vgl. *Kirchner*, Ökonomische Theorie des Rechts, 1997, S. 5f..

[17] Siehe *Kübler*, in: FS. für E. Steindorff, 1990, S. 687, 689; *Salje*, Rechtstheorie 15 (1984), 277, 285.

[18] Vgl. *Taupitz*, AcP 196 (1996), 115, 117; *Assmann*, in: *Assmann/Kirchner/Schanze* (Hrsg.), Ökonomische Analyse des Rechts, 1993, S. 17, 40.

[19] Siehe *Salje*, Rechtstheorie 15 (1984), 277, 288; *Behrens*, Rechtstheorie 12 (1981), 472, 476f..

[20] *Schäfer/Ott*, Lehrbuch der ökonomischen Analyse des Zivilrechts (im Folgenden: Lehrbuch), 1995, S. 69; *Posner*, in: *Assmann/Kirchner/Schanze* (Hrsg.), Ökonomische Analyse des Rechts, 1993, S. 79, 83.

[21] Vgl. *Posner*, a.a.O., S. 83.

Die wirtschaftliche Effizienz einer rechtlichen Regelung beurteilt sich also im positiven Sinne danach, inwieweit sie durch ihren Vorschlag zur Lösung eines rechtlichen Problems den Nutzen der beteiligten Rechtssubjekte maximiert und die durch sie verursachten Kosten minimiert.

1.2 Positive und normative Theorie

Die Aufgabenstellung, die sich die ÖAR auch im Raum des Common Law gibt, ist generell in eine positive und eine normative Zielsetzung zu gliedern. Eine derartige Beschreibung der ÖAR entspricht auch ihrer wissenschaftstheoretischen Definition als „Entscheidungstheorie" oder „Theorie des sozialen Handelns". Ihr zufolge agiert der Mensch in jeder Situation gemäß einer rationalen Entscheidungsmaxime und eines ihr zugrunde liegenden Wertesystems, wobei dies zugleich als Hypothese zur Erklärung menschlichen Verhaltens (*deskriptives* Element) *und* als Empfehlung für die Einstellung des Verhaltens (*normatives* oder *präskriptives* Element) dient.[22]

Innerhalb der positiven Funktion geht es der ÖAR um die Erklärung rechtlicher Institutionen wie des Eigentums, des Haftungs- oder Vertragsrechts und deren Folgen unter dem Gesichtspunkt wirtschaftlicher Effizienz. Hierauf lag zumindest in den Zeiten der Anfänge der ÖAR der Schwerpunkt. Insoweit befindet sich die ÖAR noch nicht in der ihr zugeschriebenen innovativen Rolle, denn Effizienzerwägungen lagen auch bisher vielen Regelungen zugrunde.

Mit Hilfe des ökonomischen Ansatzes kann also mit anderen Worten eine Art „Bestandskontrolle" durchgeführt werden, d.h. es wird überprüft, ob und bis zu welchem Grad politisch vorgesteckte Ziele durch das Recht als Lenkungsinstrument realisiert werden können und welche Möglichkeiten die Rechtsprechung zur Wahrnehmung dieser Ziele besitzt.[23]

Die positive Analyse beschäftigt sich heute vor allem mit der Folgenbetrachtung von Normen. Ihr Forschungsansatz entspricht dabei demjenigen der Wirtschaftswissenschaften: Untersucht wird der Einfluss der Veränderung *einer* unabhängigen Variablen - nämlich des Rechts im Sinne von Beschränkungen - auf die abhängigen Variablen, etwa das menschliche Verhalten, wobei die übrigen Variablen (zumeist Präferenzen) konstant bleiben (ceteris-paribus-Annahme).[24]

Im weitesten Sinne „brisant" und deshalb in diesem Punkt auch oftmals angegriffen ist die ÖAR jedoch in ihrer normativen Funktion. Sie geht darin über eine einfache Beschreibung rechtlicher Arrangements hinaus und stellt sich an, dieselben unter Effizienzgesichtspunkten zu bewerten und sogar dahingehend zu

---

[22] Vgl. *Behrens*, Die ökonomischen Grundlagen des Rechts, 1986, S. 38f.; zu dieser Einteilung siehe auch *Posner*, Economic Analysis of Law, 1992, S. 23f.; *Drexl*, Die wirtschaftliche Selbstbestimmung des Verbrauchers, 1998, S. 164ff..

[23] Vgl. *Salje*, Rechtstheorie 15 (1984), 277, 279; *Taupitz*, AcP 196 (1996), 115, 122.

[24] Vgl. *Kirchner*, Ökonomische Theorie des Rechts, 1997, S. 8.

formen. Hier beansprucht die Ökonomie, Aussagen über Regelungsziele des Rechts machen zu können. Soweit sie dabei ihren Auftrag an den Gesetzgeber richtet, geriert sich die ÖAR als rechtspolitisches Instrument, das Lösungsvorschläge im Hinblick auf die Bewältigung des Problems der Ressourcenknappheit mit den verhältnismäßig geringsten Mitteln hervorbringt.[25]

Aber auch die Rechtsanwendung ist angehalten, den Wertungsspielraum von unbestimmten Rechtsbegriffen und Generalklauseln zugunsten wohlfahrtsökonomischer Ziele auszuschöpfen.[26] Der Richter hat deshalb in verstärktem Maße folgenorientiert zu entscheiden. Er setzt mit seinem Urteil zunächst im Einzelfall, dann tendenziell die wirtschaftspolitischen Ziele der ÖAR um, indem er die Parteien eines Rechtsstreites, bzw. die Individuen, die sich in gleich gelagerten Situationen befinden, selbst zu effizientem Verhalten veranlasst.

Die besonderen Einflussmöglichkeiten der Gerichte kommen am besten im Common Law zur Geltung. Als Case Law führt es nach Ansicht der Vertreter der ÖAR vielfach zu wirtschaftlicheren Ergebnissen, da die Richter und Anwälte hier auch aufgrund ihrer weitgreifenden Ausbildung bei Auslegung und Rechtsfortbildung wohlfahrtsrelevante Auswirkungen berücksichtigen, wohingegen die moderne Gesetzgebung wenig „ressourcenschonende" Regelungen hervorbringt.[27]

2. Entwicklung und Verbreitung der ÖAR

Die Entwicklungsgeschichte der ÖAR setzt - wie bereits deutlich wurde - ursprünglich in den USA an. Das Common Law der Vereinigten Staaten erfuhr seit Beginn der 60er zunächst nur vereinzelte und auf wenige Teilgebiete beschränkte Impulse, bis diese sich erstmals in dem Werk *Posners* auf nahezu das gesamte Recht ausbreiteten. Die Rezeption dieses interdisziplinären Vorhabens durch die Rechtsordnungen Westeuropas, insbesondere Deutschlands, begann erst im Anschluss daran und wohl auch von ganz anderen Ausgangspunkten her.[28]

---

25 Siehe *Taupitz*, AcP 196 (1996), 115, 122f.; *Ott/Schäfer*, JZ 1988, 213, 214.

26 Zum heutigen richterlichen Selbstverständnis vgl. *Deckert*, Folgenorientierung in der Rechtsanwendung, 1995, S. 26.

27 Vgl. *Taupitz*, a.a.O., 125f..

28 Vgl. *Deckert*, Folgenorientierung in der Rechtsanwendung, 1995, S. 31; *Schanze*, in: *Assmann/Kirchner/Schanze* (Hrsg.), Ökonomische Analyse des Rechts, 1993, S. 3ff..

2.1 Menschliches Verhalten im ökonomischen Blickwinkel

Um ein besseres Verständnis von der Entstehung der „Idee" zu einer ökonomischen Analyse im Bereich des Rechts zu erhalten, scheint es hilfreich, noch einen Schritt weiter zu gehen. Während nämlich das Recht selbst für die Ökonomie gewissermaßen „attraktiv" wurde, kam allgemein die Betrachtung sozialer Phänomene unter Kosten-Nutzen-Gesichtspunkten in die Diskussion.

Mit dem „Ökonomischen Ansatz zur Erklärung menschlichen Verhaltens" versuchte *Gary Becker*[29] deutlich zu machen, dass die „Marktgesetze" nicht nur für den Bereich der materiellen Ressourcen wie Autos oder Weizen ihre Geltung beanspruchen, sondern - unter Zugrundelegung utilitaristischer Handlungsmaxime des Individuums, des Haushalts oder der Unternehmung - ein Erklärungsmodell auch für die im herkömmlichen Sinne verstandenen „non-market-activities" liefern.

Als Beispiele seiner Untersuchungen seien die Ökonomische Analyse der Heirat (nicht unter dem Blickwinkel des Rechtsinstituts der Ehe), der Kindererziehung, der Einteilung eines persönlichen Zeitbudgets oder das Auftreten von Kriminalität genannt. Dabei betont *Becker*, dass der Vorzug des ökonomischen Ansatzes im Vergleich zu anderen Sozialwissenschaften gerade darin liegt, ein erheblich weiteres Spektrum an menschlichen Verhaltensphänomenen zu erfassen, solange die essentiellen Grundannahmen wie ein auf Nutzenmaximierung gerichtetes Verhalten, Marktgleichgewicht und Präferenzstabilität beachtet werden.[30]

Die Präferenzen beziehen sich also nicht nur auf monetär erfassbare Güter, sondern auch auf immaterielle Werte, die den ideellen oder emotionalen Bereich des Lebens berühren, und von daher typischerweise nicht mit dem Angebot-Nachfrage-Schema in Verbindung gebracht werden. Jedoch sind auch „Posten" wie Gesundheit, Prestige, Freude oder Zeit über marginale „Schattenpreise" einer Bewertung zugänglich und damit auf quasi fiktiven Märkten handelbar; ohne Bedeutung für die Kosten-Nutzen-Rechnung eines Entscheidungsträgers ist indessen, ob es für ihn um die Wahl einer Kaffeesorte oder um Leben und Tod geht - das ökonomische Kalkül, so wird unterstellt, lässt sich in allen menschlichen Bereichen als Handlungsmotiv zur Erklärung einer bestimmten getroffenen Wahl heranziehen.[31]

---

[29] Vgl. *ders.*, Der ökonomische Ansatz zur Erklärung menschlichen Verhaltens, 1993, S. 1ff. (Titel der Originalausgabe: The Economic Approach to Human Behavior, 1976); *Becker* hatte bereits zuvor die Theorie der optimalen Bestrafung aufgestellt, vgl. *ders.*, Crime and Punishment: An Economic Approach, Journal of Political Economy 76 (1968), 169ff.; vgl. zu diesem Themenkreis auch *Entorf*, in: *Ott/Schäfer*, Die Präventivwirkung zivil- und strafrechtlicher Sanktionen, 1999, S. 1ff..

[30] Siehe *Becker*, Der Ökonomische Ansatz zur Erklärung menschlichen Verhaltens, 1993, S. 3ff..

[31] Vgl. *Becker*, a.a.O., S. 7.

2.2 Das „Coase-Theorem"

Fast zeitgleich zu diesem „Ökonomischen Ansatz", der gewissermaßen universell als anthropologische Theorie menschliche Handlungsstrategie durchleuchten soll, werden zum ersten Mal *rechtlich* relevante Themen unter ökonomischen Aspekten betrachtet.

Einen wesentlichen Beitrag hierzu leistete *Ronald H. Coase*, der Mitbegründer der Neuen Institutionellen Ökonomie und spätere Nobelpreisträger für Wirtschaftswissenschaften.[32] In seinem Aufsatz „The Problem of Social Cost"[33] aus dem Jahre 1960 beschäftigt sich *Coase* mit der Ausgestaltung des „Sozialen Arrangements" und der Bedeutung rechtlicher Vorgaben sowie der einschränkenden Wirkung von Transaktionskosten. Die Kosten einer Markttransaktion entstehen aus der Beschaffung von Informationen, die notwendig sind, um die Vertragspartei und die Bedingungen eines Handels auszumachen. Aber auch der Vertrag an sich und die zu seiner Abwicklung und Einhaltung geschaffenen Vorkehrungen nehmen finanzielle Ressourcen in Anspruch.[34]

Anhand eines einfachen Beispiels illustriert *Coase*, dass unabhängig von der Ausgestaltung des Haftungsreglementariums die Beteiligten eines schädigenden Ereignisses durch ein individuelles Aushandeln die für beide günstigsten und somit wohlfahrtsökonomischste Lösung herbeiführen.[35] Im Mittelpunkt des Modells stehen ein Getreidefarmer und dessen benachbarten Viehzüchter, der seine Herde ohne Umzäunung auch auf dem Grundstück des Farmers grasen lässt, wodurch dieser hohe Ernteeinbußen zu verzeichnen hat.[36] Mit Hilfe von fingierten Zahlen für die Herdengröße und den Minderertrag des Farmers spielt *Coase* durch, wie Farmer und Rancher durch vertragliche Abmachungen das jeweilige „Preissystem" für Schädigungen so abwandeln, dass beide den höchst möglichen Gewinn erzielen.

Gilt die Vorschrift, dass der Viehzüchter dem Farmer für die Zerstörung der Ernte haftbar ist, so wird er seine Herde nur in dem Maße vergrößern, als der Ertrag seiner Fleischproduktion die Haltungskosten plus die Geldleistungen an den Farmer übersteigen. Ab einer bestimmten Viehzahl kann es für den Rancher aber auch günstiger sein, auf eigene Kosten einen Weidezaun errichten zu lassen (Der Zaun müsste hier „weniger kosten" als die Beeinträchtigung des Farmers). Sobald die Einbußen des Farmers eine bestimmte Grenze übersteigen, kann die

---

[32] Zu Gegenstand und Entwicklung der Neuen Institutionellen Ökonomie vgl. *Drexl*, Die wirtschaftliche Selbstbestimmung des Verbrauchers, 1998, S. 186; *Deckert*, Folgenorientierung in der Rechtsanwendung, 1995, S. 30f..

[33] Erstmals *Coase*, in: Journal of Law and Economics 3 (1960), 1ff..

[34] Siehe *Coase*, in: *Assmann/Kirchner/Schanze* (Hrsg.), Ökonomische Analyse des Rechts, 1993, S. 129, 148ff..

[35] Vgl. *Coase*, in: The Firm, the Market, and the Law, 1988, S. 95ff..

[36] Zitiert nach *Coase*, in: *Assmann/Kirchner/Schanze* (Hrsg.), Ökonomische Analyse des Rechts, 1993, S. 129, 133ff..

wirtschaftlichste Lösung nur darin bestehen, dass sich die Beteiligten über die vollständige Aufgabe der Bewirtschaftung des Weidelandes einigen. Sind die Bewirtschaftungskosten höher als die Ernteerträge, wird der Rancher dem Farmer die Weidewirtschaft vollständig „abkaufen".

Trifft den Viehhalter aber entsprechend der geltenden Norm keine Ersatzpflicht, darf er den Getreidebauern quasi „kostenlos" schädigen, muss dieser wohl die nächstliegende Möglichkeit wählen und den Rancher für den Verzicht, seine Herde zu erweitern, angemessen bezahlen. Wie in der ersten Variante (Schadensersatzpflicht des Ranchers) fließt die an den Viehhalter zu zahlende Summe hier in die Kosten-Nutzen-Rechnung des Farmers ein. Sie ist nur solange rentabel, als sie einschließlich der Bewirtschaftungskosten unter dem Ernteertrag liegen.

Zusammenfassend ist festzuhalten, dass unter der Prämisse, die Kosten für das Inverhandlungtreten der Beteiligten, die Transaktionskosten, gingen gegen null, von selbst und unabhängig von der Ausgestaltung des Rechts sich das wirtschaftlich effizienteste Ergebnis einstellt.[37] Aufgrund des Informationsdefizits auf beiden Seiten lässt sich jedoch die optimale Schaden- und Kostenverteilung in der Praxis nicht allein über die Marktkräfte aushandeln.[38] Entgegen der Interpretation gewisser Kritiker negiert *Coase* keineswegs die Bedeutung rechtlicher Vorgaben. Die Existenz einer Haftungsregel[39] ist Voraussetzung dafür, dass die Beteiligten überhaupt in Verhandlungen zueinander treten.[40]

Weil in der Realität Transaktionskosten entstehen und vollkommene Information fehlt, fordert *Coase*, das Haftungsrecht von vornherein so anzulegen, dass ohne weitere Transaktionen der wohlfahrtsökonomisch effiziente Zustand gegeben ist.[41] Im Gegensatz zu den Anhängern *Posners* und der *Chicago School*, erkennt *Coase* nur in einem rechtlich definierten Markt die Möglichkeit zu ökonomischer Effizienz.[42]

---

[37] Vgl. *Coase*, in: *Assmann/Kirchner/Schanze* (Hrsg.), Ökonomische Analyse des Rechts, 1993, S. 133ff. mit weiteren Varianten des Problems.

[38] Vgl. *Coase*, The Firm, the Market, and the Law, 1988, S. 158, 174f..

[39] Bzw. die Zuweisung von property rights (vgl. dazu unten 2.3 und 3.3).

[40] So *Drexl*, Die wirtschaftliche Selbstbestimmung des Verbrauchers, 1998, S. 192.

[41] Vgl. *Coase*, in: *Assmann/Kirchner/Schanze* (Hrsg.), Ökonomische Analyse des Rechts, 1993, S. 129, 148ff..

[42] Vgl. *Drexl*, a.a.O., S. 193, freilich mit der Kritik, dass *Coase* den Gesichtspunkt der Verteilungsgerechtigkeit vollkommen ausblendet. *Kötz/Schäfer*, Judex oeconomicus, 2003, S. 17ff., übertragen die rechtsökonomischen Gedanken von *Coase* auf den vom BGH entschiedenen Fall, BGH vom 2.7.1991, BGHZ 118, 312, 351. Gegenstand der Entscheidung war die Haftung nach § 7 StVG eines Unfallverursachers, der in einem landwirtschaftlich geprägten Gebiet durch den Lärm des Unfallgeschehens eine Schweinepanik in einem nahegelegenen Stall ausgelöst hatte, bei der eine Großzahl der Tiere verendete. Der BGH verneinte eine Haftpflicht des Fahrers mit der Begründung, dass der geltend gemachte Schaden nicht unter den Schutzzweck des § 7 StVG fiele und hauptursächlich für den Tod der Tiere die negativen Be-

Die Gedanken, die *Coase* in dem angeführten Aufsatz entwickelt hat, wurden kurze Zeit später in dem vielfach diskutierten „Coase-Theorem“[43] punktualisiert, wonach nutzenorientierte Individuen in Abwesenheit von Transaktionskosten von selbst den für sie optimalen Zustand herstellen.[44]

2.3 Die Anfänge der ÖAR in den USA

Ohne weiteren Bezug auf die Überlegungen von *Coase* erschienen zu Beginn der 60er Jahre Abhandlungen des Juristen *Guido Calabresi*, der sich unter wohlfahrtsökonomischen Gesichtspunkten dem amerikanischen „law of torts“, den Delikthaftungsregeln, und dabei in erster Linie dem Bereich des Unfallrechts widmete.

In dem Aufsatz „Entscheidung für oder gegen Unfälle“[45] hebt *Calabresi* die haftungsrechtliche Funktion einer „general deterrence“, also generalpräventiver Effekte durch das Deliktsrecht, hervor und spricht sich für eine am Risiko einer Aktivität anknüpfenden Haftungsregel anstelle des strengen Verschuldensprinzips aus.[46] Diese Überlegungen führt er in seinem Werk „The Costs of Accidents“ (Untertitel: „A Legal and Economic Analysis“) weiter aus.[47]

Im Folgenden beschäftigten sich namentlich *Demsetz*[48] und *Cheung*[49] als Vertreter der Neuen Institutionenökonomie[50] mit der wirtschaftlich effizientesten Zu-

---

gleiterscheinungen der Massentierhaltung seien. Dem gegenüber gehen *Kötz/Schäfer*, a.a.O., S. 21ff., in Anlehnung an *Coase* davon aus, dass bei vernachlässigenswerten Transaktionskosten die Beteiligten die effizienteste Lösung untereinander aushandeln. In Ermangelung dieser Bedingung obläge es dem Richter, denjenigen zu ermitteln, der mit dem geringsten Aufwand den Schaden hätte vermeiden können, also den „cheapest cost avoider“ fest zu legen, vgl. dazu unten II. 3.1.1. Für den zitierten Fall kommen *Kötz/Schäfer*, a.a.O., S. 34, zu dem Ergebnis, dass die wirtschaftlichen Belastungen des Vermeidungsaufwandes für den Bauern weitaus höher ausfielen als für die Verkehrsteilnehmer, weil dieser seine Tierhaltung in der besagten Gegend aufgeben oder auf eine völlig andere Art der Haltung umstellen müsste.

[43] *Coase* selbst, The Firm, the Market, and the Law, 1988, S. 157, stellt klar, dass die Bezeichnung „Coase Theorem“ insoweit irreführend ist, als seine Überlegungen auf den Aussagen des Ökonomen *George Stigler* basieren.

[44] Zur umfangreichen Literatur um das Coase-Theorem vgl. die Nachweise bei *Kirchner*, Einleitung zu *Coase*, in: *Assmann/Kirchner/Schanze* (Hrsg.), Ökonomische Analyse des Rechts, 1993, S. 78, 130.

[45] *Calabresi*, The Decision for Accidents: An Approach to Nonfault Allocation of Costs, Harvard Law Review 78 (1965), 713ff..

[46] Vgl. *Schanze*, in: *Assmann/Kirchner/Schanze* (Hrsg.), Ökonomische Analyse des Rechts, 1993, S. 3; *Horn*, AcP 176 (1976), 307, 324.

[47] Vgl. dazu eingehend unten II. 2.

[48] *Ders.*, in: *Furubotn/Pejovich* (Hrsg.), The Economics of Property Rights, 1974, S. 31ff..

[49] *Ders.*, in: *Furubotn/Pejovich* (Hrsg.), The Economics of Property Rights, 1974, S. 11ff..

[50] Dieser ist auch der Transaktionskostenansatz bei *Coase* zuzuordnen, vgl. *Drexl*, Die wirtschaftliche Selbstbestimmung des Verbrauchers, 1998, S. 190; vgl. insgesamt *Gröbel*, Neue Institutionenökonomie, 2002.

ordnung dessen, was man gemeinläufig als die Gesamtheit von Eigentums-, Nutzungs- und Verfügungsrechten versteht, dem „property rights"-Ansatz.[51] Die Neue Institutionenökonomie nimmt Abstand von der neoklassischen Annahme, dass das Individuum allein und dessen Bedürfnisse das Marktgeschehen prägen, und stellt die „Institution" zur Steuerung individuellen Verhaltens in Form organisierter Einheiten wie Staat oder Unternehmen und normativer Elemente (Vertrag, Eigentum, Haftung, usw.) in den Mittelpunkt.[52]

Um den methodischen und strukturgetreuen Anspruch seines „economic approach to law" erkenntlich zu machen, belässt *Posner*[53] es nicht bei der ökonomischen Analyse des Eigentums- oder Vertragsrechts. Auch das Verfassungs- und Verwaltungsrecht, die Verfahrensregeln, das Strafrecht sowie Arbeits-, Wettbewerbs- und Steuerrecht, des Weiteren das Gesellschaftsrecht und die Gesetze zur Rassendiskriminierung sind für ihn von Interesse. Jedes Rechtsgebiet wird konsequent aus mikroökonomischer Perspektive unter Annahme von Ressourcenknappheit, der Bedingung rationaler und eigennütziger Entscheidungsfindung durch das Individuum einzig und allein auf seine „efficiency" hin untersucht.[54]

Mit dem Erscheinen dieses „universellen Leitfadens" der ÖAR beginnt diese das Lehrprogramm zahlreicher amerikanischer Law Schools zu ergänzen, wo spezielle Kurse in „Law and Economics" angeboten werden. Auch in die Rechtsprechung findet das ökonomische Argument verstärkt Eingang. Dies lässt sich in erster Linie mit der Natur des amerikanischen Rechtssystems begründen. Wie bereits angedeutet, ist in den Vereinigten Staaten die klassische Rechtsanwendung weniger mit dem kodifizierten Gesetz in Verbindung zu bringen; vielmehr sind es die Gerichte, die durch das Case-Law neben den Parlamenten Rechtsetzungsaufgaben übernehmen und die Legislative letztlich auch stark beeinflussen.[55] Weil im Common Law der konkrete Fall anhand vergleichbarer und bereits entschiedener Sachverhalte beurteilt wird oder, falls ein „Präzedenzfall" vorliegt, eine neue „rule" zu entwickeln ist, hat der Richter immer auch zukunftsbezogen und planend zu argumentieren und ist somit mehr dazu geneigt,

---

[51] Vgl. dazu aus deutscher Sicht *Gäfgen*, Entwicklung und Stand der Theorie der Property Rights, 1983, S. 43ff..

[52] Siehe *Deckert*, Folgenorientierung in der Rechtsanwendung, S. 30; *Schwintowski*, JZ 1998, 581, 583.

[53] In seinem erstmals 1972 erschienen, bereits mehrfach erwähnten Werk „Economic Analysis of Law".

[54] Vgl. *Salje*, Rechtstheorie 15 (1984), 277, 278; *Koch*, Besprechung *Posner*, Economic Analysis of Law, RabelsZ 1976, 181, lässt die später vielfach geäußerten Einwände hinsichtlich der Einseitigkeit des Bewertungsmaßstabes anklingen.

[55] Vgl. *Taupitz*, AcP 196 (1996), 115, 128ff.; *Eidenmüller*, Effizienz als Rechtsprinzip, 1995, 405f..

policy-Überlegungen wie beispielsweise das ökonomische Kalkül einzubeziehen.[56]

Auch die rechtspolitische Situation in den USA begünstigte die Entwicklung einer ÖAR. Nachdem jahrelange staatliche Interventionspolitik, die „regulation" von Industrieunternehmen, zu Ineffizienz und Krisenerscheinungen geführt hatte, propagierten die Vertreter der *Chicago School* das Vertrauen in die Steuerungsmechanismen des freien Marktes zur Regulierung gesellschaftlicher und rechtlicher Probleme und eine Abkehr vom Wohlfahrts- und Sozialstaatmodell.

2.4 Die ÖAR in Deutschland

Im deutschen Rechtskreis sollte sich dagegen eine Rezeption des neuen Ansatzes erheblich schwieriger gestalten. Dies ist zum einen auf das in Deutschland verbreitete Rechtsverständnis zurückzuführen, zum anderen wohl auch auf „Missverständnisse", die in der Vermittlung des ökonomischen Ansatzes durch *Posner* wurzeln, und daran anschließender Kritik.[57] Die starke Ausprägung des Gewaltenteilungsgrundsatz, die eine Aufnahme außerrechtlicher Einflüsse hemmt, aber auch rechtsdogmatische Bedenken werden am häufigsten gegen die ÖAR angeführt.[58] Der ÖAR wird vorgeworfen, sie verdränge rechtsethische Erwägungen und traditionelle juristische Distinktion und ließe außerökonomische Zielsetzungen des Rechts zurücktreten.[59]

Nachdem nun aber - nicht zuletzt durch das Bemühen der Ökonomen - die anfänglich bestehende Voreingenommenheit seitens der Juristen etwas gewichen ist, konnte in den letzten Jahren ein für beide Seiten bereichernder Austausch stattfinden[60], wenngleich sie als Rechtsfindungsmethode im weitesten Sinne hier noch wenig anerkannt ist.

---

[56] Vgl. *Schanze*, in: *Assmann/Kirchner/Schanze* (Hrsg.), Ökonomische Analyse des Rechts, 1993, S. 3, 6; *Taupitz*, AcP 196 (1996), 115, 129f..

[57] Vgl. *Taupitz*, AcP 196 (1996), 115, 128ff.; *Behrens*, Rechtstheorie 12 (1981), 472, 473; zur Kritik der deutschen Rechtswissenschaft an der ÖAR siehe unten 4..

[58] Zusammenfassend *Eidenmüller*, Effizienz als Rechtsprinzip, 1995, S. 7.

[59] Vgl. *Horn*, AcP 176 (1976), 307, 312f..

[60] Dies beweist zumindest die wachsende Menge an Literatur, sei es in Form von allgemeinen Darstellungen oder Beleuchtung von Teilaspekten, siehe nur *Trimarchi*, Die Regelungen der Vertragshaftung aus ökonomischer Sicht, ZHR 136 (1972), 118ff.; *Walz*, Marktrechtlicher Umweltschutz und privatrechtlicher Immissionsschutz, in: FS. für L. Raiser, 1974, S. 185ff.; *Rehbinder*, Umweltrecht, RablesZ 40 (1976), 363ff.; *Adams*, Ökonomische Analyse der Sicherungsrechte, 1980; *ders.*, Ökonomische Analyse des Zivilprozesses, 1981; *Koch*, Die Ökonomie der Gestaltungsrechte, in: FS. für K. Zweigert, 1981, S. 851ff.; *Kirchner*, Ökonomische Analyse des Unternehmensrechts: Ein Forschungsansatz, Jahrbuch für Politische Ökonomie, Band 2, 1984, S. 137ff.; *Eidenmüller*, Effizienz als Rechtsprinzip: Möglichkeiten und Grenzen der ökonomischen Analyse des Rechts, 1995; aus der neueren Forschung vergleiche etwa *Schmidtchen/Weth*, Der Effizienz auf der Spur: Die Funktionsfähigkeit der Justiz im Lichte der ökonomischen Analyse des Rechts, 1999; *Ott/Schäfer* (Hrsg.); Ökonomische

Ausschlaggebend für das steigende Interesse an Effizienzüberlegungen dürfte aber nicht allein die Orientierung am amerikanischen Vorbild gewesen sein. Die strenge Trennung zwischen Recht und Ökonomie wurde mit der Entwicklung vor allem des Privatrechts bis zum heutigen Zeitpunkt selbst hinfällig.

Der maßgebende Attraktivitätsfaktor für die Ökonomen bestand offensichtlich in der Transformationslage, in welcher sich das Privatrecht seit der Zunahme staatlicher Eingriffe in Form von Gesetzen befand. Während ursprünglich noch die Institutionen Privatrechtsordnung und Wirtschaftsordnung oder besser „Wirtschaftsverfassung" als identisch zusammengefasst wurden, auf deren Grundlage sich „politische" und „ökonomische" Prozesse abspielten, bildete sich durch eine Vielzahl öffentlich-rechtlicher Anordnungen bald eine eigene Wirtschaftsordnung heraus.[61]

Die Identifizierung von Privatrechtsordnung und Wirtschaftsordnung ist auf die Epoche des Ordoliberalismus zurückzuführen. Diese zeichnet sich durch die Annahme aus, die gesellschaftlichen Eckpfeiler Recht, Politik und Ökonomie seien gleichwertig und bedingten einander („Interdependenzen der Ordnungen"), wobei das Recht eine Gewähr für die Aufrechterhaltung der Gesamtordnung übernimmt. Die Wirtschaftsverfassung gilt dabei der Vermittlung zwischen Politik und Ökonomie und zur Wahrung deren Autonomie.[62] Die zwangsläufigen Unregelmäßigkeiten im freien Marktgeschehen (Herausbildung von Monopolen und Kapitalkonzentration, die Stärkung eines tertiären Sektors mit dem gleichzeitigen Niedergang des primären Sektors und die Zunahme öffentlicher und sozialer Wohlfahrt) erfordern die Verrechtlichung staatlicher Maßnahmen zur Steuerung wirtschaftlicher Entwicklung.

Wirtschaftliche Instabilitäten machen also das „Interdependezenmodell" zunichte: Es genügt nicht mehr, die privatrechtlichen Normen ihrem Selbstvollzug zu überlassen, vielmehr müssen die Beziehungen zwischen Recht, Politik und Ökonomie und ihren sozialen Funktionen einem „Ausdifferenzierungsprozess" unterworfen werden. Besondere Aufmerksamkeit gilt dabei wiederum den Bereichen Politik und Ökonomie in Form von staatlicher Planung und marktmäßiger Organisation („mixed-economy"). Das entstehende Wirtschaftsrecht soll dabei eine Garantie für ökonomisch stabile Verhältnisse schaffen.[63]

Die gesetzliche Festlegung der Arbeitsbedingungen, die Einführung von Sozialversicherung und die Lenkungsmechanismen wie das Kartell- und Steuerrecht und später auch das GWB sind nicht mehr abstrakt-generell, sondern geben in-

Analyse des Arbeitsrechts: Beiträge zum VII. Travemündener Symposium zur ökonomischen Analyse des Rechts vom 22.-25. März 2000, 2001.

[61] Vgl. *Assmann*, in: *Assmann/Kirchner/Schanze* (Hrsg.), Ökonomische Analyse des Rechts, 1993, S. 17, 28.

[62] Vgl. dazu *Assmann*, a.a.O., S. 22ff. m.w.N..

[63] Vgl. *Assmann*, a.a.O., S. 25ff..

haltliche Zielvorgaben unter Verwendung wirtschaftlicher Begriffe und Theorien.[64]

Die bisher „zweckneutrale Rahmenordnung"[65] unseres Zivilrechts übernimmt wirtschafts- und sozialpolitische Steuerungsfunktion, was beispielsweise im Bereich des Vertrags- und Deliktsrechts deutlich wird: Wo ehemals widerstreitende Interessen im privaten Güterverkehr allein durch die Marktkräfte ihren Ausgleich finden sollten, treten heute vielfach die Vorschriften zum Verbraucher- und Umweltschutz zur Sicherung von Gemeinwohlbelangen hinzu.[66]

Soweit es aber darauf ankommt, ob gesetzliche Regeln, denen ein programmatischer Auftrag innewohnt, die gesteckten Ziele zu erreichen vermögen, muss zuvor eine Folgenprognose- und Folgenbetrachtung der geplanten Regelungen vorgenommen werden. Vereinfacht dargestellt liegt hier nun der Anknüpfungspunkt für das Analysemodell der ÖAR und ebenso ihrer Verwertbarkeit zumindest im Hinblick auf die Schaffung einer Privatrechtsordnung.

3. Grundbegriffe und Analyserahmen der ÖAR

3.1 Effizienz

Wie bereits angedeutet bildet das Effizienzkriterium den entscheidenden Wohlfahrtsmaßstab überhaupt in der ÖAR.

3.1.1 Pareto - Kriterium

Die Bemühung um Effizienz ist gleichzusetzen mit dem Versuch, die verfügbaren Ressourcen und die Rechte daran unter den Gesellschaftsmitgliedern möglichst im Punkt des gesamtwirtschaftlichen Optimums anzuordnen. Schwierigkeiten bereitet dabei, theoretisch *genau* den Zustand zu bestimmen, bei dem eine optimale „Allokation" der vorhandenen Ressourcen gegeben ist. Da eine effiziente Lösung immer nur im Hinblick auf die Befriedigung aller Mitglieder der Gesellschaft gefunden werden kann, bietet entsprechend der Nutzenfunktion des Individuums die „Wohlfahrtsfunktion" einen Beurteilungsmaßstab für das gesamtwirtschaftliche Optimum.[67]

Unter Berücksichtigung mikroökonomischer Bedingungen bemühte sich der Ökonom und Soziologe *Vilfredo Pareto* um eine formale Bestimmung des Allokationsoptimums. Demnach ist ein sozialer Zustand dann als „pareto-superior"

[64] Vgl. *Assmann*, a.a.O., S. 22, 27; *Kübler*, in: FS. für E. Steindorff, 1990, S. 687, 692.
[65] Siehe *Kübler*, a.a.O., S. 693.
[66] Siehe *Kübler*, a.a.O., S. 693f..
[67] Vgl. *Behrens*, Ökonomische Grundlagen des Rechts, 1986, S. 83ff..

(auch: „pareto-optimal“ oder „pareto-effizient“) zu bezeichnen, wenn die Besserstellung einer Person der Gesellschaft nicht möglich ist, ohne dass gleichzeitig eine andere Person schlechter gestellt wird. Danach herrscht also eine „ineffiziente“ Ressourcenallokation, solange die Möglichkeit besteht, die materiellen oder immateriellen Bedürfnisse eines Individuums ohne „Verluste“ für die übrigen Gesellschaftsmitglieder zu verringern.[68]

3.1.2 Kaldor-Hicks-Kompensationskriterium

Das Kaldor-Hicks-Kriterium als „Kollektiventscheidungsregel“[69] soll helfen, zwischen zwei pareto-superioren Zuständen denjenigen zu erfassen, der dem anderen noch „vorzugswürdig“ ist. Vereinfacht dargestellt handelt es sich um die Situation, in der der soziale Zustand x von ebenso vielen Individuen bevorzugt wird wie der Zustand y. Nach *Kaldor/Hicks*[70] wäre derjenige Zustand der sozial bessere, dessen „Befürworter“ die Benachteiligten finanziell kompensieren und dadurch indifferent gegenüber dem herrschenden Zustand machen könnten und dabei selbst noch einen Nettonutzen verzeichnen würden.[71]

Das Kaldor-Hicks-Kriterium erweist sich bei der Bewertung von sozialen Zuständen in der Praxis als weitaus tauglicher als das Effizienzkriterium *Paretos*. Jede wirtschaftliche Maßnahme oder rechtliche Änderung tangiert logischerweise nicht nur ein einziges Individuum, sondern immer gleich eine unübersehbare Vielzahl, von denen nicht alle eine sozialen Nutzenzuwachs verzeichnen können.[72]

3.1.3 Bewertungsschwierigkeiten durch externe Effekte und öffentliche Güter

Wie im Vorangehenden angesprochen wurde, gelangt man zur Beurteilung sozialer Wohlfahrt nur über die individuelle Nutzeneinschätzung der Gesellschaftsmitglieder. Diese orientieren sich aber nicht nur am Nutzengewinn, den ihnen ein bestimmter Zustand einbringt, sondern auch an seiner Kostenbelastung.

Manche Handlungen verursachen jedoch nicht beim Wirtschaftssubjekt selbst Kosten, sie haben vielmehr negative Folgen für Dritte oder die Allgemeinheit,

---

[68] Vgl. *Behrens*, a.a.O., S. 84; *Schäfer/Ott*, Lehrbuch, 1995, S. 24ff., die noch weitere „Teileffizienzen“ unterscheiden und zwar hinsichtlich Produktion (optimale Ausnutzung von Produktionsfaktoren), Konsum (dann effizient, wenn keine weiteren Tauschverträge zur Nutzensteigerung der Individuen erforderlich sind) und Produktionsstruktur (Kosten der Mehrproduktion eines Gutes sind gedeckt).

[69] Eingehend *Schäfer*, in: *Ott/Schäfer*, Allokationseffizienz in der Rechtsordnung, 1989, S. 1ff..

[70] Vgl. *Sen*, Collective Choice as Social Welfare, 1970, S. 30f..

[71] Vgl. *Schäfer/Ott*, Lehrbuch, 1995, S. 29ff..

[72] Vgl. *Eidenmüller*, Effizienz als Rechtsprinzip, 1995, S. 52.

sog. „Externalitäten“[73]. Als Beispiel werden hier vielfach die gesundheitlichen Schäden an Mensch und Umwelt durch Immissionen im weitesten Sinne (Lärm, Schadstoffe, etc.) angeführt, wie sie von Produktionsprozessen ausgehen.[74] Bei den externen Effekten kann es sich jedoch genauso um positive, nutzbringende Wirkungen außerhalb des „Zuständigkeitsbereiches“ des Einzelnen handeln. Die mit der Holzproduktion einhergehende Aufforstung bedeutet beispielsweise nicht nur für den Unternehmer Gewinn, sondern auch für die angrenzende Bevölkerung, nämlich Nutzensteigerung in Form von mehr Sauerstoff und besserer Wohnqualität.

Weil diese externen Effekte nicht in die Kosten-Nutzen-Kalkulation des Einzelnen eingehen (können), verzerren sie zwangsläufig das wahre Bild der gesamtwirtschaftlichen Ressourcenallokation: Fallen die Kosten einer Handlung nicht beim Handelnden selbst an, wird er sein Verhalten mehr ausweiten, als es der Nachfrage entspricht; dies gilt auch für den entgegengesetzten Fall: was ebenso oder ausschließlich für einen Dritten von Nutzen ist, wird von diesem in weitaus höherem Maße nachgefragt, zumal er selbst dafür keine „eigenen“ Ressourcen aufzuwenden braucht.[75]

Ähnlich problematisch verhält es sich mit öffentlichen Gütern, deren Nutzung zum einen unbegrenzt vielen Wirtschaftssubjekten offen steht, ohne dass Einzelne hierdurch nachteilig getroffen wären (keine „Konsumrivalität“ im Vergleich zu privaten Gütern) und zum anderen allen Gesellschaftsmitgliedern vorbehalten ist (kein „Ausschlussprinzip“). Beispiele für öffentliche Güter sind der Leuchtturm, der allen Schiffern zugute kommt oder Luft, Wasser und Wald, über die jedermann verfügen kann bzw. die allen frei zugänglich sind.[76]

Was die Produktion öffentlicher Güter angeht, so ist hier oftmals das Phänomen des „Trittbrettfahrens“ („free-rider-effect“)[77] zu beobachten: Sobald es darum ginge, die Übernahme der Produktionskosten für öffentliche Güter unter den Individuen vertraglich auszuhandeln, wäre ein Großteil der Verbraucher der Versuchung nahe, falsche Präferenzen vorzutäuschen, um nicht finanziell in Anspruch genommen zu werden. Letztlich würden aber gerade diese Personen die betreffenden Güter zu ihrem Vorteil nutzen.[78] Der Konsum öffentlicher Güter wird in dem Augenblick zur Bedrohung einer wirklichkeitsgetreuen Wiedergabe

---

[73] Vgl. *Behrens*, Ökonomische Grundlagen des Rechts, 1986, S. 85; eingehend auch *Dahlham,* in: *Medema* (Hrsg.), The Legacy of Ronald Coase in Economic Analysis, Vol. I, 1995, S. 343ff..

[74] Vgl. *Coase*, in: *Assmann/Kirchner/Schanze* (Hrsg.), Ökonomische Analyse des Rechts, 1993, S. 129, 131ff., mit verschiedenen Beispielen.

[75] Vgl. *Behrens*, Ökonomische Grundlagen des Rechts, 1986, S. 86.

[76] Siehe *Behrens*, a.a.O., S. 87ff..

[77] *Behrens*, a.a.O., S. 89.

[78] Vgl. *Schäfer/Ott*, Lehrbuch, 1995, S. 87. Grund für ein solches Verhalten liegt in der Prämisse, dass sich die am Markt beteiligten Individuen stets rational, also Kosten-Nutzen-orientiert verhalten, vgl. dazu unten 3.2.2.

der Wohlfahrtsfunktion, in dem die Nachfrage derartig steigt, dass die vorhandenen Güter nicht mehr die Bedürfnisse sämtlicher Individuen zu befriedigen vermögen.

Um die Negativfolgen, die aus dem Vorkommen externer Effekte und öffentlicher Güter resultieren, möglichst gering zu halten, kann es nur Aufgabe rechtlicher Arrangements sein, die richtige Kostenattribution herzustellen, d.h. soziale Kosten in die Kostenrechnung einzelner Wirtschaftssubjekte einfließen zu lassen. Diese „Internalisierung" externer Effekte führt auf lange Sicht zu aufeinander abgestimmten Angebots- und Nachfragemengen und „realistischen" Preisen, was wiederum eine unabdingbare Voraussetzung für eine optimale Ressourcenallokation darstellt.[79]

Die Frage, ob und wie eine solche Internalisierung zu erreichen ist, bildet schon den gedanklichen Anknüpfungspunkt zur Theorie der „property-rights".[80] Damit externe Handlungsfolgen das Kosten-Nutzen-Kalkül des Individuums beeinflussen, ist es notwendig, dass sie von den Einzelnen wahrgenommen und über einen Tauschmarkt der Bewertung und Zurechnung zugänglich gemacht werden. Sobald sämtliche Eigentums- und Verfügungsrechte gebündelt den handelnden Personen zugeordnet sind, stellt sich unter Vernachlässigung der Transaktionskosten durch Tausch der property rights unter den Berechtigten die effizienteste Verteilung ein; dies wiederum entspricht der von *Coase* entwickelten These über das „soziale Arrangement" und seine möglichen Abänderungen.[81]

Zusammenfassend ist festzustellen, dass soziale Kosten weitgehend mit der Definition und zunächst (beliebigen) Zuordnung von Eigentumsrechten, also einer Internalisierung der externen Handlungsfolgen, minimiert werden können, um Effizienzverluste gering zu halten.

3.1.4 Allokationseffizienz und Verteilungsgerechtigkeit

Neben dem Ziel der Allokationseffizienz stellt das Kriterium adäquater Verteilung von Ressourcen auf die Gesellschaftsmitglieder einen entscheidenden Aspekt der Wohlfahrtsökonomie dar.

Sowohl Allokationseffizienz als auch Verteilungsgerechtigkeit bilden Gerechtigkeitsprinzipien. Das Verteilungskriterium tritt aus dem Blickwinkel der ÖAR insoweit in den Hintergrund, als sie ihre normative Funktion allein auf das Effizienzkriterium richtet. Das Anliegen der ÖAR besteht darin, einen bestimmten Verteilungszustand als gerecht oder sozial wünschenswert zu deuten. Wertende Aussagen über die (Einkommens-)Verteilung bleiben deshalb einer Theorie der sozialen Gerechtigkeit vorbehalten, wie sie in der rechtsphilosophischen Ausei-

---

[79] Vgl. hierzu *Horn*, AcP 176 (1976), 307, 311.
[80] Vgl. näher unten 3.3.
[81] Vgl. *Behrens*, Rechtstheorie 12 (1981), 472, 482; zum Coase-Theorem siehe oben 2.2.

nandersetzung bei *Rawls*[82] und *Hayek*[83] entwickelt wurde. Für den Juristen ergibt sich aber schon aus der Rechtsordnung selbst die Forderung nach sozialer Gerechtigkeit. Im Rahmen der Ökonomischen Analyse geht es also in erster Linie darum, ob ein sozialer Zustand besser oder schlechter im Hinblick auf die bestmögliche Nutzung von Ressourcen entsprechend der Kaldor-Hicks-Regel (vgl. oben 3.1.2) ist.

Aber auch für die Vertreter der ÖAR ist eine Umverteilung zugunsten eines Mehr an Gerechtigkeit erstrebenswert (sofern keine Effizienzeinbußen zu verzeichnen sind), doch spricht die Mehrheit von ihnen dem Zivilrecht jegliche verteilende Funktion ab.[84] Dagegen sei ein Rechtssystem vorzuziehen, das in zwei Abteilungen untergliedert zum einen durch seine Ausgestaltung allein dem Effizienzgedanken Rechnung trage und nur mit seiner zweiten Komponente Verteilungsdefizite auszugleichen bestimmt sei. Entsprechend seiner Eignung fiele dabei dem Zivilrecht die Herstellung von Effizienzzielen zu, während soziale Umverteilung durch das Sozial- und Steuerrecht zu bewirken sei, welches diesbezüglich das kostengünstigere und erfolgreichere Instrumentarium darstelle.[85]

Eidenmüller widerspricht dieser Empfehlung[86], indem er zumindest das Kostenargument, das für die Attraktivität des Steuer- und Sozialrechts spricht, entkräftet: Die Einführung entsprechender Abgaben wie Einkommens- und Verbrauchssteuer bringe zum einen Verwaltungsaufwand mit sich, führe aber auch zu „Verzerrungen von Allokationsentscheidungen“ und damit zu Effizienzverlusten. Bei jeder Umverteilungsmaßnahme ginge also ein gewisser Anteil der umzuschichtenden Einkommens- und Vermögensmasse verloren.[87] Im Ergebnis geschehe dies natürlich ebenso bei der Ausrichtung der zivilrechtlichen Regelungen auf Umverteilungseffekt, etwa wenn in der vertraglichen oder deliktischen Haftung die Höhe des geschuldeten Schadensersatzes im Verhältnis den Vermögensverhältnissen des Schädigers angepasst würde. Zwar implizierten die hiermit verbundenen jeweils unangemessenen Sorgfaltsaufwendungen bei Schädiger und Opfer ineffiziente Ergebnisse - genau dem könne allerdings wiederum bei minimalen Transaktionskosten durch ein den Parteien überlassenes Aushandeln ihrer Rechtspositionen entgegnet werden.

Selbst wenn ineffiziente Zivilrechtsregelungen darüber hinaus dieselben Wirkungen wie eine Einkommenssteuer verzeichnen, nämlich unwirtschaftliche Allokationsentscheidungen bei den „Besteuerten“, kann somit noch keine ab-

---

[82] *Rawls,* Theorie der Gerechtigkeit, 1975, v.a. S. 291ff..
[83] *Hayek*, Recht, Gesetzgebung und Freiheit, 1980, 1981.
[84] Vgl. *Schäfer/Ott*, Lehrbuch, 1995, S. 29, m.w.N..
[85] Vgl. *Schäfer/Ott*, Lehrbuch, 1995, S. 29.
[86] Vgl. *Eidenmüller*, Effizienz als Rechtsprinzip, 1995, S. 287ff..
[87] Vgl. *Eidenmüller,* Effizienz als Rechtsprinzip, 1995, S. 286, dieser nimmt Bezug auf das von *Okun* angeführte Bild eines Wassereimers mit einem Loch, durch das Wasser verloren geht, anstatt dass es zu seinem Bestimmungsort gelangen kann.

schließenden Aussage über das mehr oder weniger günstige Instrument zur Vermögensverteilung getroffen werden: Weder zivilrechtliche noch ausschließlich zu diesem Zweck eingeführte Steuerregelungen sind in Anlehnung an *Eidenmüller* kostenneutral; welcher Mechanismus unter Verteilungsgesichtspunkten vorzugswürdig erscheint, entscheiden deshalb nicht allein Kostenrechnungen, sondern mehr Praktikabilitätserwägungen.[88]

3.2 Ökonomisches Paradigma

Die Hypothese der Güterknappheit bildet zusammen mit dem Prinzip rationaler Handlungsmaxime und der These eigennutzorientierten Verhaltens die Grundlage jeglicher wirtschaftswissenschaftlicher Erkenntnis (ökonomisches Paradigma).

3.2.1 Knappheitsprinzip

Das Knappheitsprinzip steht für die ständige Divergenz zwischen der Vielzahl menschlicher Bedürfnisse nach materiellen und immateriellen Werten und der Begrenztheit der zu ihrer Befriedigung verfügbaren Mittel.

Dass „Knappheit" stets ein relativer Begriff ist, hängt mit der jeweiligen Bedürfnisstruktur nach einzelnen Gütern und den zur Verfügung stehenden Beschaffungsmöglichkeiten zusammen. Knappheit lässt sich künstlich herstellen oder beseitigen etwa durch das Hervorrufen von Wünschen über die Werbung oder die verstärkte Produktion eines Nachfragegutes; möglich ist dies jeweils auch durch die Einschaltung gesellschaftlicher Regulative zu denen auch rechtliche Eingriffe zählen.[89] Das Phänomen der Güterknappheit gehört zu den unumstrittenen Konstanten der sozialen Wirklichkeit und bildet eine prägende Kraft auf das menschliche Dasein.

3.2.2 Rationalitätsprinzip

Nur in Verbindung mit der Knappheitshypothese lässt sich auch der rational handelnde Mensch denken. Ihm wird unterstellt, dass er sein Verhalten danach ausrichtet, wie er mit dem geringsten Aufwand an Mitteln den größtmöglichen Nutzen realisieren kann. Begrenzte Ressourcen zwingen ihn immer wieder, vor der Entscheidung zwischen alternativen Handlungsmöglichkeiten die Kosten der einen Wahlmöglichkeit (die in dem entgangenen Nutzengewinn der nicht ergriffenen Variante bestehen) gegen die mit ihr verbundenen Nutzen abzuwägen und dasselbe mit den übrigen Handlungsalternativen zu tun.

---

[88] Vgl. *Eidenmüller*, a.a.O., S. 290ff..

[89] Vgl. *Behrens*, Ökonomische Grundlagen des Rechts, 1986, S. 31ff..

Aber auch Nutzen und Bedürfnis bestehen nicht unabhängig voneinander oder konkurrieren auf einer Ebene, sondern nehmen eine gewisse Rangordnung zueinander ein; man spricht in diesem Zusammenhang von Präferenzen, die bei den verschiedenen Modellen grundsätzlich als konstant angenommen werden.[90]

Der tragende Einwand gegen die Annahme von Rationalverhalten wird häufig aus psychologischer Sicht geäußert: Unter Berufung auf experimentell gewonnene Erkenntnisse versuchen Kritiker aufzuweisen, dass in bestimmten Situationen etwa Gefühle oder andere Motive entscheidungsmaßgeblich sind; darüber hinaus gäbe es keine Situation, in der vollständige Information gegeben sei. Der Entscheidende müsse also in der Praxis vorwiegend unter Unsicherheit agieren.[91]

Dem ist entgegenzuhalten, dass die Rationalitätsannahme lediglich ihren Wahrheitsgehalt für Normfälle als grundsätzliches Erklärungsmodell beansprucht, nicht jedoch im Hinblick auf jeglich gelagerten Sachverhalt mit den genannten Unregelmäßigkeiten. Die ÖAR gibt insoweit lediglich das Bild einer „durchschnittlichen" Verhaltensweise wider.

Was die deskriptive Komponente der Ökonomie als Sozialwissenschaft betrifft, bietet die Prämisse des vernunftorientierten Menschen zumindest ein wertvolles heuristisches Hilfsinstrument, solange es nicht um Erklärungen im Detail geht und die Hypothese nicht in dem auf sie praktizierten Anwendungsbereich falsifiziert ist.[92]

Eigene Einschränkungen an die Hypothese einer rationalen Handlungsmaxime räumen nun aber auch ihre Anhänger ein: Unter dem Begriff der „bounded rationality"[93] verstehen sie die Erscheinung des Regel-Ausnahme-Verhältnisses zwischen Rationalität in der Entscheidungsfindung und abweichendem Verhalten unter schwierigeren Bedingungen; dies geschieht mit eben dem Hinweis, dass die meist erforderlichen Informationen nicht zur Verfügung stehen oder ihre Beschaffung mit zu hohen Kosten verbunden ist, bzw. der Entscheidende aufgrund mangelnder geistiger Fähigkeiten nicht in der Lage ist, rational zu handeln. Genauere psychologische, empirische Untersuchungen ergaben, dass sich bestimmte Verhaltensabweichungen häufiger einstellen und dementsprechend werden diese unter der Bezeichnung „Anomalie" zusammengefasst. Ein Beispiel ist die „Wahrscheinlichkeitsanomalie", die besagt, dass Menschen bei der Einschätzung v.a. kleinerer Wahrscheinlichkeiten große Schwierigkeiten haben und diese in ihren Entscheidungen häufig mit null ansetzen, was zu falschen Progno-

---

[90] Vgl. *Schäfer/Ott*, Lehrbuch, 1995, S. 50, m.w.N..

[91] So *Kahnemann*, Journal of Institutional and Theoretical Economics 150 (1994), 18ff.; *Kirchgässner*, Jahrbuch für Neue Politische Ökonomie, Band 12, 1993, S. 181ff..

[92] Vgl. *Schäfer/Ott*, Lehrbuch, 1995, S. 55, mit weiteren Nachweisen zu den gegen die Falsifizierbarkeit des Rationalitätsprinzips verbreitetet Argumenten.

[93] Vgl. *Kirchner*, Ökonomische Theorie des Rechts, 1997, S. 14, mit dem Hinweis auf *Richter/Furubotn*, Neue Institutionenökonomie, 1996, S. 4.

sen führt und somit irrationales Handeln mit sich bringt. Die „Frame-in"-Anomalie beschreibt den Umstand, dass das Individuum sich regelmäßig von der Art und Weise der Repräsentation der zur Wahl stehenden Alternativen beeinflussen lässt; hier werden die positiven Aspekte bei der Darstellung einer Variante weitaus aufmerksamer wahrgenommen und wirken sich entscheidungsmaßgeblich aus, wenngleich die andere Wahlmöglichkeit denselben Inhalt aufweist.[94]

3.2.3 Methodologischer Individualismus - REMM-Hypothese

Die Hypothese des methodologischen Individualismus ist eine methodische Grundannahme und der zentrale Kern der modernen Ökonomik; sie bildet die wichtige Verbindungslinie zur rechtswissenschaftlichen Perspektive. Für die Anhänger der modernen Nationalökonomie liegt hierin die Annahme, dass Menschen stets ihre eigenen, meist egoistischen Ziele durch den Einsatz ihrer Vernunft verfolgen.[95]

Der methodologische Individualismus beschäftigt sich mit der Messung und Einschätzung von Nutzen und vertritt diesbezüglich die Position, dass allein das Individuum die Beurteilung übernimmt, welches Verhalten ihm den größten Nutzen bringt. Diese notwendige individuelle Sichtweise resultiert aus dem Mangel an wissenschaftlichen Möglichkeiten, Nutzeneinheiten zu statuieren, d.h. Nutzen „kardinal" zu messen. Keine objektive Betrachtung, sondern die subjektive Perspektive kann zumindest eine „ordinale", also auf Vergleichen beruhende Qualifizierung wie „besser" oder „gleich" gewährleisten.[96]

Allgemein darf in diesem Zusammenhang die Verfolgung eigennütziger Ziele nicht schlichtweg mit Egoismus verwechselt werden. Wenngleich das eigene Wohlergehen allen anderen Motiven vorangeht, kann die Erfüllung altruistische Zwecke eben genau diesem genügen. Liebe, Freundschaft, Mitleid und Solidargefühl sind zunächst Antrieb für ein Verhalten, das dem Nächsten zugute kommt. Dem liegt aber letztenendes das Interesse am eigenen Glück zugrunde, das der Mensch ebenso in der Verfolgung fremder Belange erreichen kann.[97]

Auch jede kollektive Nutzenentscheidung beruht auf einer Zusammenfassung individueller Präferenzen. Soziale Institutionen wie der Staat oder das Unternehmen können daher keinen „eigenen Willen" oder „eigene Bedürfnisse" ent-

---

[94] Siehe *Kichner*, Ökonomische Theorie des Rechts, 1997, S. 14; zu den weiteren Verhaltensanomalien vgl. *Schäfer/Ott*, Lehrbuch, 1995, S. 57ff..
[95] Vgl. *Drexl*, Die wirtschaftliche Selbstbestimmung des Verbrauchers, 1998, S. 128f..
[96] Siehe *Behrens*, Ökonomische Grundlagen des Rechts, 1986, S. 34f..
[97] Vgl. *Schäfer/Ott*, Lehrbuch, 1995, S. 53f..

wickeln, sondern definieren sich diesbezüglich über die „Träger gleicher Funktionen“[98], nämlich die ihnen zugrundeliegenden Wirtschaftssubjekte.

Zwar scheint die Herausbildung sozialer Institutionen zunächst widersprüchlich zur Annahme eigennützigen Verhaltens (teilweise unter dem Begriff „Anti-Rationalismus“ bekannt), doch kann sie bei genauerer Untersuchung nur als konsequent im Hinblick auf die Gültigkeit des Eigennutzentheorems gedeutet werden: Jeder Zusammenschluss zur Verfolgung gleichgerichteter Interessen ist niemals Selbstzweck, sondern dient einer verbesserten Wahrnehmung der eigenen Belange. Die Wertmaßstäbe des gesellschaftlichen Kollektivs sind aus den Präferenzen der Individuen abzuleiten.[99]

Dasselbe muss unter dem Einfluss ökonomischer Betrachtungsweise auch für das Recht gelten. Der rechtliche Rahmen, den sich eine Gesellschaft gibt, ist dementsprechend auch als Instrument *und* Ergebnis der Kooperation zwischen den Individuen zu verstehen: Zunächst findet auf der Stufe der *Schaffung* von Rechtsnormen eine Einigung über die gemeinsame Verfolgung gleichlautender Ziele statt. Zwar kann nicht jede rechtliche Regelung jedem Einzelnen Vorteile versprechen, doch ist das Ergebnis legislatorischer Arbeit nicht allein durch das demokratische Mehrheitsprinzip haltbar. Auch derjenige, der nicht auf den Schutz einer gewissen Regel angewiesen ist, schließt sich dem Ergebnis eines „evolutorischen Rechtsbildungskompromiss“[100] an. Die Erfahrungen, die die Akteure ohne die Regelung bestimmter Fallgestaltungen machen, schlagen sich so in der Entwicklung des Rechts nieder; als Beispiele für auf diesem Wege zustandegekommene Regelungen wären die Vorschriften zum Schutze des Verbrauchers oder das Verbot von Kartellabsprachen zu nennen. Eine Kompromisslösung stellt auf längere Sicht vielleicht nicht die gewinnbringendste Alternative dar, doch vermag sie mehr Nutzen zu verheißen, als es der ungeregelte Zustand tun würde.[101]

Auch im Rahmen der bereits *bestehenden* rechtlichen Regelungen operieren die Individuen zu ihrem eigenen Nutzen. Dies drückt sich in der Problematik der Rechtsfolgenanalyse bei der gerichtlichen Entscheidungsfindung aus, welche nicht nur die Parteien des Einzelfalls betrifft, sondern auch die künftigen Normadressaten gleichgelagerter Sachverhalte, also quasilegatorische Wirkung entfaltet. Mit Hilfe einer Rechtsfolgenanalyse muss eine Hypothese über die Auswirkungen der mit dem Urteil einhergehenden Rechtsänderung getroffen werden. In diesen Prozess fließt wiederum die Vorgehensweise des ökonomischen Forschungsansatzes ein, wenn von dem prognostizierten Verhalten des einzelnen

---

[98] *Assmann* in: *Assmann/Kirchner/Schanze* (Hrsg.), Ökonomische Analyse des Rechts, 1993, S. 17, 51.

[99] Vgl. *Behrens*, Ökonomische Grundlagen des Rechts, 1986, S. 35, unter Hinweis auf *Popper*, Die offene Gesellschaft und ihre Feinde, Band 2, 1977, S. 118.

[100] *Schwintowski*, Ökonomische Theorie des Rechts, JZ 1998, 581, 584.

[101] Siehe *Schwintowski*, a.a.O., 584.

Akteurs ein Rückschluss auf die Wirkung für die Gesamtheit der Individuen gezogen wird.[102]

Das ökonomische Menschenbild des ratiogesteuerten Nutzenmaximierers, des *homo oeconomicus*, muss natürlich immer als ein vereinfachtes Modell betrachtet werden. Um die Glaubwürdigkeit des resourceful evaluating maximizing man (kurz: REMM)[103] zu stützen, ist von vornherein darauf hinzuweisen, dass diese Hypothese keinen Absolutheits- oder Universalanspruch einnimmt. Nicht jede Entscheidung basiert notwendigerweise auf rationaler Überlegung oder lässt den Schluss zu, welche Alternative die nutzenbringendste in der jeweiligen Situation war. Wie empirische Befunde bezeugen, ist die REMM-Hypothese ein unerlässliches Hilfsmittel zur Beschreibung makro- und mikroökonomischer Gegebenheiten und sozialer Institutionen, sowie zur Erstellung von Prognosen über die Folgen wirtschaftspolitischer Maßnahmen. Das Rechtssystem und seine Veränderung durch neue Regelungen bzw. wechselnde Tendenzen in der Rechtsprechungspraxis dienen nur dem gesamtwirtschaftlichen Nutzen, wenn sie den Interessen des Einzelnen entsprechen und von ihm keine Entscheidungen wider die eigenen Belange abverlangen und deshalb à la longue von der Gesamtheit getragen werden.[104]

3.3 property rights

Wie schon im Zusammenhang mit dem Problem der „externen Effekte" angedeutet wurde, ist die Festlegung von property rights erforderlich, um durch die Verteilung der endlichen und unendlichen Ressourcen überhaupt erst einen Handel und einen Markt für die gefragten Güter zu schaffen.[105]

Der Begriff „property right" ist in seiner Bedeutung nicht identisch mit der juristischen Fachbezeichnung „Eigentumsrecht", insbesondere der zivilrechtlichen Umschreibung für das umfassendste aller Sachenrechte, das zu tatsächlichen (Verbrauch, Benutzung) und rechtlichen (Verfügung, Belastung) Handlungen an beweglichen und unbeweglichen Sachen berechtigt.[106] Property rights sind weitreichende Handlungs- und Entscheidungskompetenzen, die sämtliche Eigentums- und Besitzrechte einschließlich des Rechts zur Nutzung, Verfügung und

---

[102] Vgl. *Kirchner*, Ökonomische Theorie des Rechts, 1997, S. 19.

[103] Vgl. *Drexl*, Die wirtschaftliche Selbstbestimmung des Verbrauchers, 1998, S. 129, Fn. 168.

[104] Vgl. *Schäfer/Ott*, Lehrbuch, 1995, S. 53f., 61f..

[105] Insgesamt zu den property rights vgl. *Schmidtchen*, Property Rights, Freiheit und Wettbewerbspolitik, 1983; *Schüller*, Property Rights und Ökonomische Theorie, 1983.

[106] So die Definition des Eigentums bei *Palandt-Bassenge*, Bürgerliches Gesetzbuch, 2001, Rn. 1 vor § 903.

des Verbrauchs umfassen, die in einer Verkehrswirtschaft Gegenstand von Tauschverträgen sein können.[107]

Zu den property rights gehören nicht nur das Privateigentum, sondern auch das Eigentum einer Gemeinschaft oder des Staates, wie allgemein zugängliche Ressourcen, beschränkt dingliche Rechte, Urheberrechte oder das Jagdrecht. Dabei stehen Eigentums- und Handlungsrechte auf einer Stufe.[108]

Die Handlungsrechte treten entweder stark konzentriert auf, wenn *ein* Individuum (nahezu) alle möglichen Befugnisse im Hinblick auf eine Ressource in seiner Person vereint, oder aber die einzelnen funktionalen Entscheidungskompetenzen lassen sich auf eine Vielzahl von Akteuren verteilen wie etwa das Eigentum des Vermieters und das Gebrauchsrecht des Mieters einer Sache. Freien Zugang („free access") allen potentiellen Benutzern bieten hingegen Luft, Sonnenenergie, die „Weltmeere", schlicht sämtliche öffentliche Güter, die niemandem ausschließlich unterstehen (Exklusivität).[109]

Die Existenz der property rights war bereits in den früheren Stadien menschlicher Zivilisation festzustellen. Die Herausbildung privater Handlungsrechte lässt sich bei den indianischen Ureinwohnern Neufundlands - zumindest nach der wissenschaftlichen Forschung - zum ersten Mal beobachten.[110] Während ursprünglich jedermann in den weitläufigen Wäldern das Jagdrecht ausübte, ohne dass die Nahrungsquellen der einzelnen Familien ernstlich gefährdet gewesen wären, veränderte sich die Situation infolge des aufkommenden Handels mit Tierfellen. Zum einen nahm der Wert der Felle wegen der größeren Nachfrage zu, und zum anderen stieg der Anteil derjenigen, die sich zu „Erwerbszwecken" auf die Jagd begaben. Weil nun deutlich mehr Tiere gejagt und getötet wurden, als dies für den „persönlichen" Bedarf an Fleisch und Fellen erforderlich war, ging der Tierbestand in der Region merklich zurück, was offene Nachteile für alle Betroffenen zur Folge hatte. Somit war eine Neuordnung der Rechte an den der Allgemeinheit „gehörenden" Wildbeständen erforderlich: Das Jagdrecht der einzelnen Familien wurde auf räumlich begrenzte Gebiete aufgeteilt, jeder sollte folglich in seinem „Revier" seinen Bedürfnissen entsprechend Wild erlegen dürfen - hiermit war also ein privates Grundeigentum geschaffen worden. Ziel der Zuordnung gebietsabhängiger Jagdrechte war vornehmlich, die Belastungen aller Jagdausübenden durch die extensive Nutzung zu reduzieren, mit anderen Worten die externen oder sozialen Kosten, die letztendlich der Allgemeinheit zufielen, in die Kalkulation jedes Einzelnen, der ein Interesse an den Tierfellen hatte, zu internalisieren.

---

[107] Vgl. *Gotthold*, Zur Ökonomischen „Theorie des Eigentums", ZHR 144 (1980), 545, 546f..

[108] Vgl. *Köhler*, Vertragsrecht und „Property Rights"-Theorie, ZHR 144 (1980), 589, 590; *Schäfer/Ott*, Lehrbuch, 1995, S. 453.

[109] Vgl. *Schäfer/Ott*, a.a.O., S. 453.

[110] Vgl. hierzu im Folgenden die Ausführungen von *Demsetz*, Toward a Theory of Property Rights, in: *Furubotn/Pejovich*, The Economics of Property Rights, 1974, S. 34.

Im Folgenden sollte es im Verantwortungsbereich der Jagdberechtigten liegen, ob sie den Tierbestand in ihrem Gebiet vollständig vernichten wollten oder aber Maßnahmen anstrebten, die zur Erhaltung, d.h. Nachwuchs der Tiere führen sollten, damit die weiteren Nutzungsmöglichkeiten und die Erwerbschancen gesichert waren.

Dieses authentische Beispiel verdeutlicht, dass property rights grundsätzlich in Abhängigkeit neu aufkommender Nutzungsmöglichkeiten oder Ressourcen entstehen oder neu den Wirtschaftssubjekten zugeteilt werden. Was zu früherer Zeit einer Zuordnung von Jagdrechten zur Lösung von Differenzen bezüglich der Anteile am freien Wild entsprach, soll heute durch ein Nachbarrecht die gegenläufigen Interessen von Grundeigentümern koordinieren.

Die Entstehung neuer property rights geht stets mit der Internalisierung externer Effekte einher und ist nur dann „rentabel", wenn die Kosten der Internalisierung den damit erreichten Nutzen mehr als ausgleichen.[111]

Über das Nachbarrecht sollen nach Ansicht der Vertreter der ÖAR auch die Probleme im Bereich des Umweltschutzes angegangen werden. Den Nutzern der Umwelt, seien es Private oder Unternehmen, selbst die einzelnen Industrienationen, sind Vorschlägen zufolge spezifische „Umweltbelastungsrechte" (die Erlaubnis, die Umwelt bis zu einem gewissen Grad zu verschmutzen) zuzuordnen. Diese können dann beliebigen Gütern gleich auf einem „Markt für Verschmutzungs-, oder Immissionsrechte" zu bestimmten Preisen gehandelt werden. Die finanzkräftigsten Nachfrager sind im Stande, einen großen Teil dieser Recht auf sich zu vereinigen, die Übrigen erhalten aber durch deren Zahlungen ein Äquivalent. Im Modell, in dem bekanntlich die Transaktionskosten mit null anzusetzen sind, wäre damit durch eine erstmalige Festlegung des zulässigen Verschmutzungsniveaus eine wirtschaftliche Lösung des Umweltproblems im Bereich des Denkbaren.[112]

Aufgabe der Rechtsordnung ist es also, ständig neue Nutzungsrechte zu definieren bzw. die bestehenden weiterzuentwickeln, um v.a. knappe Ressourcen, aber auch Güter, die durch neue Technologien nutzbar gemacht werden können, ihrer wirtschaftlichsten Verwendung zuzuführen. Das deutsche Zivilrecht hat dies in einer Reihe zahlreicher kodifizierter Regelungen und in der Entscheidungspraxis der Gerichte als Reaktion auf Veränderung der Märkte erfolgreich bewerkstelligt. Beispiele dafür bilden das Sicherungs- und Vorbehaltseigentum, partielle

[111] Vgl. *Demsetz*, a.a.O., S. 34.

[112] Vgl. *Horn*, AcP 176 (1976), 307, 316; *Schäfer/Ott*, Lehrbuch, 1995, S. 460, diskutieren allgemein das Problem erschöpfbarer Ressourcen und konstruieren die Bildung von (Termin)märkten, bei denen auch die Bereitschaft zukünftiger Generationen für knappe Güter zu zahlen einfließen soll.

Nutzungsrechte wie Nießbrauch, das Wohnungseigentum, aber auch das allgemeine Persönlichkeitsrecht.[113]

Umgekehrt kann es aber genauso im Interesse über Effizienzgesichtspunkten stehenden moralischen oder ethischen Erwägungen geboten sein, die Transferfähigkeit von Handlungsrechten zu beschränken, dies geschieht häufig zum Schutze der Allgemeinheit oder einzelner Gruppen. Hier ist vornehmlich an die Begrenzung der Befugnisse von nicht bzw. beschränkt Geschäftsfähigen zu denken; das Verbot des Organhandels oder des freien Erwerbs von Schusswaffen geht von der Überlegung aus, dass die Verhinderung von Gewaltkriminalität der Entfaltung freier Marktkräfte und Effizienzzielen eindeutig vorzuziehen ist.[114]

4. Zur Kritik an der ÖAR

Seit sich die Rechtswissenschaft mit Beginn der 80er Jahre verstärkt der economic analysis of law und dem property rights approach zuwendet und bereits einzelne Regelungskomplexe einer Ökonomischen Analyse unterzogen wurden, melden sich auch kritische Stimmen zur Rezeption einer aus den USA stammenden „Rechtsökonomie“[115].

Einwände gegen eine ökonomische Theorie generell und die Aufnahmefähigkeit unserer Rechtsordnung für den im Common Law entwickelten Ansatz[116] gehen jedoch konzentriert auf einige wenige „Gegner“ der ÖAR zurück.[117] Tiefer gehende Auseinandersetzungen mit der Ökonomischen Theorie bezüglich einzelner Anwendungsfelder bringen weitaus differenziertere Positionen zur Verwertbarkeit ökonomischer Rationalität für das Recht hervor.

Im Folgenden soll zu den Hauptkritikpunkten an der Ökonomischen Analyse Stellung genommen werden, soweit sie selbst hinreichend begründet sind und nicht bloße „Marktzuschrittsschranken“[118] für neue Theorien bilden und deren positive Aufnahme als „Ökonomanie“ bezeichnen.[119] Die geäußerten Einwände lassen sich dabei weitgehend auf die nachfolgend dargelegten Thesen zusammenfassen, welche im Einzelnen zu diskutieren sind.

---

[113] Vgl. dazu schon oben 1. Teil, I. 1.

[114] Vgl. *Schäfer/Ott*, a.a.O., S. 466ff., mit weiteren Beispielen.

[115] *Kübler*, in: FS. für E. Steindorff, 1990, S. 687, 689; zusammenfassend *Koboldt/Leder/Schmidtchen*, WiSt 1992, 334, 341.

[116] So die Kritik bei *Fezer*, JZ 1988, 223, 224.

[117] Speziell zur Kontroverse zwischen *Schäfer/Ott* und *Fezer*, vgl. *Eger/Nagel/Wiese*, in: *Schäfer/Ott*, Ökonomische Probleme des Zivilrechts, 1991, S. 18, 31ff..

[118] *Schäfer/Ott*, JZ 1988, 213, 223.

[119] Vgl. *Taupitz*, AcP 196 (1996), 113, 116.

4.1 Der Universalitätsanspruch der ÖAR

Kritik: *Das Forschungsfeld der ÖAR betreibt eine einseitige Unterwerfung juristischer Regelungsinhalte unter ökonomische Zweckmäßigkeitsüberlegungen. Damit verbunden ist eine einseitige Erklärung des Rechts anstelle der Berücksichtigung von Komplexität und Multifunktionalität des Rechtswesens.*[120]

Mit diesem grundlegenden Vorwurf der „Einseitigkeit" des ökonomischen Ansatzes, welcher häufig im Zusammenhang mit dessen vermeintlichem „Universalitätsanspruch" steht, wird kritisiert, dass alle rechtlich relevanten Bereiche des Lebens nach ökonomischen Prinzipien erklärt würden, aber auch eine dahingehende faktische Veränderung angestrebt sei. Dass die ÖAR eine „politische Strategie"[121] beinhalte, werde in der normativen Funktion deutlich, die bereits *Posner* explizit hervorhebt. Das ökonomische Kalkül durchdringe alle Bereiche der Rechts- und Gesetzgebung über den Gesetzesvollzug zur richterlichen Entscheidungsfindung. Damit werde eine Absage an ein freiheitliches Rechtsdenken erteilt.

Verstärkt werde dieser Eindruck noch durch die Tatsache, dass die Initiative eines interdisziplinären Ansatzes in Form der economic analysis zum überwiegenden Teil von Seiten der Ökonomie herrührt, und eine Verarbeitung durch die Rechtswissenschaft eher zögerlich vonstatten ginge. Aus diesem Grunde sei auch die Gestaltbarkeit der Rechtsordnung als Rahmen der Gesellschaft aus der Perspektive der politischen Ökonomie als möglich und wünschenswert vorausgesetzt. Der ökonomische Ansatz gebärde sich somit als „Ideologie" einer Rechts- oder Gesellschaftstheorie.[122]

Diese Vorwürfe sind jedoch auch für den nicht Eingeweihten nur solange haltbar und nachvollziehbar, als man der ÖAR ein falsches (Selbst-)Verständnis zugrunde legt. Dass die Ökonomische Analyse eben nicht selten missverstanden wird, mag - wie schon angeklungen ist - an der Art und Weise liegen, wie *Posner* sich der Thematik genähert hat. Zum einen zeichnet sich seine Untersuchung durch eine einseitige Fixierung auf das Effizienzziel und den Steuerungsmechanismus des freien Marktes aus, zum anderen übergeht *Posner* keinen denkbaren Regelungsbereich, um an ihm eine Kosten-Nutzen-Rechnung zu exerzieren.[123] Eher „befremdlich" mögen deshalb seine Vorschläge hinsichtlich der Lösung des Rassenkonflikts sein oder sein Beitrag zur „Endlösung" der Judenfrage im

---

[120] So *Salje*, Rechtstheorie 15 (1984), 277, 289; *Fezer*, JZ 1988, 223, 224.

[121] *Fezer*, JZ 1986, 817, 819.

[122] Soweit die Vorwürfe bei *Fezer*, JZ 1986, 817, 818f..

[123] Vgl. in diesem Zusammenhang die eingehende Kritik an *Posners* Werk bei *Polinsky*, Economic Analysis as a Potentially Defective Product: A Buyers Guide to Posner's Economic Analysis of Law, Harvard Law Review, Vol. 87 (1974), 1655ff.; dieser bemängelt, dass *Posner* den Leser zu wenig bzw. gar nicht auf die Beschränktheit des zugrunde gelegten Marktmodells hinweist, insbesondere was die Annahme kostenneutraler Transaktionen und Einkommensverteilung sowie die Konvexitätshypothese betrifft, vgl. *ders.*, a.a.O., S. 1671ff..

Dritten Reich, wonach ein „Verkauf" deutscher Juden wohlfahrtsökonomisch am naheliegendsten gewesen wäre.[124]

Selbst wenn derartige Überlegungen in die falsche Richtung weisen, muss berücksichtigt werden, dass sie lediglich (auch) dazu genutzt werden sollten, um die Vorgehensweise einer ökonomischen Analyse an möglichst vielen Beispielen und damit ihre Vielseitigkeit und beliebige Übertragbarkeit zu demonstrieren.

Desgleichen darf der ÖAR nicht schon deshalb ein Universalitätsanspruch unterstellt werden, weil sie in Bereiche des Rechts vordringt, die der Sache nach keinerlei Bezüge zu wirtschaftlichen Fragestellungen aufweisen, wie das Strafrecht oder das Verfassungsrecht. Zwar scheint es angebracht, an diesen Stellen besonders vorsichtig mit der Verwertbarkeit der economic analysis umzugehen, doch kann aus der Tatsache, dass sich der Ansatz auf viele Regelungskomplexe ausbreitet, nicht auf dessen Qualität oder (Un-)Vereinbarkeit mit dem allgemeinen Rechtsverständnis geschlossen werden.

Im Übrigen besagt ihr ausgedehntes Anwendungsfeld nicht, dass die ÖAR neben sich keine anderen sozialwissenschaftlichen Erklärungsmodelle und Ansätze gelten lassen würde, die sich mit dem Phänomen Recht befassen. Wenn sich die Vertreter der ökonomischen Theorie bei ihrem Unternehmen eine unvoreingenommene Aufnahme durch die Rechtswissenschaft wünschen, werden sie nicht anderen Wissenschaften die Legitimität eines ebensolchen Anspruchs versagen dürfen.[125] Einer generell ablehnenden Haltung gegenüber der ÖAR muss aber auch entgegengehalten werden, dass sie deren Möglichkeiten a priori ausschließt. Soweit eine Vereinbarkeit der ÖAR mit der juristischen Methodenlehre und allgemeinen Rechtsprinzipien zu bejahen sein sollte, müsste ihre Ertragsfähigkeit für Rechtsdogmatik und Rechtsprechung noch überprüft werden.

Sowohl positive als auch normative ökonomische Theorie könnten die Rechtswissenschaft bereichern: *Kirchner* versteht sie als Hilfsmittel, zum einen in ihrer deskriptiven Funktion, um Kriterien für alternative Entscheidungsmöglichkeiten beispielsweise in einem gerichtlichen Verfahren zu entwickeln, auf der anderen Seite, um in ihrer präskriptiven (normativen) Zielsetzung eine Bewertung der Entscheidungsalternativen vorzunehmen und auf dieser Grundlage herauszufinden, welches die vorzugswürdige Lösung des Problems im Hinblick auf ihre Regelungswirkung in vergleichbaren Fällen ist. Da eine umfassende Argumentation offen gegenüber verschiedenen Einflüssen und Sichtweisen zu sein hat, kann sich eine moderne und sich ihrer Folgen bewusste Rechtstheorie und -praxis nicht den Anregungen einer sozialwissenschaftlichen Disziplin auf Dauer

[124] Vgl. hierzu die Nachweise bei *Taupitz*, AcP 196 (1996), 115, 116; *Koch*, Besprechung von *Posner*, Economic Analysis of Law, RabelsZ 1976, 181, 183f..

[125] So *Schäfer/Ott*, JZ 1988, 213, 214f., als Entgegnung auf *Fezer*, JZ 1986, 817, 829.

verschließen, vorausgesetzt, ihre Aussagen finden Eingang in die juristische Dogmatik.[126]

Denjenigen, die sich an der Ausrichtung der ÖAR am ökonomischen Kalkül und Effizienzkriterium stören und darin eine Verfälschung des für den Juristen zu verfolgenden Gerechtigkeitsideals sehen möchten[127], kann mit Hinweis auf die im Zivilrecht verwendeten Gerechtigkeitsargumente und Rechtsprinzipien entgegengehalten werden, dass derartige Zielsetzungen längst Eingang in die herrschende Rechtsauffassung gefunden haben.

Namentlich im Zivilrecht und dort im Recht des Güter- und Leistungsaustauschs kann eine tendenzielle Herausbildung effizienter Regelungen beobachtet werden, wenn auch nicht so systematisch wie sie die ÖAR anstrebt. Zum Teil verbergen sich hinter den in der juristischen Fachsprache gebräuchlichen Argumentationsbegriffen wie „Zumutbarkeit" oder „Erforderlichkeit" Effizienzerwägungen. Aber auch Prinzipien wie Schutz des Vertrauens im Rechtsverkehr oder Rechtssicherheit und Rechtsklarheit beruhen zweifelsohne auf der Überlegung, dass Transaktionskosten im Sinne von Informationskosten, die ohne Geltung dieser Prinzipien bei den Teilnehmern am Rechtsleben anfallen würden, den vertraglichen Kontakt unnötig verteuerten. Auch die Entstehung von Vorschriften zum Schutze des Verbrauchers lässt sich (unter anderem) auf das Regelungsziel der Allokationseffizienz zurückführen. Für den privaten Haushalt bedeutet die Beschaffung von notwendigen Informationen für einen ausgeglichenen Vertragsschluss einen unverhältnismäßigen Kostenaufwand oder ist gar vollständig unmöglich, weshalb den betreffenden Regeln keine auf Umverteilung gerichteten Zwecke unterstellt werden können.[128]

Auch wenn zugegebenermaßen der Schwerpunkt der Forderungen durch die ÖAR auf die Herstellung von Allokationseffizienz gerichtet ist, leugnet sie keinesfalls die Existenz anderer unter Umständen auch höherrangiger Prinzipien. Es soll ethische Positionen geben, zu deren Verwirklichung Effizienzverluste in Kauf genommen werden müssen, wie Verteilungsgerechtigkeit und unantastbare persönliche Rechte. Häufig besteht jedoch nur ein scheinbarer Widerspruch zwischen ökonomischer Effizienz und der Wahrung ideeller oder (nach juristischer Auffassung) nicht messbarer Werte. So mag beispielsweise die Zerstörung der Umwelt aus der Sicht eines Einzelnen ein hinzunehmendes Opfer im Vergleich zu den eigenen erwarteten Gewinnen sein; gesamtwirtschaftlich betrachtet aller-

[126] Vgl. *Kirchner*, Ökonomische Theorie des Rechts, 1997, S. 30; *Kübler*, in: FS. für E. Steindorff, 1990, S. 687, 694.

[127] So aber *Fezer*, JZ 1988, 223, 224.

[128] Vgl. *Ott*, in: *Ott/Schäfer* (Hrsg.), Allokationseffizienz in der Rechtsordnung, 1989, S. 27ff..

dings ist Umweltbelastung auch durch nutzenbringende Aktivitäten auf Dauer nicht „profitabel“ und deshalb auch nicht effizienzsteigernd.[129]

4.2 Der „realitätsferne“ Ansatz der ÖAR

Kritik: *Bei ihrem Unternehmen geht die ÖAR von unrealistischen oder empirisch nicht nachgewiesenen und modellhaften Voraussetzungen aus.*[130]

Der zweite maßgebliche Kritikpunkt zielt auf die Wirklichkeitskonzeption der ÖAR ab. Zunächst wird das der ökonomischen Theorie zugrundeliegende Menschenbild des homo oeconomicus in Zweifel gezogen. Die Reduktion des die Rechtsordnung prägenden Menschen auf einen „schieren Nutzenmaximierer“, der besonders in der Gestalt des REMM hervortritt, sei nicht vereinbar mit dem Menschenbild einer freiheitlichen Grundrechtsdemokratie. Der „homo constitutionis“ sei bestimmt durch die Menschen- und Grundrechte sowie die Verfassungsprinzipien des Rechtsstaats, innerhalb derer eine pluralistische Gesellschaft einen offenen und vielgestaltigen Menschentypus zuließe. Die Rechtsordnung umfasse nur einen Teilbereich des menschlichen Daseins, soweit dieser einer Verrechtlichung möglich und bedürftig sei, wohingegen die ökonomische Theorie einen Menschen vorzeichne, der anstatt allein durch den freien Willen und seine Vernunft lediglich mit einer eigennutzorientierten Entscheidungsrationalität ausgestattet sei.[131]

Horn weist darauf hin, dass die Vorstellung vom marktrationalen Verhalten der Wirtschaftssubjekte jegliche sozialen Einflüsse wie die ungleichen Einkommensverhältnisse bei der Entscheidungsfindung außer Acht lasse. Im Bereich der property rights sei die Bewertung, welche Nutzungsmöglichkeit die ertragreichste darstellt bzw. welche zum höchsten Preis verkauft werden kann, wiederum nur in Abhängigkeit von ihrem rechtlichen Stellenwert durchführbar. Nur mit autonomen, durch die Rechtsordnung festgelegten Wertungen, die sich jeder Marktrationalität entziehen, sei dieser „Zirkelschluss“ zu umgehen. Im Nachbarrecht würden die gesetzlichen Regelungen mit ihren Merkmalen der „Ortsüblichkeit“ und „wesentlichen“ Beeinträchtigungen (§ 906 BGB) genau dieser Problematik gerecht.[132]

In diesen Vorwürfen wird einmal mehr eine falsche Vorstellung von der Intention der ÖAR erkennbar. Zunächst ist es nicht das Ziel, ein bestimmtes Men-

---

[129] Vgl. *Ott/Schäfer*, JZ 1988, 213, 220, entgegen *Fezer*, JZ 1986, 817, 823, der Umweltschutz und Allokationseffizienz als „zwangsläufig feindliche Brüder“ sieht.

[130] Siehe *Fezer*, JuS 1991, 889, 894; zu weiteren Gesichtspunkten einer Rechtskritik wie etwa dem Vorwurf, dass die Verwendung wirtschaftswissenschaftlicher Fachterminologie nur einen naturwissenschaftlich-analytischen Anspruch vortäusche und den Zweifeln im Bezug auf die Gültigkeit des Pareto-Kriteriums vgl. *ders.*, JZ 1988, 223, 224ff..

[131] Siehe *Fezer*, JuS 1991, 889, 894.

[132] Vgl. *Horn*, AcP 176 (1976), 307, 315.

schenverständnis *vorzuschreiben*, welches nicht den diesbezüglichen Vorgaben der Verfassung entspricht; die Verhaltenshypothese des methodologischen Individualismus betrifft statt dessen die methodische Vorgehensweise, Nutzeneinschätzungen herzuleiten, weshalb normative und ethische Einwände dagegen fehlgehen müssen.

Die Annahme rationalen Verhaltens mit ihren Einschränkungen („bounded rationality") gilt nur im Prinzip, auch wenn der Nachweis, ob ein Individuum in einer konkreten Situation rational gehandelt hat, niemals gelingen kann, hat sich die Rationalitätshypothese infolge ihrer brauchbaren Prognosen auf vielen Anwendungsgebieten durchgesetzt.[133]

Solange die grundlegenden Rechte, wie sie unsere Rechtskultur vorschreibt, in erster Linie menschliche Würde und Entscheidungsautonomie, nicht von Effizienzdenken überlagert und ausgeblendet werden, kann die Figur des REMM weit mehr zur Verwirklichung von ethischen Positionen beitragen, als dies durch eine strenge Bindung an rechtsethische Grundsätze garantiert sein kann: Nur eine sorgfältige Folgenanalyse vermag Fehlentwicklungen entgegen zu steuern und damit die Wahrung gerade der Bedingungen zu gewährleisten, die für die Ausübung freiheitlichen Denkens grundlegend sind.[134]

Was die Realitätsannahme der ÖAR betrifft, nehmen Kritiker auch häufig an Aussagen und Geltung des Coase-Theorems Anstoß.[135] Das „Modell einer transaktionskostenfreien Welt" sei realitätsfern, vollständiger Wettbewerb und Information nur ein Idealbild bzw. eine „Utopie".[136] Die optimale Ressourcenverteilung könne sich deshalb nicht unabhängig von der ursprünglichen Verteilung von Rechtspositionen einstellen. Das Recht dürfe sich nicht an wirklichkeitsfremden Vorgaben orientieren und ausrichten.[137]

Demgegenüber muss natürlich eingeräumt werden, dass wirtschaftswissenschaftliche Modelle - wie stets mathematisierte Thesen - grundsätzlich einen Teil der Wirklichkeit ausblenden und deshalb auch nur einen begrenzten Bereich erklären können. Selten bieten sich aber ernstzunehmende Alternativen, um mikroökonomische Zusammenhänge aufzuzeigen. Bloße Ansammlungen von Beschreibungen und unzusammenhängende empirische Befunde stellen keinen Ersatz für eine Theorie dar.[138] Was die eigentliche Aussagekraft des Coase-

---

[133] Vgl. *Ott/Schäfer*, JZ 1988, 213, 219; *Schäfer/Ott*, Lehrbuch, 1995, S. 55; allg. zur Rationalität des Rechts und zur ÖAR als Lösung des Rationalitätsproblems vgl. *Eder*, Zeitschrift für Rechtssoziologie 8 (1987), 193, 207ff..

[134] Vgl. *Kübler*, in: FS. für E. Steindorff, 1990, S. 687, 703.

[135] Zur Auseinandersetzung mit einzelnen Kritikpunkten aus wirtschaftswissenschaftlicher Sicht vgl. *Coase*, The Firm, the Market, and the Law, 1988, S. 159ff..

[136] Siehe *Fezer*, JZ 1986, 817, 823.

[137] Vgl. *Fezer*, a.a.O..

[138] Vgl. in diesem Sinne *Grundmann*, Methodenpluralismus als Aufgabe, RabelsZ 61 (1997), 423, 432.

Theorems angeht, trifft die Kritik, dass seine Gültigkeit stets am Bestehen von Transaktionskosten scheitern muss, nicht den Kern. Das Coase-Theorem bezieht seinen Verdienst über die Einsicht, dass die Senkung hoher Transaktionskosten im Hinblick auf das Ziel der Allokationseffizienz auch durch eine effizienzorientierte Ausgestaltung der konkreten Rechtsnormen ersetzt werden kann. Wo also eine Verminderung der Transaktionskosten unmöglich ist (Beispiel: eine unübersehbare Anzahl von Personen ist von den Immissionen eines Industriebetriebes betroffen), sollte das Recht seinen Beitrag dazu leisten, die ertragreichste Nutzungsform zu begünstigen.[139]

4.3 Soziale Ungerechtigkeit als Implikation der ÖAR

Kritik: *Die Zielsetzungen der Ökonomischen Theorie sind sozialpolitisch unerwünscht, da sie eine Eigentumsordnung zugunsten des ökonomisch Stärkeren propagieren und die sozial Schwachen benachteiligen.*[140]

Der hier als letzter gegen die ÖAR angeführte Vorwurf bezieht sich auf den Konflikt zwischen den normativen Vorgaben der Verteilungsgerechtigkeit und dem Effizienzziel. Nach Auffassung der Kritiker bewirke die fast einseitige Ausrichtung am Allokationsoptimum eine Benachteiligung des sozial Schwachen zugunsten des ökonomisch Starken. Gebote der Billigkeit und Fairness blieben außen vor.[141] Die ÖAR stehe einer Umverteilung von Gütern im Bemühen um Chancengleichheit im Sinne des Sozialstaatsgebotes entgegen, vielmehr fördere sie eine Stärkung des status quo der Güterordnung. Global betrachtet sei sie ein ungeeignetes Instrumentarium, um auch die Entwicklungsländer in einen weltwirtschaftlichen Prozess der Arbeitsteilung zu integrieren und ihr Wohlstandsniveau durch gezielte Umverteilung der vorhandenen Ressourcen zu steigern.[142]

Gotthold versucht aufzuzeigen, weshalb dem ökonomischen Ansatz eine solche Tendenz eigentümlich ist: Der normative Auftrag, der sich aus der Theorie des Eigentums, bzw. aus dem property rights approach in Verbindung mit den Folgerungen aus dem Coase-Theorem ableiten lasse, besteht für den Juristen darin, die Handlungsrechte von Anfang an so zu verteilen, dass die ökonomisch effizienteste Nutzung stattfinden kann. Dies ist wiederum diejenige, für die der höchste Preis „geboten“ wird, bzw. verlangt werden kann. Damit werden die betreffenden Rechtspositionen grundsätzlich den wirtschaftlich Stärkeren (v.a.

---

[139] Siehe *Horn*, AcP 176 (1976), 307, 314; *Ott/Schäfer*, JZ 1988, 213, 219.
[140] Vgl. *Kübler*, in: FS. für E. Steindorff, 1990, S. 687, 689.
[141] Vgl. *Fezer*, JZ 1986, 817ff.; *Gotthold* im Zusammenhang mit der Veränderung der Eigentumsordnung, Zur ökonomischen „Theorie des Eigentums“, ZHR 144 (1980), 545, 557.
[142] Siehe *Fezer*, JZ 1986, 817, 824.

große Unternehmen) zugeteilt, die sich gegenüber den Konkurrenten durch die Bereitschaft den höheren Preis zu zahlen, durchzusetzen vermögen.[143]

Aus Sicht der ÖAR ist diesem Vorbringen zweierlei entgegenzuhalten: Zum einen erkennen die Promotoren der ökonomischen Theorie neben dem Allokationsoptimum die wohlfahrtsfunktionalen Ziele der adäquaten Güterverteilung und der Gerechtigkeit durchaus an.[144] Unterschiedliche Auffassungen ergeben sich allenfalls im Hinblick auf das Verhältnis oder den Stellenrang dieser Ziele. Einigkeit besteht aber zumindest darüber, dass nicht alle Regeln des gesellschaftlichen Zusammenlebens nach Effizienzkriterien gestaltet werden können, und eine Rechtsordnung mit effizienten Institutionen und Normen noch lange nicht gerecht sein muss. Im Gegensatz dazu wird eine Gesellschaft, die sich durch höchste Ineffizienz auszeichnet, niemals als gerecht qualifiziert werden können;[145] ob aus diesem Grund eine Rechtsnorm auf verfassungsrechtlicher Ebene eingeführt werden sollte, die einen Anspruch auf Rechtsregeln gewährt, die mehr nützen als kosten, mag dahin gestellt bleiben.[146] Festzuhalten ist jedoch, dass Effizienz bei der Rechtsfortbildung nicht bloß eine sekundäre Rolle spielen und nicht von zu allgemein gehaltenen juristischen Erwägungen wie Verkehrssicherheit oder Rechtssicherheit verdrängt werden darf.[147] *Eidenmüller* schlägt in diesem Zusammenhang vor, die Auslegungsregel des § 157 BGB um eine Zweifelsregel zu ergänzen, welche die Lösung favorisiert, „auf die sich rational und kooperativ handelnde Vertragspartner bei Abwesenheit von Transaktionskosten geeinigt hätten."[148]

Der zweite Einwand gegen die geäußerte Kritik wurde bereits dargestellt.[149] Weil nicht alle Regelungen, insbesondere des Zivilrechts, geeignet seien, den Prinzipien des Verteilungsoptimums und der Gerechtigkeit zu genügen, machen einige Vertreter der ÖAR den Vorschlag, das gesamte Rechtssystem in zwei Abteilungen zu untergliedern. Die Instrumente des Steuer- und Sozialrechts würden dabei die Aufgabe übernehmen, etwaige Fehlentwicklungen bei der Verteilung der verfügbaren Ressourcen zu korrigieren, die durch das eindeutig auf Effizienzerwägungen beruhende Zivilrecht ausgelöst wurden.

Den radikalen Positionen, wonach das verfassungsrechtliche Gebot der Solidarität und der sozialen Gerechtigkeit bedeutungslos sind bzw. nur dann Berücksichtigung finden sollten, wenn damit eine Effizienzsteigerung einherginge, ist deshalb eine Absage zu erteilen.[150]

---

[143] Vgl. *Gotthold*, ZHR 144 (1980), 545, 557.
[144] Siehe *Behrens*, Rechtstheorie 12 (1981), 472, 478.
[145] Vgl. *Schäfer/Ott*, Lehrbuch, 1995, S. 6.
[146] So aber *Schwintowski*, JZ 1998, 581, 587, sowie *Eidenmüller*, AcP 197 (1997), 80, 109.
[147] Siehe *Schäfer/Ott*, Lehrbuch, 1995, S. 6.
[148] *Eidenmüller*, AcP 197 (1997), 80, 110.
[149] Vgl. oben 3.1.4.
[150] Weitere Nachweise bei *Kübler*, in: FS. für E. Steindorff, 1990, S. 687, 698f..

Selbst wenn versucht wurde, schwerwiegende Zweifel an der ökonomische Theorie soweit wie möglich und in dem hier zur Verfügung stehenden Rahmen zu entkräften, kann dies trotz alledem nur mit dem Hinweis beschlossen werden, dass die ÖAR nicht dazu tendiert, eine universelle Theorie des Rechts zu stellen. Sie eröffnet vielmehr „neue" Argumentationsmöglichkeiten bei der Rechtsanwendung im weitesten Sinne, wobei sie sowohl inhaltliche als auch methodische Lösungsansätze diskutiert.

5. Zur Einbeziehung ökonomischer Argumente in die Rechtsfindung durch eine Folgenorientierung im Recht

Um die ÖAR im weiteren Verlauf als methodisches Hilfsmittel zur Untersuchung des Haftungsrechts und dessen schadenspräventiver Wirkung heranzuziehen, sind zuvor einige Anmerkungen zum Verhältnis zwischen ökonomischer Theorie und Rechtsdogmatik sowie Rechtsanwendung zu machen.

Die klassische Methodenlehre gliedert die Rechtsanwendung in die Stufen der Auslegung und der Rechtsfortbildung.[151] Im Rahmen der Auslegung sind in Anlehnung an die Lehren *v. Savignys* und *Larenz* vier bzw. fünf Elemente zu beachten. Dies sind der Wortsinn, der Bedeutungszusammenhang des Gesetzes, der Wille des historischen Gesetzgebers, objektiv-teleologische Kriterien und zuletzt die verfassungskonforme Auslegung.[152] Dabei wird die Orientierung an den objektiven Normzwecken oftmals zum letztlich entscheidenden Auslegungskriterium erhoben.[153] Über dieses Element fließen wirtschaftliche und funktionale Überlegungen in die Rechtsanwendung ein. Daneben werden auch die „Politik des Gesetzes"[154] sowie eine Interessenabwägung[155] zur Auslegung herangezogen.

Innerhalb des Schrifttums werden Stimmen laut, welche die objektiv-teleologische durch eine *folgenorientierte* Auslegung ergänzt, bzw. ersetzt sehen möchten.[156] Im Rahmen einer folgenorientierten Rechtsanwendung geht es darum, die voraussehbaren sozialen Folgen einer Entscheidung offen zu legen, um sie anschließend einer Bewertung zu unterziehen und somit die günstigste Ent-

[151] Vgl. *Larenz*, Methodenlehre der Rechtswissenschaft, 1983, S. 305ff..
[152] Vgl. *Savigny, v.*, System des heutigen römischen Rechts, 1840, S. 212.; *Larenz*, a.a.O., S. 319.
[153] Vgl. *Deckert*, Die Methodik der Gesetzesauslegung, JZ 1994, 412, 416 m.w.N..
[154] Vgl. *Steindorff*, in: FS. für K. Larenz, 1973, S. 217, 231.
[155] Vgl. *Hubmann*, AcP 155 (1956), 85, 103, 110ff..
[156] Vgl. etwa *Podlech*, Wertungen und Werte im Recht, AöR 95 (1970), 185, 201ff.; *Sambuc*, Folgenerwägungen im Richterrecht, 1977; *Koch*, Juristische Begründungslehre, 1982, S. 227ff.; *Deckert*, Folgenorientierung in der Rechtsanwendung, 1995, S. 75ff..

scheidung zu ermitteln. Die Folgendiskussion soll dem Rechtsanwender grundsätzlich Hilfe bei der Entscheidungsbegründung bieten. Eine Folgenorientierung kommt dort in Betracht, wo der Jurist ein Werturteil abzugeben hat und ihm dementsprechend Entscheidungsspielräume verbleiben, ebenso wie bei der Begründung der getroffenen Werturteile.[157] Ohne eine Folgenantizipation käme laut ihren Vertretern die Wertentscheidung einem Zufallsverfahren gleich. Die Übernahme von Wertungen vermittelt durch ein rollen- und institutionengeprägtes Denken sei oftmals unlogisch und unreflektiert und müsse im Sinne einer höheren Flexibilität durch *Reduktion*, d.h. den Rückgang auf die Folgen einer Wertung, ersetzt werden.[158]

Die *Folgenorientierung* oder *Folgenberücksichtigung* bei der Normanwendung gehört damit zu einem neueren Konzept der Entscheidungsbegründung und wird vielfach kritisiert bzw. als unvereinbar mit der Bindung des Normanwenders an das Gesetz eingestuft.[159] Denn auch die folgenorientierte Rechtsanwendung kommt nicht ohne jede Wertung aus. Sie „verlagert" die Wertungsproblematik gleichsam in einen anderen Bereich, auf eine andere Stufe. Wenn verschiedene Folgen aufgrund mehrerer Entscheidungsalternativen denkbar sind, benötigt sie eine Vorzugsregel, um eine Abwägung unter den Folgen zu ermöglichen.[160]

Bevor jedoch eine Vorzugsregel (d.h. Bewertung) anzuwenden ist, müssen überhaupt erst die möglichen Folgen der zur Wahl stehenden Entscheidungsalternativen mittels einer „Prognose" festgestellt werden. Der Jurist ist dafür auf ein allgemeines wissenschaftliches Modell angewiesen, wonach die gegebene Situation oder die Antezedenzbedingungen und gemeinhin bekannten Gesetzmäßigkeiten zur Erklärung eines zukünftigen Ereignisses dienen, dem Explanandum. Dabei muss eine der möglichen Entscheidungsalternativen als Antezedenzbedingung in die Prognose eingehen. Um vereinfacht ausgedrückt die Gesetzmäßigkeiten der Umwelt in eine „Wenn-Dann-Aussage" zu bringen, bedarf es ausreichender Erkenntnisse aus dem Bereich der Sozialwissenschaften.[161]

In einem zweiten Schritt erfolgt dann die Bewertung der prognostizierten Folgen anhand der einschlägigen Vorzugsregel. Der Vorteil gegenüber der Wertung von Entscheidungsalternativen im herkömmlichen Sinne ergibt sich aus zwei Umständen: Zunächst bedarf es bei der Ermittlung der denkbaren Folgen nur Tatsachenurteile, es kann also wertfrei gearbeitet werden.[162] Zum anderen können die Wertkonflikte im Bereich der Folgen leichter gelöst werden; dies ist wiederum

---

[157] Vgl. *Koch*, Juristische Begründungslehre, 1982, S. 228.

[158] Vgl. *Rüssmann*, JuS 1975, 352, 357; *Podlech*, AöR 170 (1970), 185ff., verweist auf *Aristoteles*, nach dem eine logische Entscheidung nur zugunsten derjenigen Wertung getroffen werden kann, deren negative Folgen am geringsten sind.

[159] Vgl. *Pawlowski*, Einführung in die juristische Methodenlehre, 2000, Rn. 320ff.; *Luhmann*, Rechtssystem, 1974, S. 30ff..

[160] Siehe *Podlech*, AöR 95 (1970), 185, 196.

[161] Vgl. *Rüssmann*, JuS 1975, 352, 357.

[162] Vgl. *Winter*, Rechtstheorie 1971, 171, 181.

darauf zurückzuführen, dass die ein oder andere Entscheidungsmöglichkeit sozialwissenschaftlich und/oder empirisch erwiesen eben nicht die erwünschte Folge herbeiführt. Die Maxime „Sollen impliziert Können" umschreibt treffend die Regel, dass unrealisierbare Rechtsfolgen die Regelung und Wertung ausschließen, die zu ihrer vermeintlichen Umsetzung führen sollen. Welcher Art der Hinderungsgrund zur Realisierung auch sein mag, nicht realisierbare Normvorschläge sind als unbegründet abzulehnen.[163]

Um eine rationale Klärung gesellschaftlicher und rechtlicher Bedingungen, ihrer Ursachen und eben ihrer Folgen zu erhalten, ist der Rechtsanwender angehalten, über den eigentlichen Tatbestand hinaus Tatsachenurteile in seine Begründung einzubeziehen. Diese gewinnt er durch einen Rückgriff auf empirische Forschungen und Erkenntnisse aus der Psychologie und Soziologie. Gerade was diesen Zusammenhang betrifft, macht sich die Folgenorientierung für den Rechtsfindungsprozess in vielerlei Hinsicht fruchtbar.

Der Blick auf allgemeine Tatsachen und in anderen Materien wissenschaftlich erwiesenen Zusammenhängen wirkt Vorurteilen und fest verankerten Denkweisen entgegen und öffnet neue Lösungsmöglichkeiten. Tatsachenkenntnis zu den betreffenden Regelungsbereichen sensibilisiert das Rechtsgefühl. Durch Beispiele gelingt es, von einer rein sterilen und sprachlichen Diskussion auf die eigentlichen praktischen Probleme zu steuern. Daneben vermag eine verstärkte Konzentration auf eine tatsachenfundierte Begründung von Entscheidungen zeitgemäße Wandlungsprozesse zu beschleunigen.[164]

Weil kein Rechtsgebiet und keine Rechtsanwendung ohne wirtschaftliche Implikationen existieren, liegt auch in der ÖAR ein geeignetes Mittel innerhalb der Folgenorientierung. Ihr Ansatz betont die Steuerungs- und Gestaltungsfunktion

---

163 *Winter*, Rechtstheorie 1971, 171, 182, nennt Beispiele für physisch, soziale oder finanzielle Hindernisse gegen eine Realisierung gewünschter Folgen.

164 Vgl. *Winter*, a.a.O., 185ff.; ähnlich *Kramer*, Juristische Methodenlehre, 1998, S. 193ff., 196. Gegen die praktischen Erwägungen einer folgenorientierten Rechtsanwendung werden verschiedentlich Einwände geäußert. An erster Stelle stehen dabei verfassungsrechtliche Bedenken. Die juristische Entscheidungsfindung sei weitaus mehr an formalistische Kriterien gebunden, die ausschlaggebenden Aspekte müssten im Sinne des Gleichheitssatzes mehr generalisierend in der Begründung von Entscheidungen aufgehen. Die bestehenden Gesetze, über die sich der Jurist in der parlamentarischen Demokratie niemals hinwegsetzen darf, begrenzen außerdem die übergreifende Folgenberücksichtigung bzw. bestimmen den Rahmen, innerhalb dessen die Folgenentscheidungen ergehen dürfen. Problematisch ist aus Sicht der Kritiker auch, dass zwar die Folgen als Orientierung für Begründungen herangezogen werden, jedoch nicht sicher sein soll und kann, welche Nebenfolgen und entfernten Folgen darüber hinaus relevant sind; vgl. zusammenfassend *Koch*, Juristische Begründungslehre, 1982, S. 227ff..

des Rechts, wobei vorrangiges Ziel jeder Norm die Überwindung der Güterknappheit ist.[165]

Besondere Bedeutung kommt der ÖAR deshalb im Bereich des Wirtschaftsrechts zu, wo bereits von Seiten des Gesetzgebers „Wirtschaftlichkeit“ als Ziel der geschaffenen Normen angestrebt wird. Aber auch darüber hinaus bietet die Ökonomische Analyse in den nicht klassisch ökonomischen Rechtsgebieten eine Methode, die Folgen einer Wertentscheidung offen zu legen, und gibt dem Rechtsanwender gleichzeitig Entscheidungskriterien an die Hand. Sie stellt sich damit als „besonders geschärftes Folgenkonzept“[166] dar.

6. Zusammenfassung und Ergebnis

Die ÖAR ist eine Methode zur Bewertung, Anwendung und Fortbildung des geltenden Rechts. Innerhalb der ÖAR existieren unterschiedliche Strömungen, welche mehr oder weniger stringent ökonomisch-mathematische Modelle und Grundannahmen heranziehen, um Aussagen über und Empfehlungen an das Recht im Hinblick auf das Gesamtziel der Allokationseffizienz zu treffen.

Bestimmte Prämissen des ökonomischen Ansatzes, insbesondere die REMM-Hypothese, sind unter Vorbehalt zu übernehmen bzw. zu ergänzen, soweit sie die Wirklichkeit verzerrt oder nur ausschnittsweise wiedergeben. Daneben soll und darf die ÖAR nur unter Berücksichtigung der Wertordnung des Rechtssystems rezepiert werden. Ihr ist gegenüber anderen, fachfremden Einflüssen eine „Vorrangstellung“ zu versagen. Die viel zitierten Schwächen des ökonomischen Modells rechtfertigen in keinem Fall eine vollständige Ablehnung der ÖAR und ihrer wohlfahrtstheoretischen Zielvorstellungen. Es ist vielmehr eine Verbesserung dieses Konzepts herauszuarbeiten.[167]

Drexl schlägt in diesem Kontext das Modell der *normativen* anstelle der *ökonomischen* Effizienz vor.[168] Hier soll das ökonomische Menschenbild (REMM-Hypothese) dem durch die jeweilige Rechtsordnung geprägten *normativen* Menschenbild weichen. Der Mensch selbst, wie ihn das Recht und insbesondere die verfassungsrechtlichen Vorgaben begreifen, definiert autonom die Ziele seines Handelns; er bestimmt, welchen Stellenrang wirtschaftliche Effizienz einnehmen soll. Damit wird nicht nur das Menschenbild, sondern darüber hinaus auch

[165] Vgl. das Ergebnis bei *Deckert*, Folgenorientierung in der Rechtsanwendung, 1995, S.75, die aber auch eine alternative Bedeutung der ÖAR als konkurrierende Konzeption zur „herkömmlichen“ Folgenorientierung sieht.

[166] *Hassemer*, in: FS. für H. Coing, 1982, S. 493, 503, Fn. 39.

[167] So auch *Grundmann*, Methodenpluralismus als Aufgabe, RabelsZ 61 (1997), 421, 432.

[168] Vgl. *ders.*, Die wirtschaftliche Selbstbestimmung des Verbrauchers, 1998, S. 176ff..

die Modellgröße der wirtschaftlichen Effizienz in Richtung einer *normativen* Effizienz relativiert.[169]

In einem weiteren Schritt ändert sich durch die Annahme eines nicht allein „ökonomisch agierenden" Menschen ebenso die Theorie des Marktes. Der Markt fungiert nicht mehr nur als Regulativ von Angebot und Nachfrage zur Realisierung eines möglichst hohen Gesamtnutzens, sondern bündelt sämtliche Interessen seiner selbstbestimmten Marktteilnehmer, also auch solche, die nicht notwendig in der wirtschaftlichen Nutzenmaximierung liegen. Damit können auch Ziele des Verbraucher- und Umweltschutzes und allgemein altruistische Anliegen in die normativ-effiziente Ausgestaltung der Rechtsordnung einbezogen werden.[170]

Insgesamt nähern sich in diesem Grundkonzept Recht und Ökonomie von beiden Seiten aneinander an. Die Grundannahmen der Ökonomie werden um das normative Element „bereichert" und sind deshalb für die Rechtsanwendung und Gesetzgebung nützliche Hilfsmittel zur Realisierung eines effizienten Rechtssystems.

II. Ökonomische Analyse des Haftungsrechts: Präventionsziel versus Ausgleichsfunktion?

Bei der Anwendung des ökonomischen Modells auf das Haftungsrecht nehmen die positive und normative Analyse in concreto folgende Zielrichtungen an[171]:

Auf der deskriptiven Ebene steht die Ermittlung und Beschreibung der Schadensfolgen nach Art und Höhe sowie das wohlfahrtsökonomische Verhältnis zwischen den Schadenskosten und dem Vermeidungsaufwand. Empfehlungen an den Gesetzgeber und Richter über die anzustrebenden Ziele und die Lösung von Zielkollisionen finden im normativen Bereich statt. Hier fließt über das allgemeine Prinzip der Allokationseffizienz eine starke Betonung der Präventivfunktion in das wohlfahrtsökonomisch ideale Modell ein.

Wie die Bestandteile eines effizienten, also präventiv arbeitenden Regelwerks konkret auszusehen haben, entspricht zum einen der deskriptive Zielsetzung, soweit es um die Beschreibung des geltenden Systems geht, zum anderen einer

---

[169] Vgl. *Drexl*, a.a.O., S. 176.

[170] Vgl. *Drexl*, a.a.O., S. 178ff., unter dem einschränkenden Hinweis, dass das Ziel der Verteilungsgerechtigkeit nicht allein durch die Marktmechanismen herbeigeführt werden kann und deshalb eigener Durchsetzungsmittel bedarf.

[171] Vgl. *Deckert*, Folgenorientierung in der Rechtsanwendung, 1995, S. 73f..

normativen, soweit Vorschläge für neue, der Allokationseffizienz förderliche Regelungen eingebracht werden. Normativer Natur sind schließlich auch die an den Rechtsanwender gerichteten Entscheidungskriterien für den konkreten Fall, wie sie die Fortbildung des Rechts im Sinne einer ressourcensparenden Gestaltung der Regelungsbereiche prägen sollen.

Im Folgenden geht es im Rahmen einer *normativen* Analyse um die Festlegung der Ziele des Schadensersatzrechts (unten 1.) und dazu im Besonderen um eine mögliche Untergliederung dieser Ziele (unten 2.). Im Anschluss daran (unten 3.) sollen *deskriptiv* einzelne Bestandteile des geltenden Rechts im Hinblick auf seine Bedeutung für das übergeordnete Ziel der Allokationseffizienz untersucht werden.[172]

1. Schadensprävention als Aufgabe des Haftungsrechts

Die Vertreter der ÖAR distanzieren sich - wie bereits angeklungen ist - von der herrschenden Auffassung in der juristischen Literatur, wonach alleiniger Zweck des Haftungsrechts die Kompensation von Schäden ist, und der Präventionsaspekt allenfalls als „erwünschtes Nebenprodukt"[173] gilt oder überhaupt keine explizite Rolle einnimmt.

Von der wohlfahrtsökonomischen Betrachtung her sind Schäden immer mit Wohlfahrtsverlusten verbunden. Sobald ein schädigendes Ereignis eingetreten ist, kann es nur noch Aufgabe des Rechts sein, einen „gerechten" Ausgleich bei der Verteilung der entstandenen Schadenskosten unter den Beteiligten zu erreichen. Dies gilt zumindest für die Normen des Schadensrechts, die den haftungs*ausfüllenden* Tatbestand oder die Rechtsfolgen beschreiben, also die §§ 249ff., 842ff. BGB. Sie tragen also vornehmlich dem Ausgleichsgedanken des gesamten Rechts des Schadensersatzes Rechnung[174]. Mit den Begriffen des allgemeinen Schadensrechts sind die §§ 249ff. BGB auf den Schutz des Integritäts- und Wertinteresses gerichtet.[175]

Anders verhält es sich mit den Normen, die haftungs*begründende* Tatbestände enthalten. Sie finden sich vornehmlich im Deliktsrecht des BGB, §§ 823ff., und den Spezialgesetzen, §§ 1ff. ProdHaftG, §§ 1ff. UmweltHG, § 25 AtomG,

[172] Erst unter III. sollen Aussagen darüber getroffen werden, wie die Elemente des Haftungsrechts idealer weise aussehen sollten, damit sie den Vorstellungen von effizienten Regeln genügen.

[173] *Larenz*, Lehrbuch des Schuldrechts, 1987, S. 423.

[174] Siehe *Kötz*, in: FS. für E. Steindorff, 1990, S. 643, 644; zur begrifflichen Unterscheidung von Schadensrecht, Schadensersatzrecht und Haftungsrecht siehe *Palandt-Heinrichs*, Bürgerliches Gesetzbuch, 2001, Vorbem. zu § 249, Rn. 1, 4.

[175] Siehe *Medicus*, Bürgerliches Recht, 1996, Rn. 818.

§§ 7 ff. StVG, § 37 GenTG, § 84 AMG, etc. Auffällig ist hier, dass sie eine Schadensersatzpflicht an eine verschuldete, bzw. vermutet verschuldete Rechtsgutsverletzung oder im Falle der Gefährdungstatbestände an ein bestimmtes gefahrschaffendes Verhalten anknüpfen. Andere schädliche Ereignisse wie Krankheit, Alter oder Unglücksfälle sind - abgesehen vom unterschiedlich stark ausgeprägten gesetzlichen Versicherungsschutz - nicht in entsprechenden Regelungen berücksichtigt worden. Insoweit lässt es das Recht beim Grundsatz des „casum sentit dominus“[176].

Die Haftpflicht des Schädigers und damit der Ersatzanspruch des Geschädigten hängen also von einem besonderen Grund, oder besser Zurechnungskriterium, ab, regelmäßig vom Verschulden als Verstoß gegen die erforderliche Sorgfalt oder wie bei der Gefährdungshaftung von der Verwirklichung einer spezifischen Gefahr. Deshalb kann der Ausgleichsgedanke nicht allein und unbedingt vorrangig das Haftungsrecht bestimmen.[177]

Hätte der Gesetzgeber bei der Ausgestaltung des Haftungsrechts allein die Idee der Schadenskompensation vor Augen gehabt, wäre ein Vorsorgesystem oder eine Sozialversicherung, welche jeden Verlust beim Geschädigten zum Ausgleich bringt, diesem Zweck erheblich mehr entgegengekommen als das von einem „Kausalprinzip“ abhängige Haftungsrecht. Ausgehend von dieser Überlegung lässt sich für die Haftungsbegründung in Anbetracht der durch Schäden bedingten Wohlfahrtsverluste das Ziel, den kostenverursachenden Schäden möglichst schon im Vorfeld entgegenzuwirken, um so die Unfallkosten so gering wie möglich zu halten, als unbedenklich ansehen.[178]

Unter Unfallkosten sind dabei zunächst alle wirtschaftlichen Einbußen der Unfallgeschädigten und diejenigen Kosten, die zur Gefahrabwendung aufgebracht werden (Unfallschutzkosten), zu verstehen. Hinzu kommen die Verwaltungs- und sonstigen Aufwendungen, die bei der Abwicklung des Schadensereignisses anfallen.[179] Allein die Reduktion von Kosten zu betreiben, wäre aber nur eine einseitige Zwecksetzung; zur genauen Bestimmung des Wohlfahrtsmaximums ist auch der Nutzen einer schadensstiftenden Handlung für Täter und Opfer einzukalkulieren.[180]

---

[176] D.h. das Opfer allein trägt seinen Schaden (Opferhaftung), vgl. dazu unten III. 1.2.1.1.

[177] Vgl. *Kötz*, in: FS. für E. Steindorff, 1990, S. 643; *Schäfer/Ott*, Lehrbuch, 1995, S. 100.

[178] Vgl. *Ott/Schäfer*, in: *dies.*, Die Präventivwirkung zivil- und strafrechtlicher Sanktionen, 1999, S. 131, 132f..

[179] So *Schulz*, VersR 1984, 608, 609; *Calabresi*, in: *Assmann/Kirchner/Schanze* (Hrsg.), Ökonomische Analyse des Rechts, 1993, S. 239, 240, unterscheidet Reduktion von Unfall*kosten* als gerechte Verteilung der Unfallkosten unter den Beteiligten und Dritten, und Reduktion von Unfall*schäden* als Senkung der durch das Unfallereignis entgangenen Nutzwerte.

[180] So die Kritik bei *Adams*, Ökonomische Analyse der Gefährdungs- und Verschuldenshaftung, 1985, S. 20, an der Analyse *Calabresis* (vgl. dazu unten 2.).

Adams sieht deshalb das ökonomisch arbeitende Haftungssystem der Forderung ausgesetzt, die Differenz aus dem Nutzen einer Tätigkeit für Verletzer und Opfer abzüglich der zu erwartenden Sorgfalts- und Unfallkosten zu maximieren.[181] Dieses Wohlfahrtsoptimum könne letztlich nur erreicht werden, wenn das Haftungsrecht die entsprechenden Anreize setzt, dass Opfer und Schädiger ein effizientes Maß an Sorgfaltsvorkehrungen treffen oder den Aktivitätsumfang der schädigenden Tätigkeit einschränken oder erweitern. Dazu müssten insbesondere Möglichkeiten gefunden werden, die sozialen Kosten oder externen Effekte, die bei beiden anfallen, in die jeweils eigene Rechnung einzubeziehen, d.h. zu internalisieren.[182]

Vor dem Hintergrund derartiger Zusammenhänge zwischen der bewussten Entscheidung für bestimmte Sorgfaltsvorkehrungen und den wahrscheinlich eintretenden Unfallschäden im Hinblick auf die Optimierung der sozialen Wohlfahrt lässt sich, zumindest zu einem Teil, die ansteigende Zahl und zunehmende Schwere der Unfälle erklären. Natürlich deklarieren Gesetzgeber und Rechtsprechung es als ihr oberstes Bestreben, menschliches Leben und Vermögen so gut wie möglich zu schützen, doch kann in der grundsätzlichen politischen Entscheidung, das Autofahren zuzulassen, eine bewusste Inkaufnahme von Todesfällen gesehen werden. Eine Entscheidung *gegen* den Schutz menschlichen Lebens oder Unversehrtheit wird schlicht und einfach dann getroffen, wenn dieser absolute Schutz und die Erhaltung der betreffenden Rechtsgüter zu *teuer* wären.[183] Anders ausgedrückt werden einzelne Gefahreneinheiten wie beispielsweise das Autofahren oder der Bau eines Tunnels dann zugelassen, wenn oder soweit der hiermit verbundene Nutzengewinn die möglicherweise eintretenden Schäden zuzüglich der Kosten für die Gewährleistung eines mittleren Sicherheitsstandards (der höchste Standard würde die betreffende Tätigkeit wieder unrentabel machen) übersteigt.

Damit hängt vom Nutzen einer Tätigkeit (und der Wahrscheinlichkeit eines Schadensereignisses) ab, wie hoch die Aufwendungen sind, die zur Schadensabwehr gemacht werden und umgekehrt. Gesetzgebern und Richtern obliegt die Feststellung, bis zu welcher Schwelle Gefahreneinheiten einer Tätigkeit hingenommen werden dürfen, ohne dass sie im Falle eines schädigenden Ereignisses zur Ersatzpflicht führen.[184] Sie beeinflussen damit die *Qualität* einer Gefahreneinheit, d.h. wie sicher eine Tätigkeit ausgeführt wird, ebenso wie die *Quantität*, also wie viele Gefahreneinheiten einer Tätigkeit zugelassen werden soll, oder

---

[181] Siehe *Adams*, a.a.O., S. 42.

[182] Vgl. *Adams*, a.a.O., S. 44.

[183] Vgl. *Calabresi*, in: *Assmann/Kirchner/Schanze* (Hrsg.), Ökonomische Analyse des Rechts, 1993, S. 239, 242f..

[184] Zur Festlegung von Sorgfaltsmaßstäben nach dem amerikanischen Richter *Learned Hand* vgl. unten 3.1.1.

mit anderen Worten, welchen Umfang eine Aktivität annehmen darf (sog. „Aktivitätsniveau“[185]).

Ob eine Tätigkeit als nutzenbringend zu bezeichnen ist oder nicht, kann nicht sofort und einhellig beantwortet werden. Das gilt insbesondere dann, wenn sie (außerdem) Vor- bzw. Nachteile zur Folge hat, die nicht unmittelbar in Geldeinheiten ausgedrückt werden. Die Annehmlichkeiten des Autofahrens beispielsweise sind nicht genau messbar und es ist sicher, dass die Herstellung und der Verkauf von Autos nicht allein deshalb zulässig ist, weil der Ertrag daraus die durch Autos oder im Zusammenhang mit Autos stehenden Unfälle abdeckt. Die Entscheidung für die Zulässigkeit einer Tätigkeit darf und kann in der Praxis nicht immer durch den Markt entschieden werden. Ethische und soziale Fragen, die von essentieller Bedeutung für die Gesellschaftsmitglieder sind, müssen einer politischen oder kollektiven Lösung vorbehalten bleiben.

Welche Sicherheitsanforderungen an einen Rasenmäher zu stellen sind oder ob Prostitution verboten werden sollte, betrifft nicht in gleicher Weise die Wertvorstellungen der Menschen, was es rechtfertigt, diese Entscheidungen verschiedenen Instanzen vorzulegen. Dem entspricht die gemäßigte Auffassung der Anhänger einer *mixed economy*[186], die eine Funktionsfähigkeit der Marktprinzipien auf allen Bereichen menschlicher Bedürfnisse in Frage stellen und einen vermittelnden Standpunkt zwischen Wohlfahrtsstaat und laissez-faire-Gesellschaft einnehmen.[187]

Was die Einschätzung von Nutzen betrifft, gilt auch für die Ermittlung der Kosten, die eine schadenserzeugende Aktivität mit sich bringt. Vor allem die Berechnung von Schäden an nicht kommerziellen Werten, insbesondere des menschlichen Lebens, kann nicht allein über den Markt erfolgen und ist deshalb zu einem bestimmten Teil politisch oder gerichtlich zu bestimmen.[188]

Tätigkeiten, die nach allgemeiner Anschauung als „nutzlos“ gelten, da sie weder für Einzelne noch für die Gesellschaft von Vorteil sind und ihr „Wegfall“ keine Wohlfahrtsverluste hinterlässt, werden häufig mit Hilfe von strafrechtlichen Sanktionen verboten, und zwar unabhängig davon, ob der Täter für eine finanzielle Wiedergutmachung gerade stehen würde. Problematisch gestaltet sich die rechtliche Behandlung derjenigen nutzlosen Aktivitäten, deren Auswirkungen (seien es Nutzen oder Kosten) nicht einer genauen Kontrolle unterzogen werden

---

[185] *Adams*, Ökonomische Analyse der Gefährdungs- und Verschuldenshaftung, 1985, S. 43; zur Bedeutung des Aktivitätsniveaus vgl. insbesondere *Shavell*, Economic Analysis of Accident Law, 1987, S. 29; *ders.*, Strict Liability versus Negligence, Journal of Legal Studies 1980, 1ff..

[186] Zum Begriff vgl. *Assmann*, in: *Assmann/Kirchner/Schanze* (Hrsg.), Ökonomische Analyse des Rechts, 1993, S. 17, 28.

[187] Vgl. *Assmann*, a.a.O., S. 28.

[188] Siehe *Calabresi*, in: *Assmann/Kirchner/Schanze* (Hrsg.), Ökonomische Analyse des Rechts, 1993, S. 239, 243ff..

können und deren Ahndung mit Kriminalstrafe inadäquat erscheint. Alle übrigen Aktivitäten sind grundsätzlich dann nicht als wertlos zu qualifizieren, wenn durch ihren Nutzen (Ertrag) die potentiellen Unfallkosten gedeckt werden können. Im Bereich dieser Aktivitäten ist wohl die Großzahl der Entscheidungen für oder gegen Unfälle anzusiedeln.[189]

Wie können hier jedoch vorrangig durch Gesetze die Anzahl und Schwere der schädigenden Ereignisse auf ein sozial wünschenswertes Maß gesenkt werden? Eine Möglichkeit zur Lösung des Problems besteht im Erlass staatlicher Ge- und Verbote in Form von Verbotsgesetzen oder Schutzgesetzen; als Beispiele kämen etwa die Einhaltung einer Höchstgeschwindigkeit nach § 41 Nr. 7 StVO, das Recht am eigenen Bilde gem. § 22 KunstUrhG oder die Gewährleistung eines gewissen Sicherheitsstandards technischer Arbeitsmittel nach § 3 GerätesicherhG in Betracht.[190] Um das Minimum an Unfallkosten zu erreichen, müssten sich die entsprechenden Vorschriften an einem theoretischen Modell über die Entwicklung der Unfallkosten, also der Vermeidungskosten und der Unfallkosten im engeren Sinne (den unfreiwilligen Vermögenseinbußen) in Abhängigkeit des Sorgfalts- oder Sicherheitsniveaus orientieren. Idealerweise wäre dann das gesetzlich vorzuschreibende (Mindest-)Sicherheitsniveau an der Stelle festzulegen, an der das Kostenoptimum liegt.[191]

Denkbar ist aber auch, die gewünschte Kostenminimierung über das zivile Haftungsrecht anzusteuern. Innerhalb der gesetzlichen Vorgaben von Verschuldens- und Gefährdungshaftung oder einem anderen Haftungsreglementarium würde das Spiel der Marktkräfte anstelle der kollektiv beschlossenen Vorgabe durch das Gesetz dafür sorgen, dass sich Umfang und Sicherheit einer Aktivität dort einpendeln, wo die gesamten Unfallkosten ihr Minimum haben.[192]

Damit aber eine Optimierung stattfinden kann, muss die Haftungsregel nicht nur überhaupt, sondern die „richtigen" Anreize für Opfer und Schädiger setzen, um das optimale Aktivitäts- und Sicherheitsniveau aufzunehmen. Denn Sicherheit um jeden Preis darf und muss nicht angestrebt werden.[193] Effizient ist ein Haftungsinstrument dann, wenn es die Akteure veranlasst, ein wirtschaftliches Verhältnis zwischen Umfang einer Tätigkeit und dem Schadenvermeidungsaufwand, beides im Hinblick auf ihren sozialen und privaten Nutzenwert, herbeizuführen. Insofern kann ökonomisch betrachtet den haftungsrechtlichen Regeln der Sinn und Zweck einer Steuerungsinstanz präventiven Verhaltens zu-

---

[189] Vgl. *Calabresi*, a.a.O., S. 246.

[190] Weitere Beispiele siehe bei *Palandt-Thomas*, Bürgerliches Gesetzbuch, 2001, § 823, Rn. 145 bis 152.

[191] Siehe dazu *Schulz*, VersR 1984, 608, 610, mit der graphischen Darstellung der Unfallkostenkurve.

[192] Vgl. dazu eingehend unten III. 1.2.

[193] So u.a. *Schulz*, VersR 1984, 608, 611; *Kötz*, in: FS. für E. Steindorff, 1990, S. 643, 647; *Calabresi*, in: *Assmann/Kirchner/Schanze* (Hrsg.), Ökonomische Analyse des Rechts, 1993, S. 239, 243.

geordnet werden. Der Ausgleichsgedanke spiegelt ein eigenes Ziel des Haftungsrechts wider; eine gerechte Kompensation derjenigen, die mit Unfallschäden (Unfallkosten im engeren Sinne) belastet sind, entspricht dagegen verteilungspolitischen Überlegungen, wer unter sozialen Gesichtspunkten mit den Kosten belastet werden sollte.

2. Der Ansatz *Calabresis*: Kostenreduktion als ein Ziel des Unfallrechts

In seiner grundlegenden Studie „The Costs of Accidents" über die rechtliche und wirtschaftliche Bedeutung von Unfallschäden formuliert *Calabresi*[194]:

> „What then, are the principal goals of any system of accident law? First, it must be just or fair; second, it must reduce the cost of accidents."

Dem Aspekt der Gerechtigkeit räumt *Calabresi* zwar ausdrücklich gleichen Stellenrang wie der Reduzierung der durch Unfallschäden verursachten Kosten ein, doch weist er ebenso darauf hin, dass Gerechtigkeit als Ziel einer Regelung grundsätzlich schwer zu definieren sei. Einfacher sei es dagegen, eine Entscheidung oder Vorschrift als „ungerecht" zu beurteilen, als positiv ihre Übereinstimmung mit weitläufigen Gerechtigkeitsvorstellungen festzustellen. Er kommt letztlich zu dem Schluss, dass Gerechtigkeit nicht wirklich Ziel des Haftpflichtrechts sein kann, sondern den Rahmen beschreibt, innerhalb dessen die eigentlichen inhaltlichen Ziele des Haftungssystems aufgestellt und verfolgt werden. Ob das Haftungsrecht gerecht sei, könne daher erst untersucht werden, wenn es im Hinblick auf ein bestimmtes Ziel hin ausgewiesen ist, und sich der Gesetzgeber für Mittel und Methoden zur Verwirklichung dieser Aufgabe entschieden hat.[195]

Als eigentliche Aufgabe des Haftungsrechts hält *Calabresi* also ausschließlich die Reduzierung von Unfallkosten fest. Dies soll wiederum durch die entsprechenden Anreize auf das Verhalten der Akteure realisiert werden.[196] *Calabresi*

---

[194] *Calabresi*, The Costs of Accidents, 1970, S. 24. Siehe auch die Zusammenfassung mit Kritik bei *Michelmann*, Umweltverschmutzung als unerlaubte Handlung: Eine nicht-zufällige Betrachtung von Calabresis „Unfallkosten", in: *Assmann/Kirchner/Schanze* (Hrsg.), Ökonomische Analyse des Rechts, 1993, S. 270ff..

[195] Siehe *Calabresi*, a.a.O., S. 24ff..

[196] *Adams*, Ökonomische Analyse der Gefährdungs- und Verschuldenshaftung, 1985, S. 20, kritisiert am Vorgehen *Calabresis*, dass dieser die Nutzengröße einer Aktivität nicht einkalkuliert und allein auf die Minimierung der Kosten abhebt, was einer Verkürzung der Analyse gleichkäme. Ziel müsse es vielmehr sein, die Differenz zwischen sozialen Nutzen und Kosten so groß wie möglich zu halten. Allein aus diesem Grund wird der Ansatz *Calabresis* nicht unbrauchbar. Die Minimierung von Kosten ist nämlich wohlfahrtsökonomisch stets von Interesse und letztlich auch in *Adams* Untersuchung erheblich. Außerdem darf die einseitige Konzentration auf die Kostenseite nicht als Unaufmerksamkeit gewertet werden, sie macht

gliedert dieses Hauptziel wiederum in drei gleichwertig nebeneinander stehende Unterziele[197].

Das erste Ziel besteht in der Senkung der *primären* Kosten, also einer Verringerung der Anzahl und Schwere der schädigenden Ereignisse. Hier geht es um die unmittelbar „vernichteten" Nutzwerte und damit im engeren Sinne um die präventive Wirkung des Haftungsrechts (vgl. oben 1.).

Zum zweiten wird eine Reduzierung der *sekundären* Kosten angestrebt. Sekundäre Kosten sind solche, die sich als ökonomische Fehlallokation oder Verschlimmerung des Schadens darstellen.[198] Intendiert ist damit eine Verringerung der Unfallkosten durch ihre Verteilung auf die Beteiligten des Schadensereignisses und Dritte, beispielsweise im Wege der Schadensstreuung durch Versicherungen.

Die *tertiären* Kosten, die ebenfalls minimiert werden sollten, entstehen bei der Abwicklung eines Schadensereignisses in Form von Verwaltungsaufwand, Anwalts- und Gerichtskosten, etc.[199]

Erstrebenswert wäre selbstredend die gleichzeitige Minimierung all dieser drei Posten durch ein und dasselbe Haftungssystem. Doch sind die Ziele in ihrer Verwirklichung nicht immer miteinander vereinbar, und so kann die verstärkte Verfolgung eines Aspekts zu einem gegenläufigen Ergebnis hinsichtlich der beiden anderen Kostenarten führen. Haftungsregeln, nach denen der Schaden grundsätzlich beim Geschädigten belassen bleibt („casum sentit dominus"-Regel[200]), favorisieren beispielsweise die Senkung der tertiären Kosten geradezu auf null, doch implizieren sie so gut wie keine Anreizwirkung, schädigendes Verhalten zu unterlassen oder Sorgfaltsvorkehrungen zu treffen, verringern also nicht die primären Kosten. Ähnlich dürfte es sich mit einem auf Schadensstreuung konzentriertes Regelwerk verhalten. Zwar belastet die Verteilung des Schadens allein durch Versicherung den einzelnen verhältnismäßig weniger, dafür ist niemand angehalten, besondere Vorsicht an den Tag zu legen, da die Versicherung allemal den Schaden übernimmt.

Aus diesem Grund dürfen diese Ziele nicht völlig isoliert voneinander betrachtet werden, sondern es ist das System herauszuarbeiten, das einen Kompromiss hin-

---

vielmehr deutlich, welche Arten von Kosten bei Unfällen eine Rolle spielen und wie diese am besten zu behandeln sind.

[197] Zusammenfassend vgl. *Taupitz*, AcP 196 (1996), 115, 138ff.; *Schäfer/Ott*, Lehrbuch, 1995, S. 100ff..

[198] Vgl. *Michelmann*, a.a.O., S. 274.

[199] Siehe *Calabresi*, The Costs of Accidents, 1970, S. 26ff.; auf eine Diskussion der Mittel und Wege zur Senkung der tertiären Kosten soll im vorliegenden verzichtet werden.

[200] Vgl. dazu genauer unten III. 1.2.1.1.

sichtlich des Optimierungsziels auf allen Kostenbereichen darstellt, es ist also das beste Verhältnis der drei Kostenfaktoren anzustreben.[201]

Die Kostensenkung wird meist auch aus ökonomischer Sicht nicht als alleinige Aufgabe des Haftpflichtrechts behauptet. Oftmals „sollen" die gesetzlichen Regelungen in Bereiche hineinwirken, die rein thematisch nicht der eigentlichen Regelungsintention unterfallen. Zu bestimmten Zeiten war und ist es beispielsweise erwünscht, dass eine spezifische Ausgestaltung der Haftungsregeln subventionsähnliche Wirkung für im Aufbau befindliche Industriezweige- und Unternehmen entfaltet, oder Ungleichheiten in der Einkommensverteilung beseitigt. Indirekt wird die Belastung mit Haftpflicht von manchen auch als Besteuerung auf gefahrbringende Unternehmungen (etwa Monopole) verstanden.[202]

Hierzu ist allerdings anzumerken, dass im Hinblick auf die Kostensenkung die gleichzeitige Wahrnehmung anderer bisweilen politischer Interessen das Ziel immer schwerer oder nur unter Zugeständnissen erreichbar macht. Sicherlich sind die positiven und negativen Folgen einer Regelung auf andere Bereiche zu berücksichtigen und gegebenenfalls in ihre Überlegungen mit einzubeziehen; die primären Ziele eines Regelungssystem dürfen aber nicht von verschiedenen (auch gegenläufigen) Funktionen überfrachtet werden.[203]

Was die Kostenreduktion insgesamt und ihre Unterziele angeht, ist von vornherein klarzustellen, dass sie nicht auf allen Gebieten der Haftung und in jeder Situation gleichsam erreicht werden können. Es gibt kein „all-inclusive"-System[204] für alle denkbaren Sachverhalte. Im Wirtschaftsrecht sind Anreize zur Schadensvermeidung leichter umzusetzen als dort, wo es gilt, Verkehrsunfälle zu verhindern.[205] Auch ist es möglich, dass der ein oder andere Posten in entsprechenden Haftungsbereichen gar nicht gesenkt werden kann. Wenn beispielsweise die Haftung für Schäden aus Verkehrsunfällen durch die Einschaltung von Haftpflichtversicherungen einer Streuung unter sämtlichen Versicherungsnehmern zugeführt werden soll, ist damit zwangsläufig ein gewisser Verwaltungsaufwand verbunden, während eine Senkung der tertiären Kosten nur eingeschränkt möglich ist.

Im Folgenden können deshalb nicht die verschiedensten Haftungsbereiche mit den zu beachtenden Einzelheiten behandelt werden. Der Schwerpunkt der Betrachtung ist vielmehr auf die allgemeinen, für alle Haftungsfälle geltenden Gemeinsamkeiten zu legen, um überhaupt erst die Zusammenhänge zwischen dem angestrebten Ziel der Kostenreduktion und den dazu ausgewählten Mitteln darzulegen.

---

[201] Siehe *Taupitz*, AcP 196 (1996), 115, 142ff..

[202] Vgl. *Calabresi*, The Costs of Accidents, 1970, S. 32.

[203] Siehe *Calabresi*, The Costs of Accidents, 1970, S. 32.

[204] *Calabresi*, a.a.O., S. 14.

[205] Im Bewusstsein dieser Problematik *Kötz/Schäfer*, Schadensverhütung durch ökonomische Anreize, AcP 189 (1989), S. 501ff..

2.1 Senkung der primären Kosten

Die absolute Verhinderung von Unfallschäden etwa durch die Untersagung jeglicher potentiell schädigender Unternehmungen würde aus wohlfahrtsökonomischer Sicht niemals Akzeptanz erlangen. Aktivitäten, die ein mehr oder weniger hohes Schadensrisiko in sich bergen, sind meist sowohl für den Akteur als auch die Gesellschaft mit zu großem Nutzen verbunden, als dass sie, um völlige Sicherheit zu erreichen, schlechterdings verboten werden könnten.[206]

Um die Zahl und Intensität von Schadensfällen auf das angemessene Maß zu senken, ist entweder die Häufigkeit oder der Umfang, mit dem eine Tätigkeit betrieben wird, einzuschränken, oder die Aktivität muss auf einem höheren Sicherheitsniveau stattfinden. Dies kann auf zweierlei Wege geschehen: Entweder werden im Wege kollektiver Entscheidungen Festsetzungen über Sicherheit und Umfang der Unternehmungen (specific deterrence) getroffen oder man überlässt dem freien Markt die Herausbildung eines gewissen Niveaus an Sicherheit und Umfang. Diese Methode wird als „general deterrence" oder „market deterrence" bezeichnet und kommt wohl im Deutschen dem Begriff der „Generalprävention"[207] am nächsten.

2.1.1 General deterrence

2.1.1.1 Funktionsweise

Dem Modell der general deterrence liegt die Überlegung zugrunde, dass die Marktteilnehmer rational und nach ihren jeweiligen individuellen Nutzenvorstellungen handeln (im Sinne des methodologischen Individualismus, vgl. oben I. 3.2.3). Sie entscheiden, ob und welche Aktivitäten für sie am gewinnbringendsten oder unrentabel sind.

Die Gesamtkosten von Unfällen, die eine Aktivität innerhalb einer bestimmten Zeit durchschnittlich mit sich bringt, gehen dabei als „Preis" in die Kosten-Nutzen-Kalkulation für diese Aktivität ein. Damit der Preis möglichst nah an den wirklich entstehenden Schadenskosten liegt, müssen diese so gut wie möglich in die Kostenrechnung desjenigen einfließen, der die betreffende Tätigkeit selbst vornimmt, und damit internalisiert werden. Nur unter dieser Bedingung nehmen die Wirtschaftssubjekte mehr von „gefahrgeneigten" Aktivitäten Abstand, als sie dies tun würden, wenn die Folgen ihrer Unternehmungen nicht sie, sondern überwiegend den Geschädigten oder Dritte treffen würden.

---

206 Vgl. *Adams*, Ökonomische Analyse der Gefährdungs- und Verschuldenshaftung, 1985, S. 17ff; *Schäfer/Ott*, Lehrbuch, 1995, S. 105.

207 So die Übersetzung bei *Adams*, Ökonomische Analyse der Gefährdungs- und Verschuldenshaftung, 1995, S.18.

Um Aktivitäten zu einem niedrigen Preis verwirklichen zu können, also ihre Kosten zu senken, bieten sich wiederum genau zwei Möglichkeiten an: Entweder die Akteure greifen auf „sicherere" Alternativen zurück (beispielsweise vom Auto- auf das Bus- oder Bahnfahren) oder sie machen die von ihnen bevorzugten Aktivitäten sicherer, indem sie Vorkehrungen zur Schadensvermeidung treffen.[208]

Zur Verdeutlichung soll folgendes Beispiel dienen.[209] Eine Person hat durch die Benutzung ihres Pkws durchschnittlich 200 Einheiten Unfallkosten im Jahr zu tragen. Wäre sicher vorauszusagen, dass der Einbau neuer Bremsen gegen 50 Einheiten die mittleren Unfallkosten um 100 (also auf 100 Einheiten) reduzierte, würde sich der verständige Verbraucher für den Einbau der Bremsen entscheiden und somit die Gesamtunfallkosten der Benutzung seines Wagens für sich und die Gesellschaft um 50 Einheiten verringern. Dieses optimale Ergebnis ließe sich natürlich nur dann realisieren, wenn die Person als Akteur selbst mit den durch ihre Betätigungen verursachten Schäden belastet wäre, nicht aber im Falle der Übernahme beispielsweise durch den Staat (finanziert über Steuereinnahmen) oder bei Belastung des Verletzten mit den entstandenen Schäden.

Der general deterrence approach kommt der Vorstellung entgegen, dass jeder Marktteilnehmer entsprechend seiner Situation reagieren kann und das jeweilige Optimum herbeizuführen im Stande ist. Würde, um das vorangehende Beispiel zu erweitern, ein Gesetz die Installation der einem bestimmten Sicherheitsstandard genügenden Bremsen vorschreiben, würde derjenige, der nur jährlich 25 Einheiten an Unfallkosten (im engeren Sinne) verzeichnet, mit weiteren 50 Einheiten belastet werden, was wohl am wenigsten einem wirtschaftlichen Zustand gleichkommt.[210]

2.1.1.2 Grenzen

(a) Theorie des „Second Best"

Volkswirtschaftliche Fehlerscheinungen wie ungleiche Einkommensverteilung, Arbeitslosigkeit oder Monopole bilden zumeist Hindernisse im Hinblick auf das Ziel der Kostenreduktion über den general deterrence approach.

Eine befriedigende Lösung des Kostenproblems läge sicherlich nicht darin, die Herstellung einer Ware durch die Belastung des produzierenden Unternehmens mit den anfallenden Unfallkosten derart zu verteuern, dass ärmere Bevölkerungsschichten, die in besonderem Maße auf das Gut angewiesen sind, sich dieses Gut im Extremfall nicht mehr leisten könnten. Hier wäre es - auch auf Kos-

---

[208] Vgl. *Calabresi*, The Costs of Accidents, 1970, S. 73.
[209] Vgl. *Calabresi*, a.a.O., S. 73.
[210] Vgl. *Calabresi*, a.a.O., S. 73f..

ten einer erfolgreichen Generalprävention - gerechtfertigt, „falsche“ Preise, also solche, die nicht die wahren Unfallkosten widerspiegeln, anzusetzen. Den Ökonomen, die an einer strengen Marktlösung festhalten und dazu tendieren, Verteilungsungleichheiten durch Ausgleichszahlungen von Seiten der Wohlhabenderen zu beheben, ist die Kostspieligkeit und mangelnde Praktikabilität solcher Lösungsvorschläge, die letztlich auch auf politischen Widerstand stoßen würden, entgegenzuhalten.

Diese und parallele Überlegungen bezüglich des Phänomens Arbeitslosigkeit und der verzerrenden Wirkung auf die Preisgestaltung, die von Monopolen ausgeht, lassen sich verallgemeinernd in der Theorie des „Second Best“[211] zusammenfassen. Sie umschreibt im weitesten Sinne die Unsicherheit, dass mit einer deutlichen Verbesserung der Ressourcenallokation in einem Bereich noch größere Fehlallokationen auf anderen Gebieten ausgelöst werden können. Hiermit ist vor allem dann zu rechnen, wenn die Maßnahmen, die zum Zweck der general deterrence getroffen werden, den gesamten Bereich einer Tätigkeit erfassen, etwa das Autofahren im Allgemeinen. Je enger und spezieller aber die Veränderungen im Hinblick auf den erstrebten Effizienzgewinn sind, desto sicherer kann die Gesellschaft gehen, an anderen Stellen keine unerwünschten Allokationsdefizite hinnehmen zu müssen.[212]

(b) Der moralische Einwand

Davon abgesehen zeigt die Vorstellung von einer Gesellschaft, in der die vollständige Verwirklichung der Kostenreduktion allein und ausschließlich über Marktentscheidungen erreicht oder zumindest anvisiert wird, dass ein solches Ideal nicht unbedingt erstrebenswert sein kann.

Sobald eine Aktivität nur dann ausgeführt werden soll, wenn der Handelnde die durch sie verursachten Kosten auch bezahlen kann, setzt dies nicht nur eine Entscheidung des Akteurs, also des potentiellen Schadensverursachers voraus, sondern impliziert, dass das Opfer einer schädigenden Handlung sich quasi zu einem bestimmten Preis das Einverständnis in eine Verletzung, sei es des Vermögens oder der körperlichen Integrität, abkaufen lässt. So entsteht ein Markt, auf dem Angebot und Nachfrage für schädigende Handlungen statistisch zu ermittelnde Preise für (willentliche) Verletzungen bzw. Einwilligungen in solche hervorbringen. Extrem ausgedrückt könnte man theoretisch Unfälle mit Todesfolgen als beabsichtigten oder zumindest bewussten Totschlag bzw. als Selbstmord, die Verursachung von Sachschäden als vorsätzliche Sachbeschädigung oder als den Verkauf der beschädigten Gegenstände interpretieren.[213]

---

[211] Vgl. *Bös*, Welfare Economics of the Second Best, Zeitschrift für Nationalökonomie 1986, Beiheft zu Ausgabe 5; *Gaube*, Numéraire und Second-Best-Gleichgewicht, 1997.
[212] Vgl. *Calabresi*, a.a.O., S. 78ff..
[213] Vgl. *Calabresi*, a.a.O., S. 88f..

Als „Opfer“ (im übertragenen Sinne) eines solchen Regimes kommen wiederum diejenigen in Betracht, die nicht über die notwendigen Mittel verfügen, Abwehrmaßnahmen gegen Schädigungen zu ergreifen bzw. den höheren Pries für materielle und immaterielle Unversehrtheit zu zahlen. *Calabresi* führt als Beispiel die zwar „außervertragliche“, jedoch „handelbare“ Beziehung zwischen selbständigen Kohleschürfern (coal miners) und den Minenbetreibern (mine owners) an.[214] Während die Minenbetreiber allein die Nutzung ihrer Minen anbieten, sind die vom Nutzungsrecht abhängigen Kohleschürfer mit dem Risiko eines tödlichen Unfalles in Ausführung ihrer Tätigkeit konfrontiert.[215]

Es ist also festzuhalten, dass eine Lösung des Kostenproblems allein über den freien Markt völlige Entscheidungsfreiheit auf Seiten von Verletzer und Verletztem erfordert; solange aber in erster Linie wirtschaftlich unterlegene Marktteilnehmer zur Übernahme gewisser Risiken gezwungen sind, kann nicht von Kräftegleichgewicht und frei ausgehandelten Preisen die Rede sein.

(c) Das Informationsdefizit

Voraussetzung aber für die Herausbildung des unterstellten Preissystems wäre, dass sich Verletzer und Opfer in ständiger Verhandlung, in bargaining-Prozessen befänden, sich also schon vor dem schädigenden Ereignis kennen und auseinandersetzen würden. Diese Situation dürfte aber im außervertraglichen Bereich, und um eben diesen geht es ja im Unfallrecht, äußerst selten anzutreffen sein. Selbst wenn derartige Bedingungen erfüllt wären, müssten Einschränkungen gegenüber der Funktionsfähigkeit des freien Marktmechanismus festgestellt werden.

Zum einen verhindern Informationsdefizite im Hinblick auf das Schadensrisiko, genauer auf die Wahrscheinlichkeit eines schädigenden Ereignisses auf beiden Seiten, aber überwiegend beim Geschädigten, die richtige Einschätzung des Werts und damit des zu erreichenden Preises einer gefahrgeneigten Tätigkeit, sowie eines Einverständnisses mit einer daraus resultierenden Schädigung. Die Transaktionskosten, die zur Überwindung dieser ungünstigen Ausgangslage anfielen, sind zu hoch, als dass sich die Beteiligten die notwendigen Kenntnisse umgehend beschaffen würden. Die zukünftigen Opfer eines Schadensereignisses sind außerdem mit der psychologischen Barriere konfrontiert, sich auch wirklich in die Rolle des „Opfers“ hineinzuversetzen und zu überlegen, welche Einbußen sie zu welcher „Gegenleistung“ hinzunehmen bereit sind.

---

[214] Siehe *Calabresi*, a.a.O., S. 90.

[215] Übertragbar wäre diese Problematik auch auf das Verhältnis eines wirtschaftlich potenten Industrieunternehmens zu den Anwohnern der Umgebung, insbesondere den sozial Schwächeren, die ständig schadhaften Immissionen ausgesetzt sind und diesen nicht entgehen können.

Als problematisch erweist sich auch die Bemessung von Schäden, insbesondere körperlichen Schäden und des menschlichen Lebens durch die Opfer; sie stimmen häufig nicht mit den tatsächlichen Kosten überein und werden nicht selten von der Wahrscheinlichkeit abhängig gemacht, mit der sie auftreten.[216]

Auch wenn man die Möglichkeit in Betracht zieht, die vermeintlich Geschädigten zusammenzuschließen und durch Interessenvertreter eine stärkere Ausgangsposition zu geben, denen die oben genannten Schwierigkeiten nur in geringem Maße begegnen, bleiben die Unzulänglichkeiten einer reinen general deterrence Lösung offensichtlich. Deshalb ist es unerlässlich, auf kollektive Entscheidungen zurückzugreifen und über diese entweder den Wert einer Tätigkeit für Opfer *und* Schädiger zu bestimmen (was unter den Begriff der „specific deterrence" fällt und im Folgenden eingehender untersucht werden soll) oder nur die Kosten einer Verletzung, die bei den Opfern anfallen, objektiv festzulegen, und den Preis, den die Veranlasser hierfür zu zahlen bereit sind, den Angebot- und Nachfragegesetzen zu überlassen (diese Variante käme dann noch mehr einer ausschließlich an der general deterrence orientierten Regelung nahe).[217]

2.1.2 Specific deterrence

2.1.2.1 Funktionsweise

Der specific (oder „collective") deterrence approach geht den Weg der Senkung primärer Kosten über mehrheitlich getroffene Entscheidungen, die verbindlich für alle Akteure und die negativ Betroffenen gelten. Er verzichtet also darauf, die Einzelnen entsprechend ihrer Präferenzen und wirtschaftlichen Möglichkeiten das Für oder Wider der Ausführung und Duldung bestimmter Tätigkeiten abwägen zu lassen.

Der kollektiven Ermittlung aller Nutzen- und Kostenfaktoren einer Tätigkeit folgt die wertende Aufgabe, die „erlaubten" Aktivitäten ihrem Umfang und der Art und Weise ihrer Handhabung nach zu bestimmen. Sicherlich wird auch ein solches Verfahren nicht umhin können, sich am Markt zu informieren, zumal, wenn es um Maßnahmen bezüglich weitreichenderer Aktivitäten geht.[218]

Die Vorzüge des specific deterrence lassen sich typischer Weise dort festmachen, wo man annimmt, dass die Individuen unfähig sind, Nutzen und Kosten

---

[216] Siehe *Calabresi*, a.a.O., S. 91; zum „Wert des Lebens" über die Zahlungsbereitschaft zur Unfall- und Todesverhütung vgl. *Schäfer/Ott*, Lehrbuch, 1995, S. 309 ff., m.w.N.: unterschiedliche Untersuchungen ergeben für die Bundesrepublik im Jahr 1993 einen Betrag von 1,5 bis 2 Mio. DM, der pro Person durchschnittlich für Todesverhütungsmaßnahmen aufgewandt werden würde; dazu ausführlicher unten III. 3.1.1.

[217] Siehe *Calabresi*, a.a.O., S. 92.

[218] Vgl. *Calabresi*, a.a.O., S. 95ff..

einer Tätigkeit zu bestimmen und dem gemäß zu agieren, sei es aus psychologischen Gründen oder dem Mangel an Informationen. Daneben resultieren die Vorzüge dieser Methode aus der Möglichkeit, nicht monetäre Kosten und Nutzen auf sachgerechtere Weise einer Bewertung zu unterziehen, als dies bei einer Entscheidung über den Markt der Fall wäre. Während dort niemals alle nicht messbaren Posten einbezogen werden können, mag dies bei einer kollektiven Entscheidung weitaus wahrscheinlicher sein, beispielsweise wenn es um die „immateriellen" Vorzüge des Autofahrens in Form von gesteigerter Mobilität oder seine negativen Folgen der wachsenden Umweltbelastung geht. Eine politische Steuerung vermag diesbezüglich mehr die Ansprüche und Prioritäten widerzuspiegeln, welche die Gesellschaft setzt, da sie ohnehin meist notwendig ist, wenn übergeordnete Ziele und Prinzipien betroffen sind.[219]

Einschränkend ist aber auch hinzuzufügen, dass politisches Einschreiten nur geboten und realisierbar sein kann, wo bedeutende unmessbare Werte im Spiel sind und die Entscheidungen nicht zu sehr detailliert oder unbestimmt sind.[220]

Eine Stufe über den nicht monetären Kosten und Nutzeneinheiten stehen die moralischen und ethischen Grundwerte, die gänzlich vom Handel ausgeschlossen sind und ihre Berechtigung über einen gesellschaftlichen Konsens beziehen, also ihrem Wesen nach schon nicht „individuell" bestimmbar sind.

Prostitution und die Tötung menschlichen Lebens können nicht allein deshalb für zulässig erklärt werden, weil ihr „Ertrag" einen Ausgleich für die durch sie verursachten Kosten schaffen kann, umgekehrt sollte der sonntägliche Kirchbesuch, der zweifellos nicht unerhebliche Unfallkosten mit sich bringt, nicht über ein Zusammenspiel der Marktkräfte eingeschränkt werden.[221] Zwar könnte der Betrachter auf die Idee kommen, es handle sich um nichts anderes als eine Entscheidung über die nicht monetären „Kosten" und „Nutzen" des Kirchgehens oder der Prostitution, doch wird man gemeinläufig Vorbehalte geltend machen, in diesen Zusammenhängen überhaupt von Gewinn und Verlust im weitesten Sinne zu sprechen. Auch aus diesem Grund wird übereinstimmend das Urteil über moralische „Werte" übergeordneten Instanzen zugewiesen, von denen eine weitsichtigere Beurteilung und Berücksichtigung der verschiedenen Aspekte erwartet wird.[222]

Am eindringlichsten lassen sich jedoch die Vorzüge eines specific deterrence approach aufzeigen, wo insbesondere die *praktischen* Schwächen des generalpräventiven Modells zu Tage treten. Abgesehen von den eben geschilderten

---

[219] Vgl. *Calabresi*, a.a.O., S. 97ff..
[220] Vgl. *Calabresi*, a.a.O., S. 97f..
[221] Vgl. *Calabresi*, a.a.O., S. 100ff..
[222] Siehe *Calabresi*, a.a.O., S. 101, mit dem Hinweis, dass die Übergänge zwischen nicht monetären Kosten/Nutzen einer Tätigkeit und moralischen Wirkungen häufig nur gradueller Natur sind und nur relevante Grundsatzfragen eindeutig als nicht marktfähige Regelungsbereiche von schlicht „non-monetizable costs and benefits" identifiziert werden können.

Schwierigkeiten der Einschätzung von Marktwerten, greift eine general deterrence überall dort zu kurz, wo die kleinstmöglichen Handlungseinheiten („acts") dem Markt zugänglich gemacht werden sollen, wie sie beispielsweise im Rahmen von Versicherungen niemals unter eine selbstständige Versicherungsgruppe eingeordnet werden können, sondern von einer breiter angelegten Aktivität umfasst werden. Denn eng umgrenzte Handlungsalternativen in bestimmten Situationen sind schwerlich auf ihr Schadensrisiko und ihren Schadensumfang - im Falle eines solchen schädigenden Ereignisses - zu untersuchen, weshalb ihre wahren Kosten und Nutzengewinne kaum in entsprechenden Preise einfließen können.

Als Beispiel für derartiges Verhalten nennt *Calabresi* das Passieren einer roten Straßenampel, welches keinen eigenen Tätigkeitsbereich darstellt und als solches nicht versicherbar wäre. Gegen Schäden, die aus einem solchen Handeln resultieren, genießen die Akteure allenfalls über die Versicherung des Autofahrens „im allgemeinen" Schutz; sollte sich auch der Versicherungsbeitrag eines notorischen „Bei-Rot-Fahrers" infolge seiner steigenden Unfallzahl drastisch erhöhen, ist nicht unbedingt vorauszusagen, dass der Betreffende eben diesen Verstoß in der Zukunft einstellen wird. Er könnte genauso gut bestimmte Sicherheitsvorkehrungen an seinem Wagen treffen oder auf andere Weise ein sichereres Fahrverhalten herbeiführen. Dies hängt eben damit zusammen, dass für die Akteure (und die Versicherungen) die Folgen des „Bei-Rot-Fahrens" nicht genau einkalkulierbar sind. Sie stimmen auch nicht mit den zusätzlichen Kosten überein, die beim Eintritt in eine höhere Versicherungskategorie anfallen.[223] Es entspricht daher einer sachgerechten Lösung des Kostenproblems, dass das Passieren einer roten Ampel im hiesigen Recht über eine mehrheitlich getragene Entscheidung im Rahmen des Ordnungswidrigkeitenrechts (§ 49 III Nr. 3 i.V.m. § 37 StVO, § 24 StVG) und des Strafrechts (§ 315c I Nr. 2a StGB, bei konkreter Gefährdung) unter eine Sanktion gestellt wird.

Da also bestimmte Aktionen nicht über Versicherungen und deshalb auch nicht auf dem Markt registriert werden können, ist hier der Rückgriff auf specific deterrence schon dann gerechtfertigt, wenn es nicht ganz unwahrscheinlich ist, dass die Akteure konfrontiert mit den verursachten Kosten von den besagten Handlungen Abstand nehmen würden. Bei breiteren Aktivitäten und ganzen Tätigkeitsfeldern dagegen, die wiederum mit anderen Handlungen in Konkurrenz treten können, dürfte eine Lösung über die Marktmechanismen vorzuziehen sein, da sie in höherem Maße auf individuelle Präferenzen einzugehen vermag.

[223] Siehe *Calabresi*, a.a.O., S. 105.

2.1.2.2 Grenzen

Aber auch eine Gesellschaft, die allein im Wege kollektiver Entscheidungen eine Kostenreduktion anstrebt, stößt zwangsläufig auf unüberwindbare Hindernisse.

(a) Das Kostenargument

Der zuletzt dargelegte Vorzug des „specific deterrence"-Modells, der in der Erreichbarkeit selbst kleinster Handlungseinheiten bestand, spiegelt gleichzeitig die Defizite bei seiner Umsetzung wieder. Denn während die Steuerung breiter Aktivitäten über den Markt gleichsam kostenlos, d.h. allein durch die Marktteilnehmer (Schädiger und Opfer) vonstatten geht, erfordern kollektive Entscheidungen einen um so höheren Kostenaufwand, je mehr sie Detailfragen betreffen. Zum einen wird dieser durch die Informationsbeschaffung, zum anderen durch die Kosten politischer Verfahren selbst verursacht. Regelungen von geringfügiger Bedeutung wie die Wahl zwischen zwei Paar Schuhen oder der Geschwindigkeit von 20 oder 30 km/h sind günstigerweise dem Markt zuzuordnen. Diesbezügliche politische Entscheidungen stünden zu dem Aufwand, der für sie erforderlich wäre, außer Verhältnis. Damit die Maßnahmen einer specific deterrence nicht dem Ziel der Senkung tertiärer Kosten entgegenlaufen, sind sie zwangsläufig nur unter der Bedingung zu ergreifen, dass sie eine Vielzahl von Individuen erreichen.[224]

Sobald aber eine Regelung ein umfassenderes Spektrum menschlichen Verhaltens bestimmt, liegt es genauso nahe, nach dem Marktmodell die Einstellung eines angemessenen Niveaus der betreffenden Tätigkeit durch die Angebots- und Nachfragekräfte zu vollziehen. Hier werden letztlich die allgemeine Vorliebe für kollektive Entscheidungsfindung oder eben die Bevorzugung einer Marktlösung und die bei beiden Alternativen anfallenden sekundären und insbesondere tertiären Kosten entscheiden, welche Möglichkeit umgesetzt wird.[225]

Dabei scheint die Alternative der specific deterrence nur auf den ersten Blick keine erheblichen sekundären Kosten, d.h. eine ungleiche Verteilung der Unfallkosten auf die Gesellschaftsmitglieder, nach sich zu ziehen. Denn im weiteren Sinne stellt sich auch hier das Problem einer möglichen einseitigen Belastung: Werden bestimmte Aktivitäten ganz untersagt, wie etwa der Betrieb eines Unternehmens, sind die dort angestellten Personen finanziellen und persönlichen Verlusten ausgesetzt. Rein theoretisch kämen für diesen Fall im System der specific deterrence Ausgleichszahlungen von Seiten des Staates selbst oder besonderen Fonds in Betracht. Können diese Mittel aber nicht aufgebracht werden oder lässt sich die Einschränkung eines Verhaltens aufgrund seines Wesens schlecht kompensieren, sind andere Durchsetzungsmechanismen erforderlich,

---

224 Vgl. *Calabresi*, a.a.O., S. 108.
225 Vgl. *Calabresi*, a.a.O., S. 110.

nämlich Strafen in ihren verschiedenen Formen, Zwangsgeld, Freiheitsstrafe oder Geldstrafe. Auch diese Sanktionierung muss aus öffentlichen Mitteln finanziert werden. Abgesehen davon verursachen Sanktionen bei den normwidrig Handelnden nicht nur Vermögenseinbußen, sondern auch immaterielle Schäden, die allgemein als „Strafleid“[226] bezeichnet werden können.[227]

Parallel zum Problem nicht „gestreuter“ Schadensbelastung, also hoher sekundärer Kosten als Ergebnis der general deterrence, stellt sich die Frage, ob diese finanziellen und persönlichen Opfer die „Einsparung“ an Ressourcen mit Senkung der Unfallkosten im weiteren Sinne „wert“ sind, mit anderen Worten, ob das „Mehr“ an Kosten das „Mehr“ an Nutzengewinn dem Betrag nach unterschreitet.

(b) Das Problem nicht steuerbaren Verhaltens

Außerdem bietet die politische Lösung auch dann keine Alternative zur general deterrence, wenn die Regelung solches Verhalten betreffen soll, das von den Akteuren bewusst oder unbewusst nicht kontrollier- und steuerbar ist. „Unaufmerksamkeit“, welche bei der Ausführung unterschiedlichster Tätigkeiten auftritt, kann theoretisch nur über die Einschränkung derjenigen Verhaltensweisen „eingestellt“ werden, die sie als Begleiterscheinung mit sich ziehen. Geistige Abwesenheit während des Steuerns eines Kraftfahrzeugs oder einer anderen Maschine und die daraus entstehenden Unfälle und Schäden können also fast ausschließlich durch das „Verbot“ bzw. die Limitierung dieser Tätigkeit selbst ausgeschaltet werden.

2.1.3 „Mixed systems“ als Kompromiss zwischen general und specific deterrence

Insgesamt wird man nach den vorangehenden Ausführungen zu dem Ergebnis gelangen, dass nur ein Nebeneinander von general *und* specific deterrence einschließlich ihrer Negativfolgen von zum Teil ungestreuter Schadenskosten *und* auferlegten Sanktionen das gewünschte Optimum auf längere Sicht näher zu bringen vermag.[228]

Zuletzt sei deshalb auf die unterschiedlichen Formen hinzuweisen, die specific deterrence in Verbindung mit dem Modell einer market deterrence annehmen kann, sog. mixed systems.

Am einfachsten wäre wohl eine Gesellschaft vorstellbar, die bestimmte Aktivitäten, deren Folgen wohlfahrtsökonomisch nicht verträglich sind, gänzlich verbie-

[226] Zur „Ökonomie des Verbrechens“ vgl. eigens *G. Becker*, Journal of Political Economy 76 (1968), 169-217.
[227] Vgl. *Calabresi*, a.a.O., S. 109ff..
[228] Siehe *Calabresi*, a.a.O., S. 113.

tet, und die restlichen über den Markt regelt. Neben dem vollständigen Verbot einer gesamten Tätigkeit bietet sich die bloße Einschränkung derselben an, was wiederum auf das Verbot einer ihrer Unterkategorien hinausläuft oder anders ausgedrückt die Art und Weise ihrer erlaubten Ausführung beschreibt, beispielsweise das Verbot, Autos ohne Bremsen herzustellen, anstelle der völligen Untersagung, überhaupt Autos zu produzieren.[229]

Nicht immer liegt es aber im Interesse der Gesellschaft und ist es rentabel, eine Aktivität oder einen Teil davon als Ganzes auszuschalten. Vielmehr genügt oft die Beschränkung oder Limitierung auf ein zulässiges Maß einer Tätigkeit. Eine solche Limitierung ist wiederum auf verschiedenen Wegen zu erreichen: Einerseits könnte allein der Zufall bestimmen, wer zum Kreis der Berechtigten zugelassen werden soll, beispielsweise jeder dritte Geburtenjahrgang oder diejenigen, deren Nachname mit einem bestimmten Buchstaben beginnt. Naheliegender dürfte es aber sein, die Zulassung an eine Bedingung zu knüpfen, etwa an die Bereitschaft, eine nicht unbedingt in Geld messbare Belastung auf sich zu nehmen, etwa das Anstehen, frei nach dem Motto, „wer zuerst kommt, malt zuerst“. Die am meisten verbreitete Variante besteht aber darin, denjenigen, die die Tätigkeit ausführen wollen, eine finanzielle Bürde aufzuerlegen, Dies führt zu einer Besteuerung der betreffenden Tätigkeit. Die Höhe der Steuer und die Möglichkeit, die limitierte Aktivität durch entsprechend gleichwertige Aktivitäten zu substituieren, beeinflussen dabei die Nachfrage. Die Häufigkeit, mit der eine Tätigkeit stattfindet, wird zum Teil also auch über den Markt gesteuert, sobald das Kollektiv festgelegt hat, *wie viel* eines Verhaltens erlaubt sein soll.[230]

Schließlich kann eine Tätigkeit auch unter Strafe gestellt werden, wenn ihre Verwirklichung zum Eintritt eines schädigenden Ereignisses führt. Dabei gibt es Tätigkeiten, die schon vor dem Unfallereignis genau umschrieben werden können, den Akteuren eine Sanktion aber erst auferlegt werden kann, wenn sich die Folgen ihres Handelns in einem Unfall niedergeschlagen haben. In diesem Falle werden die handelnden Personen gesteigertes Interesse daran haben, Unfallvermeidungsmaßnahmen zu treffen oder auf vergleichbare Tätigkeiten umzusteigen, eine Situation, die gewisse Ähnlichkeit zur market deterrence aufweist, wenngleich die Strafen selbst nicht auf Marktkräfte reagieren und konstant bleiben.[231] Am schwierigsten gestaltet sich die Gruppe von Aktivitäten, bei denen die „Straftatbestände“ aus praktischen oder Effizienzgründen von vornherein nicht genau feststehen können, und der Schädiger sich erst nach dem Eintritt eines Schadens einer Sanktion sicher gegenüber sieht. Natürlich müssen die zu unterbindenden Aktivitäten zumindest so umschrieben sein, dass sich die Handelnden in Anbetracht eines Schadensereignisses auf ein angemessenes unfallvermeidendes Verhalten einstellen können. Diese ex-post-Urteile bergen

---

229 Vgl. *Calabresi*, a.a.O., S. 113ff..
230 Vgl. *Calabresi*, a.a.O., S. 116f..
231 Vgl. *Calabresi*, a.a.O., S. 119f..

zum einen eine gewisse Unsicherheit bei der Bestimmung, welches Verhalten nun untersagt sein soll, und somit einen Ungerechtigkeitsfaktor; darüber hinaus bewirken sie häufig, dass die Gesellschaftsmitglieder von weit definierten Tätigkeiten Abstand nehmen, um so dem Risiko einer Sanktionierung mit größerer Sicherheit aus dem Weg zu gehen. Im Ergebnis werden auch hier die Individuen im Rahmen der (wenn auch vage formulierten) kollektiven Weisungen nach Schwere und Wahrscheinlichkeit einer Überführung und den von ihnen in Kauf zu nehmenden Belastungen mit ihren Reaktionen selbst festlegen, welche Tätigkeiten und damit Schäden unterbleiben und welche nicht.[232]

2.2 Senkung der sekundären Kosten

2.2.1 Interpersonal loss spreading

Reduktion der sekundären Kosten im eigentlichen Sinne bedeutet zunächst eine Verschiebung der Kosten eines Schadensereignisses vom Schädiger oder Geschädigten (je nach der geltenden Haftungsregel) auf eine Vielzahl von nicht beteiligten Personen oder eine bestimmte Personengruppe („interpersonal loss spreading“[233]). Dem liegt die Vorstellung zugrunde, dass die Belastung nur einer Person mit den Kosten eines Unfalls, beispielsweise in Höhe von 1000 Euro, sozial und wohlfahrtsökonomisch insgesamt schwerere Verluste mit sich bringt, als die gesellschaftliche Verteilung dieser Kosten, etwa die Verpflichtung von 1000 Personen jeweils einen Kostenanteil von 1 Euro zu übernehmen.[234]

2.2.2 Loss spreading over time

Weit weniger Bedeutung, und deshalb nur am Rande erwähnt, kommt dem Aspekt der *zeitlich* unmittelbar an das Schadensereignis anschließenden Kompensierung des Opfers zu. Häufig erweist sich der sofortige Ausgleich körperlicher und materieller Schäden für das Opfer und seine Angehörigen als lebensnotwendig. Überlässt man in diesem Augenblick dem Geschädigten allein für finanzielle Wiedergutmachung zu sorgen, wird vorwiegend bei sozial Schwächeren ein Ausgleich gar nicht bzw. nur unzureichend stattfinden. Verteilungspolitisch hätte dies unüberschaubare Folgen. Letztlich würden die nicht zur Kompensation gebrachten Schäden ständig wachsende Wohlfahrtsverluste auslösen. Ein sofortiger kostensparender Ausgleich könnte über gleichmäßige, dem Einkommen angepasste Zahlungen des potentiell Geschädigten bereits *vor* sowie *nach* dem Schadensereignis garantiert werden, d.h. die

---

[232] Siehe *Calabresi*, a.a.O., S. 125ff..

[233] Begriff gebraucht von *Calabresi*, a.a.O., S. 42.

[234] Siehe *Schäfer/Ott*, Lehrbuch, 1995, S. 106; *Taupitz*, AcP 196 (1996), 115, 140.

verursachten Kosten würden von einem einmaligen punktuellen Ereignis über eine längere Zeitspanne hinweg verteilt werden („loss spreading over time").[235]

2.2.3 Die Lösungen: Versicherung und „deep pocket"

Eine Möglichkeit zur Realisierung „interpersonaler" und „zeitbezogener" Schadensstreuung im obigen Sinne bietet in erster Linie der Zusammenschluss möglicher Schadensopfer durch Versicherungsverträge. Die regelmäßig einbezahlten, nach Höhe und Fälligkeit einkalkulierten Versicherungsbeiträge gewährleisten eine finanzielle Abdeckung der meist verhältnismäßig schwerwiegenden und ihrer Wahrscheinlichkeit nach nicht voraussagbaren Schadenskosten.

Unter Ausnutzung des Gesetzes der Großen Zahl wird mit zunehmender Anzahl an Versicherten die von ihnen zu entrichtende Versicherungsprämie kleiner, die Einkommensverluste der Einzelnen werden minimiert.[236]

Trotzdem sind nicht alle künftigen Schädiger und Geschädigten bereit, sich gegen jegliche Schäden und jegliches Risiko zu versichern. Auch hier gilt die grundlegende Annahme, dass die Individuen auf eine Maximierung ihres Gesamtnutzens bedacht sind, eine Versicherung also nur abgeschlossen wird, wenn ihre Kosten (Prämie einschließlich der Kosten für Organisations- und Verwaltungsaufwand) unterhalb der durch sie eingesparten direkten Schadenskosten bleibt.

Wann und unter welchen Bedingungen dies der Fall ist, lässt sich in Anlehnung an den italienischen Mathematiker *Bernoulli* (18. Jahrhundert) über das Erwartungs- und Grenznutzenmodell herleiten.[237] Ausgangspunkt der Überlegungen ist, dass die Individuen den Nutzen an der Höhe ihres Einkommens messen und sich unter normalen Umständen „risikoavers"[238] verhalten. Das bedeutet, dass sie ein niedrigeres Einkommen, das sie aber mit hundertprozentiger Sicherheit beziehen können, einem höheren Einkommen, bei dem gelegentlich mit nicht vorhersehbaren Ausfällen zu rechnen ist, vorziehen.

Ein zukünftig Geschädigter wird zunächst den Erwartungswert seines Einkommens ohne den Abschluss einer Versicherung errechnen, d.h. die über einen längeren Zeitraum hinweg beobachteten durchschnittlichen Jahreseinnahmen unter Abzug der zu einem bestimmten Risiko auftretenden Schäden.[239] Dem ist das

---

[235] Siehe *Calabresi*, The Costs of Accidents, 1970, S. 42.

[236] Siehe *Adams*, Ökonomische Analyse der Gefährdungs- und Verschuldenshaftung, 1985, S. 211.

[237] Vgl. *Arrow*, Uncertainty and Medical Care, American Economic Revue 1963, 941, 959.

[238] Vgl. dazu *Shavell*, Economic Analysis of Accident Law, 1987, S. 186ff.; *Endres*, Ökonomische Grundlagen des Haftungsrechts, 1991, S. 174ff..

[239] *Schäfer/Ott*, Lehrbuch, 1995, S. 106, verwenden das Beispiel eines Weizenbauers, der im Jahr durchschnittlich 20000 DM erwirtschaftet, jedoch alle fünf Jahre mit einem Ernteausfall

„sichere", durch die Versicherung gegen Schäden feststehende Jahreseinkommen gegenüberzustellen, also der durchschnittliche jährliche Ertrag ohne Berücksichtigung von Schadenskosten, dafür abzüglich der jährlich zu entrichtenden Versicherungsprämie. Sollten die beiden Erwartungswerte (das jeweilige „Nettoeinkommen" mit oder ohne Versicherung) gleich hoch sein, ist davon auszugehen, dass sich risikoavers verhaltende Personen für den Abschluss einer Versicherung entscheiden werden, da sie eine bestimmte Einkommenshöhe unter Unsicherheit als Nutzenverlust gegenüber einem geringeren, aber sicheren Einkommen begreifen.[240]

Aber selbst wenn der sichere Wert bei Abschluss einer Versicherung unter dem Erwartungswert eines nicht versicherten Einkommens liegt, kann dies letztlich einen Nettovorteil für den Versicherten bedeuten. Dies hängt mit der Erscheinung zusammen, dass mit zunehmendem Einkommen der Nutzen, den der Einzelne daraus zieht, nicht ebenfalls parallel steigt, sondern nur unterproportional zunimmt. Jedes Mehr an Einkommen führt eben nicht denselben Nutzenzuwachs herbei.[241] So kann es vorkommen, dass der Nutzen des geringeren, aber sicheren Einkommens noch über dem Grenznutzenwert des unversicherten Einkommens liegt.

Geht der zukünftig Geschädigte also nicht allein vom Einkommenszuwachs aus und orientiert er sich stattdessen am Nutzenzuwachs, wird für ihn der Abschluss einer Versicherung - abgesehen von außerverhältnismäßigen Prämien - im Regelfall rentabel sein. Wohlfahrtsökonomisch wird durch den Zusammenschluss möglicher Schädiger und Geschädigter in Versicherungen gesamtwirtschaftlichen Verlusten in Form von sekundären Kosten entgegengewirkt.

Eine gewisse, wenn auch nicht so weitreichende Schadensstreuung bewirkt daneben eine Verlagerung der Schadenskosten auf diejenigen Bevölkerungsteile, die finanziell so gestellt sind, dass sie eine derartige Belastung nicht als einschneidend empfinden (sog. „deep pocket argument"). Diese Lösung läuft letztlich auf eine Besteuerung höherer Einkommensschichten hinaus und wird mit Hinweis auf den abnehmenden Grenznutzen des Einkommens[242] begründet, dass nämlich ein Wohlhabender weniger unter einem relativ geringfügigen Verlust leidet als ein sozial Schwacher. Eine Entscheidung über diese strittige Behaup-

---

von 20 % rechnen muss und somit auf Dauer 18.000 DM durchschnittliches Jahreseinkommen verzeichnet.

240 Siehe *Adams*, Ökonomische Analyse der Gefährdungs- und Verschuldenshaftung, 1985, S. 210.

241 Dieser Zusammenhang wird als Gesetz vom abnehmenden Grenznutzen (des Einkommens) bezeichnet, vgl. *Schäfer/Ott*, Lehrbuch, 1995, S. 107, 62; bildlich gesprochen sagt es aus, dass ein Großverdiener nicht soviel Nutzen aus seiner zweiten oder dritten Million ziehen kann (er kann nicht mehr als satt werden!) wie ein Durchschnittsverdiener aus einer auch nur geringen Einkommenserhöhung; sinngemäß auch *Calabresi*, The Costs of Accidents, 1970, S. 41.

242 Vgl. Anmerkung in Fn. 241.

tung und ihre Umsetzung dürfte im Ergebnis aber nur durch eine politische Stellungnahme herbeizuführen sein.[243]

Risk oder loss spreading im klassischen Sinne lässt sich - wie bereits gezeigt - letztlich nur mit der Einrichtung von Versicherungen erreichen. Denkbar ist grundsätzlich eine Versicherung der zukünftig Geschädigten im Rahmen einer „Unfallversicherung" („first-party-insurance") oder der Schädiger, der Schadensveranlasser im weitesten Sinne, durch eine „Haftpflichtversicherung" („third-party-insurance").[244] Beide Möglichkeiten können entweder gesetzlich im Wege von Sozialversicherung oder durch freiwilligen Zusammenschluss potentiell Betroffener zum Zweck der Risikoverteilung untereinander („pooling"), d.h. Privatversicherungen geregelt werden.

Am einfachsten und wirkungsvollsten im Hinblick auf das Ziel der Reduktion sekundärer Kosten stellt sich das Verfahren nach einem staatlichen Versicherungssystem. Je nachdem, bis zu welchem Grad eine Risiko- und Schadensstreuung erwünscht ist, wird mit Hilfe einer gleichmäßigen Steuerbelastung *aller* eine vollständige Aufteilung *aller* Schadenskosten erzielt. Will man entsprechend der „deep pocket notion" einkommensstärkere Gruppen mehr beanspruchen, sind für diese erhöhte Steuertarife anzusetzen. Naheliegend wäre es aber genauso, für die Bemessung der Steuergruppen an die Schadensgeneigtheit oder Risikobelastung des Versicherungsnehmers anzuknüpfen; mit dieser Methode würde man gleichzeitig oder noch mehr dem Ziel der Senkung primärer Kosten gerecht.

Im System privater Versicherungen beeinflussen die Marktkräfte die Entschlussbereitschaft, einem solchen Pool beizutreten. Dies mag auch einer der Gründe für die Vielseitigkeit einer freiwilligen Versicherung sein. Sie verbindet intertemporal und interpersonal loss spreading mit der Berücksichtigung der Schadensgeneigtheit eines Versicherungsnehmers, ohne jedoch auf dessen Einkommenshöhe abzustellen.

Unter dem zeitlichen Aspekt wirkt eine private Versicherung wie ein selbst auferlegtes Sparmodell: Der Versicherte legt durch die Leistung einer Versicherungsprämie vorsorglich Mittel zurück, die im Schadensfalle zur Verwendung kommen. Durch die Verteilung des Risikos auf eine Vielzahl von Vertragspartnern schützt sich der Versicherte zum einen gegen überdurchschnittlich finanzielle Belastung und zum anderen davor, dass ihn eine unbegrenzte Einstandspflicht zu einem bestimmten Zeitpunkt wirtschaftlich ruinieren könnte. Die Unterteilung in Versicherungsgruppen entsprechend der Risikobelastung der einzelnen Mitglieder berücksichtigt, dass niemand bereit ist, die Schadenskosten von Personen zu übernehmen, die ein höheres Aktivitätsniveau oder einen nied-

---

[243] Siehe *Calabresi*, The Costs of Accidents, 1970, S. 41.

[244] Vgl. *Shapiro*, Symposium on the Economics of Liability, Journal of Economic Perspectives, Vol. 5 (1991), 3, 5.

rigeren Sorgfaltsmaßstab verzeichnen. Findet jedoch eine stark differenzierte Einteilung der Versicherungsnehmer statt, fördert dies wiederum mehr Anreize, unfallträchtiges Verhalten einzustellen oder einzuschränken, bzw. höhere Sorgfalt walten zu lassen. Insgesamt werden die Ziele des general deterrence approach favorisiert.[245]

Obwohl private Versicherungen das geeignete Instrument zur Senkung sekundäre Kosten sind,[246] machen vergleichsweise wenig Individuen davon „Gebrauch", und staatlicher Zwang und Kontrolle sind erforderlich, um ein gewisses Niveau an Schadensstreuung zu gewährleisten. Gründe für einen solchen Widerspruch liegen zum einen in dem Umstand, dass die Individuen häufig nicht wissen, was bezüglich der Übernahme oder Verteilung von Risiken für sie von Vorteil sein kann. Andererseits kann eine Fehleinstellung auch auf ein schlichtes Informationsdefizit oder psychologische Ursachen zurückzuführen sein: So verfügen die Verbraucher nicht über die notwendigen Daten betreffend ihrer Risikobelastung und sind meist nicht in der Lage, sich in die Opferrolle hineinzuversetzen, v.a. körperliche Schäden und Leid geschehen nach weitläufiger Ansicht stets den „anderen" und niemals einem selbst. Sollten dennoch diese Fähigkeiten vorhanden sein, ziehen es viele vor, statt in die Risikovorsorge zu investieren, in der Gegenwart mit größeren finanziellen Mitteln gut zu leben.[247]

Oftmals kann für den Einzelnen gar nicht ersichtlich sein, weshalb eine Versicherung gegen Schäden unter gesamtwirtschaftlichen Gesichtspunkten sinnvoll ist. Denn schließt er eine Versicherung ab, übernimmt er damit zeitlich und betragsmäßig verteilt diejenigen Kosten, die er - ohne Versicherungsschutz - durchschnittlich verursachen würde und auszugleichen hätte. Die Verluste der übrigen Gesellschaftsmitglieder treffen niemals den einzelnen Akteur und werden dementsprechend nicht in seiner Kosten-Nutzen-Rechnung internalisiert. Letztlich wird er unversichert darauf vertrauen, dass ihn der Staat als Solidargemeinschaft auffängt, sollte er einem schweren Schadensereignis mittellos gegenüber stehen.[248] Die Einführung von Pflichtversicherungen oder zumindest ein staatlich kontrolliertes System ist auf Dauer unverzichtbar, um eine angemessene Schadensstreuung zu gewährleisten.

Zusammenfassend ist festzuhalten: Die Aufgabe von Versicherungen geht über eine bloße Sicherung des Ausgleichs von Schäden hinaus. Sie senken die gesamtwirtschaftlichen Kosten eines Schadensereignisses, die durch eine ungünstige Verteilungswirkung von Haftungsregeln selbst entstehen. Versicherungsregelungen zur Reduktion sekundärer Kosten sind deshalb als ein Teil des

---

245 Siehe *Calabresi*, a.a.O., S. 47ff..

246 Zu den Problemen, die hinsichtlich der Einstellung eines optimalen Sorgfalts- und Aktivitätsniveaus durch Versicherungen hervortreten, vgl. unten III. 2.3.

247 Vgl. *Calabresi*, a.a.O., S. 55f..

248 Vgl. *Calabresi*, a.a.O., S. 58ff..

gesamten Haftungsrechts mit dessen (mindestens) gleichwertigem Ziel der Minimierung der Unfallkosten im engeren Sinne in Einklang zu bringen.[249]

3. Ökonomische Betrachtung einzelner Elemente des Haftungsrechts

Bis hierhin wurde herausgestellt, dass Haftungsregeln unter wohlfahrtsökonomischen Gesichtspunkten zwangsläufig auf die Funktion der Schadens- und Kostenvermeidung ausgelegt sind. Außerdem wurde gezeigt, welche Negativposten vorzugsweise mit welchen Instrumenten regulierbar sind.

Im Folgenden soll der Zusammenhang zwischen dem geltenden Haftungsrecht und dem ökonomischen Konzept untersucht werden. Mit anderen Worten geht es um die Frage, an welchen Stellen des Rechts sich eine Integration allokationstheoretischer Bedingungen zum Zwecke der Schadensprävention anbietet. Ausgangspunkt bilden dabei die Voraussetzungen und Rechtsfolgen der Verschuldens- und Gefährdungshaftung als den beiden grundlegenden Haftungsregimen.[250] Weil eine Analyse aller haftungsbegründenden Merkmale nicht gewinnbringend und schon gar nicht möglich ist, setzt sich die Untersuchung nur exemplarisch an einzeln ausgewählten Elementen des Haftungsrechts fort.

3.1 Verschuldenshaftung

Im Rahmen der Verschuldenshaftung stellt insbesondere die Feststellung eines „geeigneten" Verschuldensmaßstabes eine Möglichkeit dar, annähernd optimale Anreizwirkung in erster Linie auf das Verhalten des Schädigers zu schaffen.

3.1.1 Sorgfaltsmaßstab nach *Learned Hand* und „cheapest cost avoider"

Haftungsgrund im Bereich der §§ 823ff. BGB ist die Verantwortlichkeit für das eigene Tun[251] und daraus folgend das Einstehen für das Vertretenmüssen einer Verkehrspflichtverletzung.[252] Ob eine schuldhafte Verletzung gegeben ist, richtet sich gem. § 276 I BGB danach, ob dem Schädiger vorsätzliches oder fahrlässiges Handeln vorgeworfen werden kann. Fahrlässigkeit selbst bedeutet die Au-

---

[249] Zur Problematik, ob Schaden- oder Haftpflichtversicherungen dem Präventionszweck des Haftungsrechts gegenläufig sind, insbesondere zum Phänomen des „moral hazard", vgl. unten III. 2.3.

[250] Siehe *Esser/Weyers*, Schuldrecht, 1991, S. 519; zur „Zweispurigkeit" des Haftpflichtrechts vgl. *Esser*, JZ 1953, 129.

[251] Dies gilt auch für die Gefährdungshaftungstatbestände.

[252] Vgl. *Deutsch*, Allgemeines Haftungsrecht, 1996, S. 2, 4ff..

ßerachtlassung der im Verkehr erforderlichen Sorgfalt; es handelt sich hier um einen ausfüllungsbedürftigen Wertungsbegriff, der sich in der herkömmlichen Rechtsprechung und Lehre, untergliedert in den Bereich der äußeren und inneren Sorgfalt, an der Vorhersehbarkeit und Vermeidbarkeit einer Schädigung orientiert.

Unter Allokationsgesichtspunkten müsste der an den Verletzer gestellte Sorgfaltsmaßstab derart angelegt sein, dass dieser ein Interesse daran hat, Sorgfalts- und Schadensvermeidungsaufwendungen zu treffen, die noch unterhalb der Kosten liegen, die ihm im Falle des Schadenseintritts durch die Verschuldenshaftung auferlegt würden.[253] Wären die Sorgfaltserfordernisse zu hoch angesetzt, würde der zukünftige Schädiger davor zurückschrecken, Vermeidungsaufwand zu betreiben und stattdessen - ohne Einfluss auf den Eintritt eines schädigenden Ereignisses auszuüben - die Belastung mit einer Schadensersatzpflicht in Kauf nehmen. Dies hätte also nicht die gewünschte Anreizwirkung zur Schadensvermeidung zur Folge.

Diese Überlegungen fasste der amerikanische Bundesrichter *Learned Hand* anlässlich eines Haftungsfalls in einer mathematischen Formel zur Ermittlung des geforderten Sorgfaltsniveaus zusammen.[254] Gegenstand war hier die Ersatzpflicht eines Schlepperführers, der einen Kahn im Hafen von New York zum Sinken gebracht hatte. *Learned Hand* musste in dem besagten Fall eine negligence rule anwenden und kam zu der Erkenntnis, dass kein allgemeingültiger Sorgfaltsmaßstab angelegt werden könnte, sondern negligence nur über die Daten des Falles herzuleiten sei.

Mit den Variablen P („probability“) für die Wahrscheinlichkeit des Eintritts eines Schadensereignisses, L („loss“), stehend für die Höhe des angefallenen Schadens und B („burden“) für die Summe aller Sorgfalts- und Vermeidungsaufwendungen ergebe sich, dass der Verursacher des Schadens sorgfaltswidrig gehandelt hat, wenn gilt:

$$B < P \cdot L,$$

also die gesamten Schadensvermeidungskosten niedriger sind als das Produkt aus Schadenswahrscheinlichkeit und Schadenshöhe.[255]

Posner illustriert die Bedeutung der Formel an einem einfachen Beispiel[256]: Bei einem Verkehrsunfall durch einen „Schnellfahrer“ erleidet das Opfer, ein Fußgänger, einen Schaden von 10.000 US-$. Ein Ordnungswidrigkeits- bzw. Straf-

[253] Vgl. *Kötz/Schäfer*, AcP 1989 (1989), 501, 503.
[254] Siehe United States v. Carroll Towing Co., 159 F. 2d 169 (2d Cir. 1947); vgl. *Cooter*, Journal of Economic Perspectives, Vol. 5, 1991, 11ff., 14; *Taupitz*, AcP 1996, 115, 157; *Brüggemeier*, ZHR 1988, 511, 515.
[255] Vgl. *Posner*, Economic Analysis of Law, 1992, S. 164; *Lehmann*, Bürgerliches Recht und Handelsrecht, 1983, S. 87.
[256] Vgl. *Posner*, a.a.O., S. 164.

tatbestand, welcher das Täterverhalten sanktioniert, solle nicht existieren. Die Wahrscheinlichkeit für den Eintritt des angeführten Schadensereignisses liegt bei 0,001, der „durchschnittliche" Schaden beträgt damit 10 US-$. Es steht fest, dass der Unfall mit an Sicherheit grenzender Wahrscheinlichkeit nicht eintritt, wenn der verursachende Fahrer deutlich langsamer führe, wodurch ihm wiederum Kosten von 8 US-$ entstehen würden (Verluste durch den größeren Zeitaufwand, an sein Ziel zu gelangen). Der Vermeidungsaufwand liegt hier unter dem Schaden des Opfers. Würde das Gericht den Fahrer in diesem Fall nicht zum Ausgleich der Schäden in Höhe von 10 US-$ verurteilen und so sorgfaltswidriges Verhalten annehmen, wäre dieser niemals dem finanziellen Anreiz ausgesetzt, sein Verhalten darauf einzustellen und den geringeren Aufwand in Form des Langsamfahrens (in Höhe von 8 US-$) zu ergreifen.

Aus der folgenden graphischen Darstellung[257] lässt sich das optimale Sorgfaltsniveau genau ablesen: B beschreibt den Verlauf der Grenzkostenfunktion des Schädigers bei zunehmenden Sorgfaltsaufwendungen, PL die Schadenshöhe ebenfalls in Abhängigkeit steigender Sorgfalt.

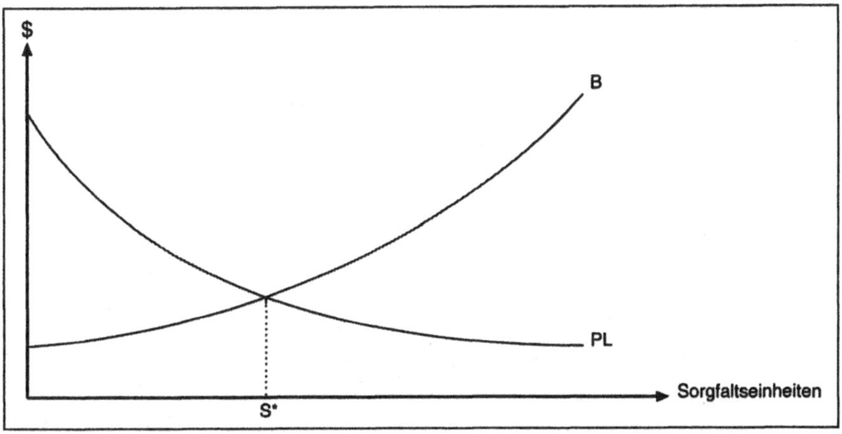

Im Schnittpunkt S* der beiden Kurven liegt das wohlfahrtsökonomisch effiziente Sorgfaltsniveau. Links von S* verhält sich der Schädiger sorgfaltswidrig: Der Schaden ist größer als seine Vermeidungsaufwendungen. Rechts von S* wird mehr als das erforderliche Maß an Sorgfalt aufgewandt; man könnte auch sagen, dass hier ein Bereich vorliegt, in dem Schäden wirtschaftlich betrachtet hinzunehmen sind.

[257] Vgl. *Posner*, a.a.O., S. 165.

Auf ähnliche Weise ließe sich auch die Kosten-Nutzen-Rechnung eines Täters aufstellen, der vorsätzlich oder absichtlich gegen eine bestimmte Norm verstößt, deren Verletzung eine Schadensersatzpflicht und/oder eine strafrechtliche Sanktion auslöst. Hier sei B der Nutzen, der dem Verletzer aus dem Normverstoß erwächst, Q die Wahrscheinlichkeit, dass jemand durch den Normverstoß zu Schaden kommt, L die Höhe des Schadens und P die Wahrscheinlichkeit, dass ein Gericht den Täter für haftpflichtig erklärt. Mit

$$B < Q \cdot L \cdot P$$

ist bestimmbar, wann ein möglicher Verletzer vom Normverstoß Abstand nehmen wird, nämlich wenn der damit erstrebte Gewinn geringer ist als das Produkt aus Schaden, Schadenswahrscheinlichkeit und Wahrscheinlichkeit einer Verurteilung.[258] Diese Formel hat insbesondere dort ihre Bedeutung, wo es darum geht, ausreichend abschreckende Strafen, v.a. Geldstrafen, für Verstöße gegen das Umwelt- und Kartellrecht festzusetzen.[259]

Doch nicht immer gelangt man mit Hilfe der *Learned-Hand*-Formel zu einer Lösung des Sorgfaltsproblems. Sie ist namentlich dann nicht anwendbar, wenn jeweils dem Geschädigten genauso wie dem Schädiger eine Einflussnahme auf den Eintritt des Schadens möglich gewesen wäre. Dann nämlich bliebe u.U. die Konstellation übersehen, dass das Opfer mit weniger Aufwand den Schaden hätte vermeiden können als der Schädiger oder ein Dritter.

Übertragen auf die juristische Ebene betrifft dies den Fall, in dem der Geschädigte ein Mitverschulden gem. § 254 BGB an der Entstehung oder Entwicklung des Schadens trägt. Der Regelung des § 254 BGB liegt die Idee zugrunde, dass dem eigentlichen Schädiger oder Verursacher nicht die Sorgfaltswidrigkeiten (Verstöße gegen Obliegenheiten) und Risiken des Geschädigten nachteilig angerechnet werden dürfen.[260] Unter Wohlfahrtsgesichtspunkten müsste bei den geschilderten Bedingungen demjenigen die Schadensersatzpflicht auferlegt werden, der mit den geringsten Mitteln den Schaden hätte vermeiden können, also ohne Rücksicht darauf, wer ihn verursacht hat. In der Ökonomischen Analyse spricht man hier von der Person des „cheapest cost avoider“[261].

Die Begründung des „cheapest cost avoider“ geht auf Theorien von *Coase* zurück, wonach unabhängig von der ursprünglichen Verteilung von Schadensersatz- und Abwehrrechten die Beteiligten, solange sie nicht durch zu hohe Trans-

---

258 So *Cooter*, Journal of Economic Perspectives, Vol. 5, 1991, 11, 15.

259 Vgl. *Lehmann*, Bürgerliches Recht und Handelsrecht, 1983, S. 89.

260 Siehe *Schäfer/Ott*, Lehrbuch, 1995, S. 184, sprechen von einem „reziproken“ Schadensproblem.

261 Zum ersten Mal wurde der Begriff gebraucht bei *Calabresi*, The Costs of Accidents, 1970, S. 138, vgl. *Buhk*, JA 1995, 706, 709, im Zusammenhang mit der Produzentenhaftung für Schäden infolge gesüßten Kindertees (im Anschluss an BGH vom 12.11.1997, BGHZ 116, 60, 77 - „Milupa I“).

aktionskosten daran gehindert sind, diese Rechte so untereinander zu verteilen, dass ihr jeweiliger Nutzen unter Abzug ihrer Kosten sein Maximum erreicht.[262]

Haben die beiden Betroffenen A und B die Möglichkeit der Schadensvermeidung, genügt es nicht zu fragen, wie A als Verursacher von einer Schädigung des B abgehalten werden könnte. Vielmehr muss im reziproken Schadensfall herausgefunden werden, ob es insgesamt „billiger" ist, B zu erlauben, den A zu schädigen oder zuzulassen, dass A B schädigt, ohne dass jeweils A oder B hinsichtlich ihres „Verschuldens" bzw. „Mitverschuldens" zur Verantwortung gezogen werden.[263]

Während *Coase* annimmt, dass diese Frage durch ein bargaining der Betroffenen selbst gelöst wird, und der „cheapest cost avoider" sich die Schadensvorsorge vom anderen zu einem Preis abkaufen lässt, der seinen eigenen Vermeidungsaufwand „aufwiegt" und unter dessen theoretischen Kosten der Schadensvermeidung liegt, hält *Calabresi* diese reine Marktlösung nicht für realisierbar. Informations- und Transaktionskosten würden die Beteiligten davon abhalten, dementsprechende Abmachungen zu treffen. Der „cheapest cost avoider" müsste stattdessen marktunabhängig, etwa durch Gerichte bestimmt werden.[264]

In reziproken Schadensfällen[265] wäre demnach vereinfacht und zusammengefasst folgendes Vorgehen geboten:[266] Macht der Geschädigte klageweise seinen Schaden gegen den Schädiger geltend, ist zunächst der „cheapest cost avoider" zu ermitteln. Sollte dieser mit der Person des Klägers (Geschädigte) übereinstimmen, wäre die Klage abzuweisen. Denn es wäre wohlfahrtsökonomisch nicht vertretbar, demjenigen Sorgfaltspflichten aufzuerlegen, der damit den weniger durchschlagenden Erfolg hätte.

Gelangt man zu dem Ergebnis, dass der Beklagte (Schädiger) das Schadensereignis auf kostengünstigere Weise hätte verhindern können, ist unter Rückgriff

[262] Vgl. *Schäfer/Ott*, Lehrbuch, 1995, S. 183ff.; zum Coase-Theorem, vgl. oben I. 2.2.

[263] Siehe *Coase*, in: *Assmann/Kirchner/Schanze* (Hrsg.), Ökonomische Analyse des Rechts, 1993, S. 129, 132.

[264] Vgl. *Calabresi*, The Costs of Accident, 1970, S. 138ff., mit der Unterscheidung zwischen „short-run" und „long-run" cheapest cost avoider. Letzterer entsteht aus der Überlegung, dass die Belastung mit der Haftpflicht auf längere Sicht Auswirkungen auf den Gewinn einer Unternehmung hat und die Akteure u.U. zu einer Verringerung einer bestimmten Tätigkeit oder zum Umsteigen auf andere Unternehmungen veranlassen kann. Eine Alternative zur Sorgfaltsfestlegung durch den Richter besteht nach *Coase* darin, die kollidierenden Tätigkeiten in ein und dieselbe Hand zu legen, d.h. unter einer „Firma" zusammenzuführen, so dass *eine* Entscheidungsinstanz die effizienteste Lösung festlegen kann, vgl. *Coase*, Journal of Law and Economics 3 (1960), 10ff..

[265] Es geht um den einfachen „Entweder-oder-Fall", vgl. *Schäfer/Ott*, Lehrbuch, 1995, S. 189, 193, in dem Schädiger *oder* Geschädigter den Unfall hätte am billigsten vermeiden können, nicht um bilaterale Schadensfälle, bei denen nur ein Zusammenwirken beider zu einer effizienten Schadensvermeidung führen kann.

[266] Siehe *Schäfer/Ott*, Lehrbuch, 1995, S. 190; *Buhk*, JA 1995, 706ff..

auf die *Learned-Hand*-Formel zu untersuchen, ob bei diesem sorgfaltswidriges Verhalten vorliegt. Unterschreitet die vom Schädiger beobachtete Sorgfalt das Sorgfaltsoptimum („Schnittpunkt S*", vgl. oben), ist sorgfaltswidriges Verhalten zu bejahen und der Beklagte entsprechend zu Schadensersatz zu verurteilen.

In bilateralen Schadensfällen, also dort, wo das Handeln des Verletzers *und* das Handeln des Opfers in ihrem Zusammenwirken das schädigende Ereignis verursacht haben, führt die Ermittlung des cheapest cost avoiders nicht zu einem Ergebnis. Denn hier kann eben keiner der Beteiligten allein den Schaden abwenden, sondern allenfalls mindern. *Shavell* zeigt, dass das soziale Optimum nur erreicht werden kann, wenn sowohl Verletzer als auch Opfer sorgfältig handeln.[267] Deshalb sind in solchen Konstellationen gem. § 254 BGB beide Beteiligten entsprechend den Anteilen ihres Mitverschuldens am Schadensereignis zu verurteilen.

3.1.2 Zur praktischen Festlegung des Sorgfaltsstandards

Die Einhaltung des Sorgfaltsniveaus S* optimiert die gesamtwirtschaftliche Wohlfahrt. Den Gerichten gelingt es oftmals nicht, diesen effizienten Sorgfaltsmaßstab festzulegen, so dass die rechtlichen Anforderungen an das (haftpflichtbefreiende) Sorgfaltsniveau entweder zu hoch (oberhalb von S*) oder zu niedrig (unterhalb von S*) gesetzt werden. Dies führt im ersten Fall zu überoptimaler Sorgfalt, was wiederum zur Folge hat, dass eine Vielzahl von Akteuren zu überteuerten - wenngleich wirksamen - Sorgfaltsvorkehrungen greift. Im zweiten Fall besteht für den Schädiger kein wirtschaftlicher Anreiz, ausreichend Vorsorgemaßnahmen zu ergreifen, was auf Dauer einen Anstieg von Schadensfällen impliziert.[268]

Die Aufgabe der Gerichte, optimale Sorgfaltsstandards zu definieren, mündet in ein Informationsproblem. Theoretisch wären die Richter gehalten, alle in Frage kommenden Konzepte und Technologien zur Schadensvermeidung herauszuarbeiten, für jede dieser Möglichkeiten die entstehenden Kosten zu berechnen und daraus die günstigste Methode zu bestimmen, um sie als maßgeblich für den geltenden Sorgfaltsmaßstab zu erklären. Dies würde sicherlich die finanziellen und zeitlichen Grenzen eines Zivilprozesses sprengen.[269]

Dennoch bleibt den Gerichten die Möglichkeit, effiziente Standards zu bestimmen, nicht gänzlich vorbehalten. Durchaus praktikabel dürfte es sein, das vom Schädiger durchgeführte Vermeidungsprogramm (sofern ein solches überhaupt vorliegt) mit *einem* anderen denkbaren Sorgfaltsprojekt zu vergleichen, was auch auf Vorbringen des Klägers hin geschehen könnte. Hier wären zunächst die Kosten des Alternativmodells zu ermitteln, und darüber hinaus die Zusatzkosten,

---

267 So *Shavell*, Economic Analysis of Accident Law, 1987, S. 9ff..
268 Vgl. *Schäfer*, KritV 1992, 374ff..
269 Siehe *Schäfer*, a.a.O., 375.

die dem Schädiger durch die Verwirklichung des Alternativmodells entstünden. Im Anschluss daran ist die Höhe der Schadensreduktion durch das alternative Projekt im Verhältnis zum tatsächlichen Sorgfaltsaufwand zu errechnen. Sollten die Zusatzkosten der alternativen Schadensvermeidung niedriger sein als die damit erreichte „Einsparung" an Schadenskosten, läge dieses Alternativmodell dem optimalen Sorgfaltsstandard zumindest näher als das vom Schädiger gewählte Programm. Auf der Ebene des Alternativmodells wäre die geforderte Sorgfalt zu definieren.

Mathematisch ausgedrückt müsste damit folgende Bedingung erfüllt sein:

$$B_a - B_t < z_t \cdot L_t - z_a \cdot L_a$$

B_a bezeichnet dabei die Kosten für das Alternativmodell (beispielsweise pro Jahr), B_t die Kosten für das tatsächlich durchgeführte Modell, z_t die durchschnittliche Zahl der Schadensfälle beim tatsächlichen und beim alternativen Projekt pro Jahr und $L_{a/t}$ die durchschnittliche Schadenshöhe beim tatsächlichen und beim alternativen Projekt.[270]

Dennoch gibt es Sachverhalte, in denen ein ordinaler Vergleich mit einem Alternativmodell nicht möglich ist. Hier ist es durchaus gerechtfertigt, dass sich Gerichte an den Standards orientieren, die sich im Laufe der Zeit über „Sitten und Gebräuche" und unter den Angehörigen bestimmter Verkehrskreise herausgebildet und sich als zweckmäßig und „effizient" im weitesten Sinne erwiesen haben. Wo es um die Einhaltung technischer Sorgfaltsstandards geht, berufen sich Gerichte auf die exakten Festlegungen von Sachverständigen und Expertengruppen, wie beispielsweise die Unfallverhütungsvorschriften von bestimmten Berufsgruppen oder DIN-Normen, kaum ein Richter wäre im Stande, die erforderlichen Messungen und komplexen Auswertungen durchzuführen.[271]

3.1.3 Ein Beispiel: Der „Wildschutzfall" des BGH[272]

Im Wildschutzfall des III. Zivilsenats des BGH war ein Motorradfahrer nachts auf einer Landstraße durch einen Wald mit einem Dammhirsch „kollidiert". Der Verletzte verklagte das Bundesland auf Schadensersatz wegen Verstoßes gegen seine Verkehrssicherungspflicht, die darin bestanden hätte, einen Wildzaun zu errichten, um die Verkehrsteilnehmer vor kreuzendem Wild zu schützen. Es war

[270] Vgl. *Schäfer*, a.a.O., 376f..

[271] M.w.N.: *Schäfer/Ott*, Lehrbuch, 1995, S. 165. *Schäfer*, KritV 1992, 374, 386, äußert Bedenken, dass bei der Entwicklung von Industriestandards die Interessenpositionen der Produzenten eine große Rolle spielen, was verfälschende Wirkung auf die Ergebnisse der Entscheidungsverfahren hat.

[272] BGH vom 13.7.1989, BGHZ 108, 273, 277 = NJW 1989, 2808, 2809, diskutiert bei *Schäfer/Ott*, Lehrbuch, 1995, S. 95, 151ff.. Vgl. auch *Kötz/Schäfer*, Judex oeconomicus, 2003, S. 1-16.

gemeinhin bekannt, dass es auf der betreffenden Straße aufgrund des hohen Wildbestandes häufig zu derartigen Unfällen kam.[273]

Der BGH wies in dritter Instanz die Revision des Klägers mit der Begründung zurück, das Bundesland treffe nicht die Pflicht, sämtliche Straßen mit Wildzäunen zu versehen; es genüge, wenn durch Verkehrszeichen vor dem Wildwechsel gewarnt würde.[274] Ein Verschulden des Landes nach § 823 I BGB (bzw. § 847 BGB a.F.) war nach Ansicht des BGH nicht gegeben. Fahrlässigkeit lag nicht vor, denn die erforderliche Sorgfalt wurde mit der Sicherung der Straße durch Warnschilder eingehalten. Dagegen berief sich der Kläger darauf, dass die Errichtung eines Wildzaunes zur Vermeidung von Wildschäden notwendig gewesen wäre.[275]

Die vom BGH in diesem Falle zu beantwortende Frage lief aus ökonomischer Sicht darauf hinaus, ob das Bundesland die Aufwendungen für einen Zaun „sparen" durfte und deswegen zahlreiche Unfälle „entschädigungslos" hingenommen werden sollten oder dem Bundesland zur Vermeidung weiterer Unfälle die Verpflichtung auferlegt werden sollte, einen Wildschutzzaun zu errichten.

Die vorangehend eingeführten Begriffe und Methoden der ÖAR können hier gemäß *Schäfer/Ott*[276] zu einer vereinfacht skizzierten Lösung des Falles herangezogen werden.

Die Errichtung eines entsprechenden Schutzzaunes stellt ein mögliches alternatives Schadensvermeidungsprojekt zum tatsächlich vom Land H durchgeführten Projekt dar, nämlich der Aufstellung von Warnschildern. Die finanziellen Aufwendung der beiden Vorkehrungen waren einfach zu ermitteln und stellen eine vernachlässigenswerte Größe dar. Durch das Einholen der maßgeblichen Informationen bei Versicherungen und aus (Polizei-)Statistiken lässt sich die durchschnittliche jährliche Zahl der Schadensfälle infolge Wildwechsels und die durchschnittliche Höhe der Schäden an Sachwerten, Leib und Leben[277] der Verkehrsteilnehmer (und des kreuzenden Wilds) berechnen. Auch bereitet es keine Schwierigkeiten, die Ausgaben für das Anbringen eines Schutzzaunes, verteilt auf ein Jahr mit den in diesem Intervall anfallenden Wartungs- und Reparaturkosten anzusetzen. Aus den Erfahrungen, die an anderen Straßen mit einem solchen Schutzzaun gemacht wurden, können wiederum die jährlichen Schäden der Verkehrsunfälle ohne den Risikofaktor kreuzenden Wilds ermittelt werden.[278]

Letztenendes ergibt sich, dass ein zusätzlicher Vermeidungsaufwand durch einen Wildzaun in Höhe von rund 25 000 Euro jährlich die Gesamtunfallkosten

---

[273] Vgl. BGHZ 108, 273, 277.
[274] Vgl. BGH, a.a.O., 274, 277.
[275] BGH, a.a.O., 273.
[276] *Dies.*, Lehrbuch, 1995, S. 151ff.; vgl. auch *Schäfer*, KritV 1992, 374, 376ff..
[277] Zur Problematik der Bewertung von Gesundheit und Leben vgl. eigens unten III. 3.1.
[278] Vgl. *Schäfer*, a.a.O., 378.

um mehr als 50 000 Euro verringert und diese Maßnahme damit die weitaus effizientere Lösung im Vergleich zur Aufstellung von Hinweisschildern darstellt.[279] Mit diesem rechnerischen Ergebnis hätte der BGH von einer Sorgfalts- bzw. Verkehrssicherungspflichtverletzung des Landes ausgehen und das Land zum Schadensersatz verpflichten müssen.[280]

Am Lösungsvorschlag von *Schäfer/Ott* ist zu kritisieren, dass sie inkonsequenterweise nicht alle gesamtwirtschaftlichen Aspekte in ihre Überlegungen miteinbezogen und einseitig am Verhalten des Landes angeknüpft haben, anstatt vorab nach dem „cheapest cost avoider" zu fragen und dahingehende Untersuchungen anzustellen.[281] Durchaus naheliegend dürfte nämlich sein, dass die Zahl und Schwere der auf der besagten Landstraße registrierten Wildunfälle durch Sorgfaltsmaßnahmen der Verkehrsteilnehmer selbst hätten verringert werden können. Erhöhte Aufmerksamkeit, aber vor allem eine deutliche Geschwindigkeitsherabsetzung in dem gefährdeten Bereich würden erfahrungsgemäß für ein vermindertes Unfallaufkommen sorgen und stünden nicht außer Verhältnis zu den Kosten eines Unfalls für den Einzelnen.[282] Vor diesem Hintergrund wäre die Klage des verunfallten Motorradfahrers als dem cheapest cost avoider abzuweisen gewesen.

Allerdings kann die Entscheidung, wer in der vorliegenden Konstellation der cheapest cost avoider ist, nicht problemlos und eindeutig getroffen werden. Denn selbst wenn sich die Verkehrsteilnehmer im Hinblick auf die Gefahr eines Wildwechsels entsprechend vorsichtig verhalten, ist ihr Risiko, dass kreuzendes Wild mit dem eigenen Fahrzeug kollidiert, niemals ganz auszuschließen. Da sowohl dem Land im Unterlassen der Errichtung eines Wildschutzzaunes als auch dem Motorradfahrer ein Verschulden vorgeworfen werden kann, scheint es angemessen, gemäß § 254 BGB auf Seiten beider Beteiligten ein Mitverschulden anzunehmen und den entstandenen Schaden aufzuteilen.[283]

[279] Siehe *Schäfer*, a.a.O., 378.
[280] Vgl. *Schäfer*, a.a.O., 378.
[281] Vgl. die Kritik bei *Taupitz*, AcP 196 (1996), 115, 161.
[282] Siehe *Taupitz*, a.a.O., 163.
[283] Grundsätzlich erweisen sich Haftungsregeln, welche das Mitverschulden des Geschädigten berücksichtigen, geeigneter im Hinblick auf die Erreichung des sozialen Wohlfahrtsoptimums als solche, die das Mitverschulden außer Acht lassen, vgl. ausführlicher unten III. 1.1, 1.2.2.

3.2 Gefährdungshaftung

3.2.1 Allgemeines

Die Gefährdungshaftung liefert neben dem Verschuldensprinzip das zweite maßgebliche Zurechnungskriterium im zivilen Haftungsrecht.[284] Im Gegensatz zum amerikanischen Recht, wo die Gerichte darüber zu befinden haben, ob der Verletzer eine besonders gefährliche Aktivität vornimmt und deshalb die Gefährdungshaftung (strict liability) eingreift, sind im deutschen Deliktsrecht die Gefährdungstatbestände enumerativ vom Gesetzgeber vorgeben.[285] Hierzu existieren zahlreiche Einzelgesetze, wie etwa das Straßen- oder das Luftverkehrsgesetz, das HaftPflG für den Betrieb von Energieanlagen, das Produkthaftungsgesetz, das Arzneimittelgesetz sowie das Umwelthaftungsgesetz.

Gemein ist all den genannten Gesetzen, dass die Haftung an eine gefahrenerhöhende konkret umschriebene Tätigkeit anknüpft, dass Ersatzansprüche grundsätzlich der Höhe nach beschränkt sind und eine Haftung ausgeschlossen ist, wenn sich die Rechtsverletzung als eine Folge "höherer Gewalt"[286] darstellt. Seit dem Inkrafttreten des Zweiten Gesetzes zur Änderung schadensersatzrechtlicher Vorschriften vom 19. Juli 2002[287] ist bei der Verletzung eines Gefährdungshaftungstatbestandes nunmehr auch eine Ersatzpflicht für immaterielle Schäden vorgesehen.

Die rechtsdogmatische Begründung eines Abrückens vom allgemeinen Verschuldensprinzip für besondere Bereiche des wirtschaftlichen und technischen Lebens ist nicht ganz einheitlich. Zum einen wird angeführt, dass der Initiator und damit Nutznießer einer gefährlichen Unternehmung auch die damit einhergehenden Risiken und Schäden übernehmen müsste.[288]

Etwas tiefgreifender, weil auch die soziale Nützlichkeit der Aktivität berücksichtigend, ist die Argumentation, dass allein der Betreiber den „Überblick" sowie die notwendigen Informationen besitzt, um die Gefahren seiner Aktivität zu überprüfen und entsprechend zu verringern, sei es durch eine Reduzierung seines Aktivitätsniveaus oder die Einführung von Sicherheitsmaßnahmen. Außerdem sei durch eine Schadensverlagerung die Versicherbarkeit des Schadensrisikos besser zu bewerkstelligen. Insgesamt könne der Unternehmer unter

---

[284] Vgl. *Esser*, JZ 1953, 129ff.; *ders.*, Grundlagen und Entwicklung der Gefährdungshaftung, 1969.

[285] Zur Annäherung des Prinzips der Verschuldenshaftung an das Gefährdungshaftungsregime durch die Ausweitung von Verkehrssicherungspflichten und der Umkehr von Beweislastregeln vgl. unten III. 1.3.3, im Zusammenhang mit der Verteilungswirkung von Haftungsregeln.

[286] So § 4 UmweltHG; ähnlich der Haftungsausschluss in § 7 II StVG a.F.: „unabwendbares Ereignis".

[287] BGBl. I 2002, S. 2674.

[288] Vgl. *Deutsch*, Haftungsrecht, 1976, S. 364f..

Einbeziehung aller relevanten Kosten im Rahmen einer umfassenden Kosten-Nutzen-Analyse von selbst das sozial nützliche Maß seiner Aktivität einstellen.[289]

3.2.2 Zur Überlegenheit der Gefährdungs- gegenüber der Verschuldenshaftung im Hinblick auf die Wiedergabe des Aktivitätsniveaus am Beispiel Produkthaftung

Unter dem Regime der Gefährdungshaftung weitet der Betreiber seine Tätigkeit nur soweit aus, bis sein Nutzen maximiert ist, ohne dass es durch Gesetzgebung und Gerichte einer Festlegung des optimalen Sorgfaltsstandards bedürfte. Sobald Schadens- und Verhütungsaufwand den Nutzen der Tätigkeit übersteigen, wird der Betreiber die Tätigkeit einstellen, reduzieren oder alternative Vorsorgemaßnahmen ergreifen. Im Falle einseitiger Schadensverursachung vermittelt die Gefährdungshaftung Anreize zur Verwirklichung optimaler Sorgfalt wie es im Falle der Verschuldenshaftung durch die *Learned-Hand*-Formel (vgl. oben 3.1.1) geschieht.

In jeder Haftungsordnung ist jedoch nicht nur der Sorgfaltsstandard, sondern auch das Aktivitätsniveau, auf welchem eine Tätigkeit betrieben wird, maßgeblich für den Gesamtnutzen bzw. die Gesamtkosten der Tätigkeit.[290]

Wie *Schäfer/Ott* an einem Vergleich beider Haftungsregime im Modell darlegen, kann allein die Regel der Gefährdungshaftung bewirken, dass das Aktivitätsniveau auf das soziale Optimum begrenzt bleibt, weshalb sie insoweit der Verschuldenshaftung vorzuziehen ist.[291] Die Gefährdungshaftung wird am Beispiel der Produkthaftung untersucht. Dabei sei der Schädiger der Hersteller einer Ware, der Geschädigte ein Fremder (nicht notwendig der Käufer), welcher durch die Ware einen Schaden erleidet. Der Produktpreis entspreche den Grenzkosten des Produkts, bestehend aus den Produktionskosten, Schadenskosten und Schadensvermeidungskosten. Bei der Produkthaftung sind die Grenzkosten und damit der Preis des Produkts stets höher als bei der Verschuldenshaftung, weil sie unabhängig vom gewählten Sorgfaltsniveau immer auch die Kosten eines Schadens enthalten. *Schäfer/Ott* unterstellen weiter, dass sowohl im Verschuldensregime als auch im Rahmen der Gefährdungshaftung die optimale Sorgfalt nach *Learned Hand* eingehalten wird, und dass der Preis pro Produkteinheit unabhängig von der Absatzmenge konstant ist.[292] Die Differenz zwischen dem Preis bei Gefährdungshaftung und dem bei Verschuldenshaftung entspricht genau den Schäden pro Produkteinheit, die sowohl bei Gefährdungs- als auch Verschuldenshaftung anfallen, weil in beiden Fällen die optimale Sorgfalt nach *Learned*

---

[289] Vgl. dazu *Schäfer/Ott*, Lehrbuch, 1995, S. 169, mit graphischer Darstellung.
[290] Vgl. insbesondere *Shavell*, Economic Analysis of Accident Law, 1987, S. 1ff..
[291] Vgl. *Schäfer/Ott*, Lehrbuch, 1995, S. 171f..
[292] Siehe *Schäfer/Ott*, Lehrbuch, 1995, S. 172.

Hand angewandt wird. Die Gesamtschadenshöhe entspricht den Schäden pro Produkteinheit multipliziert mit der Anzahl der abgesetzten Produkte.

Unter der Bedingung linearer Nachfrage - je höher der Preis desto niedriger die Nachfrage - ist bei der Produkthaftung der Produktpreis höher und die Menge des abgesetzten Produkts kleiner; es ergibt sich außerdem, dass die verursachte Schadensmenge bei der Produkthaftung geringer ist als bei der Verschuldenshaftung.[293]

Insgesamt ist der Nettonutzen der Geschädigten bei der Produkthaftung höher als bei der Verschuldenshaftung, denn im Kaufpreis ist der vollständige Ersatz aller Schäden einkalkuliert, wohingegen im Rahmen der Verschuldenshaftung Wohlfahrtsverluste zu verzeichnen sind. Hier wird das Aktivitätsniveau auf ein Maß ausgeweitet, bei dem die Schäden höher sind als die für sämtliche Produkte gezahlten Preise.[294]

Shavell weist dieses Ergebnis auch mathematisch für jede Art der Gefährdungshaftung nach.[295] Im Rahmen der strict liability sind die Akteure stets angehalten, den Umfang ihrer schadensrelevanten Tätigkeiten auf ein wohlfahrtsoptimales Maß einzustellen.

3.3 Schadenskausalität bei Verschuldens- und Gefährdungshaftung aus ökonomischer Sicht

Die Vertreter der Ökonomischen Analyse richten bisweilen gezielte Einwände gegen die juristischen Methoden zur Bestimmung der Kausalität und Zurechnung eines Verhaltens für einen eingetretenen Schaden und die geltenden Kausalitätstheorien.[296]

3.3.1 Die Bestimmung von Kausalität bei *Adams*

Adams hält die herkömmlichen Ansätze, insbesondere die Aussagen der Adäquanztheorie, wonach nur untypische, nach allgemeiner Lebenserfahrung völlig unwahrscheinliche Umstände die Zurechnung eines Schadens entfallen lassen,[297] für äußerst unbrauchbar.[298] Soweit hier aus der ex-post-Sicht eines optimalen Beobachters ein Wahrscheinlichkeitsurteil getroffen werden müsste, käme es schlicht und allein nur darauf an, wie sehr detailliert sich dem Beurteiler ein

---

293 Vgl. *Schäfer/Ott*, Lehrbuch, 1995, S. 172.
294 So auch *Kötz/Wagner*, Deliktsrecht, 2001, S. 138f., 140.
295 S. Shavell, Economic Analysis of Accident Law, 1987, S. 23ff., 32ff..
296 Aus der amerikanischen Literatur vgl. u.a. *Calabresi*, Universitiy of Chicago Law Review, Vol. 43 (1975/76), 69ff.; *Landes/Posner*, Journal of Legal Studies, 1983, 109ff..
297 Vgl. *Kötz/Wagner*, Deliktsrecht, 2001, S. 60ff..
298 Siehe *Adams*, Ökonomische Analyse der Gefährdungs- und Verschuldenshaftung, 1985, S. 150ff..

Sachverhalt darstellt. Bei groben und allgemein gehaltenen Umschreibungen eines Unfallgeschehens sei die Wahrscheinlichkeit, dass auf irgendeine Weise ein schädigender Erfolg eintrete, weit größer, während durch die tatsachengenaue Wiedergabe eines Sachverhalts die Unfallwahrscheinlichkeit bezüglich eines bestimmten Opfers, zu einem bestimmten Zeitpunkt an einem bestimmten Ort, verschwindend gering gehalten werden könnte.

Auf dieser Grundlage fordert *Adams*, von inhaltsleeren Abgrenzungskriterien Abstand zu nehmen und die Kausalität als Haftungsvoraussetzung nicht über herkömmliche Theorien festzustellen. Eine Zurechnung von Schäden müsste vielmehr über eine wohlfahrtstheoretische Bewertung der sie (im eigentlichen Sinne) verursachenden Verhalten erfolgen.[299] Es ginge mit anderen Worten darum herauszufinden, wer adäquater Verursacher von Wald- und Naturschäden sein soll, die Kraftwerke, die Abgase aussondern und damit sauren Regen erzeugen, oder die Waldeigentümer, die anfällige Nadelhölzer anstelle widerstandsfähiger Laubbäume angepflanzt hatten.

Haftungs- und Zurechnungsregeln wären allein darauf abzustimmen, dass Verletzer und Opfer den Nutzen ihrer Tätigkeiten abzüglich der aufgewandten Sorgfalts- und Unfallkosten zu einem Maximum steigern. Das Optimum sei in Anlehnung an *Coase* und *Demsetz*[300] nur erreichbar, wenn durch eine entsprechende Verteilung der property rights und die Internalisierung sozialer Kosten gewährleistet ist, dass die Beteiligten das Umfangs- und Sorgfaltsniveau ihrer Aktivitäten auf ein effizientes Maß einstellen. Eine „Schadensverursachung" tritt in dem Moment ein, in dem ein Beteiligter vom effizienten Tätigkeitsniveau abweicht, also entweder zuviel oder zuwenig Sorgfalt aufwendet, bzw. die betreffende Tätigkeit zuviel oder zuwenig unternimmt. Insgesamt löst sich der Begriff der Kausalität nach *Adams* in dem des Verschuldens bzw. des Verstoß gegen effiziente Sorgfalt[301] auf.[302]

3.3.2 Die Bestimmung von Kausalität bei *Schäfer/Ott*

Schäfer/Ott messen der Adäquanztheorie und der Lehre vom Schutzzweck der Norm durchaus auch ökonomische Bedeutung bei, kritisieren jedoch, dass bei Schadenswahrscheinlichkeiten, die niedriger als eins (- aber höher als null -) sind, im deutschen Recht die Regel des „Vollbeweises" und das „Alles-oder Nichts-Prinzip" gilt.[303]

Im Bereich der Verschuldenshaftung hat der Geschädigte mit seiner Klage nur Erfolg, wenn es ihm nachzuweisen gelingt, dass der Schaden mit an Sicherheit

[299] Vgl. *Adams*, a.a.O., S. 155.
[300] Vgl. hierzu oben I. 3.3.
[301] Siehe dazu oben 3.1.1.
[302] Vgl. *Adams*, a.a.O., S. 168.
[303] Vgl. *Schäfer/Ott*, Lehrbuch, 1995, S. 215ff., 226.

grenzender Wahrscheinlichkeit durch ein Verhalten des Beklagten verursacht wurde. Wenn feststeht, dass das schädigende Verhalten ursächlich für den Schaden ist, hat der Schädiger den gesamten Schaden zu ersetzen. Schon bei geringsten Zweifeln des Richters ist das Vorliegen haftungsbegründender Kausalität abzulehnen und die Klage abzuweisen. Ausnahmen hierzu bestehen nach den Regeln des Anscheinsbeweis und in den Fällen der Beweislastumkehr.[304]

Diese Ausgestaltung des Kausalitätsnachweises hat bei der Verschuldenshaftung zur Folge, dass der (tatsächliche) Schädiger nicht unbedingt veranlasst ist, das optimale Sorgfaltsniveau einzuhalten und somit weniger als die erforderliche Sorgfalt an den Tag legt, was für ihn eine Einsparung an Vermeidungsaufwand bedeutet. Es kann ihm eben nicht in allen Fällen die Kausalität seines Verhaltens nachgewiesen werden.[305]

Das Gleiche gilt für das Regime der Gefährdungshaftung. Hier kommt noch hinzu, dass selbst eine Beweislastumkehr nicht zu einem pareto-optimalen Zustand führt. Für den Urheber einer gewissen Betriebsgefahr bleibt immer ein unbeeinflussbares Risikopotential neben dem steuerbaren Sorgfaltsaufwand. Hat der Schädiger zu beweisen, dass sein Verhalten nicht kausal für eine Schädigung ist, wird er den Umfang seiner Aktivität zurückschrauben, um einer Haftpflicht zu entgehen. Sozial nützliche Tätigkeiten werden so durch die „Alles-oder-Nichts-Regel" zurückgedrängt.[306]

Vor diesem Hintergrund wird von *Schäfer/Ott* die Einführung der „Wahrscheinlichkeitskausalität" propagiert. Nach ausländischem Vorbild, namentlich Frankreichs und zum Teil Englands, soll der Schaden nur zu dem Teil ersetzt werden, zu dem auch ein Kausalitätszusammenhang angesetzt werden kann. Wenn also eine Tätigkeit zu 20 % kausal für einen Schaden ist, sind dem Geschädigten 20 % seines Schadens vom Akteur zu ersetzen. Dadurch, dass der erwartete Schadensersatz nicht vom verursachten Schaden abweicht, werden die Beteiligten hier zu effizienter Sorgfalt angehalten.[307]

In diesem Sinne plädieren auch *Kötz/Schäfer*[308] anlässlich einer Entscheidung des BGH[309] für die Wahrscheinlichkeitskausalität mit pro-rata-Haftung. Ein Architekt nahm an einem mit vier Geldpreisen dotierten Vergabewettbewerb der Beklagten teil, für welchen er eigens einen Entwurf ausgearbeitet und fristgerecht eingereicht hatte. Nachdem er infolge eines Verschuldens der Veranstalte-

---

[304] Siehe *Schäfer/Ott*, a.a.O., S. 227.

[305] Anders, wenn die Umkehr der Beweislast angeordnet ist. Dann nämlich kann sich der Schädiger nur von der Haftung entlasten, wenn er die optimale Sorgfalt beobachtet hat, vgl. *Schäfer/Ott*, a.a.O., S. 230.

[306] Vgl. *Schäfer/Ott*, a.a.O., S. 230.

[307] Vgl. *Schäfer/Ott*, a.a.O., S. 231, welche die Wahrscheinlichkeitskausalität auch bei der Verursachung durch mehrere Schädiger anwenden wollen.

[308] *Dies.*, Judex oeconomicus, 2003, S. 266ff..

[309] BGH vom 23.9.1982, BGH NJW 1983, 442, 444.

rin unzulässigerweise vom Wettbewerb ausgeschlossen worden war, verklagte er diese auf Ersatz des ihm entstandenen Schadens in Höhe der gemachten Aufwendungen nach § 280 BGB a.F.. Das OLG als Berufungsgericht gab dem Anspruch zu zwei Dritteln statt. Der BGH hob das Urteil auf und verwies die Sache zur Entscheidung zurück. Die Begründung des BGH belief sich darauf, dass es dem Kläger obläge zu beweisen, dass er im Falle der Zulassung zum Wettbewerb einen Preis gewonnen und von der Beklagten einen Auftrag erhalten hätte. Mit anderen Worten sei es dem Kläger nicht gelungen, die Kausalität des Ausschlusses vom Wettbewerb für den erlittenen Schaden nachzuweisen, weshalb ein Ersatzanspruch nicht gegeben sei. *Kötz/Schäfer* knüpfen an die Diktion des OLG an, welches von einer zerstörten „Chance" des Klägers spricht, durch die Teilnahme einen Geldpreis sowie einen Auftrag zu erhalten und das eigene Renommee zu erhöhen.[310] Diese Chance sei als Wahrscheinlichkeit zu deuten und über die dem Gericht zur Verfügung stehenden Informationen zu errechnen. Als fallrelevante Daten kämen beispielsweise die Anzahl der Teilnehmer und der zu vergebenden Preise in Betracht. Bei 42 Teilnehmern und vier Preisen ergebe sich eine Gewinnchance von 9,3 % für den Kläger, den ersten Preis zu gewinnen. Wird angenommen, dass einer der Preisträger den Zuschlag für das Werk bekommt, liegt die Wahrscheinlichkeit, dass der Unternehmer eine Erstattung seiner Aufwendungen erhält, bei 2,3 %.[311] Mittels dieser Werte ließe sich der durchschnittlich zu erwartende Schaden des übergangenen Teilnehmers errechnen. Vor diesem Hintergrund führe weder die Lösung des OLG noch die des BGH zu einem ökonomisch effizienten Maß der Abschreckung. Erstere bewirke eine Übermaßhaftung, schlimmstenfalls wäre die Beklagte gezwungen, wegen der kostspieligen Sorgfaltsaufwendungen ihre Tätigkeit einzustellen. Der vom BGH geforderte Nachweis des Vollbeweises hingegen hätte zur Folge, dass der Schädiger, die Veranstalterin des Wettbewerbs, gegenüber ihren Teilnehmern jedes Maß an Sorglosigkeit walten lassen könnte ohne eine Haftpflicht befürchten zu müssen. Aus wohlfahrtstheoretischen Gründen ist die Rechtsprechung deshalb angehalten, über die gegebenen Informationen einen Wahrscheinlichkeitswert zwischen Schädigerverhalten und Rechtsgutverletzung festzustellen, der dem zu ersetzenden Anteil am Gesamtschaden entspricht.[312]

[310] Siehe *Kötz/Schäfer*, Judex oeconomicus, 2003, S. 270.
[311] Vgl. *Kötz/Schäfer*, a.a.O., S. 271, 277.
[312] Siehe *Kötz/Schäfer*, a.a.O., S. 277, 283.

III. Zur Ausgestaltung eines präventiv wirkenden Haftungsinstruments mit Hilfe der ÖAR

1. Eine wohlfahrtstheoretische Analyse von Haftungsregeln

1.1 Die verschiedenen Ansätze und ihre Gemeinsamkeiten

Maßgeblicher Auslöser für das wachsendes Interesse an einer ökonomischen Auseinandersetzung mit den Grundlagen und Aufgaben deliktischer Haftung ist zweifelsohne in der wegweisenden Arbeit *Calabresis*, „The costs of accidents"[313], zu sehen. *Calabresi* hat gezeigt, dass dem Haftungsrecht die entscheidende Zielbestimmung zukommen muss, das Schadensaufkommen auf ein optimales Maß zu reduzieren und im Übrigen „gerecht" auf die Beteiligten und Dritte zu verteilen.

Hauptsächlicher Kritikpunkt an der Analyse *Calabresis* besteht darin, dass diese sich ausschließlich auf die Frage konzentriert, wie die sozialen *Kosten* eines Schadensereignisses den Beteiligten zugeordnet werden sollen, wozu *Calabresi* den Begriff des „cheapest cost avoider" geschaffen hat. Außer Berücksichtigung bleibt dabei aber der soziale *Nutzen* einer schadenstiftenden Aktivität, dessen Steigerung ebenso wohlfahrtsmaximierende Wirkung erzeugen kann wie die Senkung sozialer Kosten.[314]

Posner hat sich in seiner Untersuchung „A Theory of Negligence"[315] dem von Judge *Learned Hand* formulierten „negligence standard" gewidmet. Demnach ist das Produkt aus Schadensgröße und Schadenswahrscheinlichkeit (= Unfallwahrscheinlichkeit) mit den Kosten der Unfallvermeidungsmaßnahmen zu vergleichen. Sobald letzteres den Sicherheitsaufwand übersteigt, ist das Unterlassen von Vorsichtsmaßnahmen als Fahrlässigkeit zu bewerten.[316] Mit Hilfe dieser Formel sei nach *Posner* annähernd das effiziente, weil kostengerechtfertigte Niveau an Unfällen und Sicherheitsmaßnahmen zu bestimmen.[317] Dennoch räumt *Posner* die entscheidende Schwäche der *Learned-Hand*-Definition ein, welche

[313] Vgl. oben II. 2.

[314] Vgl. *Adams*, Ökonomische Analyse der Gefährdungs- und Verschuldenshaftung, 1985, S. 20f., welcher ebenso beanstandet, dass *Calabresi* keine eindeutige Unterscheidung vollzieht zwischen den Fällen, in denen Vertragsbeziehungen unter den Beteiligten bestehen und solchen von Unfällen „zwischen Fremden".

[315] Journal of Legal Studies 1972, 29ff..

[316] Vgl. dazu eingehend oben II. 3.1.1. Im überwiegenden Teil seiner Abhandlung untersucht *Posner* anhand von Berufungsentscheidungen US-amerikanischer Gerichte in den Jahren von 1875 bis 1905, die zum Großteil anlässlich von Unfällen an Bahnübergängen ergingen, inwieweit dieser Fahrlässigkeitsmaßstab von der Rechtsprechung angewandt worden ist.

[317] Vgl. *Posner*, Journal of Legal Studies 1972, 29, 33.

darin besteht, dass sie in keinster Weise mögliche Schadensprävention durch das Opfer eines Unfallereignisses berücksichtigt.[318]

Einen weiteren Schritt im Hinblick auf die Fragestellung, welches und wann ein Haftungsreglementarium präventiv wirken kann, haben *Brown*, *Diamond* und *Shavell* unternommen. Im Gegensatz zu *Calabresi*, welcher ausgehend von der gegebenen Größe „Unfälle" nach den Haftungsregeln sucht, die möglichst wenig Kosten verursachen, und *Posner*, dessen Überlegungen um *eine* bestimmte Haftungsvariante kreisen, bevorzugen diese Autoren eine modellhafte Betrachtung der verschiedenen Haftungstypen bei Entscheidungsfreiheit der am Schadensfall beteiligten Personen. *Brown* zeigt, dass weder vollständige Haftungsfreistellung noch die Gefährdungshaftung zum volkswirtschaftlich erwünschten Optimum im Sinne eines Gleichgewichts zwischen Schadens- und Unfallvermeidungskosten führen können, sondern stets ein System vorzuziehen ist, das Verschulden und Mitverschulden des Schädigers bzw. Geschädigten berücksichtigt.[319] Er arbeitet zudem heraus, dass anstelle der Gesamtkosten für Schäden und Schadensvermeidung die *Grenzkosten* anzusetzen sind. Bei seinen Modellen bezieht *Brown* sowohl das Verhalten des Täters als auch mögliche Sicherungsmaßnahmen des Opfers mit ein.[320]

Diamond hat insbesondere das Kausalitätsproblem unter ökonomischen Gesichtspunkten reflektiert. Auch geht es ihm um das Problem der Messbarkeit des Sorgfaltsniveaus durch die Individuen und Gerichte.[321]

Um einen weiteren Erkenntnisgehalt hat sich *Shavell* verdient gemacht. Er hat gezeigt, dass auch der *Umfang* („Aktivitätsniveau") einer Tätigkeit ein entscheidendes Kriterium für das Schadensrisiko und damit die Grenzkosten von Schadensvermeidungsmaßnahmen bildet. Von den Gerichten jedoch wird die Häufigkeit, mit der eine Aktivität ausgeübt wird, selten bis nie miteinbezogen. Die Verschuldenshaftung orientiert sich allein danach, welche Sorgfalt *bei* einer bestimmten Aktivität, etwa dem Autofahren, beobachtet wird, und nicht, wie viele Kilometer zurückgelegt werden.[322]

Im deutschrechtlichen Raum haben insbesondere *Adams*[323] und *Endres*[324] eine ökonomische Analyse verschiedener Haftungsregeln unternommen.

Endres hat die Gemeinsamkeiten aller Modelle zusammengefasst. Zum einen verfügen in dem verbreiteten Analyserahmen die Beteiligten (einschließlich der Gerichte und Gesetzgeber) über ausreichend Informationen bezüglich des gel-

---

318 Vgl. *Posner*, a.a.O., 29, 33.

319 In seiner Zusammenfassung vgl. *Brown*, Journal of Legal Studies 1973, 323, 347.

320 Vgl. *Brown*, a.a.O., 332f..

321 Siehe *Diamond*, Journal of Legal Studies 1974, 107, 111, 123ff..

322 Vgl. *Shavell*, Journal of Legal Studies, 1ff.; s. auch das Modell bei *dems.*, Economic Analysis of Accident Law, 1987, S. 6ff..

323 *Adams*, Ökonomische Analyse der Gefährdungs- und Verschuldenshaftung, 1985.

324 *Endres*, Ökonomische Grundlagen des Haftungsrechts, 1991.

tenden Haftungsregimes, der von Verletzer und Opfer wahrgenommenen Sorgfalt sowie des Zusammenhangs zwischen Sorgfaltsvorkehrungen, ihrer Kosten und der erwarteten Schäden.[325] Außerdem sind die Entscheidungsträger (Verletzer und Opfer) risikoneutral. Sowohl Verletzer als auch Opfer rechnen damit, dass eine Veränderung ihres Sorgfalts- und Aktivitätsniveaus auf der Gegenseite keinerlei Abweichung verursacht („Cournot-Nash"-Hypothese[326]). Schließlich existiert für jeden Nutzen aus einer Tätigkeit sowie für jeden aus ihr resultierenden Schaden ein Einkommensäquivalent. D.h. auch immaterielle Kosten und Nutzen sind einer monetären Bewertung zugänglich und haben Einfluss auf die den Beteiligten zur Verfügung stehenden Einkommen.[327]

1.2 Das Modell bei *Adams*

Adams hat neun verschiedene Haftungsmodelle untersucht und führt den mathematischen Beweis zugunsten desjenigen Modells, welches das volkswirtschaftliche Aufkommen für Schäden und Schadensvermeidung am geringsten hält.[328]

Im Mittelpunkt der Betrachtung stehen zwei Personen, Verletzter X und Opfer Y, wobei nur das Opfer Y einen Schaden erleidet („unilateraler Schaden"[329]). X sei beispielsweise der Nutzer eines Kfz, Y ein Fußgänger. Hohe Transaktionskosten verhindern, dass die Beteiligten vertragliche Abänderungen des jeweils geltenden Haftungsregimes unternehmen.[330]

Adams definiert die Opportunitätskosten aller Unfallvorbeugemaßnahmen pro Einheit der von X und Y ausgeübten Tätigkeiten, sowie die Eintrittswahrscheinlichkeit eines Unfalls und die Schadenshöhe. Jedes Verhalten, das auf Unfallvermeidung gerichtet ist, kann entweder die Schadenswahrscheinlichkeit oder die Schadenshöhe beeinflussen. Das Produkt aus beidem ergibt den zu erwartenden Schaden.[331] Außerdem wird angenommen, dass die Sorgfalt der einen Partei ein Substitut[332] für die Sorgfalt der anderen darstellt, der Rückgang der Sorgfalt beim Opfer also den Grenzertrag der Vorbeugemaßnahmen beim Täter erhöht.

In Anlehnung am *Shavell* soll der erwartete Schaden nicht nur von der Sorgfalt und den bei der Unfallvermeidung verwendeten Mitteln abhängen, sondern auch

---

[325] Vgl. *Endres*, a.a.O., S. 14f..
[326] Vgl. *Endres*, a.a.O., S. 15, 118f.; *Schäfer/Ott*, Lehrbuch, 1995, S. 194f..
[327] Vgl. *Endres*, a.a.O., S. 15.
[328] Vgl. auch die Vereinfachung bei *Jansen*, Struktur des Haftungsrechts, 2003, S. 151ff..
[329] Vgl. auch *Shavell*, Economic Analysis of Accident Law, 1987, S. 6ff., 21ff..
[330] Vgl. *Adams*, Ökonomische Analyse der Gefährdungs- und Verschuldenshaftung, 1985, S. 36.
[331] Siehe *Adams*, a.a.O., S. 37.
[332] Zum Substitut in seiner betriebswirtschaftlich und volkswirtschaftlich verstandenen Weise, vgl. *Schäfer/Ott*, Lehrbuch, 1995, S. 65.

davon, mit welcher Häufigkeit, d.h. auf welchem „Aktivitätsniveau“[333] eine Tätigkeit ausgeführt wird. Beim Verletzer X sei dies beispielsweise die Zahl der gefahrenen Kilometer, beim Opfer Y die der Straßenüberquerungen. Die Kosten von Unfallvorbeugemaßnahmen implizieren auch eine Einschränkung des Aktivitätsniveaus der von Verletzer und Opfer ausgeübten Tätigkeiten.[334] Der erwartete Nutzen einer Aktivität für den Verletzer ohne den Einfluss jedweder Haftungsregel ist die Differenz aus dem Nutzen der Aktivität auf einem bestimmten Niveau abzüglich der vom Verletzer aufgewendeten Sorgfalts- bzw. Unfallvermeidungskosten. Das Opfer, das ohne eine gesetzliche Regelung seinen Schaden vollständig zu tragen hat, hat einen erwarteten Nutzen in Höhe des Nutzen der ausgeübten Tätigkeit abzüglich der Kosten für Sicherheitsmaßnahmen und der Verluste durch das Schadensereignis.[335]

Weil sich die soziale Wohlfahrt als Summe der erwarteten Nutzen bei Verletzer und Opfer darstellt, besteht das mittels geeigneter Haftungsregeln zu lösende Problem darin, den Nutzen aus den Tätigkeiten von Verletzer und Opfer abzüglich der Sorgfalts- und erwarteten Unfallkosten zu maximieren.[336]

Aufgabe eines Haftungsregimes ist es laut *Adams* nicht allein, einen effizienten Anreiz für die von Verletzer und Opfer vorzunehmenden Sorgfaltsvorkehrungen zu setzen, sondern auch ein Instrument zur Internalisierung der außerhalb des Interessenkreises von Verletzer und Opfer reichenden unfallverursachenden Effekte zur Verfügung zu stellen.[337] Die sozialen Kosten eines Unfallereignisses ergeben sich aus der Summe der Kosten für Unfallvermeidungsmaßnahmen auf beiden Seiten und dem eintretenden Gesamtschaden. Die von Opfer und Verletzer aufzubringenden Sorgfaltsvorkehrungen minimieren dann die sozialen Kosten, wenn die Grenzkosten hierfür bei Verletzer und Opfer gleich dem Grenzertrag in Form des Grenzrückgangs des erwarteten Schadens sind. In diesem Punkt wird das wohlfahrtsmaximierende Sorgfaltsniveau erreicht.[338]

1.2.1 Die einzelnen Haftungsregeln

Als Haftungsregel begreift *Adams* jedes Verfahren, das den Anteil festlegt, den jede Partei am Gesamtschaden A eines Unfallereignisses zu tragen hat. Da das deutsche Recht - im Gegensatz zum Common Law mit seinen „punitive damages“[339] - keine Schadensersatzansprüche kennt, die der Höhe nach über den tatsächlichen Schaden hinausgehen, ist stets gewährleistet, dass sich die Haftungs-

---

[333] Vgl. *Adams*, a.a.O., S. 39f..
[334] Vgl. *Adams*, a.a.O., S. 45.
[335] Vgl. *Adams*, a.a.O., S. 41.
[336] *Adams*, a.a.O., S. 42.
[337] Vgl. auch *Endres*, Ökonomische Grundlagen des Haftungsrechts, 1991, S. 3, der das Haftungsrecht aus ökonomischer Sicht in die Gruppe von „Internalisierungsstrategien“ einreiht.
[338] Vgl. *Adams*, a.a.O., S. 44.
[339] Vgl. dazu oben 1. Teil, I. 2.

anteile der Beteiligten zu eins addieren. Die Höhe des von einer Partei zu tragenden Anteils hängt auch in der Rechtspraxis von der verfolgten Sorgfalt bei Opfer und Verletzer ab. Im zugrunde liegenden Modell ist der Haftungsanteil eine Funktion der Höhe der aufgewendeten Sorgfalt.

1.2.1.1 Casum sentit dominus: Reine Opferhaftung

Im Rahmen dieses Haftungsregimes hat das Opfer seinen Schaden immer in voller Höhe selbst zu tragen.

Da der Verletzer lediglich für seine eigenen Sorgfaltskosten aufzukommen hat, wird er diese soweit als möglich, d.h. gegen null gehend, minimieren. Sein Aufwand liegt deshalb bei weitem unter dem effizienten Sorgfaltsniveau. Das Opfer hingegen wird seine Sicherheitsmaßnahmen über das maximierende Niveau hinaus anheben. Weil eine Substitutionsbeziehung vorausgesetzt worden war, ist es bemüht, das Sorgfaltsdefizit des Verletzers auszugleichen. Darüber hinaus wird das Opfer versuchen, einer vollständigen Schadensabwälzung zu entgehen.

Die Regel des casum sentit dominus ist wohlfahrtsökonomisch somit wenig ertragreich.[340]

1.2.1.2 Gefährdungshaftung ohne Berücksichtigung des Mitverschuldens

Die Gefährdungshaftung ohne Berücksichtigung des Mitverschuldens ist der des casum sentit dominus genau entgegengesetzt: Der Verletzer trägt stets den gesamten Schaden des Opfers. Deshalb treten auch die im vorangehenden beschriebenen Wirkungen auf, nur in entsprechender Symmetrie. Das Opfer setzt, um seine persönlichen Kosten zu senken, das Sorgfaltsniveau auf den niedrigsten Stand herab. Der Verletzer überspannt seine Sorgfaltsbemühungen, um die des Opfers auszugleichen. Beide verfehlen damit das volkswirtschaftlich effiziente Niveau.[341]

1.2.1.3 „Verschuldenshaftung I"

Bei dieser Form der Verschuldenshaftung trägt das Opfer den Schaden vollständig, es sei denn der Verletzer handelt schuldhaft. Gleichzeitig wird unterstellt, dass es den Gerichten gelänge, das adäquate d.h. effiziente Sorgfaltsniveau zu ermitteln.

---

[340] Vgl. *Adams*, a.a.O., S. 48ff.; *Shavell*, Economic Analysis of Accident Law, 1987, S. 8, 22f..

[341] Vgl. *Adams*, a.a.O., S. 51f..

Der Verletzer steuert bei der Verschuldenshaftung sein Verhalten so, dass ihm ein Verschuldensvorwurf nicht gemacht werden kann, weil er dann nur mit den Kosten seiner Sicherheitsvorkehrungen belastet ist. Darüber hinaus ist davon auszugehen, dass sich die Bemühungen des Verletzers auf das soziale Optimum[342] einpendeln werden, denn er wird nicht mehr aufwenden wollen, als zur Haftungsfreiheit erforderlich ist.

Das Opfer, welches sich dieser Situation gegenüber sieht, wird versuchen, die Summe aus Schaden und Schadenvermeidungsaufwand zu minimieren und damit die kostengünstigsten Vorbeugehandlungen wahrzunehmen.

In dieser Haftungsordnung ist also gewährleistet, dass, soweit die Gerichte den richtigen Sorgfaltsmaßstab festlegen, die Beteiligten die sozialen Kosten ihrer Handlungen richtig berücksichtigen und das Wohlfahrtsoptimum erreicht wird.[343]

1.2.1.4 Gefährdungshaftung bei Berücksichtigung von Mitverschulden

Bei der hier zu untersuchenden Haftungsordnung haftet der Verletzer stets, außer dem Opfer kann ein Verschulden vorgeworfen werden.

Der Verletzer trägt den gesamten Schaden, wenn das Opfer das optimale Sorgfaltsniveau einhält, und haftet überhaupt nicht, sobald das Opfer die erforderliche Sorgfalt nicht beobachtet. Dementsprechend ergeben sich die sozialen Kosten des Opfers bei effizientem Sorgfaltsniveau allein aus dem Schadensvermeidungsaufwand und unterhalb dieses Wertes zusätzlich aus der Schadensbelastung. Deshalb wird das Opfer den Sorgfaltsaufwand im Pareto-Optimum betreiben. In dieser Situation bleibt dem Verletzer nichts anderes übrig, als ebenfalls das optimale Niveau zu wählen, welches den Schaden möglichst gering hält.

Man sieht, dass, ähnlich dem Verhältnis des Regimes des casum sentit dominus zur reinen Gefährdungshaftung, die Gefährdungshaftung mit Berücksichtigung des Mitverschuldens genau in Symmetrie zur oben (1.2.1.3) beschriebenen Verschuldenshaftung I steht. Nur im vorliegend diskutierten Fall ist es das Opfer, das die Haftungsverteilung vornehmlich bestimmt, und der Verletzer, der lediglich *reagiert*. Entscheidend aber bleibt, dass auch hier eine Realisierung des Wohlfahrtsmaximums möglich ist.[344]

Unterschiedlich sind allerdings die beiden Haftungsalternativen in ihrer Wirkung auf das Prozessuale: Nicht unerheblich für den Ausgang eines Haftungsstreits ist nämlich die Beweislastverteilung. Während es im Regime der Verschuldenshaftung I dem Opfer obliegt, das Vertretenmüssen des Schädigers zu

---

[342] Entsprechend der „negligence-rule“ nach Judge *Learned Hand*, vgl. oben II. 3.1.1.
[343] Vgl. *Adams*, a.a.O., S. 52ff..
[344] Vgl. *Adams*, a.a.O., S. 56ff..

beweisen, muss das Opfer im Rahmen der Gefährdungshaftung bei Berücksichtigung des Mitverschuldens lediglich einen Schaden und die Voraussetzungen eines Gefährdungstatbestandes darlegen.[345]

1.2.1.5 Die Verschuldenshaftung mit Haftungsausschluss des Mitverschuldens beim Opfer

Im Folgenden ist auf ein Haftungssystem einzugehen, welches seit dem 19. Jahrhundert noch immer in einigen US-Bundesstaaten vorherrschend ist. Es ist dadurch charakterisiert, dass der Verletzer nur dann den Schaden zu ersetzen hat, wenn er schuldhaft gehandelt hat *und* zugleich das Opfer die erforderliche Sorgfalt eingehalten hat, sog. „contributory negligence".[346] Eine Haftung des Schädigers scheidet aus, sobald dem Opfer auch nur der geringste Vorwurf an Fahrlässigkeit gemacht werden kann, gleichgültig, ob und in welchem Maße der Verletzer selbst gegen Sorgfaltsanforderungen verstoßen hat.[347] In diesem Fall kann das Verhalten der Beteiligten nicht mehr isoliert betrachtet, sondern muss jeweils als Funktion der Verhaltensalternativen der anderen Person behandelt werden.

Für den Verletzer ergeben sich verschiedene Kostenalternativen[348]: Sorgfaltswidriges Verhalten auf Seiten des Opfers bedeutet entweder eine Kostenbelastung bei beliebiger Sorgfaltswahl (also gegebenenfalls auch null Kosten) oder gerade die Kosten im sozialen Optimum. Handelt das Opfer selbst mit der wohlfahrtsökonomisch effizienten Sorgfalt, muss der Verletzer, soweit er schuldhaft handelt, den Schaden und seine Sorgfaltsvorkehrungen tragen, andernfalls, also beim effizienten Sorgfaltsniveau wiederum nur diejenigen des sozialen Optimums.

Die zu erwartenden Kosten des Opfers ergeben sich bei sorgfaltswidrigem Verhalten stets aus dem Schaden und dem Sorgfaltsaufwand. Wählt das Opfer das Wohlfahrtsoptimum, erschöpft sich seine wirtschaftliche Belastung in den Kosten der Unfallvermeidungsmaßnahmen unter der Bedingung, dass der Verletzer schuldhaft handelt. Wenn dieser aber seinerseits das soziale Optimum wählt, sieht sich das Opfer dem Schaden und den Kosten der Sorgfalt gegenüber - diesmal aber nur denjenigen des eigenen sozialen Optimums.[349]

Fraglich ist nun, welche Strategie Verletzer und Opfer verfolgen werden. Wie bereits erwähnt, sind im zugrunde liegende Modell die Transaktionskosten der-

---

[345] Vgl. *Adams*, a.a.O., S. 58.

[346] Die contributory negligence steht im Gegensatz zur comparative negligence, wo die relative Verschuldenshöhe des Verletzers Berücksichtigung findet, vgl. *Posner*, Economic Analysis of Law, 1992, S. 169ff.. Siehe dazu unten 1.2.1.6.

[347] Vgl. auch *Shavell*, Economic Analysis of Accident Law, 1987, S. 14f..

[348] *Adams* stellt diese in Form von Matrizen dar, vgl. *ders.*, a.a.O., S. 61f..

[349] Vgl. *Adams*, a.a.O., 60f..

art hoch angesetzt, dass die Beteiligten vor einem „Aushandeln“ der Schadensverantwortlichkeit zurückschrecken. Gesucht ist deshalb das „Cournot-Gleichgewicht“[350], in dem es sich weder für Verletzer noch Opfer lohnt, von einem bestimmten Sorgfaltsniveau abzuweichen.

Grundsätzlich wäre es dem Verletzer daran gelegen, dass er und das Opfer Sorgfaltsvorkehrungen unterhalb des Wohlfahrtsmaximums beobachten, da er dann seinen Vermeidungsaufwand minimieren könnte. Jedoch wird das Opfer diesen Zustand umgehen wollen, denn es wäre in diesem Fall den höchsten wirtschaftlichen Belastungen ausgesetzt; nur bei optimaler Sorgfalt kann es seine Kosten so gering wie möglich halten. Ganz unabhängig vom Verhalten des Verletzers wird das Opfer immer das optimale Sorgfaltsniveau einhalten. Der Verletzer kann sein kostengünstigstes Ergebnis nicht mehr erreichen. Er hat nur noch die Wahl zwischen privaten Kosten in Höhe des Schadens zuzüglich des Sorgfaltsaufkommens oder aber in Höhe der effizienten Sorgfalt. Der ökonomisch-rational agierende Verletzer wird sich für letzteres entscheiden. Beide Beteiligten treffen damit die wohlfahrtsmaximierenden Sorgfaltsvorkehrungen und das betreffende Haftungsregime gibt einen effizienten Anreiz, die sozialen Kosten unfallverursachender Tätigkeiten zu minimieren.[351]

1.2.1.6 Verschuldenshaftung mit Haftungsminderung je nach relativer Verschuldenshöhe

Den vorangehenden Systemen war allen zu eigen, dass jeweils einer der Unfallbeteiligten die gesamten Kosten des Schadens neben den eigenen Unfallvermeidungsaufwendungen zu tragen hatte. Dies entspricht nun aber nicht der Rechtswirklichkeit in den Haftungsordnungen einer Vielzahl europäischer Staaten. Das englische und nicht zuletzt das deutsche Recht bestimmen vielmehr, dass die Kostenlast eines Unfalls, sobald Verletzer und Opfer sorgfaltswidrig handeln, unter beiden Parteien aufgeteilt wird, und zwar in Relation zur jeweiligen Verschuldenshöhe, sog. „comparative negligence“[352]. § 254 BGB gewährleistet in seiner direkten Anwendung im Rahmen der Verschuldenshaftung, aber auch entsprechend (vgl. § 9 StVG) und analog in Fällen der Gefährdungshaftung, dass Anspruchshöhe bzw. Anspruchsminderung vom Grad des Verschuldens bei Verletzer und Opfer abhängen.[353]

Im Folgenden sind deshalb die Anreizwirkungen eines Systems zu untersuchen, welches der relativen Höhe des Verschuldens auf beiden Seiten Rechnung trägt. Es sei wie folgt definiert: Das Opfer trägt den vollen Schaden, wenn der Verlet-

---

350 Vgl. zum Begriff *Schäfer/Ott*, Lehrbuch, 1995, S. 194f..

351 Vgl. *Adams*, a.a.O., S. 65.

352 Vgl. *Posner*, Economic Analysis of Law, 1992, S. 171f..

353 Diese Haftungsregel entspricht nicht zuletzt den „Gerechtigkeitsvorstellungen“ in unseren Rechtskreisen.

zer sorgfältig handelt. Haben Verletzer und Opfer fahrlässig gehandelt, trägt das Opfer den Schaden entsprechend der relativen Höhe seines Verschuldens.

Auch in diesem Regime sind die Kostenbelastungen des Verletzers X vom Verhalten des Opfers Y abhängig und umgekehrt.[354] X muss lediglich mit den Kosten optimaler Sorgfaltsvorkehrungen rechnen, wenn er selbst das effiziente Sorgfaltsniveau einhält, gleichgültig, ob Y sorgfaltswidrig handelt oder nicht. Bleibt X unterhalb der optimalen Sorgfaltsgrenze, ist er mit der gesamten Kostenlast einschließlich des Schadens konfrontiert, wenn das Opfer das Wohlfahrtsoptimum einhält. Kann diesem jedoch auch eine fahrlässige Verhaltensweise vorgeworfen werden, beschränkt sich die Haftung des Verletzers auf seinen Sorgfaltsaufwand und den eingetretenen Schaden multipliziert mit seinem Verschuldensbeitrag.

Aus der Sicht des Opfers ergibt sich folgende Konstellation: Im effizienten Sorgfaltsniveau treffen Y nur die Unfallvermeidungskosten für den Fall, dass der Verletzer die erforderliche Sorgfalt außer acht lässt. Dagegen übernimmt das Opfer Schaden und Sicherheitsmaßnahmen selbst im Punkt optimaler Sorgfalt, sobald auch X sich pareto-optimal sorgfältig verhält. Fällt das Sorgfaltsniveau des Opfers in den ineffizienten Bereich, hat es bei sorgfältigem Verhalten des Verletzers Sorgfaltsvorkehrungen *und* Schaden zu übernehmen, letzterer reduziert sich für Y um den Verschuldensanteil des Verletzers, sobald auch diesem Verschulden zur Last gelegt werden kann.

Im nächsten Schritt ist wiederum nach dem Strategienpaar des Cournot-Gleichgewichts zu suchen, welches angibt, wann die Beteiligten die wohlfahrtsgünstigste Sorgfaltskombination verwirklichen.[355] Für den Verletzer ist das Strategienpaar beiderseitiger Fahrlässigkeit nur dann verfolgenswert, wenn der Verschuldensanteil des Opfers um einiges größer ist als der eigene. Sobald sich Y effizient sorgfältig verhält, ist dies auch für X die günstigste Lösung. Er wird aus diesem Grund seinen Sorgfaltsaufwand auf das soziale Optimum einstellen. Hiervon ausgehend kann das Opfer in seiner Position die Kosten nur minimieren, indem es seinerseits sorgfältig handelt. Damit wäre das effizienteste Strategienpaar ermittelt.[356]

Das untersuchte Haftungsregime eignet sich also, effiziente Anreize gegenüber den Beteiligten zu setzen und die Gesamtkosten eines Schadensereignisses zu

[354] Vgl. *Adams*, a.a.O., S. 68.
[355] Vgl. *Adams*, a.a.O., S. 73.
[356] Um sicher gehen zu können, dass es sich dabei auch wirklich um das einzige Gleichgewichtsstrategienpaar handelt und keiner der Beteiligten vorzugsweise fahrlässig handeln würde, in der Hoffnung, der andere verzeichne ein noch höheres Maß an Fahrlässigkeit und der eigene Haftungsanteil sei damit derart minimal, dass die Fahrlässigkeit für ihn immer noch rentabel sei, führt *Adams* den mathematischen Beweis, vgl. *ders.*, a.a.O., S. 73ff.. Es gelingt ihm zu zeigen, dass tatsächlich kein zweites Gleichgewichtspaar existiert, in welchem die Beteiligten durch nachlässiges Handeln ihre privaten Kosten reduzieren.

minimieren. Eine Besonderheit besteht darin, dass jede Partei mit einer auch noch so minimalen Steigerung ihrer Sorgfalt unterhalb des effizienten Niveaus einen externen Effekt auf das Gegenüber ausüben kann, nämlich dadurch, dass sich dessen Haftungslast vergrößert.

1.2.1.7 Gefährdungshaftung mit Haftungsminderung je nach relativer Verschuldenshöhe

Diese Haftungsregel unterscheidet sich von der vorangehenden allein dadurch, dass der Schaden grundsätzlich dem Verletzer anheim fällt, wenn das Opfer sorgfältig handelt. Im Übrigen soll es bei der Haftungsaufteilung je nach der relativen Verschuldenshöhe des Opfers bleiben.

Es gelten damit auch die oben[357] aufgestellten Prämissen, wobei anstelle der Person des Verletzers die des Opfers tritt und umgekehrt.

Als Ergebnis kann auch für diesen Haftungstypus festgehalten werden, dass es den Beteiligten wirksamste Anreize zur Kostenminimierung liefert.[358]

1.2.1.8 Gefährdungshaftung mit Berücksichtigung des Mitverschuldens und Ausgleich der „Betriebsgefahr"

Im folgenden Haftungssystem soll - wie in der Rechtsprechungspraxis bei der Kfz-Halter-Haftung bereits üblich - auf Seiten des Verletzers ein gewisser Haftungsanteil auf der Betriebsgefahr dessen Aktivität aufbauen. Die genaue Definition lautet: Der Verletzer trägt den vollen Schaden, wenn das Opfer nicht fahrlässig handelt. Auch wenn das Opfer fahrlässig handelt, muss der Verletzer stets einen bestimmten Anteil λ am Schaden als Anrechnung der von ihm geschaffenen „Betriebsgefahr" tragen. Alles, was über diesen stets vom Schädiger zu übernehmenden Schadensanteil hinausgeht, wird entsprechend der relativen Höhe des Verschuldens auf die beiden Parteien aufgeteilt.

Auch hier steht die Höhe der erwarteten Kosten der Beteiligten in Abhängigkeit vom Verhalten des jeweils anderen.[359] Der Verletzer wird seinen Sorgfaltsaufwand unterhalb des sozialen Optimums nur dann halten, wenn auch das Opfer ein verhältnismäßig großes Sorgfaltsdefizit verzeichnet. Sobald aber Y das geforderte Sorgfaltsniveau wählt, besteht die kostengünstigste Strategie des Verletzers darin, ebenfalls sorgfältig zu sein.

Bei der Kostenprognose des Opfers ist festzustellen, dass es bei sorgfältigem Verhalten des Verletzers selbst die effiziente Sorgfalt nur dann einhalten wird,

---

[357] Vgl. 1.2.1.6.

[358] Vgl. *Adams*, a.a.O., S. 77.

[359] Auf die komplizierte Darstellung der einzelnen Kostenverhältnisse soll an dieser Stelle verzichtet werden, verwiesen wird deshalb auf die Matrizes bei *Adams*, a.a.O., S. 79ff..

wenn der vom Verletzer unabhängig vom Verschulden im Sinne einer Betriebsgefahr zu tragende Haftungsanteil hinreichend groß genug ist und die Sorgfaltskosten des Opfers bei optimaler Vorbeugung noch unter der Summe aus Sorgfaltsaufwand und den erwarteten Unfallschäden liegen. Andernfalls wäre das Opfer zu fahrlässigem Verhalten motiviert, der Täter hingegen würde versuchen, das Sorgfaltsdefizit auf Seiten des Opfers auszugleichen und deshalb über das sozial erforderliche und effiziente Maß hin ausweiten.

Deshalb kann durch eine geeignete Wahl des Parameters λ eine wohlfahrtsökonomische Anreizordnung geschaffen werden, wobei der von vornherein definierte, „effizienzneutrale" und verschuldensunabhängige Schadensersatzanteil dazu eingesetzt werden kann, andere als nutzenmaximierende Ziele zu verfolgen, wie beispielsweise eine Umverteilung zugunsten bestimmter Opfer oder zum Ausgleich bestimmter Messfehler bei der Feststellung der aufgewendeten Sorgfalt.[360]

1.2.1.9 Haftungsübernahme durch Dritte

Vorangehend wurden durchweg Haftungssysteme diskutiert, in denen ausschließlich und allein den am Schadensereignis beteiligten Personen die Kosten des Unfalls zu bestimmten Anteilen auferlegt wurden. Es bleiben deshalb noch einige Überlegungen über Haftungsinstrumente anzustellen, welche den entstandenen Schaden vollständig auf einen Dritten überwälzen. Als „Dritter" käme etwa der Arbeitgeber, ein Renten- und Sozialversicherungsträger oder eine private Versicherung in Betracht.

Ohne weitere mathematische Herleitung ist offensichtlich, dass eine Verlagerung des Schadens auf einen Außenstehenden sowohl bei Täter als auch Opfer keinerlei Anreize vermittelt, irgendwelche Sorgfaltsvorkehrungen zu treffen; Zahl und Umfang der Unfallschäden werden in diesem Fall ihr Maximum erreichen. Während die reine Gefährdungshaftung und die Regel des casum sentit dominus jeweils nur eine der Parteien veranlassen, die Kosten eines Schadens zu externalisieren, bewirkt die Haftungsübernahme durch Dritte auf beiden Seiten die Verursachung externer Effekte. Es stellt damit das denkbar schlechteste System dar, die Beteiligten zu einem Kosten-Nutzen-günstigen Verhalten zu motivieren.[361]

1.2.2 Ergebnis

Insgesamt bleibt festzuhalten, dass die Haftungstypen der Gefährdungs- und Opferhaftung ohne jede Berücksichtigung des Mitverschuldens der jeweils anderen

---

[360] Vgl. *Adams*, a.a.O., S. 82f..

[361] Vgl. *Adams*, a.a.O., S. 84f.; zu dieser unter dem Begriff des „moral hazard" bekannten Erscheinung ausführlicher unten 2.3.

Beteiligten sowie die Schadenszuweisung auf einen Dritten am wenigsten geeignet sind, die sozialen Kosten der Sorgfalts- und Aktivitätsentscheidungen des Schädigers und des Opfers auf das zugleich erforderliche und ausreichende Maß zu reduzieren.

Dagegen fördern sämtliche Regelungen, welche ein Mitverschulden des Gegenübers berücksichtigen, wohlfahrtsmaximierende Anreize und regen beide Parteien damit an, die Kosten ihrer Handlungen zu minimieren. Ein Regime der Gefährdungshaftung unter Berücksichtigung des Mitverschuldens und einer „Betriebsgefahr" bietet darüber hinaus noch die Möglichkeit, innerhalb eines Haftungssystems und ohne weitere Effizienzverluste eine Lastenumverteilung hervorzurufen.

1.3 Zur Verteilungswirkung der Haftungsordnungen

Bestimmte Haftungstypen können theoretisch über einen längeren Zeitraum hinweg einzelne Gruppen von Akteuren bevorzugen bzw. benachteiligen, mit anderen Worten, sie führen dazu, dass bestimmte Personen oder Haushalte aufgrund einer Haftungssituation über weniger persönliches Einkommen verfügen als andere. Bei einer wohlfahrtstheoretischen Diskussion verschiedener Haftungsregeln darf deshalb eine mögliche Verteilungswirkung mit ihren sozialen Konsequenzen nicht außer acht gelassen werden.

Der bisherigen Untersuchung wurde durchweg der Gedanke zugrunde gelegt, dass die Anteile der beiden relevanten Bevölkerungsgruppen, Opfer und Verletzer, etwa gleich groß sind. Jeder Akteur nimmt demnach über die Dauer seines Lebens durchschnittlich gleich häufig die Verletzer- oder Opferrolle ein. Unter dieser Annahme haben die allokationseffizienten Haftungsregeln keine systematische einkommensverteilende Wirkung, denn stochastisch betrachtet trägt jeder der beiden unabhängig vom geltenden Haftungssystem Nutzen und Kosten, Gewinn und Verlust der Verletzer- und Opfertätigkeit in gleicher Höhe.[362]

Eine solche Sicht der Homogenität von Opfer- und Verletzerposition entspricht nun aber nicht den Gegebenheiten des Industriezeitalters. Während sich noch in der landwirtschaftlich geprägten Gesellschaft die Lebensverhältnisse der Einzelnen sehr ähnlich gestalteten, so dass nahezu kein Umverteilungseffekt durch den Übergang von einem zum anderen Haftungssystem eintraten, zeichnet sich die gegenwärtige ökonomische und rechtliche Haftungssituation durch eine weitreichende Spezialisierung und der Schaffung neuartiger Arbeitstechniken aus. Damit kann nicht mehr vereinfachend davon ausgegangen werden, dass jeder Akteur in gleichem Maße Opfer und Verletzer ist. Vielmehr übernehmen bestimmte Personen wirtschaftlich und mittels technischer Hilfsmittel gewisse Produktions- und Arbeitsabläufe, während andere beispielsweise vorwiegend die

---

[362] Vgl. *Adams*, a.a.O., S. 89.

Rolle des Verbrauchers oder der Arbeitskraft einnehmen. Bei genauerer Betrachtung gilt diese unterschiedliche Häufigkeit und Intensität, mit der eine Tätigkeit ausgeübt wird, auch für diejenige des Autofahrens. Denn der Umfang, in dem bestimmte Personengruppen ein Kraftfahrzeug nutzen, schwankt sehr stark. Ein Haftungssystem vermag somit im Vergleich zu einem anderen eine stärkere Verteilungswirkung hervorzurufen.[363]

In welcher Höhe ein Haftungsinstrument einkommensverteilende Wirkungen auf die Akteure hat, hängt nach *Adams* überwiegend davon ab, ob es sich bei den ausgeübten Aktivitäten um herkömmliche, der Substitution zugängliche Handlungen, oder um neuartige auf den Markt kommende Tätigkeiten handelt.

1.3.1 Verteilungswirkungen von Haftungsregeln bei Substitution

Grundsätzlich und abstrakt losgelöst vom Inhalt einer Tätigkeit ist zuzugeben, dass die Gefährdungshaftung die Tätigkeit des Verletzers dauerhaft mit höheren Kosten belastet als die Verschuldenshaftung. Umgekehrt erweist sich die Verschuldenshaftung für Opfer im Gegensatz zur Gefährdungshaftung als das teuerere Haftungsregime.

In der Praxis gelten diese Feststellungen und Beziehungen jedoch nur mit einer bedeutenden Einschränkung, nämlich dann, wenn Verletzer oder Opfer über keine oder lediglich eine geringe Substitutionsmöglichkeit für die schadensverursachende Aktivität verfügen. Denn in diesem Fall sind beide Beteiligte gezwungen, verstärkt auf die jeweilige Tätigkeit zurückzugreifen. Die Besserstellung eines der beiden Haftungssubjekte würde sich alsbald bemerkbar machen.[364]

Aber auch für spezialisierte Handlungsbereiche würde die Einführung eines günstigeren Haftungsregimes auf Dauer nicht unbedingt eine Einkommenssteigerung herbeiführen. Bei freiem Marktzutritt und Marktverlassen würden sich die Neuaufnahme der begünstigten Tätigkeit und die Aufgabe der im Gegenzug belasteten Aktivität dahingehend einpendeln, dass die Gewinnrate bei beiden Handlungsbereichen gleich hoch ist. Es würde sich somit zwar der relative Wert der unfallverursachenden Handlungen verändern, nicht aber die persönliche Einkommensverteilung unter den Beteiligten. Anders ausgedrückt muss der Versuch, mittels Rechtsprechung und Gesetzgebung im zivilrechtlichen Bereich eine umverteilende Wirkung herbeizuführen, scheitern. Zudem besteht eher die Gefahr, fehlerhafte, d.h. wohlfahrtswidrige Sorgfaltsniveaus herbeizuführen.[365]

---

363 Vgl. *Adams*, a.a.O., S. 90.
364 Vgl. *Adams*, a.a.O., S. 91f..
365 Vgl. *Adams*, a.a.O., S. 92.

1.3.2 Verteilungswirkungen von Haftungsregeln bei neuartigen Tätigkeiten

Anlass für die Einführung zahlreicher Gefährdungshaftungstatbestände zu dem über alle Lebensbereiche vorherrschende Verschuldensprinzip war das Aufkommen und die Umsetzung neuer Techniken in der ersten Hälfte des 18. Jahrhunderts, also mit Aufbruch des Industriezeitalters auch in Deutschland. Als Beispiel führt *Adams* die Inbetriebnahme der ersten Eisenbahntrasse zwischen Nürnberg und Fürth, wenig später derjenigen zwischen Potsdam und Berlin an. Im direkten Anschluss erfuhr das Allgemeine Preußische Landrecht die Einführung einer Gefährdungshaftung zur sachgerechten Regelung und Verteilung der durch den Schienenverkehr hervorgebrachten Risiken.[366]

Wie auch im weiteren Verlauf die Schaffung eines Kraftfahrzeuggesetzes, eines Luftverkehrsgesetzes, entsprechender Vorschriften für Elektrizitäts- und Gasleitungen und eines Atomgesetzes wurde die durch Einzelgesetz niedergelegte Gefährdungshaftung der Eisenbahnbetreiber unter Hinweis auf die „besondere Gefahr" der neu eingeführten Aktivität begründet, die deutlich über der von allen hinzunehmenden Durchschnittsgefahr liegen würde.[367]

Nun wurde bereits dargelegt, dass der Wechsel von einem Haftungsregime zum anderen wie hier von der Verschuldens- und Gefährdungshaftung zumindest vorübergehend nur dann zu einer neuen Einkommensverteilung führt, wenn es sich bei der haftungsrelevanten Tätigkeit um eine Spezialisierung handelt, für die keine Alternativen bestehen. Dies ist bei den genannten Aktivitäten des Transports über Schiene, mehr aber noch beim Flugzeuggebrauch oder der Übermittlung von Elektrizität mit Sicherheit der Fall.

Es stellt sich in diesem Zusammenhang die Frage, welche Reaktionen zu erwarten sind, wenn von vornherein ein effizientes Haftungssystem Geltung beansprucht und in diese Ordnung die Aufnahme einer neuartigen Tätigkeit fällt. Der Realität entsprechend sind in den wohlfahrtsökonomisch zu befürwortenden Haftungsordnungen - nicht zuletzt über die Komponente des Mitverschuldens - immer beide Parteien gezwungen, Sorgfaltsvorkehrungen zu treffen. Daraus lässt sich ableiten, dass bei gleichbleibender Haftpflicht und jeder Einführung einer bisher nicht am Markt vertretenen Aktivität beiden potentiellen Unfallbeteiligten zusätzliche, bis zu diesem Zeitpunkt nicht erforderliche Unfallvermeidungsmaßnahmen angelastet werden.

Sollte eine der Personen im Gegenzug zu ihrem erhöhten Sorgfaltsaufwand keinen entsprechenden Ausgleich in Form eines Nutzengewinns erhalten, so bedeutet dies für sie eine negative Veränderung ihres persönlichen Anteils am Gesamteinkommen.[368] Soweit allen Beteiligten gleich hohe Zugangschancen zu den neuartigen Aktivitäten offen stehen würde, d.h. diese eine Substitutionsmög-

---

[366] Vgl. *Adams*, a.a.O., S. 93.
[367] Vgl. *Adams*, a.a.O., S. 94f..
[368] Vgl. *Adams*, a.a.O., S. 98.

lichkeit für ihre bisherige Tätigkeit darstellen würde, läge in der Einkommensumverteilung lediglich eine vorübergehende Erscheinung. Für den Bereich der Nutzung von Kraftfahrzeugen zeigt *Adams*, dass trotz der weiten Verbreitung von Automobilen, das Autofahren eine Aktivität darstellt, von der ein Großteil an Personen ausgeschlossen ist und die damit für diese Personengruppe auf längere Sicht eine Benachteiligung im Einkommensanteil ausmacht.[369] Ausgenommen von der Aktivität der Kraftfahrzeugnutzung sind zum einen Menschen, die aufgrund ihres Gesundheitszustandes nicht dazu in der Lage sind oder solche, welche nicht über das erforderliche Budget verfügen. Diese sind als Fußgänger oder Radfahrer durch das erhöhte Aufkommen an motorisiertem Straßenverkehr zu verstärkter Sorgfalt verpflichtet, ohne dass sie selbst die Vorzüge dieses Fortbewegungsmittels nützen könnten. Dasselbe gilt für Personen, die aufgrund ihres Alters auf das Führen eines Kraftfahrzeugs verzichten müssen. Hier besteht jedoch die Besonderheit, dass jüngere Menschen, die die Möglichkeit der Fahrzeugnutzung noch vor sich haben, im Gegensatz zu älteren Personen, die Kostenbelastung bis zum Erwerb des Führerscheins mit der Nutzungsteilhabe über ihre gesamte Lebenszeit hin noch ausgleichen können.[370]

Festzuhalten bleibt also, dass die Einführung neuer Tätigkeiten sowohl bei Opfern als auch Verletzern eine Steigerung ihres jeweiligen Sorgfaltsaufkommens erfordert. Verteilungstechnisch sind aber letztlich nur diejenigen Personen betroffen, die diese neu aufkommenden Aktivitäten aus tatsächlichen oder rechtlichen Gründen nicht ausüben können.

1.3.3 Die Wahl eines Haftungssystems unter verteilungstechnischen Gesichtspunkten

Ausgangspunkt für die befriedigende Wahl eines Haftungsreglements unter Verteilungskriterien sind die Überlegungen im Hinblick auf externe Effekte; diese werden den Beteiligten eines Haftungsregimes unter Umständen dadurch auferlegt, dass ein gewisser Sorgfaltsaufwand und Schaden ohne eine entsprechende Kompensierung erzeugt wird.

Bei der Haftungsverlagerung auf am Unfallgeschehen unbeteiligte Dritte ist bezeichnend und verteilungspolitisch günstig, dass beide Beteiligten ihre Sorgfaltsvorkehrungen auf null reduzieren können, ohne dabei dem jeweils anderen einen erhöhten Schaden aufzubürden. Unter Effizienzgesichtspunkten ist dieses Regime freilich abzulehnen, da es auf keiner Seite zu schadenvermeidendem Verhalten motivieren kann.

Die reine Gefährdungs- und reine Opferhaftung hat zur Folge, dass eine der Parteien ihre Sorgfaltspflichten vollständig vernachlässigen wird, die andere aber ihr Sorgfaltsniveau zum Ausgleich dafür weit über das effiziente Maß aufsto-

[369] Vgl. *Adams*, a.a.O., S. 99.
[370] Vgl. *Adams*, a.a.O., S. 100.

cken wird.[371] Dahingegen sind die effizienten Haftungsregeln der Verschuldens- und Gefährdungshaftung mit Berücksichtigung des Mitverschuldens dadurch gekennzeichnet, dass sowohl Verletzer als auch Opfer die Sorgfaltskosten im Pareto-Optimum übernehmen und je nach Höhe ihres Verschuldens mit einem entsprechenden Anteil am eingetretenen geringst möglichen Schaden belastet werden. Dabei kann die Haftung des Verletzers oder Opfers niemals auf eine einseitige Kausalität gestützt werden, denn Unfälle sind immer das Ergebnis der Handlungen beider Beteiligten. Aus diesem Grund sind bei der Suche nach der verteilungstechnisch vorzugswürdigen Haftungsregel die Vor- und Nachteile der Handlungen von Verletzer *und* Opfer zu berücksichtigen, damit herausgefunden werden kann, welcher Akteur im Gleichgewicht eine größere Last zu tragen hat.[372]

Es gibt mit Sicherheit keine Gesellschaft, der es gelingt, in einer Zeit des technisch-wissenschaftlichen Fortschritts die Verursachung externer Effekte unter den Bürgern vollständig zu vermeiden. Jeder genießt die Freiheit, von seinen Handlungsrechten Gebrauch zu machen, und wird deshalb den anderen die Kosten von Schäden und Sorgfaltsverpflichtungen aufbürden. Solange die verschiedensten Aktivitäten unter den Marktteilnehmern so verteilt sind, dass sich die Belastung mit externen Effekten bei allen Beteiligten in etwa die Waage hält, oder die unfallverursachenden Handlungen überhaupt gleichmäßig verteilt vorgenommen werden, erweisen sich die effizienten Haftungsordnungen als verteilungssteuernd neutral.[373]

In dem Moment, wo bestimmte Tätigkeiten in Häufigkeit und Intensität von einzelnen Bevölkerungsgruppen bevorzugt ausgeübt werden, stellen sich jedoch Verteilungsdifferenzen ein, was im deutschen Rechtskreis durch das früher allein geltende und heute immer noch vorherrschende Regime der Verschuldenshaftung nachweisbar ist. Aus diesem Grunde fordern bedeutende Stimmen der deutschen Rechtslehre statt der Vielzahl an einzelnen Gefährdungstatbeständen, welche nur begrenzt einen Ausgleich der Verteilungsgerechtigkeit bewirken können, die Einführung eines allgemeinen, dem Verschuldensprinzip beigeordneten Gefährdungstatbestandes.[374]

Als Kritik gegen eine parallele Geltung von Verschuldens- und Gefährdungshaftung wird vornehmlich angebracht, dass sie die Rechtssicherheit nachhaltig beeinträchtige, die Abgrenzung zwischen der haftungssauslösenden „besonderen

---

[371] Vgl. *Adams*, a.a.O., S. 102.
[372] Vgl. *Adams*, a.a.O., S. 104f..
[373] Vgl. *Adams*, a.a.O., S. 105.
[374] Vgl. u.a. *Hauss*, Entwicklungslinien des Schadensersatzrechts, ZVersWiss. 56 (1967), 151, 159; *Deutsch*, Haftungsrecht, 1976, S. 384; *Kötz*, Haftung für besondere Gefahr, Generalklausel für die Gefährdungshaftung, AcP 170 (1970), 1ff..

Gefahr“ und der sich innerhalb des allgemeinen Lebensrisikos bewegenden allgemeinen „Gefährlichkeit“ einer Tätigkeit sei in der Regel schwer zu treffen.[375]

Adams stellt somit die Frage, ob nicht ein grundsätzlicher *Übergang* vom Regime verschuldensbedingter Haftung zur Gefährdungshaftung einen sinnvollen Beitrag zur Lösung des Verteilungsproblems leisten könnte. Denn bei genauerer Betrachtung der Rechtswirklichkeit ist festzustellen, dass die Gefährdungshaftung einen weitaus größeren Teil der Sachverhalte abdeckt als es auf den ersten Blick der Fall zu sein scheint. Dies beruht einmal auf der Ausweitung des Verschuldensbegriffs durch gesteigerte Sorgfaltsanforderungen und zum anderen begründet die Aufstellung zahlreicher Verkehrsicherungspflichten und die Beweislasterleichterung durch den Anscheinsbeweis de facto eine Gefährdungshaftung.

Nach Ansicht *Adams* ist der „offizielle“ Übergang von der Verschuldenshaftung in ihrer Grundnorm des § 823 I BGB auf ein allgemeines Gefährdungsregime unter den verschiedenen verlautbarenden Kritikpunkten nicht zu beanstanden.[376]

Wenngleich zuzugeben ist, dass bei einem *Nebeneinander* dieser beiden Haftungsordnungen stets ein gewisser Faktor an Rechtsunsicherheit gegeben ist, muss darauf hingewiesen werden, dass auch der derzeitige Zustand mit seiner Rechtspraxis der immer neu eingeführten Verkehrssicherungspflichten und Beweislastumkehrungen der Klarheit und Einschätzbarkeit eines Prozessrisikos nicht immer zuträglich ist. Der anzustrebende Übergang zum ausschließlich geltenden System der Gefährdungshaftung durch einen allgemein formulierten Tatbestand anstelle der Verschuldenshaftung ist schon allein aus diesem Grunde vorzugswürdig.

Auch ein Vergleich mit den Anfängen der zivilisatorischen Entwicklung zeigt, dass die reine Gefährdungshaftung wohl der Ausgangspunkt jeder rechtlichen Einstandspflicht für verursachte Schäden gewesen sein muss.[377] Der Gedanke verschuldensabhängiger Haftung weist hingegen eine weit kürzere Rechtstradition auf. Vor dem Hintergrund der Ausweitung des Systems der Gefährdungshaftung für einzelne Bereiche und der erhöhten Einstandspflicht von Sozialversicherungen lässt sich deshalb festhalten, dass die Verschuldenshaftung als Verantwortungsprinzip weniger den Gerechtigkeits- und Wertvorstellungen der Bürger entspricht und damit seine Friedensfunktion nicht erfüllen kann.[378]

Aber noch ein anderer wichtiger Grund spricht für eine Hinwendung zu einem allgemeinen Gefährdungstatbestand. Das Zurechnungs- und Kausalitätsprinzip der „condicio-sine-qua-non“ ist in unserer durch Arbeitsteilung geprägten Gesellschaft ein nicht ausreichendes Kriterium zur Abgrenzung von Verantwor-

---

375 Vgl. *Larenz/Canaris*, Lehrbuch des Schuldrechts, 1994, S. 606ff..
376 Vgl. *Adams*, a.a.O., S. 111ff..
377 Vgl. *Posner*, Journal of Law and Economics 23 (1980), 1ff..
378 Vgl. *Adams*, a.a.O., S. 114.

tungsbereichen. Die Rechtslehre hat deshalb die „Adäquanztheorie" und die Lehre vom „Schutzbereich der Norm" hervorgebracht, um den Kreis der haftungsrechtlich verantwortlichen Verursacher einzuschränken. Entsprechend den Berichten der Reichstagskommission, wonach eine Schadensersatzpflicht für unverschuldetes Handeln eine unzumutbare Einschränkung der Handlungsfreiheit bedeutet, ist das Verschuldensprinzip allerdings nur als Begrenzung einer übermäßigen Haftungsausdehnung zu verstehen.[379]

Deshalb erscheint es naheliegend, das Verschuldensprinzip zugunsten der Gefährdungshaftung nicht mehr als Haftungsgrund heranzuziehen, sondern - v.a. im Rahmen des Mitverschuldens - als Kriterium, um die Beteiligten zu motivieren, wohlfahrtseffiziente Vorsorgemaßnahmen zu ergreifen.

Ausgangspunkt jedweder Haftung sollte damit die Verwirklichung einer „besonderen Gefahr" sein. Über die Berücksichtigung des Mitverschuldens kann dann die Herbeiführung effizienter, d.h. unter Kosten-Nutzen-Aspekten vertretbarer Sorgfaltsaufwendungen angesteuert werden.

2. Versicherung wider Prävention?

2.1 Zu den Aufgaben von Versicherungen im Bereich des außervertraglichen Haftungsrechts

Während im Vorfeld einer rechtsgeschäftlichen Beziehung die Beteiligten einen erhöhten Informations- und Kontrollaufwand betreiben, um die wirtschaftliche Leistungsfähigkeit ihres Gegenübers zu prüfen und die gewonnenen Erkenntnisse für die Wahl geeigneter Sicherungsrechte einzusetzen, ist es den Parteien im Recht der unerlaubten Handlungen nicht möglich, Untersuchungen über die Liquidität des jeweils anderen anzustellen. Dies hängt damit zusammen, dass Verletzer und Opfer sich vor dem Schadensfall für gewöhnlich nicht kennen und das Schadensereignis als solches nicht geplant oder vorhergesehen war.

Soweit aber eine Person unter Nutzengewinn eine risikobehaftete Tätigkeit ausführt und infolge mangelnder Solvenz den verschuldeten oder betrieblich veranlassten Schaden nicht auszugleichen vermag, sich also ihrer haftungsrechtlichen Verantwortung entzieht, gehen die auf Schadensprävention zielenden Aspekte des Haftungsrechts fehl. Der Schädiger wälzt die Kosten seiner Aktivität auf die Gemeinschaft, insbesondere das Opfer ab, welches durch überoptimale Sorgfalt seinerseits wohlfahrtswidrig handelt.[380] Aber auch der dem Haftungsrecht im-

[379] Vgl. *Adams*, a.a.O., S. 116ff..
[380] Vgl. *Adams*, a.a.O., S. 208.

manente Ausgleichszweck ist durch die Illiquidität des Schadensverursachers gefährdet.

Die private Haftpflichtversicherung, die selbst einer Insolvenzüberwachung unterliegt, übernimmt in solchen Fällen die Verpflichtungen des Schädigers und garantiert damit die Funktionsfähigkeit der zivilrechtlichen Haftungsordnung. So liefert beispielsweise der obligatorische Abschluss einer Kfz-Haftpflichtversicherung durch einen jeden Fahrzeughalter einen sinnvollen Beitrag zur Durchsetzung haftungsrechtlich festgelegter Sanktionen und bietet den Geschädigten einen wirksamen Schutz vor einer möglichen Insolvenz des im engeren Sinne verantwortlichen Schädigers.[381]

Daneben obliegt sowohl den Schadens- als auch den Haftpflichtversicherungen die Aufgabe der Schadensstreuung.[382] Wenngleich im Haftungsfalle die Versicherung oftmals einen vielfachen Betrag dessen zu leisten hat, was vom einzelnen Versicherungsnehmer monatlich in das Unternehmen eingebracht wird, verbietet sich die Vorstellung, bei diesem Haftungseintritt handle es sich um eine schenkungsweise Einkommens*umverteilung*. Die Schadens*streuung* stellt sich beim idealtypischen Versicherungsvertrag, also dort, wo die Prämie den erwarteten Schaden und die notwendigen Verwaltungskosten des Unternehmens deckt, als geldwerte Leistung der Versicherung dar.[383]

2.2 Die deutsche Wettbewerbspolitik im Bereich des Versicherungswesens und ihr Einfluss auf die Versicherungsleistung

Im bundesdeutschen Raum unterliegt der Wettbewerb unter den Versicherungsunternehmen den einschränkenden Vorgaben des Bundesaufsichtsamtes für Versicherungswesen (BAV). Dieses legt zur Garantie der Solvenz der Versicherer Marktzutrittsschranken für neue Unternehmen fest, strebt im Sinne der Markttransparenz die Vereinheitlichung der allgemeinen Versicherungsbedingungen an und übt einen maßgeblichen Einfluss auf die Preise der von Versicherungen angebotenen Leistungen, also auf die Versicherungsprämien aus. Letzteres geschieht den Vorstellungen der Aufsichtsbehörde zufolge überwiegend im Interesse der Versicherungsnehmer, denen die Fähigkeit abgesprochen wird, mit den Besonderheiten des „Versicherungsprodukts“ umzugehen.[384]

---

381 Vgl. *Adams*, a.a.O., S. 208ff..

382 Vgl. dazu schon oben II. 2.2.3.

383 Vgl. *Adams*, a.a.O., S. 212.

384 Geregelt sind die Preis- und Gewinnregulierungen in der Tarifverordnung für Kraftfahrtversicherung, vgl. *Finsinger*, Verbraucherschutz auf Versicherungsmärkten, 1988, S. 2ff., 79ff., allgemein und mit weiteren Nachweisen zur Kritik der einschlägigen Literatur an der staatlichen Regulierung von Versicherungsmärkten; *ders.*, Versicherungsmärkte, 1983, S. 26ff..

Die Prämien der Kfz-Haftpflichtversicherung - wie der privaten Krankenversicherung und Lebensversicherung beispielsweise - unterliegen der Genehmigungspflicht durch das Bundesaufsichtsamt und sind von den Versicherern nach einem vorgeschriebenen Kalkül zu berechnen. Die Prämienkalkulation basiert in der Kraftverkehrsversicherung auf dem branchenspezifischen Schadensverlauf (Risikoprämie), als Aufschläge für Verwaltungsaufwand und Provisionen der Vermittler werden unternehmensindividuelle Daten herangezogen, welche jedoch nach oben begrenzt sind. Ein Gewinnzuschlag von 3 % (ohne Zinserträge) ist grundsätzlich zulässig.[385]

Eine freie Preisbildung für Versicherungsleistungen über den Markt kann also nicht stattfinden. Die Versicherungsunternehmen sind nicht zuletzt aus steuerlichen Gründen gehalten, ihre Überschüsse in Kosten umzuwandeln, was sich teils in der Aufblähung des Verwaltungsapparates einschließlich des Personalaufwandes äußert, aber auch zur Hinnahme überteuerter Reparaturrechnungen und zum Verzicht auf Regressnahmen und die Förderung von Unfallvermeidungsmaßnahmen führt.[386]

Der Kritik *Adams* zu folge bewirkt das der öffentlichen Kontrolle unterworfene Pflichtversicherungssystem für Kraftfahrzeuge entgegen seiner Zielsetzung die Vergeudung nicht nur wirtschaftlicher Ressourcen, sondern ebenso die Erhöhung der Anzahl der Toten und Verletzen.[387] Die jeweilige Prämienhöhe wird künstlich festgesetzt und spiegelt nicht den von den Verbrauchern veranschlagten Wert einer Schadensstreuung wider.

Eine den Interessen der Versicherungskunden weit mehr gerecht werdende Versicherungswirtschaft ist nur über die Preisbildung durch Angebot und Nachfrage ohne oder unter bloß geringfügiger Marktaufsicht möglich. Denn die durch die gesetzliche Verpflichtung zum Abschluss von Kfz- und Privathaftpflichtversicherung ständig steigende Nachfrage an Versicherungsleistungen trifft keineswegs auf ein starres, nur unter Preissteigerung sich ausweitendes Angebot. Die Versicherungsleistung, welche darin besteht, den Kunden die Verknüpfung einer großen Zahl von Verträgen zum Zwecke der Risikostreuung zur Verfügung zu stellen, kann auch bei steigender Nachfrage zu einem konstanten Preis angeboten werden, weil es sich hierbei nicht um eine „knappe Ressource" handelt, und die Grenzkosten dafür nicht ansteigen.[388]

Soweit der Versicherungsaufsicht des Weiteren die durchaus fördernswerte Aufgabe obliegt, den Geschädigten einen wirksamen Insolvenzschutz zu gewährleisten, ist dieses Ziel nicht allein durch überhöhte Kartellpreise und dementsprechende Marktzutrittsbarrieren zu erreichen. Die Gefahr einer Insolvenz des Schädigers und seines Haftpflichtversicherers kann vorzugsweise durch re-

[385] Vgl. *Finsinger*, Verbraucherschutz auf Versicherungsmärkten, 1988, S. 74f., 76.
[386] Vgl. *Adams*, a.a.O., S. 213f..
[387] Vgl. *Adams*, a.a.O., S. 214.
[388] Vgl. *Adams*, a.a.O., S. 215.

gelmäßige Solvenzkontrollen der Versicherungsunternehmen und durch eine verstärkte Bereitstellung von Garantiefonds wie in den USA herbeigeführt werden.[389]

2.3 Das Problem des „moral hazard"

Bereits der Vergleich der einzelnen Haftungsregime untereinander hat gezeigt, dass dort, wo ein Schaden von einem nicht am Geschehen selbst Beteiligten übernommen wird, Verletzer und Opfer keinerlei Anreiz verspüren, sorgfältig zu handeln. Das Phänomen, welches umschreibt, dass ohne drohende Haftpflicht wohlfahrtstechnisch betrachtet nur ineffiziente Sorgfaltslevel eingehalten werden, erhielt von Seiten amerikanischer Ökonomen die Bezeichnung „moral hazard"[390].

Ursprünglich war der Begriff des „moral hazard" mehr mit einer moralisch-ethischen Bewertung verbunden. *Pauly* gibt die dazu verbreitete Definitionen wieder[391]:

> „Moral hazard reflects the hazard that arises from failure of individuals who are or have been affected by insurance to uphold the accepted moral qualities."
>
> „Moral hazard is every deviation from correct human behavior that may pose a problem for an insurer:"

Erst mit der Strömung des „Law and Economics" gewann der wohlfahrtsökonomische Aspekt des „moral hazard" an Bedeutung. *K.J. Arrow* beschreibt in seiner Abhandlung die Probleme der „idealen" oder vollkommenen Versicherung und hebt hier insbesondere die Bedeutung des „moral hazard" für die Versicherungspraxis im Gesundheitswesen hervor.[392] Hier geht es ihm insbesondere um das Verhältnis zwischen Arzt und Patienten, bei welchem eine großzügige Verschreibungspraxis hinsichtlich teurer Medikamente und kostspieliger Behandlungsmethoden die wirtschaftliche Kraft des Einzelnen weit übersteigen würde und gleichzeitig zu einer hohen finanziellen Belastung des Versicherungssystems führt.

Stärke und Umfang des „moral hazard" sind nicht bei jeder Versicherung gleich, das bedeutet, dass die Existenz von Versicherungen für bestimmte Lebensbereiche und deren Inanspruchnahme durch die Bürger nicht von vornherein der Schadensprävention zuwiderlaufen.

---

[389] Vgl. *Finsinger*, Versicherungsmärkte in sieben Ländern: Wettbewerb oder staatliche Lenkung?, 1985, S. 22.

[390] Vgl. *Cooter/Ulen*, Law and Economics, 1988, S. 65f..

[391] *Pauly*, The Economics of Moral Hazard, The American Economic Review 1968, 531, 535.

[392] Siehe *Arrow*, Uncertainty and the welfare of medical care, The American Economic Review 1963, 941ff., 961.

Polinsky führte die Begriffe der „vollkommenen" und „unvollkommenen" Versicherung ein.[393]

Bei einem unvollkommenen Versicherungsvertrag macht die Versicherung die Höhe der Prämie nicht von Schadenshäufigkeit und dem Vorsorgeaufwand des Versicherungsnehmers abhängig. Der Tarif bleibt hier für jeden Versicherungskunden in jeder Lebenssituation gleich. Dieser Umstand führt wie schon mehrfach dargelegt dazu, dass die Versicherten ihren Sorgfaltsaufwand völlig herabschrauben werden. Da jeder gleich viel für die Schadensstreuung zu bezahlen hat, ist es unter diesen Umständen am günstigsten, gar keine Schadensprävention zu betreiben.

Anders verhält es sich mit der vollkommenen Versicherung. Hier wird die Versicherungsprämie durch Prämienstaffelungen ausgerichtet am Sorgfaltsniveau des Versicherten ausgerichtet.[394] Um Informationen über den Schadensvermeidungsaufwand eines Versicherten zu erlangen, führt die Versicherung ex-ante ein „risk assessment" durch. Bei hohem Sorgfaltsniveau ergibt sich eine möglichst geringe Prämie, bei weniger sorgfältigem Verhalten steigt hingegen der Versicherungsbeitrag.

Unter diesen Voraussetzungen und unter der Annahme, dass es den Gerichten gelingt, einen bestimmten Sorgfaltsmaßstab als effizient festzulegen, ergibt sich, dass die Gesamtkosten eines Schadensereignisses, also die Summe aus Verhütungsaufwand, Schaden (Produkt aus Schadenswahrscheinlichkeit und Schadenshöhe) und Versicherungsprämie sowohl bei Verschuldens- als auch Gefährdungshaftung ihr Minimum erreichen, weil der Schädiger ein Sorgfaltsniveau wählt, welches auch im Hinblick auf die Höhe seines Versicherungsbeitrages pareto-effizient ist.[395]

Es bleibt also festzuhalten: Bei der unvollkommenen oder „Einheits"-Versicherung werden die durch das zivilrechtliche Haftungsregime aufgestellten Steuerungsfunktionen zunichte gemacht. Höhe und Umfang der Schäden übersteigen dann das sozial wünschenswerte Maß. In diesem Falle können die schadensstiftenden Verhaltensweisen lediglich durch hoheitliche öffentlich-rechtliche Verbote oder strafrechtliche Sanktionen zurückgedrängt und/oder verhindert werden. Nur im Zusammenwirken mit einem effizienten, d.h. in der Prämienstaffelung an das Sorgfaltsniveau angepasste Versicherungssystem kann das Zivilrecht einem seiner wichtigsten Ziele - wie es die ÖAR formuliert -, der Schadensvermeidung, Folge leisten. Dieses realisiert sich um so mehr, je feiner und maßstabsgerechter die Prämienstaffelung den einzelnen Sorgfaltsniveaus angepasst ist.[396] Als Möglichkeiten, die zu zahlende Prämie auf den Unfallvermei-

---

[393] Vgl. *Polinsky*, An Introduction to Law and Economics, 1989, S. 47f..

[394] Vgl. *Schäfer/Ott*, Lehrbuch, 1995, S. 178.

[395] Vgl. *Schäfer/Ott*, a.a.O., S. 179.

[396] Vgl. *Schäfer/Ott*, a.a.O., S. 181, unter Anführung des Beispiels *H.-W. Sinns*, der den Aufstieg der Stadt Venedigs und ihrer Handelsflotte vorwiegend darauf zurückführt, dass es den

dungsaufwand des einzelnen Versicherungsnehmers abzustimmen sind Selbstbeteiligungs- und Regressverfahren, aber auch Bonus-Malus-Systeme, wie sie von den Versicherungsgesellschaften bereits angewendet werden.

Während bei der Versicherung großer Industrieunternehmen grundsätzlich kostspielige ex-ante ratings zur Ermittlung des Risikos ihrer Aktivitäten und ihres Vorsorgeaufwandes durchgeführt werden, findet dies für das „Massengeschäft" der Kfz- und privaten Haftpflichtversicherung so nicht statt. Hier wird vielmehr ex-post, also im Anschluss an ein Schadensereignis durch eine Analyse des Unfallhergangs der Umfang der aufgewendeten Sorgfalt festgestellt. Auch der Zustand eines Kraftfahrzeugs beispielsweise liefert Erkenntnisse über die technischen Unfallvermeidungsmaßnahmen.[397]

Sobald die Versicherung in einem solchen Fall erkennen kann, dass ihr Versicherungsnehmer durch eine von der Versicherungsprämie nicht gedeckte Gefahrerhöhung einen Schaden verursacht hat, wird sie im Rahmen einer Prämiennachforderung beim versicherten Schädiger *Regress* nehmen. Würde sie dies nicht tun, stimmten die Kosten der Versicherungsleistung nicht mehr mit dem dafür festgesetzten Preis, der Versicherungsprämie, überein und es käme überdies zu falschen Anreizen, zu wohlfahrtswidrigen Sorgfaltseinbußen bei den Versicherungsnehmern.

Die Versicherung steht nun allerdings vor dem Problem, ob sie vom schadensstiftenden Versicherungsnehmer den individuell bei allen Versicherungsnehmern zu erwartenden Schaden nachfordert oder den konkret und tatsächlich angefallenen Schaden verlangt. Adams betrachtet diese beiden Alternativen am Beispiel der nicht von der Versicherungsprämie gedeckten Trunkenheitsfahrt. Eine solche solle unter einer bestimmten Wahrscheinlichkeit einen bestimmten Schaden verursachen.

Entscheidet sich die Versicherung dafür, den unter Alkoholeinfluss handelnden Schädiger nachträglich mit dem durchschnittlichen Schaden (Schadenswahrscheinlichkeit mal Schadenshöhe) in Regress zu nehmen, würde dies bei allen Versicherungsnehmern eine Anreizlücke hervorrufen. Diese beliefe sich auf die tatsächlich Schadenshöhe des konkreten Unfallereignisses abzüglich der beim Schädiger nachzufordernden Prämienerhöhung.

Eine Vermeidung dieses „moral hazard"-Problems wäre dadurch zu erreichen, dass dem Schädiger auch der tatsächlich eingetretene Schaden im Wege des Regresses auferlegt werden würde. Als nachteilig an dieser Lösung ist allerdings ein gewisser Ungerechtigkeits- und Unsicherheitsfaktor zu verzeichnen. Es bestünde die Gefahr, dass der zufällig in einen Unfall verwickelte, sorgfaltswidrig

---

dortigen Kaufleuten gelungen ist, die Risiken der Seeschifffahrt von einem auf mehrere von ihnen in Zusammenschlüssen zu verteilen.

[397] Vgl. *Adams*, Ökonomische Analyse der Gefährdungs- und Verschuldenshaftung, 1985, S. 228f..

handelnde Versicherungsnehmer damit die erwünschte Anreizwirkung vollständig und allein auf seinen Schultern tragen müsste. Dies widerliefe wiederum dem Zweck einer Versicherung, der zu einem Großteil darin besteht, das Schadensrisiko und damit insbesondere die Folgen rein zufälliger Ereignisse nach dem Gesetz der großen Zahl auf alle Mitglieder der Versicherung zu verteilen.[398]

In beiden Fällen kommt das Problem der Festlegung desjenigen Sorgfaltsniveaus hinzu, ab welchem der eingetretene Schaden nicht mehr von der Prämie gedeckt ist. Da die Versicherung nicht im Stande ist, jede einzelne Sorgfaltsabweichung daraufhin zu untersuchen, ob sie von der gezahlten Prämie gedeckt ist oder nicht, wird sie allgemein formulierte Klauseln verwenden, wie etwa das Kriterium der „groben Fahrlässigkeit“, um ihre Leistungspflicht einzugrenzen. Die Auslegung dieses Begriffs hängt maßgeblich davon ab, ob es in der Präferenz der Versicherung liegt, den Sorgfaltsanreiz im Hinblick auf das Wohlfahrtsmaximum möglichst wirksam zu gestalten oder aber den Versicherungsnehmern einen guten Schutz vor Zufallsschäden zu bieten.

Grundsätzlich sollte bei Unfallschäden, die aufgrund zufallsbedingter Abweichungen eintreten, kein Regress vorgenommen werden. Hingegen scheint es vorzugswürdig, im Falle der Minderung des durchschnittlichen und steuerbaren Sorgfaltsniveaus eine Nachforderung vorzunehmen, um eine dauerhafte Erweiterung risikoerhöhten Verhaltens zu verhindern.

Eine weitere Möglichkeit, die der sozialen Wohlfahrt zuwider laufenden Wirkungen des moral hazard einzudämmen, welche in der Praxis auch angewandt wird, sind die sogenannten *Selbstbehalte*.[399] Damit werden die Versicherungsnehmer von vorn herein am Schadensrisiko beteiligt. Im Gegensatz zum Regress wird der Selbstbehalt in jedem Schadensfall fällig, weshalb die Versicherungsnehmer stets nur von einem Teil des Schadens entlastet werden.

Diese Form des Sorgfaltsanreizes findet sich vornehmlich dort, wo Sorgfaltsvorkehrungen der Versicherungsnehmer für die Versicherungsorganisation einen nicht beobachtbaren Einfluss auf die Höhe des erwarteten Schadens besitzen. Die Versicherungen können also die Höhe der individuellen Versicherungsprämie nicht vollständig von den zumutbaren Handlungs- und Unterlassungsmöglichkeiten im Hinblick auf die Schadensvermeidung abhängig machen. Aufgrund dieser Unbeobachtbarkeit können für bestimmte Schäden entweder keine Versicherungen angeboten werden oder die Höhe der Schäden liegt oberhalb des sozialen Optimums. Letztere Konsequenz ergibt sich deshalb, weil die Versicherungskunden davor zurückschrecken, mit Kosten verbundene Sicherheitsvorkehrungen zu treffen, für die die Versicherungen keinen Anreiz bieten können.

Die Vereinbarung eines Selbstbehaltes erlaubt dem Einzelnen eine sanktionsfreie Abweichung von dem im Interesse aller liegenden wohlfahrtseffizienten

398 Vgl. *Adams*, a.a.O., S. 229.
399 Vgl. *Adams*, a.a.O., S. 232.

Sorgfaltsaufwand. Der Ertrag ihrer Sorgfaltsaufwendungen kommt damit auch direkt den anderen Versicherten zugute. Durch den vermehrten Gebrauch von Selbstbehalten gelingt es den Versicherungsunternehmen, die nicht beobachtbaren Sorgfaltsaufwendungen zu erhöhen, und durch das damit ersparte Schadensaufkommen wiederum können auf längere Sicht Prämiensenkungen vorgenommen werden. Letztlich ist es dem freien Marktwettbewerb - unter dem Einfluss einer vernünftigen Versicherungsaufsicht - zu überlassen, wie hoch der Selbstbehalt anzusetzen ist.[400]

Als letztes Beispiel für anerkannte und praktizierte Mittel, den Anreiz zu wohlfahrtseffizientem Verhalten zu setzen, sind die Bonus-Malus-Systeme zu nennen.[401] Hier werden über längere Zeit hinweg Informationen über die Höhe des erwarteten Schadensaufkommens des Einzelnen gesammelt und entsprechend die Versicherungsprämie erhöht oder gesenkt. Damit ist nicht nur die Ausgewogenheit zwischen Versicherungsleistung und ihrem Preis gewährleistet, auch lässt sich somit eine wirksame Steuerung in Richtung wohlfahrtsökonomischen Verhaltens herbeiführen.

2.4 Zusammenfassung und Ergebnis

Unter der Voraussetzung eines nahezu uneingeschränkten Wettbewerbs kann es den Versicherungsunternehmen gelingen, ihre Prämien so auszugestalten, dass sie im Grenzfall genau dem erwarteten Schaden des einzelnen Versicherungsnehmers entspricht. Durch diese Anpassung bleiben die Anreizwirkungen des materiellen Haftungsrechts trotz der schadensstreuenden Wirkung der Einstandspflicht der Haftpflichtversicherungen erhalten.

Wenngleich das Problem „moral hazard“ aufgrund der Unvollkommenheit unserer Gesellschaft im Hinblick auf Informationsbeschaffung und Solvenz ihrer Mitglieder niemals vollständig gelöst werden kann, ist die Versicherbarkeit einer Tätigkeit zu individuell risikogerechten Prämien dem Zustand vollständiger Versicherungsfreiheit auch unter dem Gesichtspunkt der Erzielung eines wohlfahrtsoptimalen Sorgfalts- und Aktivitätsniveaus vorzuziehen.[402]

Eine maßstabsgerechte Entsprechung der haftungsrechtlichen Präventionswirkung für das Versicherungswesen lässt sich nach dem Vorschlag *Adams*[403] allen voran durch die verstärkte Vereinbarung von Selbstbehalten erreichen. Dabei sollten die Selbstbehalte nicht - wie bisher - die vollständige haftungsrechtliche Verantwortlichkeit des Versicherungsnehmers bis zu einer gewissen Haftungssumme vorsehen, sondern als anteilige, prozentuale Beteiligung am verursachten Schaden konzipiert sein. Der höchstmögliche Selbstbehalt müsste stets bei

---

[400] Vgl. *Adams*, a.a.O., S. 234f..
[401] Vgl. *Adams*, a.a.O., S. 235ff..
[402] Vgl. *Adams*, a.a.O., S. 238.
[403] Vgl. *Adams*, a.a.O., S. 239f..

schwereren Personenschäden und der Tötung eines Menschen sowie bei allen Sachschäden über eine gewisse Summe eingreifen.

Im Falle der Verletzung menschlichen Lebens und Gesundheit soll mit dieser Regelung nicht dem Wohl der Erben des Opfers, auf welche die Schadensersatzansprüche übergehen, entsprochen werden, sondern daraufhin gewirkt werden, dass die Zahl der Unfallopfer durch einen verstärkten Sorgfaltsaufwand aller Beteiligten verringert wird.[404] Wenngleich dies für einen schädigenden Versicherungsnehmer u.U. zu einer unausweichlichen Härte führen kann, bringt ihm die vorgeschlagene Neuregelung dennoch einen entscheidenden Vorteil. Nicht nur die „ersparten" Versicherungsleistungen durch den erhöhten Einsatz von Selbstbehalten, auch die im freien Wettbewerb möglichen risikogerechten Prämien sorgen dafür, dass die von den Versicherungsunternehmen angebotene Verknüpfung von Verträgen für den Einzelnen preisgünstiger wird. Hinzu kommt, dass die verbesserten Sorgfaltsanreize und die damit nach Zahl und Ausmaß rückgängigen Unfallschäden ebenso zu einer Senkung der Versicherungsprämien führen.

Die Einführung eines freien Wettbewerbs ohne Prämien- und Gewinnregulierung kommt ebenso den Versicherungsunternehmen zugute, da sich auch unter der Teilhabe neuer Marktzugänge über das Gleichgewicht von Angebot und Nachfrage adäquate Preise für die Versicherungsleistungen herausbilden können, ohne dass wertvolle Ressourcen verschwendet werden.

Abschließend bleibt festzuhalten, dass die wohlfahrtsfördernden Anreize des zivilen Haftungsrechts nur solange ihre Wirkung entfalten können, als die Ausgestaltung des Versicherungswesens dies zulässt. Von einer dahingehenden Reform des Versicherungsrechts profitieren nicht nur die potentiellen Opfer schädigenden Verhaltens, sondern auch Versicherungsnehmer und Versicherer.

3. Zwei haftungsrechtliche Probleme aus der Rechtspraxis

Das außervertragliche Haftungsrecht mit dem ihm beigeordneten Komplex des Schadensersatzrechts zählt zweifellos zu den bedeutendsten Gebieten des Zivilrechts, welches die Justiz und das gesamte Versicherungswesen neben dem Vertragsrecht am meisten beschäftigt.[405]

Für die vielen verschiedenen Einzelbereiche ergeben sich zahlreiche Auslegungsfragen und Möglichkeiten richterlicher Rechtsfortbildung, deren Erörterung an dieser Stelle niemals in dem ihnen gebührenden Umfang erfolgen könn-

---

[404] Vgl. *Adams*, a.a.O., S. 240.

[405] Vgl. *Kötz/Wagner*, Deliktsrecht, 2001, in ihrem Vorwort.

te. Deshalb soll das Augenmerk exemplarisch auf zwei Teilaspekte gelenkt werden.[406]

3.1 Unersetzbare Schäden und Todesverhütung

Die derzeitige Gesetzeslage und Rechtsprechung im Hinblick auf die Bewertung menschlichen Lebens sowie körperlicher Gesundheit lässt nach wie vor großes Missverständnis wenn nicht gesteigerten Widerstand aufkommen - und das nicht nur unter den Anhängern der Ökonomischen Analyse des Rechts. Von diesem Wertungswiderspruch im Hinblick auf die Einschätzung und Behandlung materieller Schäden sind besonders zwei Bereiche betroffen, nämlich die Bemessung von Schmerzensgeldsummen bei Körperverletzungen durch die Rechtsprechung und die zivile Haftpflicht infolge der Tötung nicht unterhaltspflichtiger Personen.

3.1.1 Zur - „richtigen" - Bemessung immaterieller Schäden aus ökonomischer Sicht

Wie bereits eingangs der Arbeit aufgezeigt wurde,[407] wird dem Schmerzensgeldanspruch von juristischer Warte aus eine zweifache Funktion zugeordnet, nämlich Ausgleich und Genugtuung für die zu erduldende Beeinträchtigung der körperlichen Unversehrtheit.[408] Die Idee, mit der Zubilligung einer Geldentschädigung könne Verletzungstatbeständen präventiv entgegengewirkt werden, hat sich mit der Rechtsprechung in den Fällen „Caroline von Monaco" allein bei (vorsätzlichen) *Ehr*verletzungen angedeutet und mit der Aufnahme durch mehrere Instanzgerichte im Anschluss daran nahezu „durchgesetzt".[409]

Der Ausgleichsgedanke der Geldentschädigung trägt beim Schmerzensgeldanspruch der „entgangenen Lebensfreude" Rechnung, welche das Opfer einer Körperverletzung verzeichnet. Dass immaterielle Schäden aber grundsätzlich nicht oder nicht adäquat durch die Zahlung eines Geldbetrages ausgeglichen werden können, wird unter dem pauschalen Hinweis auf die sog. „Kompensati-

---

[406] Hinsichtlich des Produkthaftungsrechts in seiner weitreichenden Bedeutung soll auf die einschlägigen Abhandlungen hingewiesen werden, vgl. *Cooter/Ulen*, Law and Economics, 1988, S. 421ff.; *Landes/Posner*, A Positive Economic Analysis of Products Liability, Journal of Legal Studies 1985, 535ff.; *Abraham*, Products Liability Law and Insurance Profitability, Journal of Legal Studies 1990, 837ff.; *Epstein*, Product Liability as an Insurance Market, Journal of Legal Studies 1985, 645ff.; *Brüggemeier*, Die Gefährdungshaftung der Produzenten nach der EG-Richtlinie, in: *Ott/Schäfer* (Hrsg.), Allokationseffizienz in der Rechtsordnung, 1989, S. 228ff.; *Adams*, Produkthaftung - Wohltat oder Plage -, BB 1987, Beilage 20 zu Heft 31.

[407] Vgl. 1. Teil, I. 1.1.

[408] Vgl. BGHZ 18, 149, 168.

[409] Vgl. oben 1. Teil, I. 1.5.

onsformel" überwunden: Es erfolgt ein Ausgleich von Unlustgefühlen durch Verschaffung von Lustgefühlen.[410] Unter dem Aspekt der Genugtuung werden sodann die das Schadensereignis prägenden Umstände in die Bezifferung des Schmerzensgeldes einbezogen: Art und Maß der Beeinträchtigung, d.h. Schwere der körperlichen und seelischen Schmerzen und Entstellungen, die persönlichen und wirtschaftlichen Verhältnisse des Verletzten. Als schadensfremde Faktoren sind außerdem die wirtschaftliche Lage der Verletzers zu berücksichtigen, aber auch das Bestehen einer Haftpflichtversicherung. Dass das Schmerzensgeld sich nach der ursprünglichen Rechtsprechung auch am Grad des Verschuldens des Verletzers orientieren sollte, dürfte durch die Ausdehnung des Schmerzensgeldanspruches auf die Gefährdungstatbestände seit dem 1.8.2002[411] gewissen Bedenken ausgesetzt sein.

Vom ökonomischen Standpunkt aus betrachtet ist letztere Komponente, die Genugtuung, völlig unerheblich. Hier ist für die Bemessung allein entscheidend, ob mit der Auferlegung einer Schmerzensgeldzahlung künftig Schaden vermieden oder der geschuldete Betrag darauf verwendet werden soll, dem Geschädigten einen vollen Ausgleich, quasi eine „nachträgliche Versicherung" zu bieten.[412] Die Höhe eines so zu bezeichnenden Abschreckungsschmerzensgeldes richtet sich nach der ökonomischen Interpretation danach, wie viel der Geschädigte selbst bereit ist aufzuwenden, um das Risiko, Opfer einer Körperverletzung zu werden, auf ein bestimmtes Maß zu reduzieren.

Dieser Abwägungsprozess mündet unwiederbringlich in die Frage, welcher Wert menschlichem Leben und seiner Gesundheit, aber auch der Persönlichkeit beigemessen wird. Aus der Sicht des Einzelnen dürfte der Tod, soweit er nicht als natürlicher Bestandteil und logische Konsequenz des Lebens in einem gewissen Altersstadium aufgefasst wird, ein Ereignis sein, für dessen Verhinderung er sämtliche ihm verfügbare Mittel aufwenden und sich darüber hinaus „verschulden" würde; subjektiv würde jeder den Wert seines eigenen Lebens auf einen „unendlichen" Betrag veranschlagen.[413]

Dennoch kann niemand das, zuweilen auch lebensbedrohende Risiko einer Tätigkeit wie der Teilnahme am Straßenverkehr vollkommen ausschalten. Er müss-

---

410 Vgl. *MünchKomm-Stein*, BGB, 1997, § 874, Rn. 3.

411 Durch das „Zweite Gesetz zur Änderung schadensersatzrechtlicher Vorschriften vom 19. Juli 2002", BGBl. I, S. 2674; der Schmerzensgeldanspruch ist nunmehr in § 253 II BGB verankert. Zahlreiche Einzelgesetze der Gefährdungshaftung haben zur Klarstellung eine Anspruchsgrundlage auf Schmerzensgeld aufgenommen, so etwa § 11 StVG, § 6 HPflG, § 87 AtomG, § 8 ProdHaftG, § 13 UmwHG, vgl. *Budewig/Gehrlein*, Das Haftpflichtrecht nach der Reform, 2003, S. 433.

412 Vgl. *Schäfer/Ott*, Lehrbuch, 1995, S. 306.

413 So auch *Zweifel/Eisen*, Versicherungsökonomie, 2000, S. 51.

te dafür gänzlich auf diese Aktivität verzichten. Dies wiederum wäre eine nicht wirtschaftliche Alternative.[414]

Die Ökonomie hat verschiedene Theorien zur Ermittlung des Wertes menschlichen Lebens und körperlicher Unversehrtheit hervorgebracht.[415] Eine weit verbreitete Methode besteht in der Anknüpfung an das zu erwartende Brutto-Einkommen einer Person in einem unter einer bestimmten Wahrscheinlichkeit stehenden Lebensabschnitt (ausgenommen sein sollen Einkünfte aus Kapital und anderen Vermögenswerten).[416] An anderer Stelle wird geradezu gegensätzlich argumentiert. Ausschlaggebend für die Bewertung eines Menschenlebens sei nicht das, was wahrscheinlich von dem Betreffenden durch seine Arbeitsleistung „eingebracht" würde, sondern das, was durch seinen Tod der „Nachwelt" an Einnahmen wirtschaftlich vorenthalten bliebe. Abgestellt wird daher auf die von einem Individuum getätigten Ausgaben während der unter einer bestimmten Wahrscheinlichkeit gestellten Lebenszeit.[417]

Außerhalb jeder mathematischen Berechnungsformel bewegt sich der Ansatz bei *Fromm*. Hier wird der Wert menschlichen Lebens daran festgemacht, was Politik und Gesellschaft in ihren Entscheidungen hinsichtlich Todes-, Unfall- und Krankheitsprävention in den verschiedenen Bereichen dem Wert menschlichen Lebens an Bedeutung beimessen.[418]

Schließlich ist das „Versicherungsprinzip" hervorzuheben. Der monetäre Wert eines Menschenlebens wird danach bemessen, wie viel der Einzelne bereit ist, als Prämie aufzubringen, um die Wahrscheinlichkeit eines unfallbedingten Todes zu sterben auf ein geringst mögliches Maß herabzuschrauben.[419] Dabei soll immer eine gewisse Restwahrscheinlichkeit übrig bleiben, die zu überwinden nicht im Bestreben des möglichen Opfers liegt, weil dies schlicht zu teuer kommen würde.

Sicherlich können gegen jede dieser Bewertungsmethoden begründete Einwände vorgebracht werden.[420] Von den meisten Ökonomen wird dennoch für die Ermittlung des Werts menschlichen Lebens das Versicherungsmodell herangezo-

---

[414] Vgl. oben II. 1.

[415] Siehe dazu die kritische Auseinandersetzung bei *Mishan*, Evaluation of Life and Limb, Journal of Political Economy, Vol. 79/2 (1971), 687ff..

[416] Vgl. dazu im einzelnen *Knees*, Research goals and progress toward them, in: *Jarrett* (Hrsg.) Environmental Quality in a growing Economy, 1968; *Ridker*, The Economic Costs of Air Pollution, 1967.

[417] Vgl. *Devons*, Essays in Economics, 1961; vgl. auch *Jones-Lee*, The Value of Life, 1976, S. 20ff., der neben eigenen Überlegungen auch die in der ökonomischen Forschung verbreiteten Ansätze vorstellt und kommentiert.

[418] Vgl. etwa *Fromm*, in: *Dorfman* (Hrsg.), Measuring Benefits of Government Investments, 1965, S. 90ff..

[419] Vgl. *Fromm*, a.a.O., S. 194.

[420] Dazu eingehend *Mishan*, a.a.O., S. 689ff.; vgl. auch *Jones-Lee*, a.a.O., S. 20ff..

gen[421], weshalb im Folgenden dieser Ansatz verfolgt werden soll, um ein richtungsweisendes Ergebnis im Sinne einer ungefähren Vorstellung von der Größenordnung eines sich bewehrenden Abschreckungsschmerzensgeld zu bekommen.

Am vereinfachten, theoretischen Modell[422] exerziert sei die Wahrscheinlichkeit, dass ein Mensch durch die von ihm ausgeübte Aktivität eine lebensbeeinflussende Verletzung, etwa eine Querschnittslähmung, erleidet, wenn er keine Vorsorgemaßnahmen ergreift, mit einem Promille anzusetzen. Um diese Wahrscheinlichkeit auf ein halbes Promille zu senken, müsse die Person einen Vermeidungsaufwand in Höhe von 1000 € betreiben. Damit statistisch betrachtet eine Querschnittslähmung vermieden wird, hätte die betreffende Person einen Sorgfaltsaufwand von 2 Mio. € aufzubringen. Genau diese Summe entspräche dem, was nach wohlfahrtstheoretischem Dafürhalten vom Schädiger als Schmerzensgeld an den Verletzten gezahlt werden müsste, um den Anreiz zu vermitteln, genügend Sorgfalt bei der Unfallvermeidung aufzubringen.

Im Gegensatz zu diesem Abschreckungsschmerzensgeld steht das sog. „Kompensationsschmerzensgeld". Dieses soll darauf abzielen, dem Geschädigten einen vollständigen Ausgleich für die erlittenen Verletzungen zu gewähren. Während bei kleineren Versehrtheiten die Bezifferung des erforderlichen und angemessenen Ausgleichsbetrages nicht allzu große Schwierigkeiten bereiten dürfte, können bei schweren Schädigungen mit u.U. in die Zukunft reichenden Folgen genaue Bezifferungen nur schwer vorgenommen werden. In den Fällen, in denen dem Verletzten unbeschwerte Lebensfreude für den Rest seines Lebens genommen wird, wird der Betroffene selbst das zu verhängende Schmerzensgeld auf ein mehrfaches dessen veranschlagen, was in den Schmerzensgeldtabellen und demnach von der Rechtsprechung bei Verletzungen der erlittenen Art vorgesehen ist.[423]

Auch aus einer annähernd objektivierten Sichtweise ist die Bestimmung des Kompensationsschmerzensgeldes schwierig. Es wird sich betragsmäßig auf der Ebene belaufen, wo die zuzusprechende Summe dem Verletzten noch einen Nutzenvorteil im Hinblick auf die Überwindung seines Leidens verspricht und nicht über den Betrag hinausgehen, welcher ihn „nur" reich macht.

Unter Berücksichtigung ökonomischer Erfahrungswerte kann gezeigt werden, dass das in der Regel niedriger ausfallende Abschreckungsschmerzensgeld dem Kompensationsschmerzensgeld vorzuziehen ist. Als illustrierendes Beispiel führen *Schäfer/Ott*[424] den Entscheidungsfindungsprozess einer Person an, welche durch einen Unfall ihre Geschmacksnerven verlieren wird. Diese Person wird vor die Wahl gestellt, ob sie das Risiko einer solchen Verletzung verringern will

---

[421] Vgl. *Dardis*, The American Economic Review 1980, 1077.
[422] Vgl. *Schäfer/Ott*, Lehrbuch, S. 306ff..
[423] Vgl. *Schäfer/Ott*, a.a.O., S. 307.
[424] *Dies.*, a.a.O., S. 308.

oder schon im Vorfeld, also noch vor Eintritt des schädigenden Ereignisses finanziell dafür Sorge tragen will, dass nach der Verletzung ein Ausgleich des Verlusts ihrer Lebensfreude stattfinden kann. Beide Alternativen beinhalten eine versicherungsrechtliche Lösung, wobei im ersteren Fall das *Risiko* einer Verletzung Gegenstand der Versicherung ist, und im zweiten der angemessene *Ausgleich* der Verletzungsfolgen versicherungstechnisch garantiert werden soll.[425]

Liegt es in der Intention der betreffenden Person, für die Zeit nach dem Unfall einen Ausgleich für die körperliche Beeinträchtigung zu schaffen, so ist sie gezwungen, schon zuvor auf einen Teil ihres Einkommens zu verzichten. Denn um den späteren finanziellen Ausgleich zu gewährleisten, muss aus dem Realeinkommen die erforderliche Versicherungsprämie entnommen werden.

Fraglich ist aber, ob dies wirklich dem Willen der Person entsprechen kann. Wenn nämlich feststeht, dass der Betroffene für den Rest seines Lebens „weniger Spaß" an gutem Essen haben kann, wird er nicht geneigt sein, in der Phase seines Lebens, in welcher er noch „genussfähig" ist, auf Einkommen und damit Mittel zur Konsumerlangung zu verzichten. Im Gegenteil, er wird gerade vor dem Unfallereignis, welches ihn seiner Geschmacksnerven entledigt, sein gesamtes Einkommen darauf verwenden, häufiges und teures Essen zu finanzieren und sich u.U. sogar dafür Schulden aufnehmen, um diese in der Zeit nach dem Unfall zurückzuzahlen.[426]

Diese Überlegungen sind auf das Entscheidungskalkül beim Abschluss einer Schmerzensgeldversicherung übertragbar. Jemand, der weiß, dass eine unfallbedingte Verletzung sein Leben drastisch verändern und seiner Bewegungsfreiheit große Einschränkungen auferlegen wird, möchte sein Leben vor dem Eintritt dieser Veränderung soweit als möglich ausnutzen. Anders als beim Verlust normaler „Vermögensgüter" kann die Garantie eines Kompensationsschmerzensgeldes durch die Umschichtung von Einkommen keinen Gewinn an Lebensfreude und Lebensqualität über die beiden Lebensphasen hinweg bewirken.[427] Gerade dies bestätigt wiederum die Unersetzbarkeit körperlicher Schäden, welche auf Dauer irreparabel sind.

Dennoch besteht eine gesteigerte Bereitschaft, das Risiko, Opfer einer schwerwiegenden Verletzung zu werden, durch den Abschluss einer entsprechenden Versicherung herabzuschrauben. Mit anderen Worten ist ein sog. „Abschreckungsschmerzensgeld" dem deutlich höher ausfallenden „Kompensationsschmerzensgeld" vorzuziehen. Letzteres würde eine starke Einkommensminderung in der Lebenszeitspanne vor der Verletzung mit sich bringen, wohingegen eine wirksame „Risikoversicherung" eine eher vernachlässigenswerte Einkommensminderung zur Folge hätte. Festzuhalten bleibt demgemäss, dass sich der

---

425 Vgl. *Schäfer/Ott*, a.a.O., S. 307.
426 Vgl. *Schäfer/Ott*, a.a.O., S. 308.
427 Siehe *Schäfer/Ott*, a.a.O., S. 308.

Schmerzensgeldanspruch unter ökonomischer Betrachtung am Vermeidungsaufwand für Unfälle orientieren sollte. Der angestrebte Ausgleich entgangener Lebensfreude kann auch durch ein entsprechend hohes Schmerzensgeld nicht realisiert werden.[428]

Bei der Bestimmung der Höhe eines präventiv wirkenden Schmerzensgeldes kann derzeit nicht auf Ergebnisse empirischer Untersuchungen zurückgegriffen werden. Dennoch liegen amerikanische Studien vor, welche durch Umfragen gegenüber den Mitgliedern einzelner Risikogruppen eine Grundlage für die Ermittlung des Wertes der Todesverhütung liefern können. Ausgehend von diesem sind gegebenenfalls auch Aussagen über den Vermeidungswert von Unfällen mit Körperverletzungen zu machen.[429]

Zwei maßgebliche Ansätze führen zur statistischen Bestimmung des Abschreckungsschmerzensgeld im Sinne der Ökonomischen Analyse. Einmal ist dies die Frage nach der Risikoprämie, welche für die Übernahme einer gefährlichen Tätigkeit gezahlt wird, zum anderen bietet sich als Anknüpfungspunkt die Zahlungsbereitschaft des Einzelnen für den Erwerb von Sicherheitsvorkehrungen.[430]

Die ermittelten Werte, welche alle auf das Jahr 1980 bezogen sind, weisen ihrer Höhe nach eine große Spanne auf. Sie liegen zwischen 50 000 US-Dollar und einem zwei- bis dreifachen Lebenseinkommen, bzw. knapp 4,5 Mio. US-Dollar. Bezogen auf die Verhältnisse in Deutschland Mitte der 90er Jahre erhält man einen durchschnittlichen Wert der Todesverhütung von rund 1,5 bis 2 Mio. DM.[431]

Über dieses Ergebnis kann nur schwer auf eine realistische Bezifferung des Vermeidungsaufwandes für Körperverletzungen geschlossen werden. Ausländische Umfragen in Amerika und Großbritannien ergaben allerdings, dass sowohl Ärzte und Krankenhauspersonal als auch Patienten unfallbedingte Verletzungsfolgen, aufgrund deren das Opfer für den Rest seines Lebens an einen Rollstuhl gefesselt ist, nahezu gleich schwerwiegend wie einen Unfalltod bewerten. Nicht selten einschneidender als der Verlust des Lebens selbst wird der Umstand bewertet, ein Leben lang bettlägerig und vollständig auf fremde Hilfe angewiesen zu sein.[432] Insoweit kann offen bleiben, auf welche Summe genau der Vermeidungsaufwand der Verletzungsfolge Querschnittslähmung geschätzt werden

[428] Vgl. *Schäfer/Ott*, a.a.O., S. 308.

[429] Vgl. *Zweifel/Eisen*, Versicherungsökonomie, S. 53, mit einer Übersicht zu den Studien hinsichtlich des Wertes der Todesverhütung bei unterschiedlichen Todesrisiken, etwa Verkehrsunfalltod, Feuertod oder Tod als Folge hohen Zigarettenkonsums; ebenso *Schäfer/Ott*, Lehrbuch, 1995, S. 310.

[430] Vgl. *Schäfer/Ott*, Lehrbuch, 1995, S. 309.

[431] Vgl. *Schäfer/Ott*, a.a.O., S. 309.

[432] Im Gegenzug - allerdings ohne Bezug auf empirisches Material und offenbar unter Berücksichtigung amerikanischer Verhältnisse - schätzen *Cooter/Ulen*, Law and Economics, 1988, S. 381, den tödlichen Ausgang eines Unfalls für den Verletzer „günstiger“ als schwere Verletzungsfolgen, unter denen das Opfer ein Leben lang zu leiden hätte.

muss. Denn schon an diesem Punkt lässt sich festhalten, dass die aktuellen Schmerzensgeldbeträge die durch die Rechtsprechung den Opfern von Körperverletzungen zugesprochen werden, bei weitem nicht das erreichen, was allein nach ökonomischem Dafürhalten geboten wäre.

Im Bereich der immateriellen Schäden spielen weiterhin die Verletzung des allgemeinen Persönlichkeitsrechts und seiner besonderen Ausgestaltungen, des Rechts am eigenen Bild sowie des Namensrechts, eine entscheidende Rolle. Den im ersten Teil der Arbeit[433] eingehend untersuchten rechtswidrigen Eingriffen in die Persönlichkeit prominenter Menschen durch die Presse ist insgesamt gemein, dass sie auf einem vorsätzlichen oder grob fahrlässigen Verhalten beruhen und der Verletzer zumeist mit Gewinnerzielungsabsicht handelt. Rechtsgutsverletzungen auf diesem Gebiet können also bewusst vermieden werden. Das Verhalten der potentiellen Schädiger ist insoweit steuerbar. Dies macht die Persönlichkeitsrechtsverletzungen im Verhältnis zu den klassischen „Unfallschäden" weitaus prädestinierter für die präventionsorientierte Interpretation durch die ÖAR.

Hinzu kommt, dass die Persönlichkeitsrechte zwar als property rights den Rechtssubjekten zustehen, jedoch in gewisser Weise den Charakter öffentlicher Güter besitzen, deren Schutzbereich nach außen nicht ganz abgrenzbar ist und die dem ungehinderten Zugriff Dritter offen stehen. Die Medien der Unterhaltungsbranche beispielsweise nutzen den Bekanntheitsgrad und die Attraktivität der Personen des öffentlichen Interesses für die Konsumenten wie ein „Gemeingut" zur Profitsteigerung ohne diejenige Gegenleistung zu erbringen, welche sich als Folge von Vertragsverhandlungen auf dem freien Markt ergeben würden. Nach ökonomischem Dafürhalten müssen die Schäden dieser Rechtsverletzungen in die Kostenrechnungen der Medienunternehmen internalisiert werden. Die Einführung eines vermögenswerten Bestandteils mit der „Marlene Dietrich"-Entscheidung[434] weist in die richtige Richtung. Doch auch wenn ein solches kommerzialisierbares Element nicht anerkannt wird, gilt es, die Schäden einer Ehr- und Ansehensverletzung so zu bewerten, dass ein entsprechender Ersatzanspruch die Rechtsverletzung wirtschaftlich unrentabel macht. Die symbolische Höhe des zugesprochenen Schadensersatzes bei „Caroline" dürfte in Anbetracht des stetig wachsenden Absatzes an Beiträgen über die Protagonisten der „High Society" zu diesem Zweck nicht ausreichend sein. Eine Orientierung am Verletzergewinn ist ebenso wenig wirksam, da es sein kann, dass sich der Verletzer infolge falscher Einschätzungen „verkalkuliert" und keinen Gewinn verzeichnet. Die Höhe eines wohlfahrtsoptimierenden Schadensersatzanspruches muss in Anlehnung an „Marlene Dietrich" anhand einer hypothetischen Lizenzgebühr ermittelt werden. Der Umstand, dass die Person nach objektiver Beurteilung keinen Vertrag über eine streitige Rechtsgutsverletzung abgeschlossen hät-

433 Vgl. oben 1.Teil, I. 1.

434 Vgl. oben 1. Teil., I. 1.6.2.

te, wie es bei schwerwiegenden Ehrverletzungen der Fall sein dürfte, sollte den rechtswidrigen Eingriff um ein zusätzliches Moment verteuern.

3.1.2 „Tötung zum Nulltarif" nicht unterhaltspflichtiger Personen

Wenngleich *Adams*[435] den Wert menschlichen Lebens für die haftungsrechtliche Praxis im Ergebnis um einiges niedriger als *Schäfer/Ott* veranschlagt, ist seiner Argumentation zufolge der gesetzgeberische Verzicht auf eine zivile Ersatzpflicht aufgrund Tötung nicht unterhaltspflichtiger Personen weder volkswirtschaftlich noch unter Heranziehung grundrechtlicher Wertmaßstäbe vertretbar.

Die Rechtsprechung ist insoweit vom Wortlaut der maßgeblichen Gesetzesvorschriften, § 823 I und § 844 BGB, geprägt. Nach der Grundnorm der Verschuldenshaftung kommt eine Ersatzpflicht nur in Betracht, wenn „Leben, Körper und Gesundheit" des Opfers verletzt sind und diese Rechtsgutverletzungen einen ersatzfähigen Schaden implizieren. Die Verletzung des „Lebens", soweit damit die Tötung eines Menschen gemeint ist, kann jedoch für sich genommen keinen Ersatzanspruch auslösen, weder beim Opfer selbst, weil ein Toter keine - zumindest auf Geld gerichteten - Ansprüche haben kann, noch beim Erben des Opfers. Letzteres deshalb, weil die Vererbbarkeit eines schuldrechtlichen Anspruches voraussetzt, dass dieser wiederum bereits in der Person des Erblasser entstanden ist.

Hiervon machen die §§ 844, 845 BGB eine Ausnahme. Insbesondere § 844 II BGB kann in der Praxis einen erheblichen Ersatzanspruch der dem getöteten Opfer gegenüber unterhaltsberechtigten Personen auslösen. Für den Großteil der Fälle, etwa bei der Tötung von Kindern oder anderen Personen, die keinerlei gesetzlicher Unterhaltsverpflichtung ausgesetzt sind, führt die momentane Gesetzeslage dazu, dass der „Verursacher" von einer zivilrechtlichen Haftung befreit bleibt. Es kommt hier allenfalls bei der Tötung eines Kindes eine Feststellungsklage der Eltern in Betracht, wobei die sichere Prognose abgegeben werden muss, dass das Kind den bedürftigen Eltern bei eigener Leistungsfähigkeit in der Zukunft einmal unterhaltsverpflichtet sein wird, was bei einem sehr jungen Kind sicherlich schwer darzulegen sein mag.[436]

Deutet man vor diesem Hintergrund die allgemeine mathematische Funktion der Höhe des Schadensersatzanspruches in Abhängigkeit der Schwere der dem Opfer zugefügten Verletzung in ihrer graphischen Darstellung, so ist festzustellen, dass der Ersatzanspruch – wie auch das Schmerzensgeld – linear mit der Schwere der Verletzung ansteigt und im dem Punkt, wo die Stufe einer tödlichen Verletzung erreicht ist auf Null abfällt.

---

[435] *Ders.*, Ökonomische Analyse der Gefährdungs- und Verschuldenshaftung, 1985, S. 179.
[436] So *Dressler*, in: *Wussow*, Unfallhaftpflichtrecht, 2002, S. 1122f..

Es liegt auf der Hand, dass ein solches Verhältnis, welches letztlich in der sanktionsfreien Hinnahme einer Tötung durch Fremdverschulden mündet, keinerlei Anreize zu wohlfahrtsgerechtem Verhalten nach Art und Umfang einer Tätigkeit vermittelt.[437] *Adams* appelliert deshalb darauf, einen Schadensersatzanspruch des Tötungsopfers für eine „juristische Sekunde" entstehen zu lassen, damit dieser dann kraft Gesetzes auf die Erben übergeht.[438] Bei der Bezifferung dieses Ersatzanspruches geht *Adams* zunächst von Summen zwischen 325.000 DM und 575.000 DM aus. Weil dem Verletzer das Risiko, welches das Opfer bei bestimmten Tätigkeiten (beispielsweise dem Motorradfahren) bewusst auf sich nimmt, ist der errechnete Anspruch unter den Gesichtspunkten der „Gefahrgeneigtheit" der ausgeübten Tätigkeit und ihres Umfanges zu „bereinigen".

Ebenso ist der Grad des Mitverschuldens des Getöteten besonders zu berücksichtigen, weil befürchtet werden muss, dass sich ein vermeintliches „Opfer" zu einem „Versorgungsselbstmord" zugunsten seiner Erben hinreißen lässt.[439] Insoweit wäre es für angebracht zu halten, an ein Verschulden des Opfers und den Nachweis hierüber nur geringe Anforderungen zu stellen bzw. den Schadensersatzanspruch insgesamt betragsmäßig nicht allzu hoch anzusetzen.[440]

Des weiteren darf nicht außer acht gelassen werden, dass die potentiellen Erben nicht minder der Versuchung ausgesetzt sein könnten, den Tod des Erblassers willentlich herbeizuführen, um sich zu bereichern. Besonders bei alten und kranken Menschen, aber auch jungen Personen, die unter der Aufsicht Dritter stehen, liegt es im Bereich des Möglichen, dass diese zu gegebenem Anlass ihre Pflichten vorsätzlich verletzen, und damit die Verhinderung tödlicher Unfälle ausgeschlossen wird.

Unter Zugrundelegung all dieser Eventualitäten setzt *Adams* den Wert der Todesverhütung für das Jahr 1983 auf das 6-fache des pro Kopf Bruttosozialprodukts fest, was ungefähr 150.000 DM entsprechen dürfte.[441] Nach Bereinigung dieses Betrages um die eingetretene Geldentwertung dürfte sich für das Jahr 2000 eine Summe von 210.000 DM, mithin 107.000 Euro ergeben. Dieser Betrag sei einerseits nicht zu hoch, um Selbstmorde und tödliche Fremdeinwirkungen zu provozieren und die Anpassungskosten vom bisherigen Zustand noch ge-

---

[437] Siehe *Adams*, Ökonomische Analyse der Gefährdungs- und Verschuldenshaftung, 1985, S. 117.

[438] Vgl. *Adams*, a.a.O., S. 178, mit dem Hinweis auf die verfassungsrechtliche Gebotenheit einer solchen Entscheidung.

[439] Vgl. *Adams*, a.a.O., S. 181, der hierin ein Problem des moral hazard (vgl. oben 2.3) sieht: Dort, wo zu erwarten ist, dass der eingetretene Schaden auf einen Dritten abgewälzt werden kann, wird nicht das erforderliche und sozial wünschenswerte Maß an Sorgfalt erfüllt.

[440] Vgl. *Adams*, a.a.O., S. 181.

[441] Vgl. *Adams*, a.a.O., S. 182.

ring halten zu können, andererseits ausreichend, um die Sicherheitsvorkehrungen der Hersteller und Verwender technischer Hilfsmittel deutlich zu steigern.[442]

Dass nach § 229 StGB die fahrlässige Tötung auch unter strafrechtlicher Sanktion steht, kann insoweit keinen Einwand gegen Statuierung einer zivilrechtlichen Ersatzpflicht begründen. Zunächst einmal knüpft die strafrechtliche Beurteilung eines Verhaltens an ein „Verschulden" an, was sowohl Vorsatz als auch Fahrlässigkeit beinhaltet. Folglich ist für die Fälle, in denen zivilrechtlich ein Tatbestand der Gefährdungshaftung eingreift, eine strafrechtliche Verfolgung nicht immer - bzw. unter den einschränkenden Voraussetzungen der strafprozessualen Bestimmungen - nur schwer möglich. Hier gelten die Unschuldsvermutung sowie im Vergleich zum Zivilprozess weitaus strengere Regeln im Rahmen des Beweisverfahrens, weshalb der Nachweis des Verschuldens des Täters (Verletzers) im Allgemeinen schwerer zu führen ist.

Des Weiteren trägt der Begriff der „Fahrlässigkeit" im strafrechtlichen Sinne nicht dazu bei, dass der Umfang der schadensverursachenden Tätigkeit überhaupt bei der Strafzumessung Berücksichtigung findet. Die Sanktionspraxis erlegt demjenigen, welcher mit dem Pkw viele Kilometer zurück legt im Falle einer Verletzung oder Tötung keine höhere Strafe auf als dem demjenigen, der sein Kraftfahrzeug nur begrenzt einsetzt.[443] Selbst eine für die Fälle fahrlässiger Verletzungen relativ selten verhängte Freiheitsstrafe würde allenfalls zur Bewährung ausgesetzt werden und würde insoweit eine nur begrenzte Abschreckungswirkung hervorrufen.

3.2 Haftung für Umweltschäden

3.2.1 Das Umwelthaftungsgesetz

Die Einführung des Umwelthaftungsgesetzes am 1.1.1991 markierte einen entscheidenden Einschnitt in der Geschichte des Umweltrechts – auch wenn das Gesetzeswerk nur einen Teil der haftungsrechtlich relevanten Fragen klärt.[444] Das Umwelthaftungsgesetz reagiert auf das durch die schweren Umweltkatastrophen Mitte der 80er Jahre, wie „Sandoz" oder „Tschernobyl", wachgerüttelte und infolge dessen gesteigerte Umweltbewusstsein der Bevölkerung.[445]

Vor Inkrafttreten des Umwelthaftungsgesetzes waren die wichtigsten zivilen Anspruchsgrundlagen über mehrere Einzelgesetze verteilt. Erwähnenswert sind

[442] Vgl. *Adams*, a.a.O., S. 183.
[443] Vgl. *Adams*, a.a.O., S. 183f..
[444] Vgl. die einführenden Beiträge zum Umwelthaftungsgesetz bei *Deutsch*, JZ 1991, 1097ff.; *Mayer*, MDR 1991, 813ff.; *Wagner*, VersR 1991, 249ff.; *Taupitz*, Jura 1992, 113ff..
[445] Vgl. *Gawlik/Michel*, Umwelthaftung und Umwelthaftpflichtversicherung, 1997, S. 76.

hier § 823 I BGB, § 823 II BGB in Verbindung mit Schutzgesetzen, § 906 II S. 2 BGB, § 14 BImSchG, § 1 ProdHG, § 22 I und II WHG sowie § 2 HPflG.[446]

§ 1 UmweltHG statuiert - wie zuvor § 22 WHG - einen Gefährdungstatbestand, weshalb eine Ersatzpflicht nicht an den strengen Nachweis des Verschuldens gebunden ist.

Entgegen dem „vielversprechenden" Namen des Gesetzes dient dieses nicht primär dem Schutz der Umwelt und der ökologischen Ressourcen, sondern allen voran der Stärkung der Rechtsposition des Geschädigten im Hinblick auf die Durchsetzbarkeit seiner Ansprüche. Diesem Instrument der zivilen Haftpflicht maß der Gesetzgeber aber auch eine Präventivfunktion im Sinne eines Appells an die Wirtschaftsunternehmen bei[447]:

> „Durch die Einführung der Gefährdungshaftung werden potentielle Umweltschadenverursacher dazu veranlasst, schadensvermeidende Maßnahmen zu ergreifen, die darauf gerichtet sind, schädliche Umwelteinwirkungen so gering wie möglich zu halten.
>
> Diese indirekte verhaltenssteuernde Wirkung der Haftungsvorschriften rechtfertigt es, dem Umwelthaftungsrecht die Funktion der Umweltvorsorge zuzusprechen.[...]."[448]

Der Gesetzgeber selbst schreibt dem Umwelthaftungsgesetz also den Zweck einer „ökologischen Prävention"[449] zu.

Der Haftungstatbestand des § 1 UmweltHG liegt in einer verschuldens- und rechtswidrigkeitsunabhängigen Gefährdungshaftung eines Anlagebetreibers für die Tötung eines Menschen seiner Körper- und Gesundheitsverletzung oder einer Sachbeschädigung. Das Vermögen als solches ist - wie im Tatbestand des § 823 I BGB - nicht geschützt. Die Haftung ist nicht handlungs-, sondern anlagebezogen. Ob eine Anlage unter den Anwendungsbereich des Gesetzes fällt, lässt sich dem Anhang 1 zum UmweltHG entnehmen, welcher im Wesentlichen der Auflistung der 4. Verordnung zum Bundesimmissionsschutzgesetz angelehnt ist.[450]

Voraussetzung für die Ersatzpflicht eines Anlagebetreibers ist eine „Umwelteinwirkung", definiert in § 3 UmweltHG. Als mögliche „Empfänger" von Immissionen, sog. Umweltpfade, kommen Boden, Luft und Wasser in Betracht. Der Anlagebetreiber haftet sowohl für Störfallschäden als auch für Schäden, die aus dem „Normalbetrieb" einer Anlage resultieren, d.h. bei verwaltungskonformen und genehmigten oder im Übrigen störungsfreien Betrieb einer Anlage. Im

---

[446] Vgl. die Aufstellung bei *Gawlik/Michel*, a.a.O., S. 111ff..
[447] *Gawlik/Michel*, a.a.O., S. 76.
[448] Vgl. BT-Drucksache 11/704, 14.
[449] So der Begriff bei *Hapke/Japp*, Prävention und Umwelthaftung, zur Soziologie einer modernen Haftungsform, 2001, S. 29.
[450] Vgl. *Diederichsen/Wagner*, VersR 1993, 641, 644.

Falle höherer Gewalt haftet der Anlagebetreiber ausnahmsweise nicht, § 4 UmweltHG. Im Gegensatz zum Produkthaftungsgesetz sieht das UmweltHG keinen Haftungsausschluss bei sog. Entwicklungs- oder Verborgenheitsfehlern vor. Eine Einstandspflicht der Anlagebetreiber tritt also auch dann ein, wenn die schadensverursachenden Immissionen im Zeitpunkt der Umwelteinwirkungen als solche nicht erkannt wurden oder überhaupt nicht bekannt waren.[451]

Haftungsbegründend ist weiterhin ein Kausalitätszusammenhang zwischen dem Anlagebetrieb und der Umwelteinwirkung sowie zwischen der Umwelteinwirkung und der Rechtsgutverletzung. Schließlich muss der geltend gemachte Schaden auch durch die Rechtsgutsverletzung verursacht worden sein. Die Formulierung des § 3 UmweltHG ist hier etwas ungenau. Das Erfordernis eines haftungsbegründenden *und* haftungsausfüllenden Kausalzusammenhangs ergibt sich jedoch insbesondere aus § 1 UmweltHG.[452]

Eine den Nachweis der Ursächlichkeit durch den Geschädigten betreffende Besonderheit liefert § 6 UmweltHG. Eine anlagenbedingte Umwelteinwirkung ist danach ursächlich für den entstandenen Schaden,[453] wenn die Anlage nach den Gegebenheiten des Einzelfalls geeignet ist, den entstandenen Schaden zu verursachen.[454] Die Vorschrift stellt nicht nur eine Sonderregelung im Sinne des § 286 ZPO dar, sondern mit den Worten *Deutschs* auch eine „Haftungsvermutung".[455]

Diese gesetzliche Vermutung ist nach § 6 II UmweltHG als widerlegt anzusehen, wenn die Anlage bestimmungsgemäß betrieben wurde. Für diesen Umstand trägt wiederum grundsätzlich der Anlagebetreiber die Beweislast. Um dem Anlagebetreiber nicht gänzlich der Aussichtslosigkeit eines solchen Entlastungsbeweises auszuliefern, sieht § 6 IV UmweltHG insoweit eine Beweiserleichterung vor: Die Einhaltung der Betriebspflichten durch den Betreiber wird vermutet, wenn sämtliche Zulassungen, Auflagen, vollziehbare Anordnungen oder Kontrollen keinen Anhalt für eine Verletzung der Betriebspflichten ergeben haben oder die möglichen Umwelteinwirkungen länger als 10 Jahre zurückliegen. Die Vermutung in § 6 II UmweltHG ist ausgeschlossen, wenn neben einer bestimmten Anlage ein anderer Umstand geeignet war, die Umwelteinwirkung und den Schaden zu verursachen.[456]

Entscheidend für die Anspruchsverfolgung des Geschädigten sind die in §§ 8, 9 UmweltHG begründeten Auskunftsansprüche gegenüber dem Inhaber der betreffenden Anlage bzw. gegenüber den Behörden. Mit diesem „neuartigen"

---

[451] Siehe § 1 UmweltHG; vgl. dazu auch *Gawlik/Michel*, a.a.O., S. 79.
[452] Vgl. *Deutsch*, JZ 1991, 1097ff., 1099.
[453] Zu ergänzen ist hier: ursächlich für die Rechtsgutverletzung, s. *Deutsch*, a.a.O., 1100.
[454] Strittig ist, ob bereits eine „Mitursächlichkeit" einer Anlage den Haftungstatbestand des § 1 UmweltHG auszulösen vermag, vgl. *Diederichsen/Wagner*, VersR 1993, 641ff., 646.
[455] *Deutsch*, a.a.O., 1100.
[456] So *Mayer*, MDR 1991, 813ff., 815.

Instrument soll dem Geschädigten die Möglichkeit gegeben werden, sich diejenigen Informationen zu beschaffen, welche zur Begründung seines Entschädigungsanspruches, insbesondere zur Klärung der Kausalitätsfrage erforderlich sind. Der Auskunftsanspruch ist allerdings wiederum an die Voraussetzung geknüpft, dass der Geschädigte den Eintritt eines Schadens sowie einen (kausalen) Zusammenhang zwischen Emission und Umwelteinwirkung und letztlich dem eingetretenen Schaden darlegt, wobei ein Plausibilitätsnachweis genügt.[457]

Die Debatte um eine versicherungsmäßige Deckung des Umwelthaftpflichtrisikos, bei welcher sich die Versicherungsunternehmen vehement auf die Nichtversicherbarkeit von Umweltschäden beriefen, mündete schließlich in der Statuierung einer Verpflichtung zur Deckungsvorsorge der Betreiber „besonders gefährlicher" Anlagen nach § 19 UmweltHG i.V.m. Anhang 2.[458] Der HUK-Verband hat zwischenzeitlich zusammen mit dem Bundesverband der Deutschen Industrie sowie dem Deutschen Versicherungsschutzverband ein „Einheitsmodell" mit diversen „Baukastenelementen" herausgearbeitet, welches auf den AHB und auf den besonderen Bedingungen und Risikobeschreibungen für die Umwelthaftpflichtversicherungen basiert und zusätzlich zur Betriebshaftpflichtversicherung angeboten wird.[459]

3.2.2 Besonderheiten von Umweltschäden

Im Folgenden sollen die eigens bei Umweltschäden auftretenden Phänomene dargestellt werden, die zeigen, weshalb Umweltschäden trotz ihrer weitreichenden Bedeutung und Schwere nur selten verfolgt werden (können) und welchen Schwierigkeiten die Verletzten bei der Verfolgung ihrer Ansprüche ausgesetzt sind. Soweit vorhanden ist auf die von Seiten der ÖAR angebotenen Methoden zur Lösung der beschriebenen Missstände einzugehen.

3.2.2.1 Problem der Erfassung von Umweltschäden

Eine der größten Schwierigkeiten bei der Ortung von Umweltschäden liegt darin, dass diese, abgesehen von den überschaubaren Fällen einer privaten Betroffenheit, in der Regel weder lokal noch zeitlich begrenzt wahrgenommen werden können. Während beispielsweise die Folgen einer Explosion lediglich in einem Umkreis von ein paar hundert Metern um den Ort des schädigenden Ereignisses spürbar sind, zeigen sich ein Großteil der Umweltimmissionen im Waldsterben oder in der globalen Klimaerwärmung.[460]

---

457 Siehe *Diederichsen/Wagner*, a.a.O., 650f..

458 Vgl. *Diederichsen/Wagner*, a.a.O., 652.

459 Vgl. *Schimikowski*, Umwelthaftungsrecht und Umwelthaftpflichtversicherung, 2002, S. 216.

460 Vgl. *Bongaerts/Kraemer*, Haftung und Versicherung von Umweltschäden, 1987, S. 22.

Die zeitliche Dimension reicht von den sich selbst, das heißt sich durch die Natur regulierenden Umweltschäden bis zu solchen, die trotz technischer Hilfs- und Unterstützungsmaßnahmen irreversibel sind. Tatsächlich dürfte nur ein vernachlässigenswert geringer Teil an Umweltschäden ohne Hilfe des Menschen reparationsfähig sein.[461]

In der chronologischen Abfolge eines Umweltschadensereignisses lassen sich mehrere entscheidende Zeitpunkte festmachen[462]: Der Moment des Schadensereignisses (date of event) kann einerseits in der willentlichen Inbetriebnahme einer Immissionen verursachenden Industrieanlage liegen oder dem fahrlässigen Nichtwahrnehmen eines Risses in einer Ölleitung, wobei das fahrlässige Handeln nicht zeitlich genau mit dem Beginn einer Emission einhergehen muss. Dem folgt das date of exposure, ab welchem die Folgen der Umweltschädigung nach außen hin hervortreten und entsprechende Ansprüche geltend gemacht werden können, soweit sie auch wahrgenommen werden. Meist liegt dieser Zeitpunkt der Erkennbarkeit eines Schadens (date of manifestation) noch weit hinter dem date of exposure.

Während bei den bisher betrachteten privatrechtlich relevanten Schädigungen im Bereich des Straßenverkehrs oder allgemein „des täglichen Lebens“ die genannten Zeitpunkte für gewöhnlich sehr kurz aufeinanderfolgen oder sogar ineinander fallen, kann sich der Ablauf bei Umweltschäden über Jahre und Jahrzehnte hinziehen.[463] Die Auswirkungen bestimmter Umweltschäden selbst können sich unter Umständen mehrere hundert, beim Freiwerden radioaktiver Elemente auch Tausende von Jahren in der Erdatmosphäre halten.

Zahlreiche Beobachtungen stützen die Hypothese, dass ein einzelnes Schadensereignis lokaler Ursache auch auf entferntere Teile der Erde negative Konsequenzen hervorrufen kann. Dem ist zugrunde zu legen, dass die gesamte Biosphäre ein System darstellt, welches in seinem Gleichgewicht lebensfreundliche Bedingungen liefert, aber dann ins Schwanken gerät, sobald an einer Stelle des Systems Störungen auftreten.[464] Schädigende Stoffe und deren Wirkungen werden längere Distanzen hinweg über die Atmosphäre, die Flüsse und Ozeane in andere Staaten transportiert, welche nicht mit dem Ort der Ursache zusammenfallen. In diesem Zusammenhang stellt sich häufig das Problem grenzüberschreitender Umwelthaftung. Selbst wenn zwischen den Industrienationen internationale Konventionen wie beispielsweise mit dem Ziel der Reduktion der Schwefelemissionen geschlossen werden, ergibt sich hieraus noch nicht die haftungsrechtliche Verantwortung für Umweltschäden im jeweiligen Nachbarland.

---

[461] Vgl. *Bongaerts/Kraemer*, a.a.O., S. 22.
[462] Vgl. *Bongaerts/Kraemer*, a.a.O., S. 24f..
[463] Vgl. *Bongaerts/Kraemer*, a.a.O., S. 24f..
[464] Vgl. *Bongaerts/Kraemer*, a.a.O., S. 27, mit Hinweis auf die Gaia-Hypothese.

3.2.2.2 Das Problem der „weichen" oder „komplexen" Kausalität und der Unbestimmbarkeit einer Vielzahl von Schädigern

Eine der zentralen Schwierigkeiten des Umwelthaftungsrechts liegt unbestritten im Kausalitätsnachweis zwischen Emission und Umweltschaden. Hier sind die verschiedensten Konstellationen denkbar. Einerseits besteht die Möglichkeit, dass zwei oder ein überschaubarer Kreis an Anlagebetreibern Emissionen ein und desselben Stoffes verursachen, sei es jeder für sich genommen oder in ihrem Zusammenwirken. Als Beispiel wäre an die Schwermetallbelastung eines Flusses durch die Abfallprodukte mehrerer Industrieunternehmen an der betroffenen Flussregion zu denken.

Etwas komplexer und eng verknüpft mit der vorangehend (3.2.2.1) dargestellten Problematik der zeitlichen und lokalen Dimension der Umweltschäden sind die sog. „Distanz- und Summationsschäden"[465]. Als solche sind diejenigen Phänomene zu bezeichnen, bei welchen durch den Transport von Schadstoffen über natürliche Wege (Luft, Wasser, Boden) der Ort der Immission und der des Austritts eines Schadstoffes weit auseinander liegen; hinzukommen kann, dass die Entstehung der Schadstoffe von einer Vielzahl an Groß- und Kleinemittenten herrührt, jeweils mit unterschiedlich großem Beitrag am Gesamtschaden.[466] Daneben ist vorstellbar, dass mehrere verschiedenartige Stoffe eine neue, umweltbelastende Verbindung mit schädigender Wirkung erzeugen, wobei jede Substanz an sich ungefährlich ist oder nur geringfügig schadensverursachend, sog. „Kombinationseffekt".[467]

Weitere Unwägbarkeiten bei der Feststellung der Ursächlichkeit einer Emission für den eingetretenen Schaden ergeben sich dadurch, dass äußere Umstände wie Naturgewalten, aber auch Fremdeinwirkungen des Menschen in eine Ursachenkette eingreifen oder diese auslösen.

Bongaerts/Kraemer[468] führen das Beispiel eines schwermetallbelasteten Flusses an, welcher zwar nicht befischt wird, aber infolge eines Deichbruchs über seine Ufer tritt und die umliegenden Felder kontaminiert, was wiederum zu einer Zerstörung der Ernte führt. In einem solchen Szenario ist zudem denkbar, dass der Deichbruch nicht (allein) durch starke Regenfälle und Unwetter verursacht wurde, sondern Waldsterben bedingte Erosionen oder die Begradigung des Flussbetts verantwortlich sind. Zu der dargestellten Problematik kommt insgesamt erschwerend hinzu, dass sich der überwiegende Anteil der Umweltschäden mit einer zeitlichen Verzögerung zur Ursache einstellt und feststellen lässt.[469]

---

[465] Zum Begriff vgl. *Hohloch*, Umwelthaftung – Erfolge und Lücken, in: *Ministerium für Umwelt, Raumordnung und Landwirtschaft des Landes NRW* (Hrsg.), Umwelthaftung aus juristischer und ökonomischer Sicht, 1994, S. 19, 27.

[466] Vgl. *Hohloch*, a.a.O., S. 27.

[467] Vgl. *Bongaerts/Kraemer*, a.a.O., S. 28.

[468] Vgl. *dieselben*, a.a.O., S. 29.

[469] Siehe oben 3.2.1.

Schließlich darf nicht außer acht gelassen werden, dass der wissenschaftliche Erkenntnisstand im Hinblick auf das Zusammenwirken zwischen Mensch und Natur sich stets verändert. Dies führt zwangsläufig dazu, dass zum Zeitpunkt des Schadenseintritts die Wirkungen eines Giftstoffes bisweilen nicht bekannt sind oder nach Feststellung der Schädigung nicht nachvollzogen werden kann, worauf diese zurückzuführen ist, aber zwei Jahre später schon Aussagen über die bestehenden Zusammenhänge gemacht werden können. Somit muss die Definition eines Sorgfaltsstandards im Sinne der Verschuldenshaftung, aber auch die Schwelle des erlaubten Risikos der Gefährdungshaftung regelmäßig neu gefasst werden.[470]

Das deutsche wie auch das amerikanische Recht wenden im Hinblick auf die Kausalität und die Ersatzpflicht die sog. „Alles-oder-Nichts-Regel" an. Unter Anknüpfung daran, ob eine Handlung (Tun oder Unterlassen) kausal für eine Rechtsgutverletzung ist, wird entweder die Ersatzpflicht vollständig bejaht oder abgelehnt. Die Wahrscheinlichkeit der Kausalität muss nach den allgemeinen Grundsätzen des deutschen Rechtssystems nahezu vollständig bewiesen sein.

Zur Überwindung dieser Situation empfiehlt sich vordergründig die Einführung einer „Wahrscheinlichkeitskausalität", wobei nur der Teil des Schadens ersetzt wird, der der Wahrscheinlichkeit der Kausalität des angegriffenen Verhaltens entspricht.[471] Die Schadensersatzzahlung entspricht in diesem Falle dem zu erwartenden Schaden. Neben der vereinfachten Erfassung von Ursachenzusammenhängen impliziert eine solche Regelung auch positive Anreizwirkungen im Hinblick auf die Realisierung der optimalen Sorgfalt.[472]

Dennoch ist auch mit diesem Ansatz ein für das Umwelthaftungsrecht nicht unerheblicher Nachteil verbunden. Denn durch die Aufteilung des Schadens nach Verursacheranteilen, werden die einzuklagenden Schadensersatzsummen kleiner und die Zahl der Schädiger (Beklagten) kleiner, sog. „Streuschäden". Dies führt dazu, dass der Geschädigte noch mehr als ohnehin die Mühen und Kosten eines Haftungsprozesses scheut, weil der Streitgegenstand nicht einträglich erscheint[473]. Damit ist die Überleitung zu der im Folgenden dargestellten Problematik hergestellt.

3.2.2.3 Fehlende Motivation bei der Geltendmachung von Schadensersatzansprüchen - „Rationale Apathie" der Opfer

Mehr als mit den gewöhnlichen Risiken einer gerichtlichen Anspruchsverfolgung belastet, sehen sich die Opfer von Umweltbelastungen erheblicheren Hür-

---

470 Vgl. *Bongaerts/Kraemer*, a.a.O., S. 30.

471 Vgl. hierzu eingehender oben II. 3.3.

472 Vgl. *Adams*, Zeitschrift für Zivilprozess 99 (1986), 129, 145ff..

473 Vgl. *Schäfer*, in: *Ministerium für Umwelt, Raumordnung und Landwirtschaft des Landes NRW* (Hrsg.), Umwelthaftung aus juristischer und ökonomischer Sicht, 1994, S. 315, 325.

den ausgesetzt, was die Anstrengungen, Kosten und Erfolgsaussichten eines Klageverfahrens angeht. Die Probleme eines Ursächlichkeitsnachweises (vgl. 3.2.2.2) machen es einmal schwierig, den richtigen Schädiger und Beklagten anzugehen, zum anderen, den Schaden nachzuweisen. Außerdem stehen einer Privatperson nicht die technischen Mittel und das notwendige Hintergrundwissen zur Verfügung, um diejenigen Tatsachen - auch im Rahmen der Kausalitätsvermutung - darzulegen, welche eine Ersatzpflicht auslösen. Sie ist also in der Regel gezwungen, Gutachten einzuholen, was wiederum zu einer Erhöhung der Rechtsverfolgungskosten führt.[474]

Ein weiterer Umstand, welcher für eine gewisse Zurückhaltung hinsichtlich Klagen auf Schadensersatzleistungen verantwortlich ist, dürfte darin liegen, dass der Einzelne häufig nur einen sehr geringen Teil eines weit gestreuten Schadens verzeichnet; die chronische Atemwegserkrankung oder verhältnismäßig geringen Negativspuren am eigenen Gebäude oder heimischen Pflanzenbestand werden als „Risiko des täglichen Lebens" und damit widerstandslos hingenommen.

Verstärkt wird dieses Phänomen dadurch, dass die Betroffenen eher bereit sind, Krankenversicherungen und Sozialversicherungsträger aufzusuchen, die in Vorlage treten, aber dann zumeist keine Regressansprüche gegen die verantwortlichen Anlagebetreiber geltend machen.[475]

Schäfer begründet dieses Verhalten der zuständigen Stellen mit einem „rationalen Desinteresse"[476]. Die Gewinn- und Finanzierungsstruktur der Versicherungsunternehmen ist auf der Situation aufgebaut, dass ein gewisses Aufkommen ausgleichslos an Emissionsgeschädigte weitergegeben wird. Wenn nun über realisierte Regressforderungen gegenüber den schadenstiftenden Unternehmen quasi „neue" Einnahmen erzielt werden, müsste dies zu einer Beitragssenkung führen. Eine solche ist aus Sicht der Versicherer nicht beabsichtigt.[477]

Zum Teil wird vorgeschlagen, der Problematik durch die Einführung einer zivilprozessualen Besonderheit nach amerikanischem Vorbild gleichzukommen, nämlich sog. „class actions" zuzulassen, im Rahmen derer - gleichsam einer Verbandsklage - mehrere Klagen gebündelt werden und Klagerechte übertragen werden können.[478] Aber auch hier besteht größtenteils die Befürchtung, dass die Opfer aufgrund ihres geringen eigenen Schadens nicht ausreichend motiviert sind, den anwaltlichen Interessenvertreter zu kontrollieren, der seinerseits aus-

[474] Siehe *Schwarze*, Präventionsdefizite der Umwelthaftung und Lösungen aus ökonomischer Sicht, 1996, S. 115.
[475] Vgl. *Schwarze*, a.a.O., S. 115; *Schäfer*, in: *Ministerium für Umwelt, Raumordnung und Landwirtschaft des Landes NRW* (Hrsg.), Umwelthaftung aus juristischer und ökonomischer Sicht, 1994, S. 315, 317.
[476] Vgl. *derselbe*, a.a.O., S. 317; zu den Negativwirkungen öffentlicher Aufsichtsmaßnahmen im Versicherungswesen, vgl. oben 2.2.
[477] Siehe *Schäfer*, a.a.O., S. 317.
[478] Vgl. *Schwarze*, a.a.O., S. 116, m.w.N..

gehend von einem hohen Streitwert nur an einer Vergleichslösung mit den Schädigerunternehmen interessiert ist.[479] „Class actions“ können die Problematik der Durchsetzbarkeit von Ersatzansprüchen als Folge von Umweltschäden zwar nicht beseitigen, jedoch vermindern.

3.2.2.4 Das Problem mangelnder Rechtsträgerschaft

Ein hauptsächlicher Grund dafür, dass ein Großteil an Umweltschäden nicht im Wege ziviler Schadensersatzklagen verfolgt werden, besteht weiterhin darin, dass häufig nicht individuell geschützte, d.h. private Rechtsgüter durch schädigende Emissionen betroffen sind.

Die sog. „Ökoschäden“, die Verunreinigung der Luft und der Gewässer, die Verschandelung einer Landschaft oder die Ausrottung einer Tier- oder Pflanzenart sind vielmehr als Schäden öffentlicher Natur zu begreifen, die nicht über das private Umwelthaftungsrecht ausgeglichen werden, da sie keiner Privatperson zugeordnet werden können.[480] Eine Haftung für ökologische Schäden wird nur dann ausgelöst, wenn die Schädigung der Naturgüter gleichzeitig eine Verletzung privater Rechtsgüter mit sich zieht.

Weil der öffentliche Charakter der Umweltgüter nicht vornehmlich aus ihrer natürlichen Beschaffenheit resultiert, sondern der verfassungsrechtlichen Zuordnung von Eigentums- und Nutzungsrechten (property rights) abhängt, liegt es durchaus im Bereich des Möglichen, durch eine Neudefinition und Umgestaltung der Verfügungsrechte öffentliche Güter zu privatisieren. Als illustrierendes Beispiel sei die Vergabe von Rechtstiteln auf Genpools zum Zwecke des Artenschutzes zu nennen.[481]

Doch die Privatisierung und Zuweisung öffentlicher Umweltgüter ist nur eine von drei Möglichkeiten, diesbezüglich eine Einbeziehung in den haftungsrechtlichen Schutz zu erreichen. Zum einen wäre es ebenso denkbar, den gerade entgegengesetzten Weg zu bestreiten, nämlich den Umweltgütern den Status staatlicher Hoheitsrechte zu verleihen.[482] Die Eigentumsrechte des Staates könnten dann entweder durch Maßnahmen und Anordnungen der öffentlichen Hand

[479] Siehe *Schäfer*, a.a.O., S. 317.

[480] Vgl. *Schwarze*, a.a.O., S. 106.

[481] Um die ökologischen Güter unter den Schutz des § 823 I BGB zu stellen, wurden verschiedene Lösungsmöglichkeiten aufgezeigt; nach *Forkel* sollen Umweltschäden als Verletzung von Persönlichkeitsrechten ausgewiesen sein, nach *Frank* und *Köndgen* bestehe ein „Recht auf ökologische Selbstbestimmung“ bzw. ein „Recht auf Teilhabe an öffentlichen Umweltgütern“, vgl. die Nachweise bei *Schwarze*, a.a.O., S. 107.

[482] Vgl. *Schwarze*, a.a.O., S. 107f..

selbst und/oder mittels zivilrechtlicher Entschädigungs- und Wiederherstellungsansprüche gegenüber privaten Schädigern durchgesetzt werden.[483]

Nach *Schäfer* müssen diese öffentlichen Rechte nicht notwendig beim Staat gebündelt werden; er bringt in diesem Zusammenhang den Vorschlag, eine zentrale Einrichtung zu schaffen, der nicht allein die Geltendmachung von Umweltschäden, sondern dem vorangehend auch die Erfassung und eine sachgerechte Bewertung von Umweltschäden übertragen wird.[484] Die besondere Einrichtung müsste losgelöst sein von sämtlichen Unternehmerinteressen. Ihre Angehörigen und Funktionsträger sowie die gesamte Organisationsstruktur benötigten ausreichend Anreize für die Geltendmachung von Ersatzansprüchen gegenüber den Anlagebetreibern. Um diesem Ziel näher zu kommen, hält *Schäfer* die Weisungsunabhängigkeit der Einrichtung für erforderlich. Ferner sollen die Aufgaben der Institution so präzise wie möglich umschrieben sein, unter Ausschluss relativierender Gemeinwohlklauseln. Bei der Wahl konkurrierender Aufgaben solle der Spielraum der zentralen Einrichtung soweit als möglich eingeschränkt sein.

Die Einnahmen der Institution sind grundsätzlich dazu bestimmt, die Vermögensschäden der Betroffenen auszugleichen, werden jedoch nicht direkt an die Geschädigten ausbezahlt, sondern an Organisationen, die ihrerseits Leistungen an die Geschädigten erbringen, wie gesetzliche und private Krankenversicherungen. Die Schadensersatzeinnahmen können dann durch zusätzliche Zahlungen der Versicherungsträger, aber auch über Abschläge von der Versicherungsprämie an die Versicherten weitergegeben werden.[485]

Eine Kompromisslösung zwischen den beiden vorangehend beschriebenen Möglichkeiten bestünde darin, dass staatliche Verfügungsrechte begründet werden, hiervon private Nutzungstitel wie beispielsweise Emissionsrechte abgespalten und an bestimmte Risikoträger gegen eine finanzielle Abgeltung vergeben werden.[486] In diesem Sinne soll innerhalb der Europäischen Union zur Erfüllung der Verpflichtungen aus dem Protokoll von Kyoto[487] der Vereinten Nationen ab 2005 der Handel mit Emissionszertifikaten eingeführt werden. Die derzeit 15 EU-Staaten müssen ihren Gesamtausstoß an sechs verschiedenen Treibhausgasen im Zeitraum von 2008 bis 2012 im Vergleich zum Jahr 1990 um 8 % verringern. Nach dem Prinzip der Lastenverteilung tragen die einzelnen Mitgliedstaaten in unterschiedlichem Maße zur Reduktion bei.[488] So muss Deutschland seinen Ausstoß um 21 % verringern, während weniger industrialisierte Länder

[483] In Sinne einer „doppelten“ Zuordnung von Naturgütern (Private und Staat) vgl. auch schon *Rehbinder*, Natur und Recht 1983, 105, 106f..

[484] Vgl. *Schäfer*, in: *Ministerium für Umwelt, Raumordnung und Landwirtschaft des Landes NRW* (Hrsg.), Umwelthaftung aus juristischer und ökonomischer Sicht, 1994, S. 315, 328.

[485] Vgl. *Schäfer*, a.a.O., S. 329f..

[486] Siehe dazu *Schwarze*, a.a.O., S. 108.

[487] Zu den Rechtsgrundlagen und Quellen vgl. im Einzelnen Homepage der Europäischen Union zum Thema „Klimaveränderungen“.

[488] Vgl. Homepage Max-Planck-Institut für Plasmaphysik.

wie Portugal ihre Emissionen noch steigern dürfen. Dabei obliegt es den Ländern selbst die Kontingente an zulässigen Emissionsmengen zu verteilen. Ab 2008 soll der Emissionshandel weltweit stattfinden. Auf europäischer Ebene regelt die „Emissionshandelsrichtlinie“[489] die Grundlagen des Emissionshandels. In Umsetzung der europarechtlichen Vorgaben trat in Deutschland am 15.7.2004 das Treibhausgasemissionshandelsgesetz[490] in Kraft. Die Zuteilung der Zertifikate ist im Gesetz über den nationalen Zuteilungsplan[491] festgelegt, welches allerdings erst beschlossen wurde, nachdem die Bundesregierung den nationalen Zuteilungsplan der Europäischen Kommission am 31.4.2004 vorgelegt hatte.[492]

Ein Handel mit Emissionszertifikaten ermöglicht es, die Gesamtmenge der erlaubten Emissionen festzulegen. Außerdem kommt es, so die Befürworter, zu einer möglichst kosteneffizienten Reduktion an Treibhausgasen. Denn ein Unternehmen, das mit geringen Investitionen seine Emissionen verringern kann, wird sein Kontingent nicht ausschöpfen und die überzähligen Lizenzen zum Verkauf anbieten.[493] Nicht zuletzt fördert dieses Verfahren die Entwicklung neuer umweltfreundlicher Technologien.

3.2.2.5 Das Problem der Monetarisierung ökologischer Güter

Unter der Voraussetzung, dass das Schutzgut „Umwelt“ überhaupt ein geschütztes Rechtsgut im Sinne der zivilrechtlichen Haftungsnormen darstellt und anerkannt ist, stellt sich unwillkürlich die Frage, wie ein Umweltschaden zu bewerten ist und wie hoch im Einzelfall eine Ersatzpflicht anzusetzen ist, insbesondere

---

[489] Richtlinie 2003/87/EG des Europäischen Parlaments und des Rates vom 13.10.2003 über ein System für den Handel mit Treibhausgasemissionszertifikaten in der Gemeinschaft und zur Änderung der Richtlinie 96/61/EG, ABl. EG Nr. L 275, S. 32: Danach bedürfen die Anlagebetreiber energieintensiver Branchen einer Genehmigung, diese wiederum beinhaltet die Verpflichtung, Zertifikate in Höhe der Gesamtgasemissionen der Anlage in jedem Kalenderjahr binnen vier Monate nach Jahresende abzugeben. Ein Zertifikat berechtigt zur Emission einer Tonne Kohlendioxidäquivalent. Aufgrund nationaler Zuteilungspläne bestimmen die Mitgliedstaaten, wie viele Zertifikate einem Betreiber zustehen.

[490] BGBl. I 2004, 1578ff..

[491] Amtliche Fassung: Gesetz über den nationalen Zuteilungsplan für Treibhaus-Emissionsberechtigten in der Zuteilungsperiode 2005 bis 2007, BGBl. I 2004, 2211.

[492] Zu den Einzelheiten und zur Übergehung des demokratisch legitimierten Gesetzgebers vgl. *Kreuter-Kirchhof*, EuZW 2004, 711, 715ff..

[493] Vgl. Homepage Max-Planck-Institut für Plasmaphysik. Hier wird aber auch Kritik an dem Emissionshandel innerhalb der Gemeinschaft geübt: Solange der Handel nicht global statt findet, besteht die Gefahr, dass Industrieunternehmen ihre Produktion in Drittländer verlagern. Außerdem wird befürchtet, dass innerhalb der EU der Energieträger Kohle vom Erdgas verdrängt wird und im Gegenzug Russland seine Kraftwerke auf Kohle umstellt und somit in erhöhtem Maße Schadstoffe produziert.

wenn es sich dabei um einen nicht reinen Vermögensschaden handelt.[494] Hier ergeben sich zweifellos Parallelen zum Bewertungsproblem bei immateriellen Schäden infolge Körper- und Gesundheitsverletzungen und Tötung.[495]

Aus Sicht der ökonomischen Analyse ist die Erfassung und Bewertung eines Schadens maßgeblich für die Gewährleistung einer maßstabsgetreuen Internalisierung von Kosten. Wie bei den „gewöhnlichen" Wirtschaftsgütern ist der Schaden der Zerstörung eines Strandes oder einer Landschaft nichts anderes als der dadurch entgangene Nutzen aus einem intakten Strand bzw. einer unberührten Landschaft. Wenn der Nutzen einer Wiederherstellung ermittelt werden kann, ist auch der Schaden bekannt.[496]

Der Schaden kann letztlich an der Zahlungsbereitschaft der Bevölkerung für Wiederherstellungsmaßnahmen abgelesen werden. Bei den privaten Gütern manifestiert sich die Zahlungsbereitschaft in der Nachfrage und wird im Preis festgesetzt.

Dies trifft für den Bereich der Umweltgüter nicht zu, denn diese werden nicht auf dem Markt gehandelt. Außerdem ist zu beachten, dass der Grenznutzen einer Wiederherstellungsmaßnahme sich aus der Summe der Zahlungsbereitschaften sämtlicher Betroffener errechnet, während beim privaten Wirtschaftsgut der Grenznutzen jeder weiteren Gütereinheit der Zahlungsbereitschaft nur eines Konsumenten entspricht.

Zur Ermittlung dieser Summe an Zahlungsbereitschaften haben sich von ökonomischer Seite mehrere Methoden herausgebildet, welche sich in „direkte" und „indirekte" Verfahren einteilen lassen.

Unter direkten Verfahren sind zum einen schlichtweg Befragungen der Betroffenen nach ihrer Zahlungsbereitschaft hinsichtlich Verbesserungen bzw. Verhinderungen einer weiteren Verschlechterung der Umweltsituation zu verstehen. Auch die Reaktion der Verbraucher auf bestimmte Marktsimulationen im Rahmen von „Budgetspielen" oder Feldexperimenten fallen in die Gruppe der direkten Verfahren.[497]

Die indirekten Verfahren liefern Erkenntnisse über die Erfassung bestimmter Transaktionen der Verbraucher, die einen Bezug zur Umwelt besitzen, wie etwa

---

[494] Die Ersatzfähigkeit solcher Öko-Schäden, soweit sie nicht die in § 253 II BGB aufgeführten Rechtsgüter betreffen, ist in einem vorangehenden in Anlehnung an *Rehbinder*, Natur und Recht 1983, 105, 110, über den Kommerzialisierungs- bzw. Frustrationsansatz herzuleiten.

[495] Vgl. oben 3.1.

[496] Vgl. *Holm-Müller, Ministerium für Umwelt, Raumordnung und Landwirtschaft des Landes NRW* (Hrsg.), Umwelthaftung aus juristischer und ökonomischer Sicht, 1994, S. 361, 362.

[497] Vgl. *Holm-Müller*, a.a.O., S. 363; *Pommerehne*, Präferenzen für öffentliche Güter, 1987, S. 164ff..

der Erwerb von Schallschutzfenstern in einer durch Fluglärm geprägten Region.[498]

Beiden Vorgehensweisen gemeinsam ist, dass sie auf einer subjektiven Wertschätzung der befragten und beobachteten Personen basieren. Soweit diese wiederum auf falschen oder unvollständigen Informationen aufbauen, können sich auch bei der Kosten-Nutzen-Rechnung der Verbraucher Fehler ergeben; es kommt zu unwirtschaftlichen Vorsorgeaktivitäten.[499]

Eine weitere Schwierigkeit resultiert wiederum aus der oben (3.2.2.1) thematisierten zeitlichen Dimension von Umweltschäden. Da ihre Wirkungen oftmals weit in die Zukunft reichen oder Schäden verursachen, die nach dem heutigen Kenntnisstand nicht bekannt sind, werden bestimmte Bewertungen nur mit Unsicherheit getroffen. Gänzlich offen bleibt, wie zukünftige Generationen die vorhandenen oder noch entstehenden Ökoschäden monetarisieren.

Schließlich muss Berücksichtigung finden, dass die Einkommensverhältnisse der betroffenen Haushalte die Zahlungsbereitschaft hinsichtlich ökologischer Vorsorgemaßnahmen stark beeinflussen. Es besteht daher die Gefahr, dass in Städten und Gebieten mit einer wohlhabenden Bevölkerung faktisch höhere Schadensersatzleistungen gerechtfertigt wären als dort, wo weniger Einkommen zur Verfügung steht. Die Umwelt wäre demnach in armen Ländern weniger Wert als in reicheren Staaten. Einer Lösung dieses Problems ist nahe zu kommen, indem man sich an Durchschnittswerten orientiert.[500]

Die indirekten Verfahren zur Bewertung von Umweltschäden unterscheiden zwischen den unmittelbar monetären Schäden, wie beispielsweise der Zerstörung einer Ernte und den immateriellen und ästhetischen Einbußen, beispielsweise Geruch, Verlust an Erholungsmöglichkeiten, Ängste, etc. Bei den rein monetären Schäden lässt sich die Höhe über eine Analyse der Einkommensänderungen der Betroffenen ablesen.[501]

Für die Bezifferung von Schäden durch die Beeinträchtigung oder den Verlust von Freizeit- und Erholungsstätten wird vor allem der „Transportkostenansatz"[502] herangezogen. Der Nutzen solcher Orte wird hier aus den Kosten der Besucher abgeleitet, welche diese aufwenden müssen, um dorthin zu gelangen. Ein Naherholungsgebiet wie beispielsweise ein Badesee ist danach zu bewerten, wie häufig und über welche Distanzen er von Personen aufgesucht wird.

Kalkulationsprobleme ergeben sich dabei zwangsläufig dadurch, dass bestimmte Kosten weder monetär noch zeitlich einbezogen werden können oder mit dem

---

498 Vgl. *Holm-Müller*, a.a.O., S. 363.
499 Vgl. *Holm-Müller*, a.a.O., S. 363.
500 Vgl. *Holm-Müller*, a.a.O., S. 365.
501 Vgl. hierzu eingehender *Holm-Müller*, a.a.O., S. 365.
502 Vgl. ausführlich *Pommerehne*, Präferenzen für öffentliche Güter, 1987, S. 34ff..

Besuch des Sees ganz andere Ziele verbunden werden, für welche durchaus Substitutionsmöglichkeiten bestehen.[503]

Der „Vermeidungskostenansatz" kann dann zur Anwendung kommen, wenn der Betroffene selbst Maßnahmen ergreift, um umweltbedingte Nachteile auszugleichen oder abzuwenden. Dies ist in der Regel nur für einen kleinen Bereich an Umwelteinwirkungen der Fall. Erwähnenswert sind der Einbau von Schallschutzfenstern gegen Fluglärm oder Sichtschutzvorkehrungen im Hinblick auf visuelle und ästhetische Beeinträchtigungen. Weil hier wohl oft ein Restschaden bleiben wird, werden die Schadensersatzsummen niedriger ausfallen als der tatsächliche Schaden.[504]

Ausgehend vom Preis einer Immobilie können auch über die Analyse von Wohnungsmarktdaten Bewertungen von Beeinträchtigungen der Umweltqualität getroffen werden, sog. „Marktpreismethode"[505]. In einem statistischen Verfahren wird herausgefunden, um wie viel niedriger der Preis eines Hauses in der Nähe zu einer Industrieanlage oder Flughafen im Vergleich zu einer ähnlichen Immobilie in der unberührten Natur ist. Dieses Modell scheint für die Bundesrepublik Deutschland im Gegensatz zu den USA weniger geeignet, repräsentative Ergebnisse hervorzubringen, da hier die Mobilität der Bevölkerung stark eingeschränkt ist und die Wohnungsmarktpreise teilweise gebunden sind.[506]

Bei den erwähnten direkten Verfahren gilt es, über Fragen an die Betroffenen herauszufinden, wie viel für die Erhaltung einer Landschaft oder einer guten Luftqualität gezahlt, oder umgekehrt, gegen welchen Preis eine Verschlechterung der Umweltbedingungen in Kauf genommen werden würde.

Wenngleich den direkten Befragungen größtenteils eine gewisse Skepsis entgegengebracht wird, existieren in den USA diesbezüglich Forschungserkenntnisse. Danach ist eine Befragung umso nutzenbringender, je genauer den Befragten eine Situation dargestellt wird.[507]

Insgesamt ist an sämtlichen Bewertungsansätzen zu kritisieren, dass sie lediglich Rahmenwerte liefern und im Rahmen eines Zivilprozesses etwa verschiedene Gutachteransätze vorgelegt werden könnten und ein Stichgutachten entscheiden müsste.

Als Lösungsvorschlag propagiert *Holm-Müller* die Einführung von Richtlinien, welche die Bedingungen für die Ausarbeitung der Schätzgutachten festlegen. Darüber hinaus wird gefordert, zum Zweck der Kostenersparnis Bewertungsdatenbanken zu statuieren, die in vergleichbaren Studien abrufbar sind. Diesbezüglich stellt sich das Erfordernis einer Expertenjury, welche über die Aufnahme

---

[503] Vgl. *Pommerehne*, a.a.O., S. 35.
[504] Vgl. *Holm-Müller*, a.a.O., S. 366.
[505] Vgl. *Pommerehne*, a.a.O., S. 45ff.
[506] Vgl. *Holm-Müller*, a.a.O., S. 367.
[507] Vgl. *Holm-Müller*, a.a.O., S. 367.

der einzelnen Ergebnisreihen zu entscheiden hätte, sowie weiterer Untersuchungen hinsichtlich der Übertragbarkeit der Bewertungsstudien auf andere Regionen und Nationen.[508]

Trotz all dieser noch ausstehenden Bemühungen und der Tatsache, dass niemals eine exakte, unumstößliche ökonomische Bewertung ökologischer Güter und ihrer Beeinträchtigungen erreicht werden wird und kann, ist ein dahin reichender Versuch im Hinblick auf die angestrebte Kosteninternalisierung mehr wert als der gegenwärtige Zustand der „quasi-Negierung" immaterieller Schäden durch negative Umwelteinwirkungen.[509]

[508] Vgl. *Holm-Müller*, a.a.O., S. 369.
[509] Siehe *Holm-Müller*, a.a.O., S. 370f..

Ergebnis

Das Deliktsrecht hat nach ökonomischem Verständnis die zentrale Aufgabe, Schäden nach ihrer Zahl und Umfang zu minimieren. Drohende Ersatzpflicht hat potentielle Unfallverursacher zu sorgfältigerem und „dosiertem“ Verhalten zu animieren.

Die in der überwiegenden Rechtsprechung und Lehre vertretene Auffassung, eine selbständige Präventivfunktion sei zu verneinen, ist nicht haltbar. Allein die Kompensation des auf Opferseite eingetretenen Schadens wäre durch die Einführung einer umfassenden Unfallversicherung einfacher und kostengünstiger.

Ohne von den Grundprinzipien juristischer Arbeits- und Denkweise abzurücken, können die Grundgedanken der Ökonomischen Analyse des Rechts in wohlfahrtstheoretischer Hinsicht für das Haftungsrecht fruchtbar gemacht werden. Die sich daraus ergebenden Forderungen an ein insgesamt kostensenkend arbeitendes Haftungsinstrument lassen sich drei Bereichen zuordnen.

Zunächst ist der Übergang von der Verschuldenshaftung als grundlegendes Haftungsprinzip auf das Regime der Gefährdungshaftung anzudenken. Dabei müsste ein Mitverschuldensanteil des Opfers dessen Ersatzanspruch in entsprechendem Verhältnis mindern; ein fixer Haftungsanteil entsprechend einer besonderen „Betriebsgefahr“ würde zusätzlich eine steuerbare Verteilungswirkung herbeiführen. Für einzelne Bereiche des Haftungsrechts bietet sich außerdem die Einführung von „Wahrscheinlichkeitskausalitäten“ an.

Zweitens ist das Versicherungswesen, und in erster Linie die Haftpflichtversicherung, den Zielen des Haftungsrechts selbst anzupassen. Es darf dem auf Schadensprävention ausgerichteten Deliktsrecht nicht zuwider laufen. Zum einen ist der Wettbewerb auf Versicherungsmärkten von destruktiven Regulierungsmaßnahmen zu befreien. Des Weiteren sind „moral hazard“-Implikationen durch eine möglichst feine Prämiengruppierung der Versicherten und den Einsatz prozentual am Ersatzbetrag gestaffelten Selbstbehalte zu reduzieren.

Schließlich sieht sich das Haftungsrecht der Aufgabe gegenüber, *sämtliche* Kosten eines Schadensereignisses in die Kosten-Nutzen-Rechnung der Beteiligten zu internalisieren.

Dafür müssen property rights geschaffen und zweckgünstig verteilt werden. Wichtig darüber hinaus ist, dass immaterielle Schäden einer Bewertung zugänglich gemacht, d.h. „monetarisiert“ werden. Maßgebliche Bereiche sind in diesem Zusammenhang nicht kompensierbare Körper- und Gesundheitsschäden oder der tödliche Verlust eines Kindes sowie Ökoschäden, welche sich nicht in bloßen Eigentums- oder einfachen Gesundheitsschäden manifestieren.

Die Argumentation, die Bewertung menschlichen Lebens oder allgemein der Lebensqualität sei nicht „moralisch“ bzw. nicht möglich, ist zurückzuweisen. Vielmehr ist zum Schutz ideeller Werte eine ungefähre Veranschlagung ihres ökonomischen Äquivalents unerlässlich.

Abkürzungsverzeichnis

a.a.O.	am angegebenen Ort
ABl.	Amtsblatt
ABl. EG	Amtsblatt der europäischen Gemeinschaften
a.F.	alte Fassung
AcP	Archiv für civilistische Praxis
AfP	Archiv für Pressrecht
AktG	Aktiengesetz
AMG	Arzneimittelgesetz
AöR	Archiv für öffentliches Recht
ArbG	Arbeitsgericht
ArbGG	Arbeitsgerichtsgesetz
ARSP	Archiv für Rechts- und Sozialphilosophie
AtomG	Atomgesetz
BAG	Bundesarbeitsgericht
BB	Betriebs-Berater
BGB	Bürgerliches Gesetzbuch
BGBl.	Bundesgesetzblatt
BGH	Bundesgerichtshof
BGHZ	Bundesgerichtshof in Zivilsachen
BImSchG	Bundesimmissionsschutzgesetz
Bsp.	Beispiel
BT-Drucks.	Bundestags-Drucksache
BVerfG	Bundesverfassungsgericht
BVerfGE	Bundesverfassungsgerichts-Entscheidungen
bzw.	beziehungsweise
DB	Der Betrieb
DDR	Deutsche Demokratische Republik
d.h.	das heißt
EG	Europäische Gemeinschaft (als Zitat für EG-Vertrag)
EGBGB	Einführungsgesetz zum Bürgerlichen Gesetzbuch
EGKS	Europäische Gemeinschaft für Kohle und Stahl
etc.	et cetera
EU	Europäische Union
EuGH	Europäischer Gerichtshof
EuR	Europarecht
EuZW	Europäisches Zeitschrift für Wirtschaftsrecht
f.	folgende
ff.	fortlaufend folgende
Fn.	Fußnote
FS.	Festschrift
GG	Grundgesetz
GenTG	Gentechnikgesetz

GRUR Int.	Gewerblicher Rechtsschutz und Urheberrecht International
GWB	Gesetz gegen Wettbewerbsbeschränkungen
HaftpflG	Haftpflichtgesetz
h.M.	herrschende Meinung
Hrsg.	Herausgeber
i.V.m.	in Verbindung mit
JA	Juristische Arbeitsblätter
JuS	Juristische Schulung
JZ	Juristen-Zeitung
KunstUrhG	Kunsturhebergesetz
KritV	Kritische Vierteljahresschrift für Gesetzgebung und Rechtswissenschaft
LG	Landgericht
LAG	Landesarbeitsgericht
MDR	Monatsschrift für Deutsches Recht
MMR	MultiMedia und Recht
m.w.N.	mit weiteren Nachweisen
NJW	Neue Juristische Wochenschrift
NJW-RR	NJW-Rechtsprechungs-Report
NZA	Neue Zeitschrift für Arbeitsrecht
OLG	Oberlandesgericht
OWiG	Gesetz über Ordnungswidrigkeiten
ProdHaftG	Produkthaftungsgesetz
RabelsZ	Zeitschrift für ausländisches und internationales Privatrecht
RdA	Recht der Arbeit
RG	Reichsgericht
RGZ	Reichsgericht in Zivilsachen
Rn.	Randnummer
RIW	Recht der Internationalen Wirtschaft
S.	Seite
sog.	Sogenannte(r)
StVG	Straßenverkehrsgesetz
StVollzG	Strafvollzugsgesetz
UmweltHG	Umwelthaftungsgesetz
UrhG	Urhebergesetz
UWG	Gesetz gegen den unlauteren Wettbewerb
v.a.	vor allem
VersR	Versicherungsrecht
Vgl.	vergleiche
WBl.	Wirtschaftsrechtliche Blätter
WHG	Wasserhaushaltsgesetz
WiSt	Wirtschaftswissenschaftliches Studium
WuW	Wirtschaft und Wettbewerb
ZEuP	Zeitschrift für Europarecht

ZHR	Zeitschrift für das gesamte Handels- und Wirtschaftsrecht
ZIP	Zeitschrift für Wirtschaftsrecht
ZPO	Zivilprozessordnung
ZRP	Zeitschrift für Rechtspolitik
ZUM	Zeitschrift für Urheber- und Medienrecht
ZVersWiss	Zeitschrift für Versicherungswissenschaften
ZZP	Zeitschrift für Zivilprozess

Literaturverzeichnis

Abele, Roland, Schadensersatz wegen geschlechtsbezogener Diskriminierung eines Stellenbewerbers, NZA 1997, 641-643.

Abraham, Kenneth S., Products Liability Law and Insurance Profitability, Journal of Legal Studies 1990, 837-844.

Adams, Michael, Ökonomische Analyse der Sicherungsrechte, Königstein/Ts. 1980.

– Ökonomische Analyse des Zivilprozesses, Königstein/Ts. 1981.

– Ist die Ökonomie eine imperialistische Wissenschaft?, Jura 1984, 337-349.

– Ökonomische Analyse der Gefährdungs- und Verschuldenshaftung, Heidelberg 1985.

– Zur Aufgabe des Haftungsrechts im Umweltschutz, Zeitschrift für Zivilprozess 99 (1986), 129-165.

– Produkthaftung - Wohltat oder Plage -, BB 1987, Beilage 20 zu Heft 31.

Adams, Michael/Bornhäuser, Annette/Pötschke-Langer, Martina/Grunewald, Barbara, Die Haftung der Zigarettenhersteller für durch das Rachen verursachte Gesundheitsschäden, NJW 2004, 3657-3662.

Adomeit, Klaus, Methodenlehre und Juristenausbildung, ZRP 1970, 176-180.

Ahrens, Martin/Simon, Jürgen (Hrsg.), Umwelthaftung, Risikosteuerung und Versicherung, Berlin 1996.

Alvizou, Anastasia A., Individual Tort Liability for Infringements of Communitiy Law, Legal Issues of Economic Integration 2002, 177-194.

Annuß, Georg, Grundsatzfragen der Entschädigung bei unzulässiger Geschlechtsdiskriminierung, NZA 1999, 738-745.

Arrow, Kenneth J., Uncertainty and the Welfare Economics of Medical Care, American Economic Review 1963, 941-967.

Assmann, Heinz-Dieter, Schadensersatz in mehrfacher Höhe des Schadens, BB 1985, 15-25.

– Die Transformationsprobleme des Privatrechts und die Ökonomische Analyse des Rechts, in: *Assmann, Heinz-Dieter/Kirchner, Christian/Schanze, Erich* (Hrsg.), Ökonomische Analyse des Rechts, Tübingen 1993, S. 17-61.

Bar, Christian von, Verkehrspflichten, Köln 1980.

– Schmerzensgeld und gesellschaftliche Stellung des Opfers bei Verletzungen des allgemeinen Persönlichkeitsrechts, NJW 1980, 1724-1729.

Barton, Michael, Pressefreiheit und Persönlichkeitsschutz, AfP 26 (1995), 452-458.

Bauer, Jobst-Hubertus/Thüsing, Georg/Schunder, Achim, Entwurf eines Gesetzes zur Umsetzung europäischer Antidiskriminierungsrichtlinien, NZA 2005, 32-36.

Bauer, Jobst-Hubertus/Krieger, Steffen, Ein Hallelujah für die Anwaltschaft! Entschädigung und Schadensersatz nach dem Entwurf eines Antidiskriminierungsgesetzes, Beilage zu BB 2004, Heft 2005.

Baur, Jürgen F., Schadensersatz- und Unterlassungsansprüche bei Verstößen gegen die Kartellvorschriften des EWG-Vertrages, EuR 1988, 257-272.

Becker, Gary S., Crime and Punishment: An Economic Approach, Journal of Political Economy 76 (1968), 169-217.

– Der ökonomische Ansatz zur Erklärung menschlichen Verhaltens, 2. Auflage, Tübingen 1993.

Behrens, Peter, Aspekte einer ökonomischen Theorie des Rechts, Rechtstheorie 12 (1981), 472-490.

– Die ökonomischen Grundlagen des Rechts, Tübingen 1986.

Benisch, Werner, Kartellrecht und Schutz der individuellen Freiheit, WuW 1961, 764-777.

– Fehlwirkungen eines Individualschutzes nach § 18 der Kartellgesetznovelle, WuR 1970, 869-373.

– Gesetz gegen Wettbewerbsbeschränkungen und europäisches Kartellrecht: Gemeinschaftskommentar, 4. Auflage, Köln 1982.

Bentert, Holger, Das pönale Element – ein Fremdkörper im deutschen Zivilrecht?, Berlin 1996.

Beuthien, Volker (Hrsg.), Persönlichkeitsschutz vor und nach dem Tode, Baden-Baden, 2002.

Beutler, Bengt, Die Europäische Gemeinschaft: Rechtsordnung und Politik, 3. Auflage, Baden-Baden 1987.

Binding, Karl, Die Normen und ihre Übertretung, Erster Band, 4. Auflage, Leipzig 1922.

Blomquist, Glenn, Value of Life Saving: Implications of Consumption Activity, Journal of Political Economy 87 (1979), 540-558.

Bös, Dieter, Welfare Economics of the Second Best, Zeitschrift für Nationalökonomie 1986, Supplementum zu Ausgabe 5.

Bötticher, Eduard, Zur Ausrichtung der Sanktion nach dem Schutzzweck der verletzten Privatrechtsnorm, AcP 158 (1958), 384-409.

Bogdandy, Armin von (Hrsg.), Europäisches Verfassungsrecht, Berlin/Heidelberg 2003.

Bongaerts, Jan C./Kraemer, R. Andreas, Haftung und Versicherung von Umweltschäden, Berlin 1987.

Brockmeier, Dirk, Punitive damages, multiple damages und deutscher ordre public, Tübingen 1999.

Brown, John Prather, Toward an Economic Theory of Liability, Journal of Legal Studies 1973, 323-349.

Brüggemeier, Gert, Produkthaftung und Produktsicherheit, ZHR 152 (1988), 511-536.

Budewig, Klaus/Gehrlein, Markus, Das Haftpflichtrecht nach der Reform, München 2003.

Buhk, Matthias, Produzentenhaftung bei gesüßtem Kindertee mit Hilfe einer ökonomischen Betrachtung des Rechts, JA 1995, 706-711.

Bungert, Hartwig, Vollstreckbarkeit US-amerikanischer Schadensersatzurteile in exorbitanter Höhe in der Bundesrepublik, ZIP 1992, 1707-1725.

– Verhältnismäßigkeitsprinzip und US-amerikanische punitive damages, VersR 1994, 15-23.

Bunte, Hermann-Josef, Das Verhältnis von deutschem zu europäischem Kartellrecht, WuW 1989, 7-21.

– Kartellrecht, München 2003.

Buxbaum, Richard, Alternativen zum freien Wettbewerb? Der Fall des Mühlenkartells, ZHR 131 (1968), 97-126.

Calabresi, Guido, The Costs of Accidents, Chelsea, Michigan 1970.

– The Decision for Accidents: An Approach to Nonfault Allocation of Costs, Harvard Law Review 78 (1965), 713-745.

– Concerning Cause and the Law of Torts: An Essay for Harry Kalven, Jr., University of Chicago Law Review, Vol. 43 (1975/76), 69-108.

– Die Entscheidung für oder gegen Unfälle: Ein Ansatz zur nichtverschuldensbezogenen Allokation von Kosten, in: *Assmann, Heinz-Dieter/Kirchner, Christian/Schanze, Erich* (Hrsg.), Ökonomische Analyse des Rechts, Tübingen 1993, S. 239-269.

Canaris, Claus-Wilhelm, Gesamtunwirksamkeit und Teilgültigkeit rechtsgeschäftlicher Regelungen, in: *Baur, Jürgen F./Hopt, Klaus J./Mailänder, K. Peter* (Hrsg.), Festschrift für Ernst Steindorff zum 70. Geburtstag, Berlin 1990, S. 517-571.

– Verstöße gegen das verfassungsrechtliche Übermaßverbot im Recht der Geschäftsfähigkeit und im Schadensersatzrecht, JZ 1997, 993-1004.

– Gewinnabschöpfung bei Verletzung des allgemeinen Persönlichkeitsrechts, in: *Ahrens, Hans-Jürgen/Bar, Christian von/Fischer, Gerfried/Spickhoff, Andreas/Taupitz, Jochen* (Hrsg.), Festschrift für Erwin Deutsch zum 70. Geburtstag, Köln 1999, S. 85-109.

Cheung, S., The Structure of Contract and the Theory of a Non-Exclusive Resource, in: *Furubotn, Eirik G./Pejovich, Svetozar*, The Economics of Property Rights, Cambridge 1974, S. 11-30.

Clerk, John F./Lindsell, William H., On Torts, 17. Auflage, London 1995.

Coase, Ronald H., The Problem of Social Cost, Journal of Law and Economics 3 (1960), 1-37.

– The Firm, the Market, and the Law, Chicago 1988.

– Das Problem der sozialen Kosten, in: *Assmann, Heinz-Dieter/Kirchner, Christian/ Schanze, Erich* (Hrsg.), Ökonomische Analyse des Rechts, Tübingen 1993, S. 129-183.

Coester-Waltjen, Dagmar, Der Ersatz immaterieller Schäden im Deliktsrecht, Jura 2001, 133-36.

Coffe, John C., Paradigms Lost: The Blurring of Criminal and Civil Law Models – And What Can Be Done About It, Yale Law Journal 1992, 1875-1893.

Coing, Helmut, Zur Entwicklung des zivilrechtlichen Persönlichkeitsschutzes, JZ 1958, 558-60.

Cooter, Robert, Economic Theories of Legal Liablity, Journal of Economic Perspectives Vol. 5 (1991), 11-29.

Cooter, Robert/Ulen, Thomas, Law and Economics, USA 1988.

Däubler, Wolfgang, Sachen und Menschen im Schadensrecht: Kommentar, NJW 1999, 1611-612.

Dahlham, Carl, The Problem of Externality, in: *Medema, Steve G.* (Hrsg.), The Legacy of Ronald Coase in Economic Analysis, Volume I, Cambridge 1995.

Dardis, Rachel, The Value of Life: New Evidence from the Marketplace, American Economic Review 1980, 1077-1082.

Deckert, Martina Renate, Die Methodik der Gesetzesauslegung, JA 1994, 412-419.

– Folgenorientierung in der Rechtsanwendung, München 1995.

– Ökonomische Aspekte in der Rechtsanwendung, JA 1996, 712-717.

Demsetz, H., Toward a Theory of Property Rights, in: *Furubotn, Eirik G./Pejovich, Svetozar*, The Economics of Property Rights, Cambridge 1974, S. 31-42.

Deutsch, Erwin, Schmerzensgeld und Genugtuung, JuS 1969, 197-204.

– Zwecke des Haftungsrechts, JZ 1971, 244-248.

– Methode und Konzept der Gefährdungshaftung, VersR 1971, 1-6.

– Haftungsrecht, Erster Band: Allgemeine Lehren, Köln 1976.

– Umwelthaftung: Theorie und Grundsätze, JZ 1991, 1097-1102.

– Fahrlässigkeit und erforderliche Sorgfalt, 2. Auflage, Köln 1995.

– Allgemeines Haftungsrecht, 2. Auflage, Köln 1996.

Devons, Ely, Essays in Economics, London 1961.

Diamond, Peter A., Single Activity Accidents, Journal of Legal Studies 1974, 107-164.

Diederichsen, Uwe, Zur gesetzlichen Neuordnung des Schuldrechts, AcP 182 (1982), 101-25.

– Das Bundesverfassungsgericht als oberstes Zivilgericht – ein Lehrstück der juristischen Methodenlehre, AcP 198 (1998), 171-260.

Diederichsen, Uwe/Wagner, Gerhard, Das UmweltHG zwischen gesetzgeberischer Intention und interpretatorischer Phantasie, VersR 1993, 641-652.

Dorfman, Robert (Hrsg.), Measuring Benefits of Government Investments, 5. Auflage, Washington 1970.

Dreier, Thomas, Ausgleich, Abschreckung und andere Rechtsfolgen von Urheberrechtsverletzungen – Erste Gedanken zur EU-Richtlinie über die Maßnahmen und Verfahren zum Schutz der Rechts am geistigen Eigentum, GRUR Int. 2004, 706-712.

Drexl, Josef, Die wirtschaftliche Selbstbestimmung des Verbrauchers: eine Studie zum Privat- und Wirtschaftsrecht unter Berücksichtigung gemeinschaftsrechtlicher Bezüge, Tübingen 1998.

– Do we need „Courage“ for International Antitrust Law? Choosing between Supranational and International Law Principles of Enforcement, in: *Drexl, Josef* (Hrsg.), The Future of Transnational Antitrust, Bern 2003.

Drexl, Josef/Hilty, Reto/Kur, Annette, Vorschlag für eine Richtlinie über die Maßnahmen und Verfahren zum Schutz des Rechts am geistigen Eigentum - eine erste Würdigung, GRUR Int. 2003, 605-608.

Eder, Klaus, Die Autorität des Rechts, Zeitschrift für Rechtssoziologie 8 (1987), 193-230.

Eidenmüller, Horst, Effizienz als Rechtsprinzip: Möglichkeiten und Grenzen der ökonomischen Analyse des Rechts, Tübingen 1995.

– Rechtsanwendung, Gesetzgebung und ökonomische Analyse, AcP 197 (1997), 80-135.

Eilmansberger, Thomas, Schadensersatz wegen Kartellverstoßes: Zum EuGH-Urteil Courage/Crehan, ecolex 2002, 28-31.

Emmerich, Volker, Kartellrecht, 8. Auflage, München 1999.

Endres, Alfred, Ökonomische Grundlagen des Haftungsrechts, Heidelberg 1991.

Epstein, Richard A., Products Liability as an Insurance Market, Journal of Legal Studies 1985, 645-669.

Esser, Josef, Die Zweispurigkeit des Haftpflichtrechts, JZ 1953, 129-134.

– Grundlagen und Entwicklung der Gefährdungshaftung, 2. Auflage, München 1969.

– Schuldrecht: ein Lehrbuch, Band II, Besonderer Teil, 7. Auflage, Heidelberg 1991.

Esser, Josef/Weyers, Hans-Leo, Schuldrecht, Band II, Besonderer Teil, 7. Auflage, Heidelberg 1991.

Esser, Josef/Schmidt, Eike, Schuldrecht, Band I, Allgemeiner Teil, Teilband 2, 7. Auflage, Heidelberg 1993.

Eucken, Walter, Die Grundlagen der Nationalökonomie, 7. Auflage, Berlin 1959.

Europäische Kommission (Hrsg.), Die Anwendung der Artikel 85 und 86 des EG-Vertrages durch die Gerichte der Mitgliedstaaten, Luxemburg 1997.

Fezer, Karl-Heinz, Aspekte einer Rechtskritik an der economic analysis of law und am property right approach, JZ 1986, 817-824.

– Nochmals: Kritik an der ökonomischen Analyse des Rechts, JZ 1988, 223-228.

– Homo Constitutionis – Über das Verhältnis von Wirtschaft und Verfassung, JuS 1991, 889-895.

Fikentscher, Wolfgang, Wirtschaftsrecht, Band 2, München 1983.

- Schuldrecht, 9. Auflage, Berlin 1997.

Finsinger, Jörg, Versicherungsmärkte, Frankfurt a.M. 1983.

- Versicherungsmärkte in sieben Ländern: Wettbewerb oder staatliche Lenkung?, Berlin 1985.
- Verbraucherschutz auf Versicherungsmärkten: Wettbewerbsbeschränkungen, staatliche Eingriffe und ihre Folgen, München 1988.

Fleming, John G., The Law of Torts, 8. Auflage, Sydney 1992.

Fleming, John G./Hellner, Jan/Hippel, Eike von, Haftungsersetzung durch Versicherungsschutz, Frankfurt a.M. 1980.

Gäfgen, Gérard, Entwicklung und Stand der Theorie der Property Rights, Konstanz 1983.

Gaube, Thomas, Numéraire und Second-Best-Gleichgewicht, Mannheim 1997.

Gawlik, Martin/Michl, Bernd, Umwelthaftung und Umwelthaftpflichtversicherung, Würzburg 1997.

Geimer, Reinhold, Internationales Zivilprozessrecht, 4. Auflage, Köln 2001.

Gerlach, Johann W., Privatrecht und Umweltschutz im System des Umweltrechts, Berlin 1989.

Gierke, Otto von, Deutsches Privatrecht, Erster Band, Allgemeiner Teil und Personenrecht, Leipzig 1895.

Giger, Hans, Massenmedien, Informationsbetrug und Persönlichkeitsrecht als privatrechtliches Problem, JZ 1974, 249-254.

Götz, Heinrich, Die Überwachung der Aktiengesellschaft im Lichte jüngerer Unternehmenskrisen, AG 1995, 337-353.

Goodhart, C.A.E., Economics and the Law: Too Much One-Way Traffic?, Modern Law Review 1997, 1-22.

Gotthold, Jürgen, Zur ökonomischen „Theorie des Eigentums“, ZHR 144 (1980), 545-562.

Gounalakis, Georgios, Persönlichkeitsschutz und Geldersatz, AfP 29 (1998), 10-25.

Gregoritza, Anna, Die Kommerzialisierung von Persönlichkeitsrechte Verstorbener, Berlin 2003.

Gröbel, Elisabeth, Neue Institutionenökonomik, Stuttgart 2002.

Groeben, Hans von der (Hrsg.), Kommentar zum EWG-Vertrag, Band 2, Art. 85-109, 4. Auflage, Baden-Baden 1991.

Großfeld, Bernhard, Die Privatstrafe, Frankfurt a.M. 1961.

Grundmann, Stefan, Methodenpluralismus als Aufgabe, RabelsZ 61 (1997), 423-453.

Hapke, Uwe/Japp, Klaus P., Prävention und Umwelthaftung, Wiesbaden 2001.

Hassemer, Winfried, Über die Berücksichtigung von Folgen bei der Auslegung der Strafgesetze, in: *Horn, Norbert* (Hrsg.), Europäisches Rechtsdenken in Geschichte und Gegenwart, Festschrift für Helmut Coing zum 70. Geburtstag, Band I, München 1982, S. 493-524.

Hauss, Fritz, Entwicklungslinien des deutschen Schadensersatzrechts, ZVersWiss 56 (1967), 151-167.

Hay, Peter, US-Amerikanisches Recht, 2. Auflage, München 2002.

Hayek, Friedrich A. von, Recht, Gesetzgebung und Freiheit, drei Bände, Landsberg am Lech 1980, 1981.

Heck, Philipp, Grundriss des Schuldrechts, Tübingen 1929.

Herzberg, Rolf D., Kritik der teleologischen Gesetzesauslegung, NJW 1990, 2525-2530.

Hintersteininger, Margit Maria, Gemeinschaftsrechtliche Schadensersatzpflicht bei Verstoß gegen Art. 81 EG, WBl. 2001, 554-561.

Hippel, Eike von, Schadensausgleich bei Verkehrsunfällen, Berlin, Tübingen 1968.

- Buchbesprechung *Weyers*, Unfallschäden, RabelsZ 36 (1972), 199-202.
- Haftungsersetzung durch Volksunfallversicherung?, ZRP 1976, 252-254.

Hirsch, Martin/Burkert, Thomas O. J., Kommentar zum EG-Kartellrecht, Band 1, Art. 85 und Gruppenfreistellungsverordnungen, 4. Auflage, Heidelberg 1993.

Hoechst, Peter, Zur Versicherbarkeit von punitive damages, VersR 1983, 13-18.

Hoeren, Thomas, High-noon im europäischen Immaterialgüterrecht, MMR 2003, 299-303.

Holzheu, Thomas, Umweltpolitik und Haftungsregeln: Schadensverhütung und Risikoallokation, München 1994.

Honsell, Heinrich, Die Funktion des Schmerzensgeldes, VersR 1974, 205-207.

Hoppe, Tilman, Gewinnorientierte Persönlichkeitsverletzung in der europäischen Regenbogenpresse, ZEuP 2000, 29, 50.

Horn, Norbert, Zur Ökonomischen Rationalität des Privatrechts. – Die privatrechtstheoretische Verwertbarkeit der „Economic Analysis of Law“, AcP 176 (1976), 307-333.

Hubmann, Heinrich, Grundsätze der Interessenabwägung, AcP 155 (1956), 85-134.

Hutter, Michael, Über eine Alternative zur neoklassischen ökonomischen Analyse des Rechts, ZHR 144 (1980), 642-651.

Immenga, Ulrich/Mestmäcker, Ernst-Joachim, Gesetz gegen Wettbewerbsbeschränkungen, Kommentar, 3. Auflage, München 2001.

Jansen, Nils, Die Struktur des Haftungsrechts, Tübingen 2003.

Jarass, Hans D., Die Entwicklung des allgemeinen Persönlichkeitsrechts in der Rechtsprechung des Bundesverfassungsgerichts, in: *Erichsen, Hans-Uwe/Kollhosser, Helmut/Welp, Jürgen* (Hrsg.), Recht der Persönlichkeit, Berlin 1996, S. 89-104.

Jarrett, Henry (Hrsg.), Environmental Quality in a growing Economy, 2. Auflage, Baltimore, 1968.

Jones-Lee, M. W., The Value of Life, London 1976.

Kahneman, Daniel, New Challenges to the Rationality Assumption, Journal of Institutional Economics 150 (1994), 18-41.

Kaiser, Günther/Schöch, Heinz, Strafvollzug, 5. Auflage, Heidelberg 2002.

Karl, Joachim, Die Schadensersatzpflicht der Mitgliedstaaten bei Verletzungen des Gemeinschaftsrechts, RIW 1992, 440-447.

Kern, Bernd-Rüdiger, Die Genugtuungsfunktion des Schmerzensgeldes – ein pönales Element im Schadensrecht?, AcP 191 (1991), 247-272.

Keeton, Page W./Dobbs, Dan B./Keeton, Robert E./Owen, David G., The Law of Torts, St. Paul, Minnesota 1984.

Kirchgässner, Gebhard, Hält sich der Homo oeconomicus an Regeln?, Jahrbuch für Neue Politische Ökonomie, Band 12, Tübingen 1993, S. 181-197.

Kirchner, Christian, Ökonomische Analyse des Unternehmensrechts: Ein Forschungsansatz, Jahrbuch für Neue Politische Ökonomie, Band 2, Tübingen 1983, S. 137-160.

– Ökonomische Analyse des Rechts. Interdisziplinäre Zusammenarbeit von Ökonomie und Rechtswissenschaft, in: *Assmann, Heinz-Dieter/Kirchner, Christian/Schanze, Erich* (Hrsg.), Ökonomische Analyse des Rechts, Tübingen 1993.

– Ökonomische Theorie des Rechts, Berlin 1997.

Knieper, Rolf, Soraya und die Schmerzensgeldrechtsprechung des BVerfG, ZRP 1994, 137-140.

Koboldt, Christian/Leder, Matthias/Schmidtchen, Dieter, Ökonomische Analyse des Rechts, WiSt 1992, 334-342.

Koch, Eckart, Schadensersatz bei unerlaubten wettbewerbsbeschränkenden Handlungen nach deutschem und europäischem Recht, Bad Homburg 1968.

Koch, Hans-Joachim, Juristische Begründungslehre, München 1982.

Koch, Harald, Besprechung *Posner, Richard*, Economic Analysis of Law, RabelsZ 40 (1976), 181-185.

– Die Ökonomie der Gestaltungsrechte, in: *Bernstein, Herbert/Drobnig, Ulrich/Kötz, Hein* (Hrsg.), Festschrift für Ernst Zweigert zum 70. Geburtstag, Tübingen 1981, S. 851-877.

– Ausländischer Schadensersatz vor deutschen Gerichten, NJW 1992, 3073-3075.

Koch, Harald/Diedrich, Frank, Grundrechte als Maßstab für Zustellungen nach dem Haager Zustellungsübereinkommen?, ZIP 1994, 1830-1833.

Koch, Harald/Willinmann, Armin, Modernes Schadensmanagement bei Großschäden, Baden-Baden 2002.

Koebel, Ulrich, Der Schutz der gewerblichen und beruflichen Betätigung gegen schädigende nicht wettbewerbliche Äußerungen, JZ 1960, 433-435.

Köhler, Helmut, Vertragsrecht und „Property Rights"-Theorie, ZHR 144 (1980), 589-609.

Körber, Torsten, Anmerkung zum Urteil des EuGH vom 6.6.2000, Roma Angonese/Cassa di Risparmio di Bolzano, SpA, Rs. C-281/99, EuR 2000, 932-952.

Körner, Marita, Zur Aufgabe des Haftungsrechts – Bedeutungsgewinn präventiver und punitiver Elemente, NJW 2000, 241-246.

Kötz, Hein, Haftung für besondere Gefahr, AcP 170 (1970), 1-41.

– Sozialer Wandel im Unfallrecht, Karlsruhe 1976.

– Schadenszurechnung und Schadensverteilung aus juristischer und ökonomischer Sicht, in: *Klingmüller, Ernst* (Hrsg.), Karlsruher Forum 1990: Schadenszurechnung und Schadensverteilung, Karlsruhe 1990, S. 14-21.

– Ziele des Haftungsrechts, in: *Baur, Jürgen F./Hopt, Klaus J./Mailänder, K. Peter* (Hrsg.), Festschrift für Ernst Steindorff zum 70. Geburtstag, Berlin 1990, S. 643-666.

Kötz, Hein/Schäfer, Hans-Bernd, Schadensverhütung durch ökonomische Anreize, AcP 189 (1989), 501-525.

Kötz, Hein/Wagner, Gerhard, Deliktsrecht, 9. Auflage, Neuwied 2001.

Kötz, Hein/Schäfer, Hans-Bernd, Judex oeconomicus, Tübingen, 2003.

Kohl, Reinhard, Über die Rechtsanwendung im Sinne der ökonomischen Analyse des Rechts im Verhältnis zu den hergebrachten Kanones der Gesetzesauslegung, Jahrbuch junger Zivilrechtswissenschaftler, Stuttgart 1992, S. 29-46.

Komninos, Assimakis P., New Prospects for Private Enforcement of EC Competition Law: Courage V. Crehan And The Community Right to Damages, Common Market Law Review 2002, 447-487.

Kornhauser, Lewis A./Revesz, Richard L., Sharing Damages among multiple Tortfeasors, The Yale Law Journal 1989, 831-872.

Kramer, Ernst A., Juristische Methodenlehre, Bern 1998.

Kreuter-Kirchhof, Charlotte, Die europäische Emissionshandelsrichtlinie und ihre Umsetzung in Deutschland, EuZW 2002, 711-716.

Kropholler, Jan, Internationales Privatrecht, 4. Auflage, Tübingen 2001.

Kübler, Friedrich, Effizienz als Rechtsprinzip? Überlegungen zum rechtspraktischen Gebrauch ökonomischer Argumente, in: *Baur, Jürgen F./Hopt, Klaus J./Mailänder, K. Peter* (Hrsg.), Festschrift für Ernst Steindorff zum 70. Geburtstag, Berlin 1990, S. 687-704.

Landes, William M./Posner, Richard A., Causation in Tort Law: An Economic Approach, Journal of Legal Studies 1983, 109-134.

Landes, William M./Posner, Richard A., A positive Economic Analysis of Products Liability, Journal of Legal Studies 1985, 535-567.

Lange, Hermann, Schadensersatz, in: *Gernhuber, Joachim* (Hrsg.), Handbuch des Schuldrechts, 2. Auflage, Tübingen 1990.

Lange, Knut Werner, Der Schutz des allgemeinen Persönlichkeitsrechts durch zivilrechtliche Prävention?, VersR 1999, 274-282.

Larenz, Karl, Das „allgemeine Persönlichkeitsrecht" im Recht der unerlaubten Handlungen, NJW 1955, 521- 525.

– Präventionsprinzip und Ausgleichsprinzip im Schadensersatzrecht, NJW 1959, 865-866.

– Methodenlehre der Rechtswissenschaft, 5. Auflage, München 1983.

– Lehrbuch des Schuldrechts, Band 1, Allgemeiner Teil, 14. Auflage, München 1987.

Larenz, Karl/Canaris, Claus-Wilhelm, Lehrbuch des Schuldrechts, 2. Band, Besonderer Teil, 2. Halbband, 13. Auflage, München 1994.

Laubenthal, Klaus, Strafvollzug, 2. Auflage, Würzburg 1998.

Lautmann, Rüdiger, Die sogenannte Soziologisierung der Jurisprudenz, DRiZ 1970, 162-164.

Lehmann, Michael, Bürgerliches Recht und Handelsrecht – eine juristische und ökonomische Analyse, Stuttgart 1983.

Liszt, Franz von, Deliktsobligationen im System des Bürgerlichen Gesetzbuches, Berlin 1898.

Lorenz, Egon, Immaterieller Schaden und „billige Entschädigung in Geld“, Berlin 1981.

– Schmerzensgeld für die durch eine unerlaubte Handlung wahrnehmungs- und empfindungsunfähig gewordenen Verletzten?, in: *Hanau, Peter/Lorenz, Egon/Mathes, Hans-Christoph* (Hrsg.), Festschrift für Günther Wiese zum 70. Geburtstag, Neuwied 1998, S. 261-277.

Luhmann, Niklas, Rechtssystem und Rechtsdogmatik, Stuttgart 1974.

Magnus, Ulrich, Schaden und Ersatz: eine rechtsvergleichende Untersuchung zur Ersatzfähigkeit von Einbußen, Tübingen 1987.

Maier, Jutta, Das Zweite Gleichberechtigungsgesetz, BB 1994, 1283-1286.

Maurach, Reinhart/Zipf, Heinz, Strafrecht, Allgemeiner Teil, Teilband 1, 8. Auflage, Heidelberg 1992.

Maunz-Dürig, Kommentar zum Grundgesetz, Band V, München, Stand Febr. 2003.

Mayer, Kurt, Das neue Umwelthaftungsrecht, MDR 1991, 813-818.

Medicus, Dieter, Zivilrecht und Umweltschutz, JZ 1986, 778-785.

– Bürgerliches Recht, 17. Auflage, München 1996.

Mertens, Hans-Joachim, Begriff des Vermögensschadens im Bürgerlichen Recht, Stuttgart 1967.

– Verkehrssicherungspflicht und Deliktsrecht, VersR 1980, 397-408.

Michelmann, Frank I., Umweltverschmutzung als unerlaubte Handlung: Eine nicht-zufällige Betrachtung von Calabresis „Unfallkosten“, in: *Assmann, Heinz-Dieter/Kirchner, Christian/Schanze, Erich* (Hrsg.), Ökonomische Analyse des Rechts, Tübingen 1993, S. 270-309.

Mincke, Wolfgang, Der Ersatz des immateriellen Schadens bei Persönlichkeitsrechtsverletzungen, JZ 1980, 86-91.

Ministerium für Umwelt, Raumordnung und Landwirtschaft des Landes NRW (Hrsg.), Umwelthaftung aus juristischer und ökonomischer Sicht, Eschborn 1994.

Mishan, E.J., Evaluation of Life and Limb: A Theoretical Approach, Journal of Political Economy Vol. 79/2 (1971), 687-705.

Mörsdorf-Schulte, Juliana, Funktion und Dogmatik US-amerikanischer punitive damages: zugleich ein Beitrag zur Diskussion um die Zustellung und Anerkennung in Deutschland, Tübingen 1999.

Motsch, Richard, Schadensersatz als Erziehungsmittel, JZ 1984, 211-221.

Müller, Gerda, Möglichkeiten und Grenzen des Persönlichkeitsrechts, VersR 2000, 797-806.

Müller, Peter, Punitive Damages und deutsches Schadensersatzrecht, Berlin 2000.

Münchener Kommentar, Bürgerliches Gesetzbuch, *Rebmann, Kurt* (Hrsg.), Band 5, 3. Auflage, München 1999.

Münchener Kommentar, Bürgerliches Gesetzbuch, *Rebmann, Kurt* (Hrsg.), Band 2, 4. Auflage, München 2001.

Münchener Kommentar, Zivilprozessordnung, *Lüke, Gerhard/Wax, Peter* (Hrsg.), Band 1, 2. Auflage, München 2000.

Nicklisch, Fritz (Hrsg.), Prävention im Umweltrecht, Heidelberg 1988.

Oppermann, Thomas, Europarecht, 2. Auflage, München 1999.

Ott, Claus/Schäfer, Hans-Bernd, Die ökonomische Analyse des Rechts – Irrweg oder Chance wissenschaftlicher Rechtserkenntnis?, JZ 1988, 213-223.

Ott, Claus/Schäfer, Hans-Bernd (Hrsg.), Allokationseffizienz in der Rechtsordnung, Beiträge zum Travemünder Symposium zur ökonomischen Analyse des Zivilrechts, 23. - 26. März 1988, Berlin 1989.

– Ökonomische Probleme des Zivilrechts, Beiträge zum 2. Travemünder Symposium zur ökonomischen Analyse des Rechts, 21. - 24. März 1990, Berlin 1991.

– Die Präventivwirkung zivil- und strafrechtlicher Sanktionen, Beiträge zum VI. Travemünder Symposium zur ökonomischen Analyse des Rechts, 25. - 28. März 1998, Tübingen 1999.

– Ökonomische Analyse des Arbeitsrechts, Beiträge zum VII. Travemünder Symposium zur ökonomischen Analyse des Rechts, 22. - 25.März 2000, Tübingen 2001.

Palandt, Otto, Bürgerliches Gesetzbuch, Kommentar, 60. Auflage, München 2001.

Pauly, Mark V., The Economics of Moral Hazard: Comment, American Economic Review 1968, 531-537.

Pawlowski, Hans-Martin, Einführung in die Juristische Methodenlehre, 2. Auflage, Heidelberg 2000.

Pelloni, Giovanni, Privatrechtliche Haftung für Umweltschäden und Versicherung, Zürich 1993.

Peukert, Peter, Persönlichkeitsbezogene Immaterialgüterrechte?, ZUM 2000, 710-721.

Pfarr, Heide M., Das Zweite Gleichberechtigungsgesetz, RdA 1995, 204-211.

Pfeiffer, Gerd, Zivilrechtliche Ausgleichsansprüche bei kartellrechtswidrigen Verträgen?, in: *Andreae, Clemens-August*, (Hrsg.), Wettbewerb als Herausforderung und Chance: Festschrift für Werner Benisch, Köln 1989, S. 313-325.

Pieroth, Bodo/Schlink, Bernhard, Grundrechte – Staatsrecht II, 18. Auflage, Heidelberg 2002.

Podlech, Adalbert, Wertungen und Werte im Recht, AöR 95 (1970), 185-223.

Polinsky, Mitchell A., Economic Analysis as a potentially defective Product: A Buyers's Guide to ‚Posners Economic Analysis of Law', Harvard Law Review 87, 2 (1973/74), 1655-1681.

– An Introduction to Law and Economics, 2. Auflage, Boston 1989.

Pommerehne, Werner W., Präferenzen für öffentliche Güter, Tübingen 1987.

Popper, Karl R., Die offene Gesellschaft und ihre Feinde, Band 2: Falsche Propheten – Hegel, Marx und die Folgen, 7. Auflage, Tübingen 1992.

Posner, Richard A., A Theory of Negligence, Journal of Legal Studies, 1972, 29-96.

– A Theory of Primitive Society, with Special Reference to Law, Journal of Law and Economics 23 (1980), 1-53.

– Economic Analysis of Law, 4. Auflage, Boston 1992.

– Recht und Ökonomie: Eine Einführung, in: *Assmann, Heinz-Dieter/Kirchner, Christian/Schanze, Erich* (Hrsg.), Ökonomische Analyse des Rechts, Tübingen 1993.

Prinz, Matthias, Nochmals: „Gegendarstellung auf dem Titelblatt einer Zeitschrift", NJW 1993, 3039-3041.

– Der Schutz der Persönlichkeit vor Verletzungen durch die Medien, NJW 1995, 817-821.

– Geldentschädigung bei Persönlichkeitsverletzungen durch Medien, NJW 1996, 953-958.

Raiser, Ludwig (Hrsg.), Das Verhältnis der Wirtschaftswissenschaften zur Rechtswissenschaft, Soziologie und Statistik, Berlin 1964.

Rawls, John, Die Theorie der Gerechtigkeit, 11. Auflage, Frankfurt a.M. 1975.

Rehbinder, Eckard, Umweltrecht, RabelsZ 140 (1976), 363-408.

– Ersatz ökologischer Schäden – Begriff, Anspruchsberechtigung und Umfang des Ersatzes unter Berücksichtigung rechtsvergleichender Erfahrungen, Natur und Recht 1988, 105-115.

Richter, Rudolf/Furubotn, Eirik G., Neue Institutionenökonomie, Tübingen 1996.

Ridker, Ronald G., Economic Costs of Air Pollution: Studies in Measurement, New York 1971.

Rohe, Mathias, Gründe und Grenzen deliktischer Haftung – die Ordnungsaufgabe des Deliktsrechts (einschließlich der Haftung ohne Verschulden) in rechtsvergleichender Betrachtung, AcP 201 (2001), 117-159.

Rosen, Shervin, Valuing Health Risk, American Economic Review 1981, 241-245.

Rosengarten, Joachim, Punitive damages und ihre Anerkennung und Vollstreckung in der Bundesrepublik Deutschland, Hamburg 1994.

– Der Präventionsgedanke im deutschen Zivilrecht, NJW 1996, 1935-1938.

Roxin, Claus, Strafrecht, Allgemeiner Teil, Band I, 3. Auflage, München 1997.

Rüssmann, Helmut, Zur Einführung: Die Begründung von Werturteilen, JuS 1975, 352-358.

Sajó, András, Rezension *Behrens, Peter*, Die ökonomischen Grundlagen des Rechts, ARSP LXXV/2 (1989), 258-260.

Salje, Peter, Ökonomische Analyse des Rechts aus deutscher Sicht, Rechtstheorie 15 (1984), 277-312.

Sambuc, Thomas, Folgenerwägungen im Richterrecht, Berlin 1977.

Savigny, Friedrich Carl von, System des heutigen römischen Rechts, Band 1, Berlin 1840.

Schäfer, Hans-Bernd, Probleme bei der Festlegung von Sorgfaltsstandards durch Zivilgerichte aus ökonomischer Sicht, KritV 1992, 374-389.

Schäfer, Hans-Bernd/Ott, Claus, Lehrbuch der ökonomischen Analyse des Zivilrechts, 2. Auflage, Berlin 1995.

Schanze, Erich, Ökonomische Analyse des Rechts in den USA. Verbindungslinien zur realistischen Tradition, in: *Assmann, Heinz-Dieter/Kirchner, Christian/Schanze, Erich* (Hrsg.), Ökonomische Analyse des Rechts, Tübingen 1993, S. 1-16.

Schimikowski, Peter, Umwelthaftungsrecht und Umwelthaftpflichtversicherung, 6. Auflage, Karlsruhe 2002.

Schmidt, Jürgen, Schadensersatz und Strafe. Zur Rechtfertigung des Inhaltes von Schadensersatz aus Verschuldenshaftung, Frankfurt 1973.

– Prävention als Zielbestimmung im Zivilrecht, KritV 1980, 83-103.

Schmidt, Karsten, Offenhaltung der Märkte durch private Klagen bei Kartellsachverhalten?, in: *Andreae, Clemens-August/Kirchhoff, Jochen/Pfeiffer, Gerd* (Hrsg.), Wettbewerb als Herausforderung und Chance: Festschrift für Werner Benisch, Köln 1989, S. 293-312.

Schmidtchen, Dieter, Property Rights, Freiheit und Wettbewerbspolitik, Tübingen 1983.

Schmidtchen, Dieter/Weth, Stephan (Hrsg.), Der Effizienz auf der Spur: Die Funktionsfähigkeit der Justiz im Lichte der ökonomischen Analyse des Rechts, Baden-Baden 1999.

Schöch, Heinz, Empirische Grundlagen der Generalprävention, in: *Vogler, Theo* (Hrsg.), Festschrift für Hans-Heinrich Jescheck zum 70. Geburtstag, Zweiter Halbband, Berlin 1985, S. 1081-1105.

Schröter, Helmut/Jakob, Thinam/Mederer, Wolfgang, Kommentar zum Europäischen Wettbewerbsrecht, Baden-Baden 2003.

Schüller, Alfred, Property Rights und ökonomische Theorie, München 1993.

Schulz, Andreas, Überlegungen zur ökonomischen Analyse des Haftungsrechts, VersR 1984, 608-618.

Schumann, Karl F., Jugendkriminalität und Grenzen der Generalprävention, Neuwied 1987.

Schurtmann, William, Der amerikanische Zivilprozess: ein Überblick über die Praxis, Frankfurt a.M., 1978.

Schwarze, Reimund, Präventionsdefizite der Umwelthaftung und Lösungen aus ökonomischer Sicht, Bonn 1996.

Schwerdtner, Peter, Das Persönlichkeitsrecht in der deutschen Zivilrechtsordnung, Berlin 1977.

– Persönlichkeitsschutz im Zivilrecht, in: *Lorenz, Egon* (Hrsg.), Karlsruher Forum 1996: Schutz der Persönlichkeit, Karlsruhe 1997, S. 27-80.

Schwind, Hans-Dieter/Böhm, Alexander, Strafvollzugsgesetz, Kommentar, 3. Auflage, Berlin 1999.

Schwintowski, Hans-Peter, Ökonomische Theorie des Rechts, JZ 1998, 581-588.

Seifert, Fedor, Postmortaler Persönlichkeitsschutz und Schadensersatz – Zugleich ein Streifzug durch die Geschichte des allgemeinen Persönlichkeitsrechts, NJW 1999, 1889-1897.

Seitz, Walter, Prinz und Prinzessin – Wandlung des Deliktsrechts durch Zwangskommerzialisierung der Persönlichkeit, Kommentar, NJW 1996, 2848-2850.

Shapiro, Carl, Symposium on the Economics of Liability, Journal of Economic Perspectives Vol. 5 (1991), 3-10.

Shavell, Steven, Strict Liability versus Negligence, Journal of Legal Studies 1980, 1-25.

– Economic Analysis of Accident Law, USA 1987.

Siemens, Christiane, Gewinnabschöpfung bei Zwangskommerzialisierung der Persönlichkeit durch die Presse, AcP 201 (2001), 202-231.

Staudinger, Ansgar/Schmidt, Rüdiger, Marlene Dietrich und der (postmortale) Schutz vermögenswerter Persönlichkeitsrechte, Jura 2001, 241-249.

Steffen, Erich, Persönlichkeitsschutz und Pressefreiheit sind keine Gegensätze, ZRP 1994, 196-198.

– Die Aushilfeaufgaben des Schmerzensgeldes, in: *Böttcher, Reinhard/Hueck, Götz/Jähnke, Burkhard* (Hrsg.), Festschrift für Walter Odersky zum 65. Geburtstag, Berlin 1996, S. 723-736.

– Schmerzensgeld bei Persönlichkeitsverletzung durch Medien, NJW 1997, 10-14.

Steinau-Steinrück, Robert von/Schneider, Volker/Wagner, Tobias, Der Entwurf eines Antidiskriminierungsgesetzes: Ein Beitrag zur Kultur der Antidiskriminierung?, NZA 2005, 28-32.

Steindorff, Ernst, Politik des Gesetzes als Auslegungsmaßstab im Wirtschaftsrecht, in: *Paulus, Gotthard/Diederichsen, Uwe/Canaris, Claus-Wilhelm* (Hrsg.), Festschrift für Karl Larenz zum 70. Geburtstag, München 1973, S. 217-244.

Steiner, Gert H., Schadensverhütung als Alternative zum Schadensersatz, Köln 1983.

Stiefel, Ernst C./Bungert, Hartwin, Anerkennungsfähigkeit und Vollstreckbarkeit US- amerikanischer RICO-Urteile in der Bundesrepublik Deutschland, ZIP 1994, 1905-1920.

Stiefel, Ernst C./Stürner, Rolf, Die Vollstreckbarkeit US-amerikanischer Schadensersatzurteile exzessiver Höhe, VersR 1987, 829-846.

Stillfried, Georg/Stockenhuber, Georg, Schadensersatz bei Verstoß gegen das Kartellverbot des Art. 85 EG-V, WBl. 1995, 301-308.

Stoll, Hans, Haftungsfolgen im bürgerlichen Recht: eine Darstellung auf rechtsvergleichender Grundlage, Heidelberg 1993.

– Haftungsverlagerung durch beweisrechtliche Mittel, AcP 176 (1976), 145-195.

Stüber, Hans-Jürgen, Generalpräventive Strafzumessung, Frankfurt a.M. 1980.

Taupitz, Jochen, Das Umwelthaftungsgesetz als Zwischenschritt auf dem Weg zu einem effektiven Umwelthaftungsrecht, Jura 1992, 113-120.

– Ökonomische Analyse und Haftungsrecht – Eine Zwischenbilanz, AcP 196 (1996), 115-167.

Trimarchi, Pietro, Die Regelungen der Vertragshaftung aus ökonomischer Sicht, ZHR 136 (1972), 118-138.

Ullmann, Eike, Persönlichkeitsrechte in Lizenz?, AfP 30 (1999), 209-214.

Vanberg, Viktor, Verbrechen, Strafe und Abschreckung, Tübingen 1982.

Varian, Hal R., Grundzüge der Mikroökonomik, München 1995.

Vollkommer, Max, Zum Schutz der Persönlichkeit vor unbefugter Vermarktung durch die Medien, in: *Isensee, Josef/Lecheler*, Helmut (Hrsg.), Freiheit und Eigentum, Festschrift für Walter Leisner zum 70. Geburtstag, Berlin 1999, S. 599-614.

Volmer, Michael, „Punitive Damages“ im deutschen Arbeitsrecht?, BB 1997, 1582-1585.

Wagner, Gerhard, Umwelthaftung und Versicherung, VersR 1991, 249-260.

– Geldersatz für Persönlichkeitsverletzungen, ZEuP 2000, 200-228.

– Prominente und Normalbürger im Recht der Persönlichkeitsverletzungen, VersR 2000, 1305-1310.

Walz, Rainer, Marktbezogener Umweltschutz und privatrechtlicher Immissionsschutz, in: *Baur, Fritz/Esser, Josef/Kübler, Friedrich/Steindorff, Ernst* (Hrsg.), Funktionswandel der Privatrechtsinstitutionen, Festschrift für Ludwig Raiser, Tübingen 1974, S. 185-222.

Westphalen, Friedrich Graf von, „Punitive Damages" in US-amerikanischen Produkthaftungsklagen und der Vorbehalt des Art. 12 EGBGB, RIW 1981, 141-149.

Weyers, Hans-Leo, Unfallschäden, Frankfurt a.M. 1971.

Wilburg, Walter, Die Elemente des Schadensrechts , Marburg a.d. Lahn 1941.

Winter, Gerd, Tatsachenurteile im Prozess richterlicher Rechtsetzung, Rechtstheorie 1971, 171-192.

Witte, Jan Christoph, Der US-amerikanische RICO-Act und deutsche Unternehmen, Heidelberg 1998.

Worzalla, Michael, Die Haftung des Arbeitgebers wegen geschlechtsspezifischer Diskriminierung bei Einstellung nach der neuen Rechtsprechung des EuGH, NJW 1997, 1809-1812.

Wussow, Werner, Unfallhaftpflichtrecht, 15. Auflage, Köln 2002.

Zäch, Roger, Wettbewerbsrecht der Europäischen Union: Praxis von Kommission und Gerichtshof, München 1994.

Zekoll, Joachim, US-amerikanisches Produkthaftpflichtrecht vor deutschen Gerichten, Baden-Baden 1987.

Zöller, Richard (Begr.), Kommentar zur Zivilprozessordnung, 23. Auflage, Köln 2002.

Zweigert, Konrad/Kötz, Hein, Einführung in die Rechtsvergleichung auf dem Gebiet des Privatrechts, 3. Auflage, Tübingen 1996.

Zweifel, Peter/Eisen, Roland, Versicherungsökonomie, Berlin 2000.

Peter Lang · Europäischer Verlag der Wissenschaften

Nina Miller

Das Haftungsrecht als Instrument der Kontrolle von Kapitalmärkten

Eine vergleichende Analyse

Frankfurt am Main, Berlin, Bern, Bruxelles, New York, Oxford, Wien, 2003. 289 S.
Europäische Hochschulschriften: Reihe 2, Rechtswissenschaft. Bd. 3714
ISBN 3-631-51103-5 · br. € 45.50*

Zur Schaffung effizienter Kapitalmärkte muss die Offenlegung richtiger, vollständiger und allokationsrelevanter Informationen erreicht werden. Ziel dieser Arbeit ist es, herauszufinden, wie das materielle und das prozessuale Haftungsrecht als Steuerungsinstrumente für das Verhalten der Kapitalmarktteilnehmer auszugestalten sind und wie sie zusammenspielen müssen, damit Kapitalmärkte effizient sind. Anhand der deutschen und US-amerikanischen Vorschriften zur Börsenprospekthaftung, zum Insiderhandel und zur Ad-hoc-Publizität untersucht die Arbeit deren unterschiedliche Ausgestaltungen und Auswirkungen auf das Verhalten der Kapitalmarktteilnehmer. Darüber hinaus werden prozessrechtlich die kollektive Geltendmachung von Ansprüchen, die dem US-Recht eigene *pre-trial discovery* und die Kostenregelungen auf ihre Wirkung hin beleuchtet. Die Autorin zeigt anhand ihrer Bewertung der bestehenden Vorschriften Möglichkeiten zu deren Ausgestaltung unter dem Gesichtspunkt der Schaffung eines Ausgleichs zwischen dem Anreiz zur Offenlegung allokationsrelevanter Informationen und dem Klageerhebungsanreiz potentiell geschädigter Anleger auf.

Aus dem Inhalt: Funktionsfähigkeit des Kapitalmarktes · Kapitalmarktkontrolle · Börsenprospekthaftung · Insiderhandel · Ad-hoc-Publizität · Haftungsverantwortliche · Verschulden · Schaden · Kausalität · Discovery · Kostenverteilung und Anwaltsvergütung · Kollektive Geltendmachung

Frankfurt am Main · Berlin · Bern · Bruxelles · New York · Oxford · Wien
Auslieferung: Verlag Peter Lang AG
Moosstr. 1, CH-2542 Pieterlen
Telefax 00 41 (0) 32 / 376 17 27

*inklusive der in Deutschland gültigen Mehrwertsteuer
Preisänderungen vorbehalten

Homepage http://www.peterlang.de

FSC
www.fsc.org
MIX
Papier | Fördert
gute Waldnutzung
FSC® C083411

Kolibri 360 GmbH
Ferdinand-Jühlke-Straße 7
99095 Erfurt, Deutschland
produktsicherheit@kolibri360.de

Druck:
CPI Druckdienstleistungen GmbH
im Auftrag der
Kolibri 360 GmbH
Ferdinand-Jühlke-Str. 7
99095 Erfurt